教育部人文社会科学研究青年基金项目“清代湖湘文人社群研究”
（18YJC751018）

山鸣水应

清代湖湘文人社群研究

何湘　著

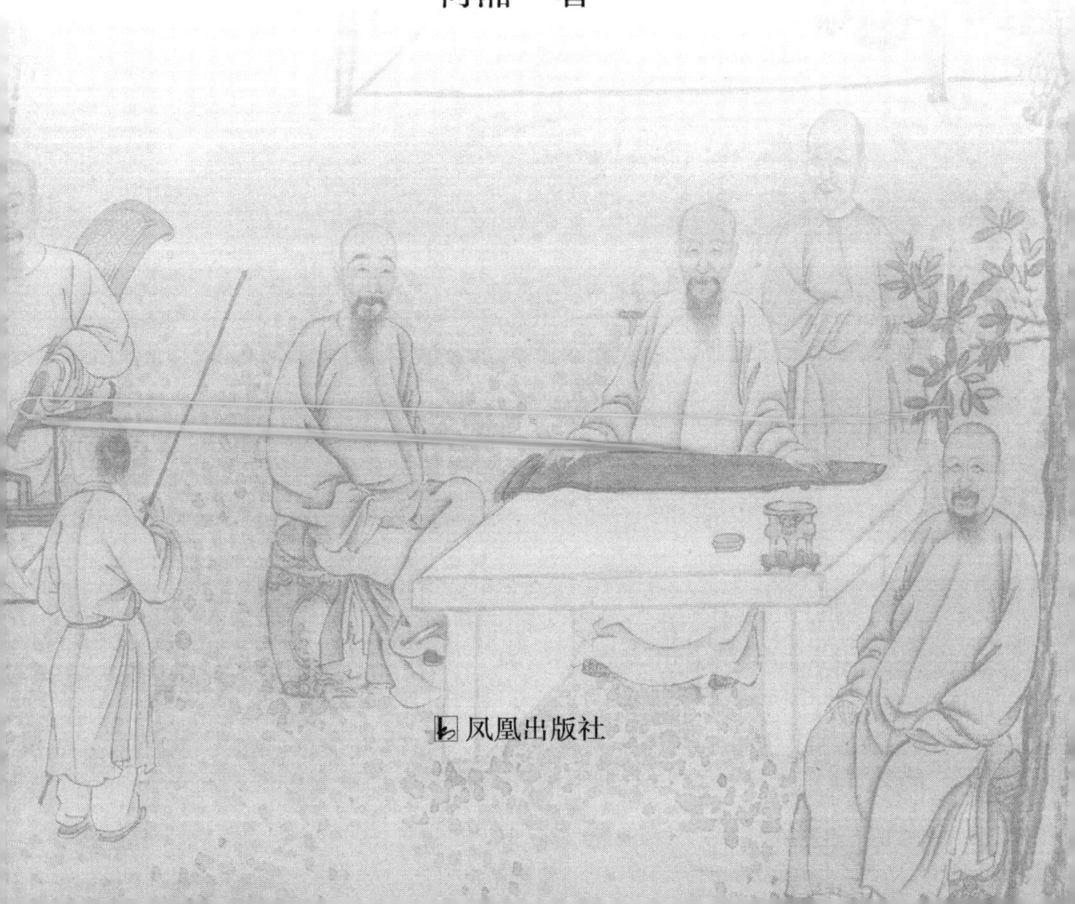

凤凰出版社

图书在版编目（CIP）数据

山鸣水应 : 清代湖湘文人社群研究 / 何湘著. -- 南京 : 凤凰出版社, 2021.12
ISBN 978-7-5506-3481-7

Ⅰ. ①山… Ⅱ. ①何… Ⅲ. ①文人－人物研究－中国－清代 Ⅳ. ①K825.6

中国版本图书馆CIP数据核字(2021)第186504号

书　　名	山鸣水应：清代湖湘文人社群研究
著　　者	何　湘
责任编辑	李　霏
装帧设计	陈贵子
出版发行	凤凰出版社(原江苏古籍出版社) 发行部电话025-83223462
出版社地址	江苏省南京市中央路165号,邮编:210009
照　　排	南京凯建文化发展有限公司
印　　刷	江苏凤凰数码印务有限公司 江苏省南京市栖霞区尧新大道399号,邮编:210038
开　　本	880毫米×1230毫米　1/32
印　　张	12.875
字　　数	311千字
版　　次	2021年12月第1版
印　　次	2021年12月第1次印刷
标准书号	ISBN 978-7-5506-3481-7
定　　价	89.00元

(本书凡印装错误可向承印厂调换,电话:025-57718474)

目　录

序

罗时进

清代文学史具有较为鲜明的南方色彩，而湖湘在清代文学南方版图中占有重要地位，故研究清代文学，必然会关注湖湘；欲理解清代文学史发展中的一些深层次问题，必然要对湖湘文人及其创作进行一番深入的探究。

如何进行文人及其创作研究，这是一个方法问题，也是一个理论视角问题。我对传统的单个作家研究方法一直保持极大的尊重，视为古代文学研究最基本也是最重要的学术工作；但无论从问题意识还是个人志趣出发，我对文人群体性研究抱有更多的期待，尤其觉得群体研究法比较切合清代诗歌发展的实际。

任何一个时代都有孤光自照、踽踽独行的文人，在文学的天空中他们显得孤独，但仍然散发着耀眼的辉光。沿着时间的河流越向上追溯，这类情况越为多见。然而需要注意的一个客观事实是，唐代以降文人的聚合性逐渐增强，到晚明时期以"社"为名号的文人团体大量涌现。"社之始，始于一乡，继而一国，继而暨于天下。各立一名以自相标榜，或数十人，或数百人；或携笔砚而课艺于一堂，或征诗文而命驾于千里。齐年者砥节砺行，后起者观型取法。一卷之书，家弦户诵；一师之学，灯尽薪传。"（杜登春《社事始末》）晚明结社虽有艺文之名、科举之旨，但政治色彩颇为鲜明，故入清不久即遭严令禁断。问题是，当社群成为文人的一种习惯性出场方式后,便具有了文化传承性,这种传承越向民间扩展,影响越大,是行政方式所无法阻碍的。所以我们看到,清代文人因各种关系形成的团体,无地无之,或有社规社约,或无某种形式约束唯存心理认同,其数量之大真难以想象。

这类社群形成与发展的过程,在一定意义上正是文人自我雅化的过程。他们继承前人雅集传统,对社群活动赋予仪式感和象征性,并以一定的方式进行约定,以保证社群活动的可持续性,显示出社群存在的意义。社群活动过程及其创作成果被文人以相同或不同方式记载下来,为当时人所知,成为我们今天开展研究工作的珍贵史料。

清代湖湘文人的社群活动相当丰富,自清初以来,呈现逐渐兴盛之势,至晚近而蔚为大观,这完全可以成为一种专门的研究内容,大致属于地域文学的研究范畴。近些年,地域文学研究颇为学界关注,产生了不少具有一定学术质量和创新价值的成果,而据我了解,不少成果都集中在地域社群研究上。之所以如此,是因为社群研究将个体文人放到一种具有地域特点的社会背景和历史演变中进行考察。这种考察以个体文人为基础,但不拘于个体性研究,也不作为若干个体研究的组合,而是根据文人(自我)设定以及社会(他者)因素构筑的人际网络和社会网络,将文学家与文学创作作为一种社会关系形成、变动的现象进行研究,在对现象的解析中显示出实证意义和理论价值。地域文学研究,重点自然在人地关系方面。但人地关系很容易被简化或附会,而从文学社群角度去探索,从个性中推衍、总结出共性的特点,地缘关系对文人、文学创作的影响就比较豁然了,其结论也比较扎实。

我迄今为止带过两位从湖南考来的博士生,第一位是萧晓阳君,他的博士论文以《湖湘诗派研究》为题,做得很成功,得到学界普遍好评。第二位是何湘君,她有受教于陶敏先生和李德辉教授的经历，学术基础很不错，且与萧晓阳君一样，有湖南人勤奋劬学的性格。在与我商量博士论文选题时，她欣然接受了研究“清代湖湘文人社群”的建议，使我感到高兴。

开展这一研究最基础性的工作是从原始文献中摸清清代湖湘文人群体的“底盘”。此前湖湘文人群体常被论及的不足十个，而何湘陆续考索出课艺类、遣情类的文社达数十个，其中涵盖了不同时期、不同身份、不同规模者，以及本土结社与异地结社者，为整体研究打下了厚实的基础。这里需要说明，如果做一个统计性分析的话，遣情性诗社（吟社）数量远远多于课艺类文社，是符合实际的。这与文学雅集的传统仪式有关，与诗歌便于联唱酬和的文体形式有关，也与其较易现场共情写作的特点有关。不惟清代如此，历代皆然；不惟湖湘如此，各地亦然。

本课题研究需要一个恰当的分析框架，缺少具有理论意义的分析全文将流于贫乏。如果说呈现在我们面前的成果有一定的丰满感和穿透力的话，则是因为作者较好地处理了三方面的关系，即清代湖湘文人社群形成与历史演变的关系、与地域文化传统的关系，以及本土文人与异地文人交往关系。正是在这一分析框架下，可以看到清代湖湘文人社群消长不仅仅是一个文学现象，也是一个既受历史制约又受历史激发的社会现象；可以看到屈原人格与文学特质如何作为精神遗产灌注于清代湖湘诗人的创作，屈原似乎始终与湖湘士人同在；可以看到清代湖湘文人如何将人脉与文脉延展到他域，文学影响甚至远及海外。

当我们将清代文人社群作为一种出场方式、一种现象来研究的时候，需要注意时人对这种方式和现象事实上的而不是意念中的认识分歧。钱基博在《近百年湖南学风》中认为：“湖南之为省，北阻大江，南薄五岭，西接黔蜀，群苗所萃，盖四塞之国。其地水少山多，重山叠岭，滩河峻激，而舟车不易为交通。顽石赭土，地质刚坚,而民性多流于倔强。以故风气锢塞,常不为中原人文所沾被。”在这种风气封闭锢塞,民性去虚务实的地理环境和人文环境中,人们对文人社群活动到底持何种态度?何湘既指出好结文社,是湖湘文人选择生活方式的一种惯性,也是文脉在地方持续发展、长期延续的体现;同时揭示出其地“老生宿儒,耐寒饿而厌声称”(罗正钧《左文襄公年谱》卷六),“诗禁甚严,作者务矜慎,不相标榜”,往往视结社清流“如飞鸟之集林,如群蛙之喧夜”(唐仲冕《陶萸江先生遗诗叙》)。清代文人社群活动以吴越为盛,然而吴越之地理环境和人文传统与湖湘地区有较大差异,这种差异必然影响时人对结社的看法,也影响文人社群活动的热度与持久性。客观反映出这种差异,是地域文学研究者的责任;能否反映出这种差异,甚至可以作为地域文学研究是否走向真实性、具有学术性的一个衡量尺度。何湘对这一问题思慎辨明,表现出认真求实的态度,也提高了这份成果的学术价值。

近年来我尝试用事件理论分析清代诗史,并且认为文人社群活动可以从地域文学事件角度去加以研究。其基本看法是,“事件”具有社会政治、文化生态、文学创作多重关系的聚合意义,而越是重要的、典型的事件,越非孤立的存在,它包含着其他“事件”或“事情”作为组成部分。地域文学研究如果将“中介”聚焦于“事件”,将具有更大的地方知识量,能够在更大程度上体现地域发展的动态及其本质特征;即使对于一些跨地域的事件,也同样可以以地域为单元进行分析。

何湘具有敏感的理论意识,不时来信与我讨论运用事件理论研究清代湖湘文人社群问题的可能性。从其对毕业论文的修改来看,她对这一理论有理解,有心得,突破了文人社群活动属于日常生活的认识局限,有区别地将部分规模和影响较大文人社群活动,如清初由郭都贤引发的《洞庭秋》群体文学唱和,同治年间张自牧、罗汝怀、吴敏树、郭嵩焘等人“褉园修禊”作为文学事件来分析，我读之会意，亦赞成她的分析。

几年前何湘从湘潭来到苏州大学，写作毕业论文的情景犹在眼前。这篇毕业论文经过反复修改、打磨，将作为著作出版了。这是她出版的第一部独著的学术书籍，在其学术经历中具有重要的意义。不久前来信征序，作为导师焉能辞之？特书写以上认识和感想。学问无止境，对清代湖湘文人社群的研究亦无止境。何湘正处于进行学术研究的日新富出时期，希望她在地域文学研究和明清诗文研究方面，更加努力，为学界贡献更多高质量的成果。

辛丑年春节于吴中石湖之畔

前　言

文人结社是明清时期一种普遍的文人生态现象，湖湘厚土也孕育了许多极具地域特色的文人社群。湖湘文化源远流长，内涵博厚深广，浸润着湖湘文人的心灵，标识了湖湘文人社群的形象；湖湘地貌连山积翠，烟波浩渺，为湖湘文人社群活动的开展、创作的进行提供可贵的江山之助；湖湘历史代有闻人，才士辈出，为文人社群带来源源不断的参与者。本文以清代湖湘文人社群为研究对象，整理、考证相关文献资料，考出近两百个湖湘文人社群，分清代为初、中、晚三个时期，选典型个案，考察其地理分布、成员组成、交游概况、社群活动和文学创作；以结社为切入点，明晰清代湖湘文人社群特别是湖湘基层文人社群的文学特色、创作规律、家族传统、地域特色、文化渊源，探讨了湖湘文人结社文学中的各项内容与当时社会文化、地域风气、家族教育等因素之间的联系，并比较分析了诸多社群的群体特点，试图为清代文人结社的版图复原与场域复原作进一步的补充。

绪论部分交代了本文的研究缘起，简要介绍了学界结社研究的现状和相关成果，对论文所涉及的“湖湘”“湖湘文人社群”等概念加以解释，并陈述本文的研究思路与研究方法。

正文分为五章，第一章论述清代湖湘人文传统和地理环境对湖湘文人社群活动与创作所产生的影响，列举湖湘文人社群的地理分布特点,考辑清代之前的湖湘文人结社资料并分析了湖湘文人对结社传统的认知与继承。

第二章梳理清代湖湘文人结社史料,综合参考各种因素,分清代为初、中、晚三个时期,选择有代表性的湖湘文人社群展开纵向意义上的论述,结合时代背景,归纳清代湖湘文人社群的阶段性特征,其中清末湘系集团重要人物的结社为重点探讨对象。

第三章从活动过程、社集风格、创作内容、传播效应等方面研究清代湖湘文人社群,辨析湖湘不同文人社群的特点,挖掘湖湘文人们丰富的心灵空间,并以邓显鹤、八指头陀为例,探究湖湘文人结社的心态与意义。

第四章对湖湘文人异地结社现象的原因背景、地域分布等加以考察和分析,并联系当地文人的活动与创作进行比较研究。湖湘文人异地结社所体现的湖湘情结和所起到的文化交流、推动作用,为着重论述的内容。嘉道名臣陶澍的异地结社为湖湘文人异地结社的重要研究范例。

第五章将雅集、绘图、题咏三个动态过程连续起来,揭示清代湖湘文人雅集、绘图以及题咏的主题,三者与地域的联系、相互间的作用及其共同的意义,并以《碧湘老屋八叟图》《絜园展褉图》为案例展开专题论述。

余论部分对清代湖湘文人的整体风貌、规模特点、作用意义加以总结。与其他地区横向比较,除京师外,清代湖湘文人结社也远不如江南地区盛行,可以从湖湘士民风气、文化心理、文人个性等方面对此原因加以论析。

绪　论

明清时期文人结社现象十分普遍，众多文学社群犹如碧浪千层、琼珠万点，形成一股股文人风潮，在历史长河中起伏激荡。它们具有共同的特点与作用，但受不同地域熏陶、乡土胚育、空间影响，也具有各自的过程、风貌与意义。基于具体地域空间的文学场景与文学经验的研究，对于文学史、地域文化史以及文人结社史都有重要的认识意义，地域社群无疑可作为我们展开明清文学研究的一个重要纬度。文人结社与地域的联系、对文学的影响及其本身的文化意义是近年来学界关注的热点。迄今为止，文人结社、雅集的研究成果已相当可观，相关著述为这一课题研究打下了良好的基础。

一、文人结社研究现状简述

文人结社研究的相关专著、论文成果在二十世纪已经略具气象，稍早的如胡怀琛《中国文社的性质》(《越风》，1936)，朱倓《明季社党研究》(上海：商务印书馆，1945)，谢国桢《明清之际党社运动考》(北京：中华书局，1982)，郭绍虞《明代的文人集团》(上海：上海古籍出版社，1983)，杨天石、王学庄《南社史长编》(北京：中国人民大学出版社，1995)，欧阳光《宋元诗社研究丛稿》(广州：广东高等教育出版社,1996),郭英德《中国古代文人集团与文学风貌》(北京:北京师范大学出版社,1998)。诚如何宗美所言,上述20世纪的几家著作已"基本上代表了文人社团研究方面四种不同的研究范式",谢国桢的著作侧重于从政治运动的角度考察明清之际的党社之争,长于史笔,而略于思想与文学的探讨;郭绍虞的文论以时为经、以社为纬,将明代的文人集团近180家诗社、文社作了一番较为全面的梳理,征引广博,但限于体例,未加展开;欧阳光《宋元诗社研究丛稿》考、论兼赅,其中论的部分不乏对诗社个案的深入研究,形式则为单篇论文的联缀;郭英德《中国古代文人集团与文学风貌》一书采用社会学、文化学的研究方法,例证翔实,论析精辟,着重考察了各种类型的文人集团与文学风貌的关系。进入21世纪后,学界陆续推出了一批研究文人结社的相关专著,展示了近年来文人结社研究的新气象与新拓展,如何宗美《明末清初文人结社研究》(天津:南开大学出版社,2003),《明末清初文人结社研究续编》(北京:中华书局,2006),《文人结社与明代文学的演进》(北京:人民文学出版社,2011),孙之梅《南社研究》(北京:人民文学出版社,2003),万柳《清代词社研究》(郑州:中州古籍出版社,2011),丁国祥《复社研究》(南京:凤凰出版社,2011)等等。何宗美《明末清初文人结社研究》等书在研究方法上兼取前人众长,重视考、论结合,在基本材料的挖掘,对史料的理解分析,特别是结社与文学潮流的关系诸方面,颇有"自家凿破一片田地"之处。丁国祥《复社研究》则对规模最大、影响甚巨的复社进行了完整的学术观照、专门系统的论述。李玉栓《明代文人结社研究》考录全面,文献翔实,守旧出新,稳中求进,进一步推动了明代文人结社的研究。

文学社团成为最近十年明清文学和历史研究的热点,也体现在各大高校古代文学或历史专业博硕士论文在此范畴的选题上,已完成的博士论文如王恩俊《复社研究》(辽宁大学,2007),王文荣

《明清江南文人结社研究》(苏州大学,2009),朱兴和《超社逸社诗人群体研究》(华东师范大学,2009),邱睿《南社诗人群体研究》(苏州大学,2010),周于飞《惊隐诗社研究》(浙江大学,2012),胡媚媚《清代诗社研究》(浙江大学,2013),祁高飞《清代杭嘉湖地区文人社群研究》(苏州大学,2013),王新立《近代文学社团研究》(武汉大学,2017)等;硕士论文如黄建林《红梨社研究》(苏州大学,2012),张娴《明人诗社与文人心态研究》(西南大学,2012),王志刚《鸳水联吟社研究》(苏州大学,2013),孙玉婷《竹溪诗社研究》(苏州大学,2013),胡媚媚《清代诗社研究——以六诗社为中心》(浙江大学,2013),李艳《明代岭南文人结社研究》(西南大学,2014),万攀《明代文人结社与小说》(西南大学,2014),施彩云《明代社序研究》(西南大学,2015),裘一真《越中文人结社研究》(浙江师范大学,2015),孙雪娇《明清碧山吟社研究》(江南大学,2015),陈艳《明代金陵青溪社与江左风流》(西南大学,2018),李雯雯《清代京师文人结社研究》(上海师范大学,2019),郑世鲜《晚明清初苏州文人群体戏曲活动研究》(南京师范大学,2019),李慧《明代商人与诗社研究》(云南师范大学,2020)。他们的论文或者针对某个人数众多、影响较大的文学社团集中展开深入研究,或者全面观照特定地域里不同层面的众多社团;或者开展断代社序专题分析;或者结合文化背景,就文人结社与政治、商业、园林、戏剧等因素之间的联系展开探讨,多在近几年来完成并形成了一定影响。近十年苏州大学、西南大学、上海师范大学等高校多倾向于采用文人结社的硕博论文选题,逐渐成了文人结社的研究中心,并推出一批颇有拓展与创新意义的硕博论文,其中王文荣博士考察出明清近三百家江南文人社团,并在此基础上,分别研究了江南地区的八股文社、家族结社、遗民结社、耆老结社,同时还对文人结社与文学的关系等相关问题予以探究,只是在论文撰写过程中因规模与体例的限制,一些重要的研究对象未能纳入其中。而祁高飞博士对江南文化高地之杭嘉湖地区的文人结社进行了深入研究,考察出两百多个文人社团,而且在"文人结社"的概念之上进一步提出并厘清了"文学社群"这一概念,认为后者能更好地概括清代杭嘉湖地区诸多复杂的文学现象,并以"文学社群"为论题的中心概念展开研究。

讨论结社问题的期刊论文近三十年来也在不断推出,许多结社史上的典型个案进入研究者的视野,如郭松林《复社初探》(《苏州大学学报》哲社版,1985 年第 4 期),眭骏《问梅诗社述略》(《复旦学报》社科版,2000 年第 1 期),欧阳光、史洪权《北郭诗社考论》(《文学遗产》,2004 年第 1 期),李越深《松江几社与云间词派》(《浙江大学学报》社科版,2004 年第 5 期)等等。其中朱丽霞的《松江宋氏家族与几社之关系》(《北京大学学报》哲社版,2005 年第 3 期)、《明清之际松江几社的兴衰》(《苏州大学学报》社科版,2007 年第 3 期)、《园林宴游与文学的生态变迁——以明清之际云间几社的文学活动为例》(《文艺理论研究》,2007 年第 4 期)分别就"松江几社"的家族联系、历史兴衰、结社活动、文学意义等展开论述,成为围绕典型个案展开系列研究的优秀范例。另有对一个时代的结社风貌、特点进行综合评价和总结的,如郭英德《明代文人结社说略》(《北京大学学报》社科版,1992 年第 4 期)、李玉栓《明代文人结社兴盛的政治因素》(《安徽师范大学学报》社科版,2012 年第 1 期)、马大勇《百年词社考论》(《文艺争鸣》,2012 年第 5 期)、李玉栓《明代科举与文人结社》(《上海大学学报》,2016 年第 3 期)、阳达《清代科举取士与文人结社》(《湖北社会科学》,2015 年第 4 期)、袁志成《文人结社与晚清民国地域文学传统的建构》(《文学评论》,2016 年第 4 期)、曾娟与袁志成《文人结社与近代文学的地域格局》(《湖南师范大学社会科学学报》,2018 年第 3 期)等。

近十余年来文人社群研究倾向于专门针对某个地域而展开，并以社群为切入点考察地域文化，如李绪柏《明清广东的诗社》（《广东社会科学》，2000 年第 3 期）考察出大批明清广东的诗社，并分析其兴盛原因和社会功能。李玉栓《明代福建文人结社考述》（《莆田学院学报》，2011 年第 1 期）、《安徽明代文人结社的特点、成因和作用》（《黄山学院学报》，2011 年第 6 期）分别对明代福建、安徽两个地区的文人结社予以考述和综合研究。孙植《清代浙西平湖文学社群考述——以“东湖”“洛如”“艺舫”为中心》（《河北学刊》，2013 年第 4 期）考察和分析浙西地区文学社群的传承和发展情况，以及与地域文化的联系。陈恩维《论地域文人集群与地域诗派的形成——以南园诗社与岭南诗派为例》（《学术研究》，2012 年第 3 期）则以南园诗社、岭南诗派为例，阐述广东地域文化、传统与文人集群的相互作用。

苏州大学罗时进《地域社群：明清诗文研究的一个重要维度》（《文学遗产》，2011 年第 3 期）、《基层写作：明清地域性文学社团考察》（《苏州大学学报》社科版，2012 年第 1 期）、《地域文学研究的关键词——以清代江南为例的讨论》（《文艺理论研究》，2019 年第 2 期）、《基于典型事件的清代诗史建构》（《江海学刊》，2020 年第 6 期）等论文，对地域性文学社团研究的方法、意义进行了视角新颖、理解透彻的精到论述，不仅涉及本体性研究的启发，对于外联性问题亦有广阔的启发，于明清文学研究者，在理论层面有着重要的指导作用，使之在具体操作中更清楚地认识研究路向与把握研究维度。浙江大学朱则杰就清代江南地区众多文人结社有深入考察，并发表了一系列综合性强的考证论文，如《〈清尊集〉与“东轩吟社”》（《浙江大学学报》社科版，2010 年第 5 期）、《“潜园吟社”考》（《文学遗产》，2010 年第 6 期）、《“洛如诗会”考辨》（《文学遗产》，2012 年第 5 期）等，他借助社诗总集及相关资料，以考证为主,对多个清代江南社团的缘起、活动内容及人员组成等分别进行了准确地辨析,同时澄清了以往研究的一些盲点,为其他研究者扫清了不少文献障碍。

港台地区学者方面,从文学角度全面分析社群创作的,如林香伶的《清末民初文学转型的标志——南社文学研究》(2003 年台湾师范大学国文学系博士论文)以南社文学作为研究对象,涉及南社诗、词、曲、小说创作等各个方面,其论文《回顾与前瞻——南社研究析论(1980—2004)》(台湾师范大学国文学系《中国学术年刊》,2006 年第 28 期春季号)则对二十多年的南社研究发展依阶段、性质、研究成果分四个时期加以论析和评价,相当中肯。

海外部分学者对明清文人结社亦显示出浓厚的兴趣,就文人结社进行专门考证研究的,如[日]小野和子《明季党社考》(上海:上海古籍出版社,2006),该书不只对大量史料做翔实的考证,还夹叙夹议,从党争角度解读明史。运用新式理论深入剖析社群活动及其成员心态的,如[新加坡]林立《群体身份与记忆的建构:清遗民词社须社的唱酬》(《中国文化研究所学报》,2011 年第 1 期),从社会政治功能角度对文人社集与社名因由予以新兴理论阐释,具有范式效果。

另外,在稳定的中国乡土社会中,地缘、籍贯也是血缘的空间投影,互不分离。生于斯、长于斯,把人和地的因缘固定了。[1] 文人社团活动及其文学创作,自产生之日起,就具有地域性的因子,属于地域文学、文化研究的范畴。地域(籍贯等)被诸多国外学者当作了解中国历史现象的一种线索。他们认为地域对形成人物性格、编建人物之间的关系,甚至决定人物的命运都起到一定的作用,在研究历史现象时可以借此得到一定的解释,如英国《剑桥中

① 参见费孝通《乡土中国》,上海人民出版社,2007,第 66 页。

国明代史》对人物的籍贯似乎有特殊的关注，美国学者魏斐德《洪业——清朝开国史》直接以“北人与南人”为标题。而国内一批地域文学研究专家如袁行霈、杨义、罗时进、蒋寅、朱则杰、梅新林、孙之梅、李浩、胡可先、胡阿祥、戴伟华、李德辉、徐雁平、景遐东、罗惠缙等学者的研究方法与相关成果，给予了后学者思维的启发与知识要素的累积，无疑都值得借鉴与学习。

专门研究湖湘文人、文学的著作，也提供了地域针对性较强的研究范例，如孙海洋的《湖南近代家族文学研究》（长沙：湖南大学出版社，2011）、《湖南近代文学》（北京：东方出版社，2005）等著作对湖湘文学中的构成部分、时代背景、地域特征等作了独到的阐论，对相关史料进行了细致的考证、梳理。肖献军的《唐洞庭湖诗与太湖诗比较》（湖南师范大学博士论文，2012），运用地域文学“宏观—中观—微观”的研究模式，通过各方面的比较，揭示湖南洞庭湖与江南太湖地区的文学特质、二者形成的内在原因以及对后代的诸多影响，文学的地域特质在比较中得以彰显。其研究模式、比较视角都可以借鉴。蒋正治《咸同时期湘军诗人群体研究》（西北大学博士论文，2013）对咸同时期湘军诗人群体之生成背景、文学思想进行了较全面、深入的分析，对其文学史地位和作用予以总结和恰当评价，有助于深化学人对咸同时期湖湘诗人的认知。

综上所述，有关文人结社或文学社群的研究成果十分可观，业已构建了较丰富的学术话语。总的来看，文人结社研究大致呈现出两个特点：

1. 地域范围较为集中

如在研究对象上，一直反映出明显的“明清江南特色”——纳入研究的文人结社在时代上多处于明代或明清之际，地域选择上也多就江南范围开展考察。这自然与明清之际的文化特点、江南地区“无地不社”的史实有关。学界已有关于明清江南地区的文人结社研究起到了一定的示范作用,同时也启示我们文人结社是一种普遍现象,因此这方面研究的空间版图尚可进一步拓展。

2. 考论并重

如在研究方法上,学者们由侧重于“考”的基本方法逐渐转向了考论结合;在研究范围上,从特定时段或地区逐渐扩展至更广阔的时空范畴;在研究侧重点上,从偏重文人结社的政治、伦理思想内涵探讨逐渐变为对文人社集具体过程、活动现场的复原、文人社群情感世界的再现;在研究视域上,由单一的文学、政治视域逐渐开阔到人类学、文化学等视域;在研究目标上,从浅层的社集作家、作品分析逐渐提升到对文人结社与地域文化、文学、家族之间内在联系的揭示,结社研究呈现出较大的格局。

二、湖湘文人社群研究的缘起与意义

“湘流曲折,地极清幽;衡岳峥嵘,人多卓荦。橘花洲上留屈宋之词坛,杜若江边传朱张之讲席。在在文峰竞秀,玉琢行间;家家笔蕊争妍,香霏句里。”①这是清代山阳人朱于宣对湖湘人文地理、文坛创作的一种综合评价。他的评价确实符合清代湖湘,特别是湘中地区兴盛的人文气象。在此人文地理基础上,湖湘名流、世家与文人社群层出不穷,湖湘著名耆老邓显鹤在其《南村草堂文钞》中也叙述明清湖湘人文故事、乡曲美谈:“扬芬七叶,诸黄代有闻人善化黄氏;接武一门,三范时称名士桂阳范氏。其余或结社于白下,云水仙踪傅孔说、米云卿;或偕隐于空山,烟霞痼习龙人偀、邱当世诸人。此皆湖湘之故事,乡曲之美谈也。……如些、密二公郭都贤、陶

① (清)朱于宣《涵村诗集小引》,《清代诗文集汇编》第230册,上海:上海古籍出版社,2010,第211页。

汝鼒，倡社于湘中；邵陵一老车以遵，主盟于资峡。夕堂王夫之浩歌瑶峒，居然正始之音；长史邓祥麟高咏鹿厓，宛具初唐之格。”①

湖湘文学亦具有自己的独特性和自立性。以王岱为代表的湖湘文人认为：“吾楚之风气，如屈骚之奥、宋赋之丽、杜诗之博、孟诗之清，皆卓然自立不欲依傍他人，人望而知为楚也。”②

值得注意的是，在现有文人结社研究著作中，专门针对湖湘地域这一中国文学版图中重要组成部分而展开的研究显得比较薄弱。湖湘的文人社群究竟呈现什么样的面貌，结社行为与作品呈现出怎样的特点，湖湘文人在湖湘等具体地域如何结社、如何与社友开展文学互动与情感交流、具有哪些心理倾向、具有哪些独特的文学经验、产生了怎样的文学影响，那些现象和过程又具有怎样的地方文学史、文化意义，如此等等，人们为之展开的研究还很欠缺。代表性的论文仅有数篇，如陶用舒《陶澍与宣南诗友》(《湖南城市学院学报》，2009 年第 1 期)论述了宣南诗社的历史发展，考证出六十八位诗社成员，阐释了陶澍与宣南诗社的关系。袁志成《晚清湘社考论》(《求索》，2011 年第 10 期)，对湘社成员及其词创作进行了较详细的考论，清晰地考索并概括了湘社的重要社集活动、诗词创作情况，并揭示了其独特的湖湘词坛影响；伍光辉《龙膺参与晚明结社活动考论》(《中国文学研究》，2013 年第 1 期)在认真研读龙膺诗文，并考证与龙膺参与结社活动相关的其他作家作品等史料的基础上，对其参与的结社活动进行较为全面的考察。也有专门论述湖湘文人社群的相关著作，如萧晓阳《湖湘诗派研究》(北京：人民文学出版社，2008)曾考证出湖湘诗派成员组织的数家诗、

① (清)邓显鹤撰，弘征点校《南村草堂文钞》，长沙：岳麓书社，2008，第 64 页。

② 罗汝怀《湖南文征》，长沙：岳麓书社，2008，第 2279 页。

词社,列表展示,一目了然,并分析了其与湖湘诗派文学创作之间的联系,但限于题目,未对湖湘文人结社加以综合性的拓展研究。周佳慧《湘社唱和诗词研究》(吉首大学硕士论文,2019)重点探讨了晚清湘社这一湖湘综合性社团的唱和活动与作品。还有一些论著,以一个历史时段或一个结社类型为视点总览相关文学社群时,湖湘地域的文人社群被蜻蜓点水式的点出两三家,但无专门考察、分析。稍作统计可知,至今被学界集中讨论的湖湘文人社团不足十家,大批湖湘文人社团未被纳入研究视野,湖湘文人结社的相关研究仍然留有大片空白。

文人结社是清代湖湘地区相当普遍的文学、文化现象,为此展开的研究将具有以下三个方面的意义:首先,湖湘文人社集,带来文人间文学知识、才艺的相互输入。在社集游艺活动中,群体成员文风从冲突到趋同,价值判断从分歧到逐渐一致,竞逐互鉴、文字激摩标榜而产生的作品对成员诗艺的提升、地区文风的导向、特定流派的产生,其影响无疑是深刻的,其过程亦值得探究;湖湘文人作为异地区的"他者",在结社活动与文学创作中保持着一种独立性和湖湘特色,为结社文学注入湖湘文化元素,故将湖湘文人社群作为研究对象有文学史意义。其次,湖湘文人社群的社集活动、文学创作与湖湘传统文化、山水环境有着密切的联系,反映出当时文人真实的生活与心态,实现了对本地域文化的吸收、传承与发扬,呈现明显的地域文化特色。湖湘社群成员对结社活动的认同与追忆,彰显出"集体记忆"对文人聚合的持久影响力。而且湖湘文人异地社集,促进了湖湘文化与当地文化融合,带来地域文化的流动。无论在本土,还是异地,清代湖湘文人通过群体诗歌活动和有意识的地域文化构建,既凝结了自身地域文化特质,也融合了其他地域文化因子。这些现象已然超出文学本身而成为值得关注的文化现象,因而又具有文化社会学意义。再次,湖湘文人结社传统、风雅精神影响久远,古往今来,一脉相承。对此展开研究,有助于了解湖湘文化丰富的历史内涵,进而更好地认知和传播地域文化,接续文化传统、保护文化遗产。

三、相关概念的说明

1. 清代"湖南"与"湖湘"

"湖南"一词,因湖南省大部分地处洞庭湖以南而得名,因省内最大河流湘江流贯全境而简称"湘"。湖南位于中国东南腹地,属于长江中游地区,东临江西,西接重庆、贵州,南毗广东、广西,北与湖北相连。唐代宗广德二年(764)在衡州置湖南观察使,从此在中国行政区划史上开始有"湖南"之名。因为与湖北曾同属楚地域,湖南亦称"楚南"。

明代,湖南与湖北同属湖广省,省会武汉。清康熙三年(1664)分湖广为湖广左、右布政使司,分湖广右布政使驻长沙,此可视为湖南正式建省。清雍正元年(1723),改湖广右布政使司为湖南布政使司。雍正二年(1724),正式改编沅巡抚为湖南巡抚。湖南省东界江西义宁州,西界贵州铜仁县,南界广东连州,北界湖北监利县,东南界广东仁化县,西南界广西恭城县,东北界湖北通城县,西北界四川酉阳州。[①] 湖南建制分为九府四州四厅。九府为长沙府、衡州府、永州府、宝庆府、岳州府、常德府、辰州府、永顺府、沅州府,四州为郴州、靖州、澧州和桂阳州,四厅为乾州厅、凤凰厅、永绥厅、晃州厅。省府为长沙府,省会长沙。自此直至民国,湖南的地理行政区域基本稳定,与现今辖域相同。

---

① 参见王先谦辑,段青峰校点《湖南全省掌故备考》,岳麓书社,2009,第18—20页。

“湖湘”一词中的“湖”比较确切,无疑是指洞庭湖。而“湘”,则是一种泛指,指的是从洞庭湖以南直至湘南宁远之九嶷山,包括今湖南大部分区域在内的广大地域。由于这一地域以整个湘江(含湘江的支流潇水)流域为主,故称“潇湘”;衡阳(衡山)地处该流域的中心,又称“衡湘”;将其与沅水合称,亦称“沅湘”;与资水合称,亦称“资湘”;与蒸水合称,亦称“蒸湘”。另有“三湘四水”之说,一般认为三湘是沅湘、资湘和潇湘,四水为同注洞庭之湘、资、沅、醴四水。从自然地理角度说,“湖湘”包括洞庭湖以及周边地区与湘江流域广大地域,地域范围与现今湖南省域之版图庶几近之。从文化地理角度说,“湖湘”是形成与发展了独特的本土文化并受其长期熏陶、浸染的湖南省域。湖湘文化并非一种静态不变或自我内生的文化,也不是一个孤立的、线性的衍生之物,而是在地域文化间交流、互动、吸收、融汇的过程中形成其文化机制与内涵。从唐代开始,“湖湘”已经从早期的“荆楚”地理概念中脱离出来,“湖南”与“湖北”、“湖湘”与“江汉(荆楚、荆汉)”在人们心目中已经完全成为两个并列的地域概念。① 以“湖湘”代称“湖南”,亦由来已久。

湖南地貌不一,各地分布着或清绝、或秀丽、或雄峻,风格不一的自然景观,又拥有源远流长、博厚宽广的湖湘文化传统。这些都可成为孕育骚人墨客的滋养源泉,也是与其诗文创作的起兴助力。正如清代善化人张九思所言:“楚南山水清淑,而黄陵旧迹、屈子遗墟,皆足以发人幽思逸兴,形诸咏歌。”②无论是山水景物,还是文化遗迹,皆可发文人之幽思逸兴,形诸咏歌。湖湘的山水与人文,

---

① 参见万里《“湖湘”语词及其地域考源》,《湖南城市学院学报》,2006年第5期和聂荣华、万里《湖湘文化通论》,长沙:湖南大学出版社,2005。

② (清)张九思《梽芝诗集》卷一,清咸丰八年(1858)刻本。

为文人社群的活动展开构建了依托的环境，为其创作取材奉献了丰厚的宝库，亦为其感情交流提供了良好的平台。

2. “清代湖湘文人社群”

本书涉及的湖湘文人，一般指清代湖南籍贯的文人，其中受湖湘文化浸润成长起来的湖南籍文人为本书的主要研究对象。他们在湖湘各地组织建立的文学社团，有社名、社约和社友，定期有规律地开展社团活动，进行文学创作，这批社群毋庸置疑地属于“清代湖湘文人社群”。有些湖湘文人的集群虽不以“社”来命名，但有规律可循，有约定可遵，成员集会多有诗文创作，这些固定聚集进行文学创作有诗文社之本质的文人群体，亦以“湖湘文人社群”来统一概括称之。另外湖湘文人在其他省府屡结文社，他们或在异地传播湖湘文化，引领风骚；或融入当地诗文社，锦上添花，都有助于当地文化活动的展开。这些都是对湖湘文人本土结社的补充与丰富，一定程度上亦成为其他地域文人结社的旁佐与助力。相关历史事件与文学现象，具有独特的文学、文化意义，也应纳入“清代湖湘文人社群”的研究范围。

第一章　清代湖湘文人社群成长的人文传统与涵育空间

湖湘文化源远流长，内涵丰富深广，有着独特的文化个性和坚韧的生命力度；其内在精神气韵，通过不同的渠道，浸润着湖湘文人的心灵，在他们的成长过程中，烙上湖湘文化的印记。湖湘地区丘陵、山脉、平原共存，地形面貌多样；三面环山，一面临湖，环境相对封闭；自然景观秀丽多变，富有鲜明的楚南特色与浪漫的湘地风情。一山一水，一草一木，随着日常生活潜移默化渗透进湖湘文人的性情，在他们创作的作品里，留存下湖湘山水的气息。这些文化传统与自然环境对清代湖湘文人结社起着怎样的影响？表现在湖湘文人创作上，显现出一些什么特质呢？

第一节　清代湖湘文人结社的历史记忆

记忆不仅是一种生理现象，也是一种文化现象，它实现了历史事件的历时性和空间延续。社会学家莫里斯·哈布瓦赫的文化记忆理论里把记忆分为两类，一类是内心或内部记忆，另一类是外部记忆，也可分别称它们为自传记忆与历史记忆。自传记忆需要借助历史记忆,毕竟我们生命的历史最终属于公共的历史。[①] 西塞罗曾言:“历史为有记忆的生命。”对一段有记忆的地域文化生命之滋养,离不开地方群体的坚持与推动,而当我们把记忆定位在相应的群体思想中时,便能更好地理解发生在个体思想中的每一段记忆。同时作为根深蒂固的文化传统与社会惯习而存在的“历史生命”,并非只是一个“任人打扮的小姑娘”。一旦一段历史被集中地长时期地记忆,被文人不断用诗文叙说,它将得以强化与丰富,并且“它反作用于当时社会行为与公众心理的惊人力量,同样值得关注”[②]。

明清两代,文人聚合倾向十分明显,地域性文学社群丛生成为一个突出的文化现象。近三百年的清代时段里,湖湘文人社群依于乡土,分布各地,风格不一,多数由基层文人组成,如衡阳王夫之结匡社、邵陵车大任结古桃花园社于湘南,郭都贤、陶汝鼐倡社于湘中,华容严首升结东山社于湘北等;小的有梅花诗社、湘中五子等数人结社,大的有碧湖诗社、湘社等数十人的社群;有些主要课艺,如曲江文社、岳麓文会,有的偏于休闲消遣,如消寒、消夏、迎春等诗社,还有怡老型结社,如九老会、五老会等。湖湘历史上出现过屈原、贾谊等忠雅文人,湖湘地域里也留下过杜甫、柳宗元、陈与义等人的风雅印记,清末全国形势之扭转,更少不了陶澍、曾国藩、左宗棠为代表的经世实学人才群体。这些历史名人事迹带给湖湘文人长久的缅怀与感慨,引发他们强烈的认同感与模仿倾向,并与清代湖湘文人结社雅集的场所、社集的因由、社作的题材等有着密切的联系。湖湘文学社群建构历史记忆与地方文化的过程细节作

① 参见[法]莫里斯·哈布瓦赫《集体记忆与历史记忆》,丁佳宁译,曾祺明校,冯亚林、阿斯特莉特埃尔主编《文化记忆理论读本》,北京:北京大学出版社,2012,第 68 页。

② 秦燕春《清末民初的晚明想象》,北京:北京大学出版社,2008,第 17 页。

为一段乡土历史颇值得还原,其建构过程中所体现出的倾向特征以及起到的作用亦可探讨一二。

一、先唐忠雅文人与清代湖湘文人结社
——以屈原、贾谊为例

先唐时期的湖湘与湖北同属于楚文化区,屈原、贾谊虽非湘籍人士,湖湘却成为其最终的“伤心地”。屈原、贾谊之言行与作品所体现的忧国悯民之情,爱国卫疆之心,让儒家士子拳拳服膺;其才高绝,其志宏大,亦引发很多湖湘文人惺惺相惜;屈贾的坎坷生平,不幸遭遇,让世人难免为他们郁郁伤怀。屈贾作为一种流传久远又蕴含丰富的文化符号,带有强烈的湖湘地域色彩,在历史长河中熠熠发光,湖湘士民对其记忆深刻且有特别感情。

湖湘官方之建屈、贾祠,起于南宋。湖湘之俗,信巫尚鬼,如庆历时之黄捉鬼,南渡时之钟相,皆始于妖言惑众,装神弄鬼。许多儒家士大夫致力于祠祀改造、兴办学校,运用行政手段倡导儒家文化以化民成俗。南宋淳祐七年(1247)陈韡在湖南做官时,开始对原有巫俗严为禁防,毁郡县淫祠,修崇南岳祠、炎帝陵庙、屈贾祠,由是楚俗一变。通过对南岳祠、炎帝陵庙、屈大夫祠、贾太傅祠的祭祀形成一种新的礼俗,而取代原来信巫尚鬼的楚俗。[①] 这项新礼俗自南宋始,由后代的儒家士大夫将之承继下来。屈、贾祠建成后,后人反复修葺,以便世人祭祀与纪念。明代成化中在长沙据贾傅旧宅建祠,清人数次重葺,李元度《天岳山馆文钞·重修贾太傅祠记代》记:“国朝康熙中,增祀屈子,称屈贾祠,用太史公合传例

① 参见朱汉民《湖湘文化探源》,《湖南大学学报》,2011 年第 4 期,第 5—9 页。

也。乾隆二十四年重葺，嘉庆二十五年再葺，距今余五十年矣。”[①]光绪元年(1875)，由官绅捐资，粮储道夏献云主持对贾谊故宅又进行了一次规模较大的重修，“祠后隙地十数亩，增建怀忠草堂，南向。旁为忠雅楼，东向，登之可望麓山。循廊东上，为小沧浪馆，再进，度石桥为佩秋亭，绘屈子小像，镵诸石。迤北为信芳书屋，杂莳花卉，垒石为山，下为池”[②]。屈贾祠内叠石为山，规土为池，花木摇曳，山石映波，既能登高远望麓山湘水，又可泛舟闲赏蓝天碧波，遂成为长沙一处极有韵致的园林，文人因此常集此地。

嘉庆时，少年聂铣敏与彭湘南、陈兰庄等楚泽布衣结冶春诗社，“国朝以来，沧州而外，古攸一邑，继起多贤。彭湘南以楚泽之布衣，为梁园之上客，而其时陈兰庄行吟秋水，见赏湘南。余少与兰庄称忘年交，结同社友，犹忆星沙客邸、贾傅祠边，酒盏招邀，诗筒往返，青灯照影，白雪侵帘，夜柝之声屡催，雨窗之谈未已。洎余计偕北上，兰庄亦袱被南归，良时一过，遂成永诀”[③]。

其诗《留别陈兰庄先生八首》第二首、第五首分别为：

濯锦坊边贾傅祠，客中欢聚不违期。闲来古屋谈前事，坐对寒灯读旧诗。吠犬近迎因见惯，倦童立寐不知疲。夜阑秉烛归深巷，烟雾蒙蒙欲曙时。[④]

冶春诗社久寥寥，旧雨联吟兴更饶。得读联句旧作。竹里

---

①② (清)李元度撰，王澧华校点《天岳山馆文钞》，长沙：岳麓书社，2009，第374页。

③ (清)聂铣敏《献花山房诗存·序》，《清代诗文集汇编》第457册，上海：上海古籍出版社，2010，第2页。(本书后文多处引用《清代诗文集汇编》之出版信息与此处皆同，不再一一标明，其他引文同理。)

④ (清)聂铣敏《寄岳云斋初稿》，《清代诗文集汇编》第513册，第661页。

禊春嬉胜日，花前醉月耐清宵。园林雅集来虽暮，薄酒风流去未遥。自笑萍踪依鹤迹，一朝分袂太无聊。①

聂铣敏与诗社友人园林雅集，诗酒风流，贾傅祠是常聚地点。竹里禊春、花前醉月本就风流快意，谈古说今、读诗鉴文，因知己相投，谈兴甚浓，古屋寒灯陪伴亦其乐自得，诗社众人往往深夜不疲，曙时方归。诗中用“吠犬近迎”和“倦童立寐”两处细节来表现聂铣敏等人雅集之惯常与相聚之时长，别有趣味。留别友人题诗时，贾傅祠的欢聚回忆印象深刻，跃然纸上，如在眼前。而谈前事、读旧诗，则展现出文人们对贾傅记忆的主动承继行为，自传记忆融入了历史记忆，亦强化了历史记忆。

长沙人周锷有《春日宴集，友人为诗叶之戏，集字为诗，以屈、贾、陶、蔡分题。余拈得蔡江门，顷刻而成，若有神助。同集者陈兰庄得陶，蔡复庭得屈，庄浚斋得贾》：

江上降旗举，孤城未解围。土花埋碧血，风雨掩残衣。转战声何勇，呼天事已非。墓门松树满，怀想尚依稀。②

文人诗叶之戏，集会者每人抽取一牌叶，上有单字或人名，以此为诗题，按规则创作诗篇，凭作诗的快慢与优劣来定游戏的胜负。长沙周锷等人雅集诗叶之戏，以屈原、贾谊、陶渊明、蔡道宪分题题咏。周锷所题之蔡江门，为蔡道宪，字元白，号江门，福建晋江人，明崇祯十年进士，长沙推官。癸未时张献忠破长沙，蔡江门被

① （清）聂铣敏《寄岳云斋初稿》，《清代诗文集汇编》第513册，第661—662页。

② （清）周锷《听云山馆诗钞》卷八，清道光刻本。

执，怒骂不屈，寸磔以死，卒谥忠烈。至清代，长沙地方为之设祠祭拜，亦视其为湖湘忠烈。周锷诗回顾了蔡江门的悲壮结局，并由此抒发了历史感慨。湖湘文人雅集，以诸湖湘忠贤为题题咏，并来场文学创作比赛，这个过程被设计为湖湘文人寻常雅集游戏的一个固定环节，而文人们在诗叶之戏中重温这些湖湘往事，并道出各自的历史经验与感悟，让轻松寻常的游戏具有了严肃深沉的内涵。

道光时期武陵人杨彝珍《端阳日芝岑廉访约同人于忠雅楼祀屈子，即席赋古诗一章，索同人和，因次其韵》：

> 去年君款客，维四月壬午。今兹举蒲觞，复取朋簪聚。雅集佩秋亭，抗怀在千古。一盏荐井泉，神兮或不吐。晻蔼盼霓旌，得无还故宇。缤纷有遗佩，随风落极浦。却怪江间涛，尤为三闾怒。遂令怀沙恨，感怆到渔父。嗟彼合传人，亦曾谪斯土。吊古发幽情，涉江搴蘅杜。有时代问天，飒飒来风雨。并祀忠雅楼，江山凭仰俯。……①

诗人在一种伤感而肃穆的氛围中追吊屈子，并借诗抒发自己的志向——继承屈原、振兴骚雅，“芝岑约同人祀屈子于佩秋亭，匪独乞彼灵芬，当欲振兴骚雅”②。后又有《芝岑廉访重修贾傅祠，屡于其中觞客，因再叠前韵，作诗一首以张之》，从这批雅集诗题也可知忠雅楼、贾傅祠因其纪念的人物，而为文人雅集欢聚的“常所”。

道光四年(1824)，宁乡人黄本骥客游衡郡。重阳时与王金策、张玉峰、陈子言结诗社，分题得蟹，分韵得江字。道光六年，王金策集同人为三闾大夫生日纪念，多有诗作。黄本骥有诗《王香杜夫子

①② (清)杨彝珍《移芝室诗集读本》，《清代诗文集汇编》第627册，第319页。

集同人为三间大夫作生日即次元韵》云:“此会果能成土俗,不须还赛紫姑神。”[①]又《前题代作二首》其二云:“骚坛建帜雄诸子,禊社詹期祝协寅。”[②]黄本骥等人不只通过雅集来自得其趣,更为了纪念屈原以继承骚雅传统。清末宁乡人廖树蘅与同人畅游岳麓山,作《麓山纪游十首》,第四首自注:“道光时,黄虎痴、邓湘皋、王香杜、沈栗仲诸公尝入山为屈子生日。”[③]黄本骥虎痴、沈栗仲道宽、邓显鹤湘皋与王金策香杜等人皆为当时湖湘的名士,其中沈栗仲是绍兴人,但久在湘地为官。他们入麓山为屈子作生日的雅集诗会亦留下文坛佳话,供后人仰怀。

晚清郭嵩焘与诗社友人聚集,写下《正月二十一日浩园小住,为屈子作生日》:

> 沾丐芳馨屈子乡,生时原系楚兴亡。一尊潋潋寒将尽,万卉萋萋日载阳。倚托风骚哀怨在,发挥谣俗事功长。诸君等是逢衰晚,相对萧疏鬓发苍。[④]

当时风雨飘摇、国势凋零,诗人虽有报国之志、经世之才,却屡受打击,只好退隐乡土,诗酒度日,与湖湘友人结碧湖诗社、湘社等。诗歌怀古惜今,一方面伤屈子“倚托风骚哀怨在”,另一方面怅众友“诸君等是逢衰晚”,为屈子做生日的仪式与诗歌中,寄托了诗人与屈子惺惺相惜且自勉自伤之心情。

屈、贾祠是儒家士子纪念追怀历史的情感载体,也是象征忠雅

---

①② (清)黄本骥著,刘范弟校点《黄本骥集》,长沙:岳麓书社,2009,第58页。

③ (清)廖树蘅《珠泉草庐诗钞》,《清代诗文集汇编》第745册,第543页。

④ (清)郭嵩焘撰,梁小进主编《郭嵩焘全集》第14册,长沙:岳麓书社,2012,第180页。

传统的教育工具，还是世人游玩休憩的娱乐场所。环境清雅且拥有历史内涵和文化象征意义的屈、贾祠，便成为许多湖湘文人结社雅集的固定场所；屈、贾祭日或生日成为文人们雅集诗会的因由；屈、贾故事与其精神内涵则是个人创作灵感或诗社集体表现的主题；寻常文字游戏的放松过程中还包含着重温历史记忆、怀念先贤并发表历史感慨的严肃行为。

二、唐宋风雅客子与清代湖湘文人结社
——以杜甫、陈与义等为例

湖南，唐属江南道（后改江南西道），宋属荆湖南北路，唐宋时期远离政治中心，经济、文化相对落后，犹多属罪臣贬谪流放、士子流离漂泊之地。湖湘地域虽不是迁客们的乡土，却承载着他们人生中重要的历程，保存了他们遗留的很多历史记忆；唐宋时逐渐形成不同于湖北的湖湘文化，也吸纳了迁臣客子们所带来的诸多文化元素。

（一）杜甫与潭州岸花诗社

唐代大诗人杜甫曾因战乱，寓居湖湘，并卒于此。多种史料皆有相关记载，如《旧唐书》记载唐永泰元年“蜀中大乱。甫以其家避乱荆、楚，扁舟下峡，未维舟而江陵乱，乃溯沿湘流，游衡山，寓居耒阳。……永泰二年，啖牛肉白酒，一夕而卒于耒阳，时年五十九。子宗武，流落湖、湘而卒”①。《潇湘听雨录》卷三记载平江有小田杜氏族，自称杜甫后裔，家藏唐宋诰敕二通。从湘北至湘南，杜甫留下多首脍炙人口的湖湘纪游诗作，如《泊岳阳城下》《登岳阳楼》《过洞庭湖》《宿白沙驿》《湘夫人祠》《发潭州》《双枫浦》等。其中《发潭州》云：

---

① （后晋）刘昫《旧唐书》卷一九〇下，北京：中华书局，2000，第3440页。

夜醉长沙酒,晓行湘水春。岸花飞送客,樯燕语留人。贾傅才未有,褚公书绝伦。高名前后事,回首一伤神。①

明代王嗣奭评价:“今湘潭县南有岸花亭,时未到衡,诗当置《望岳》之前。岸花、樯燕影人情之薄,贾、褚皆以自况。……此以去潭州而兼怀贾、褚,羁穷旅遇之怀,神交冥漠之感,非掇拾故事以成诗之比。褚尝谪为潭州都督。”②诗歌情景交融,怀古伤今,特别是“岸花”两句语言浅显,形象生动,拟人手法运用巧妙,勾勒出一片动态的江岸花景。

潭州即今之湘潭。湘潭县城观湘门外有一亭旧名“黄花亭”,明万历年间,知县包鸿逵兴建万楼时,重建黄花亭,并据杜诗改亭名为“岸花亭”。地方志记载:“岸花亭在县城观湘门外,明知县包鸿逵取杜甫诗‘岸花飞送客’句命名。崇祯初,邑人王岱、郭金台等立岸花诗社。”③在观湘门外临江之浒,帆影渔歌昼夜相接,晴光潋滟青翠扑人;岸花亭附近遍地花树,足娱游目,其景也不愧为“岸花”之称。既有风雅典故,又兼江岸花景,明清潭州文人常结社雅集于此,怀古吟诗,临景赋别。正如后人诗云:“少陵过潭州,晓吟岸花句。邑人建孤亭,诗社溯遥慕。千年花仍飞,草荒不知路。送子合此间,衡湘莽回互。”④

崇祯初立岸花诗社的同人,后来多数由明入清,如王岱,字山

① (唐)杜甫《钱牧斋先生笺注杜工部集》,《续修四库全书》第1308册,上海:上海古籍出版社,2002,第291页。

② (明)王嗣奭《杜臆》卷十,影印稿本,上海:中华书局,1962。

③ (清)李瀚章、裕禄等编纂《(光绪)湖南通志》卷三二,长沙:岳麓书社,2009,第874页。

④ (清)张九钺《紫岘山人诗集》卷二六,《续修四库全书》第1444册,上海:上海古籍出版社,2002,第136页。

长，一字九青，号且园，又号了庵，湖南湘潭人。约生于明万历三十四年(1606)，卒于清康熙二十五年(1686)。明崇祯十二年(1639)举人。入清任湖南安乡教谕，迁湖北随州学正，擢顺天府教授。康熙十八年(1679)荐博学鸿儒，迁广东澄海知县，卒于任。善诗文，工书画，其作广涉时事。著有《了庵诗集》《了庵文集》等。郭金台(1609—1676)，字幼隗，崇祯己卯、壬午两中副榜，屡荐不起，例授官亦不就。明末动乱之际带练乡兵，守御乡土，全活数万人。晚归隐衡山，著书授徒。遇人不谈世事，只列论明末殉难诸人。卒前自题其墓碑名为“遗民郭金台之墓”。岸花诗社成立之际，王岱、郭金台等人正是青年时期，尚未入仕，提倡风雅，同声相求。道光时湘潭人罗汝怀有《岸花亭怀古》一诗，诗序称：“崇祯初，邑诗人易象清、唐吉会、王岱、郭金台立岸花诗社，提唱风雅，刻有《岸花诗社诗》二卷，皆废于兵火。国朝始建，今亭在万楼后园中。昔年曾一至其地，亦将颓落，风流销歇，不胜今昔之感矣。邑侯以此题试士，率赋二首。”[①]其诗云：

老客诸侯两鬓华，清樽聊复醉长沙。渭滨旧恨留江草，湘上春怀托岸花。北极朝廷常在眼，中原寇盗久无家。岂惟叹息同梁傅，野鸟终看叫日斜。(其一)

生前风雨无茅屋，死后乾坤有草亭。照我尚余新月白，游魂应恋旧山青。诗人大去飞花懒，春兴多阑静室扃。莫把沧桑怀往事，故交寥落已晨星。(其二)[②]

---

①② (清)罗汝怀《绿漪草堂诗集》,《清代诗文集汇编》第617册，第440页。

诗歌句句切题,岸花之今貌与昔景、古杜甫之生平与今诗人之伤怀,穿插交错,气脉流畅,怀古之意深沉伤感。

虽然明末清初的岸花诗社诗集已佚失,但从诗人们的别集作品中还是可以发现一些痕迹——当时诗人们雅集交游的情景描写。如郭金台访王岱,其诗《王山长溪上草堂纪事,即席步韵》之一云:

不识溪亭隐,遥遥入圃深。绿蕉依户静,高竹聚庭阴。奇字传新帖,清言见道心。北窗聊寄卧,太古未全沉。①

诗人对社友王山长即王岱的溪上草堂进行了一番描摹,揭示其"隐""深""静""阴"的特点,暗赞主人品性高洁、韵致深远。对社集场所——岸花亭的幽美环境,对诗圣杜甫的钦慕追忆,郭金台诗中多有提及,如《赋赠汪柳公》:

古之名胜称潭州,锦湾石塔联昭丘。陶公褚公著胜迹,兴唐恢晋森来游。久客赋诗宗杜甫,名篇烂熳辉湘浦。岸花黄叶起江皋,十里烟岚披绣户。……②

又《寄同年赵友沂时友沂已补中翰》其三:

北斗辉天府,衡云万态新。岸花留语燕,青草照啼筠。岁

① (清)郭金台、郭都贤撰,陶新华校点《石村诗文集·些庵诗钞》,长沙:岳麓书社,2010,第48页。

② (清)郭金台、郭都贤撰,陶新华校点《石村诗文集·些庵诗钞》,第182页。

月湘山老，羲皇白屋春。著书聊自献，敢尔厌呈身。①

岸花亭以及周围的景物作为诸诗中抒发情感的背景出现，无论是岸花黄叶、十里烟岚，还是岸花语燕、青草啼筠，都呈现出一幅幅赏心悦目的画面，为诗歌增添了美感。

岸花典故与离别有关，故在郭氏送别诗中常被运用，如《赠别诸诺和尚还岳》其四：

岸花飞尽漾池荷，七月清秋师渡河。归去白云应路塞，拾来割赠几人多。②

又《留别刘杜三》：

皓首回看涕不禁，洛阳年少并伤心。百年底事干戈老，三月湘江风雨深。诗画一别难载恨，池塘有梦易成吟。岸花樯燕惊无主，笑就陶家柳半阴。③

两诗之岸花典故与诗中景物融为一体，自然风光与人文典故紧密结合，既富有艺术的美感，又增强了诗歌内容的涵蕴。“岸花”这一词汇，具有极强的画面感，让人浮想幽美恬静的景象，又因前期杜甫的创作，此词成为湖湘地域特有的杜甫文化典故用词，山水悠游

① （清）郭金台、郭都贤撰，陶新华校点《石村诗文集·些庵诗钞》，第90页。

② （清）郭金台、郭都贤撰，陶新华校点《石村诗文集·些庵诗钞》，第93页。

③ （清）郭金台、郭都贤撰，陶新华校点《石村诗文集·些庵诗钞》，第115页。

与人文风雅双重意蕴结合,后续文人们也倾向于拓展这个词汇符号更丰富的情感与文化意蕴。湖湘岸花诗社对此形象符号的运用得心应手,如刘自烨称他为岸花社友郭金台诗集作序时正是在"岸花雨中",岸花诗社之风雅情致,又可见一斑。

明末的岸花诗社消失在历史中后,又有新的岸花诗社继之而来。如清初顺治、康熙年间,潭州城东的岸花亭社与城西的凤竹诗社名著四方。乾嘉时,"陶园诗老"张九钺《重修凤竹巷募化功德序》记载:

> 吾邑城西烟云缥缈之胜,后湖为最。据后湖全胜,崇构砀基快登眺者,凤竹庵为最。庵自前明为新安商众捐地基,国朝初年节中大师苦行募化,四修始成,见邑王了庵先生《节大师传》,诗联尚存巷中。嗣张湘门先生与吾祖南麓公屡偕名流觞咏于此,号凤竹诗社,与城东岸花亭社并著,四方冠盖、骚人韵士望以为归。①

张湘门即张璨,字岂石,湘潭人,康熙时诗人兼学者,王闿运《(光绪)湘潭县志》卷八之三有传,卷十载张璨《湘门赋》。南麓公即张文炳,为张九钺之嗣祖,湘潭人,少聪颖,有文才,著《邻岳堂诗集》二十卷,《(光绪)湘潭县志》卷八之三亦有传。

虽然顺康年间的岸花亭社名著四方,但逮至嘉道年间,也已风流云散。嘉庆年间湘潭诗人石承藻《小埠桥行为高祖明经公作》,题下原注:"余丈湘潭竹枝词有《石先辈永诀处》一首:'通济谯楼入望遥,半边街下水迢迢。春流不洗苌弘碧,千古心酸小埠桥。'演为

① (清)张九钺《紫岘山人外集》,《续修四库全书》第1444册,上海:上海古籍出版社,2002,第193页。

长歌，以纪其事。”长诗末尾云：“岸花诗社久寥寥，原注：公与同人建岸花诗社。词客心酸小埠桥。天道好还有如此，回首湘江憾未消。”[1]石承藻，字黻庭，号兰溪，湘潭人，嘉庆十三年戊辰科吴信中榜一甲第三名，兵科给事中。曾与乡人张声玠、邹新照相唱酬。石承藻高祖明经公——石仑森（1637—1698），字天际，康熙时人。“逸庵之子天际明经仑森，畸人也。尝于西直门冲仗伏谒圣祖，泣陈湖南疾苦。仁庙改容动听，给勘合回籍候质。事得直，民困遂苏。后为怨家所中，死于市。黼庭之高祖也。”[2]石仑森为民请事，不惜以身赴险，冲撞康熙守卫之兵仗。后为仇家陷害，冤死湘潭城外，其事见《沅湘耆旧集》卷一百四十一石承藻小传。诗中“余丈”为湘潭人余洵，潭人言诗者多称之，《沅湘耆旧集》卷一百存余洵诗三首，其一为《小埠桥》，自注：“石天际先生永诀处。”[3]石仑森英年逝去，所建岸花诗社，至石承藻壮年时，久已寂寥。

张九钺《题黄岱洲岸花送别图》云：

> 岸花亭社已成尘，江路惟余草色春。自作诗人离别地，吴中图画一时新。
>
> 湘城巨涨系艨艟，斗酒挑灯黑雨中。不见高歌朱叔子，离心飞过大江东。[4]

---

① （清）邓显鹤编纂，欧阳楠点校《沅湘耆旧集》第5册，长沙：岳麓书社，2007，第409页。

② （清）邓显鹤编纂，欧阳楠点校《沅湘耆旧集》第5册，第403页。

③ （清）邓显鹤编纂，欧阳楠点校《沅湘耆旧集》第4册，第373页。

④ （清）张九钺《紫岘山人诗集》卷二六，《续修四库全书》第1444册，第141页。

岸花依旧在,诗社已成尘。地方志、诗文集里仅存数笔痕迹,但经久不灭的,是一个又一个岸花诗社的风流雅致,恒久流传。

(二)陈与义与邵阳古杉诗社

宋代陈与义,字简斋,河南洛阳人。因南渡避乱湖湘,闲行万里路,诗益奇壮,论者比之杜少陵。陈与义在湘南邵阳久寓,创作《将至杉木铺望野人居》《晓发杉木》等多首诗。其《晓发杉木》云:

古泽春光淡,高林露气清。纷纷世上事,寂寂水边行。客子凋双鬓,田家自一生。有诗还忘记,无酒却思倾。[①]

诗歌深情远韵,感怆无端,如见其人,如闻其语。湘人为陈与义在邵阳黑田铺建祠,祠中有古杉两株。《(光绪)湖南通志》载:"参政祠在县黑田驿杉木铺,祀宋参政陈与义。邓显鹤《新建杉木铺参政祠碑》。"[②]"古杉木铺在县东八十里,宋参政陈与义过此有诗。国朝道光二十五年,知府张镇南建杉木亭及陈参政祠。古杉二株,霜皮尽褪,铁干高撑,大四围,高二十余丈,小枝下拂,有龙爪拿空之势。"[③]道光年间,邓显鹤追慕风雅,珍重古物,与众人唱和古杉歌诗,成古杉诗社。

道光乙巳,余重来主东山,承修郡志,求杉木铺所在,盖无有能言其处者矣。……逾年,余以事道黑田,复憩其下,婆娑嗟玩不能去。因思此种神物,溷迹风尘古道中,为荛牧所狎,

① (宋)陈与义著,白敦仁校笺《陈与义集校笺注》,上海:上海古籍出版社,1990,第673页。

② (清)李瀚章、裕禄等编纂《(光绪)湖南通志》卷七六,长沙:岳麓书社,第1660页。

③ (清)李瀚章、裕禄等编纂《(光绪)湖南通志》卷三四,第897页。

而高官贵人，冠盖如织，亦熟视无睹，并简斋之诗不知作何语，良可慨也！乃为歌诗以张之。一时湖外名流，海内词宿，和章麇至，既刻为古杉诗社，分贶同志矣。

先是，余语彦深，以双杉之古，见《简斋集》，宜为世珍重。顾阅七百年之久，方志别集无一语道及，若再阅岁时，不为培护，将遂湮没于蛮烟瘴雨中矣，不重可慨哉！①

也有唐宋文人行迹游踪虽不至湖湘，但其精神、内蕴深远影响湖湘文人，文士社集时同样会纪念追思他们，如对苏轼的纪念与祭拜。同治八年(1869)，杨翰、廷桂等人于湖南澧州建构小阁，名寿苏阁，此后屡次招集同人雅集，瞻拜苏像，诗酒唱酬。杨瀚有《坡公生日，岳常守署构小阁落成，因名寿苏阁，小集同人。芳宇携旧藏苏斋题坡像赋诗，次韵答之》《寿苏后三日，芳宇复招集仿玉局黄楼，归用前韵纪事》《二月十五夜登寿苏阁看月，四用前韵》《性农知余在澧构寿苏阁，用予纪事韵见寄，五用前韵答之》《清明日偕同人游澧阳水月禅林，得六绝句》等诗记录寿苏阁文人社群的活动。其中《腊月十九日诗境亭偕同人拜东坡像，案上陈苏诗与宋牧仲集，适宋小崖至，喜而有作，用牧仲韵》云："去年构阁名寿苏，搜岩采干劳山夫。己巳在澧州构小阁，十二月十九日落成，因名寿苏阁。廷芳宇携覃溪题坡像同聚，唱和甚多。今得守溪铭小像，清臞不类多髭须。庚午得王守溪题坡像，清臞不类世所传多髯像。诗境亭前为公寿，前苏后陆相涵濡。诗境亭以放翁书'诗境'二字命名，与何贞老有长古纪事。……商邱异世有同趣，如同秋月参文殊。寿苏故事，牧仲尝举行之。小崖乃牧仲

① (清)邓显鹤撰，弘征点校《南村草堂文钞》，长沙：岳麓书社，2008，第209—210页。

裔孙。”[①]寿苏祭苏活动一直持续到光绪初,杨翰自同治十年(1871)又迁居长沙,在此地邀集交游诸子寿苏拜苏,有《光绪二年丙子十二月十九日大雪,集同人二十二人为苏公寿,赋诗纪事》《二十九日雪晴,集黄海华、裴樾岑、王壬秋、张笠丞、何伯源、朱暝庵重拜坡公像,作展寿苏局,诗以纪之》《书尊文画寿苏阁图便面》,黄海华有《丙子十二月二十九日,海琴老弟招同人为展寿苏之会,以疾初起未赴》诗记录。

值得注意的是,杨翰、廷桂两人并非湖湘籍贯,不过仍然带动与影响了一批湖湘文人的文学活动。杨翰(1812—1882),一名瀚,一字伯飞,号海琴,又号樗庵、息柯居士,顺天宛平(今属北京)人,一作直隶新城(今属河北保定)人,出生于四川。廷桂,字芳宇,号万石山人。满洲正白旗。举人。杨、廷两人自咸丰初开始久官湖南,杨翰致仕后也一直居湖南,卒葬祁阳。其二人来湖南之前就有寿苏之习,源于翁方纲在其苏斋发起的寿苏会。罗聘所绘苏东坡像上翁方纲题跋云:“坡公生日,仆与吴中张君、商邱陈君、两峰山人为置酒苏斋。醉后两峰绘像两帧,张、陈即得苏字,各题一律,并送两峰。仆为录上方,俾各得其一,即以志别。方纲并记。下方又有杨息柯翰及万石山人和韵各二首。山人为廷芳宇太守桂,即耻庵之从父行也。山人官湖南日,与息柯岁悬此帧寿苏。”[②]罗聘,字两峰,安徽歙县人。从金农学画,入高格。杨、廷两人与同人每岁雅集,寿苏之习一直延续多年,居湖南后,在澧州、衡阳、长沙等地邀集湖湘文人,推行寿苏祭苏之风,每岁悬罗聘之东坡像寿苏。杨翰《光绪二年丙子十二月十九日大雪,集同人二十二人为苏公寿,赋诗纪事》提道:“我昔寿苏在岭表,蒸天海气炉烟袅。去年寿苏回雁峰,冻云遮断青芙蓉。今年

① (清)杨瀚《褒遗草堂诗钞》,《清代诗文集汇编》第650册,第296页。

② (清)震钧撰,顾平旦校点《天咫偶闻》,北京:北京古籍出版社,1982,第138页。

潭州筑吟垒，石火电光逢丙子。公生八百四十年，神之来兮集于此。”[①]社集同人寿苏诗作众多，璋联璧沓，刻之成集，“此日因缘尤足异，狂喜海南寓书至。璋联璧沓寿苏诗，蒙也耽吟亦滥厕。适粤东李子虎寄来《寿苏集》刻本，余诗亦列入，适于是日寄到，殊为奇缘”[②]。

又如湘人何绍基晚年归长沙，同治二年(1863)，与胡恕堂、黄海华、王敬一、唐荫云为五老消寒会。其《黄海华处消寒第四集》之三云：“独咏髯仙寿，孤吟又一周。壮年燕市集，早岁凤台游。老屋荒嘉树，郎君已白头。嘉庆己卯就婚凤台，季寿丈作坡公生日，为余寿坡之始。后都中屡有是集。去年无此会，而罗研生要余作一诗。季寿丈于庚辰作古人，《嘉树堂诗集》，亦罕传本。功名与文字，几辈永传留。‘叹人生甚荣华富贵，变灭似云烟。惟有功名与夫文字，能令后世流传。’季寿丈寿坡词也。”[③]何绍基寿苏之习始于姻亲季寿丈发起的坡公生日会，京城之文会中又屡有此类集会，回湖湘后仍沿旧习，并应友人罗汝怀之邀，作寿坡之诗。其诗《李仲云招客作东坡生日，出观成都西楼帖。次日窦兰泉侍御嘱题钱南园先生手札，作诗送兰泉行》亦记寿东坡生日雅集。

一批又一批的风雅客子在湖湘留下了他们的文学印记和文化痕迹，湖湘士民或者建造文化建筑符号来标识之，或者用某种文学活动或民俗仪式来纪念之。道光时邓显鹤《古杉倡和诗序》：“少陵诗至夔州而始盛；简斋诗至湖峤而益昌。今湘潭人士取子美‘岸花飞送客’句作岸花诗社，又于凿石浦构少陵草堂，与退之之祠郴、柳州之祠永、梦得之祀朗、龙标之祀沅同况。”[④]文化建筑是一种用砖木等建材演绎的固定空间的历史，而诗社社集、祭拜和创作活动

---

①② (清)杨瀚《褒遗草堂诗钞》，《清代诗文集汇编》第650册，第329页。

③ (清)何绍基撰，龙震球、何书置校点《何绍基诗文集》，长沙：岳麓书社，2008，第532页。

④ (清)邓显鹤著，弘征点校《南村草堂文钞》，长沙：岳麓书社，2008，第55页。

则是一种文人们不断演绎的动态历史。两者的共同点在于它们都有纪念的特性,而在文化建筑内开展的以纪念为主题的文学社集与创作,无疑是一种"二合一"方式的呈现传播与历史记忆的强化。

三、明清经世乡贤与清代湖湘文人结社
——以王船山、曾国藩等为例

明清湖湘文化中最突出的精神特质,是"经世致用"的入世精神,体现了湖湘文人士大夫以天下为己任的价值取向。在这种价值取向与入世精神的引导下,湖湘文人士大夫自觉地承担社会责任,不避苦难,亦不以一己私利为进退标准。无论是隐居山林、著书阐志的王夫之,还是高官显爵、位极人臣的陶澍、曾国藩、左宗棠,相同点在于他们忧国悯民的情怀、不畏苦难的精神和经世致用的志向。

(一)纪念乡贤的空间方式——祠园建设与社集固定场所

湖湘文人抗心希古、追慕前贤的情怀弦歌不绝,对于经世致用、有所作为的本土乡贤,湖湘士民铭记感怀,以此为荣,亦为之建祠。如曾国藩作为湖湘文化所培育的乡贤代表,先不论其功过是非,究其时代意义与历史地位,都是独树一帜的,其对湖湘文人而言也影响深远。光绪初年,湖南官方奉请朝廷之命,由盐商捐资兴建曾文正公(曾国藩)祠于长沙小吴门正街。曾祠竣工,尚有余资,此时郭嵩焘、李元度及居住在长沙的盐商朱昌琳等人又共同倡建王船山祠于曾祠之右侧(今船山学社地址)。光绪六年(1880),王船山祠建起。王祠建立后,郭嵩焘每年元旦及船山诞辰日,都来祭奠。当时的湖湘宿儒郭崑焘、李元度、王闿运、熊少牧、王先谦、龙研仙等人也常来瞻仰祭祀。王祠一直受到清末湖湘人的重视,直

至毁于1938年日本飞机轰炸引发的战火。① 曾祠和船山学社内建有浩园，为清末长沙城中最大的园林之一，《敕建曾文正公祠碑》曾对浩园有比较详细的记载："有池，广袤十数亩，为桥一、楼一、亭五、台二，池畔垒石为山，杂莳花木，翼以回廊，缭以崇垣，垣周二百六十丈。"②陈作霖《可园文存·游湘日记》也谈到浩园："地以水胜，树石间之爽朗之致足怡心目。"③足见浩园作为城中园林的雄伟秀丽与赏心悦目。

清代后期湖湘文人结社雅集聚集的固定场所之一就是曾祠与浩园。同治十三年(1874)，曾国荃、郭嵩焘在浩园集十五同人开"展九会"，参与者多为地方耆旧，郭嵩焘有诗《十月九日曾太傅祠集同人为展九会》：

古来佳节独重九，展九可至一月后。吾衰世事百无营，但对黄花尚酣酒。伐鼓戒期急征召，挎裳纵横十六叟。浩园颇亦似衰翁，狼(籍)〔藉〕残荷与枯柳。晴冬三月无雨泽，骄气蒸腾到藜莠。鳙池水浅不受钓，枉使庄周校升斗。犹怜丛桂小山幽，余香交柯逗窗牖。江夏黄公信尊宿，文场割据声名久。论年尚欲长熊侯，八十精神能抖擞。七十以上得七人，过六十者两黄耇。五十者五四十一，瞑翁斯文若莹琇。少年文章能屈铁，晚出争雄一子玖。屈指九百五十年，十五人中数谁某。故应合作千岁宴，如陈一堂古彝卣。李侯避席去不顾，留此阙

① 参见刘献华等编纂《湖南通鉴》，长沙：湖南人民出版社，2008，第551页。

② 李元度撰，王澧华校点《天岳山馆文钞》，长沙：岳麓书社，2009，第95页。

③ (清)陈作霖《可园文存》卷九，《清代诗文集汇编》，第736册，第80页。

典将谁咎?湖湘韵事岂易得,飞函促召纷驰走。傅君语言妙天下,宙纵宇横曰宇寿。老夫绝迹城市游,自笑形容已衰丑。曳杖连骑更遭骂,犹能扫苔持敝帚。杨邹二老富闻见,古贤此乐能同否?二卿理深袁藻速,朱黄才量江河受。周侯衣冠更奇古,呼石为兄菊为友。强我作主同张侯,要揽众山归培塿。欢娱天地无尽藏,约束壶觞期善取。识君等是济时彦,各弃轩冕就林阜。安西都护驻疏勒,鸡林雨雪屯兵守。宣仁临朝哲皇幼,章蔡济济纡簪绶。千官抗论政事堂,可惜书成无覆瓿。宁知丰镐图王会,涤除凶暴惟忠厚。弛张要出戈铤外,岂屑功人与功狗。张侯妙著《瀛海论》,奇气郁勃蛟龙吼。古音领悟遗弦指,至理参详在瓦缶。强持谰语聒后生,有似鸿荒经辟剖。还登高台望八极,烟雾溟蒙杂尘垢。眼前崧华起方寸,湘乡益阳今安有?遗祠数得名贤集,长抱茱萸开笑口。胜游晚景急追欢,绕阶虫鸟鸣相偶。欲作云山千岁图,惜无前辈荆关手。韩苏若在斗奇句,定去俗书摩蝌蚪。世间良会能有几?万事一过徒为负。湘江云麓久见招,坐对青山嗟白首。盛衰转眼谁料得,要与作诗传不朽。①

郭嵩焘虽忧国悯民,经世务实,又才华横溢,能力超群,却因为出使外洋、思想相对开放遭人非议,甚至被保守固执的乡人误解,名僧八指头陀《过养知书屋敬赠》描述他:“高卧白云里,翛然独掩扉。立言不苟合,与世自相违。岂为一身计,宁辞众口非。平生忧国泪,多少在朝衣。”②八指头陀在诗中对郭嵩焘之志向高洁表示

---

① (清)郭嵩焘撰,梁小进主编《郭嵩焘全集》第14册,第177页。

② (清)释敬安撰,梅季点校《八指头陀诗文集》,长沙:岳麓书社,2007,第82页。

欣赏，同时对其负才被诬之屈有着深刻的同情。郭氏雅集众多，正是借文酒之会娱乐解愁，靠知己、同人以慰平生，如他所言追求，“世间良会能有几？万事一过徒为负”。

李元度《曾文正公祠雅集图记》载：

> 同治十三年冬十月，前广东抚部郭公应召入都，诸与抚部雅故者，相率祖道。时太傅曾文正公专祠方考室，公弟澄侯都转招诸君燕饮以落之，会者以齿为序。于时，杨紫楼封翁，黄仙峤观察，熊鹤村署正，唐荫云方伯，黄海华观察，罗研生中翰，杨性农驾部，杨海琴方伯，易海青中翰，年自八十二至六十四已上，称九老。其未六十者，若澄侯丈，若朱雨田观察，李仲云都转，任芝田司马，黄子寿、张力臣两方伯暨元度并为主人，王鼎臣观察年最少，亦预于会。酒半，各诗以张之，乃仿香山洛社故事，写像祠之东轩，命元度为之记。①

浩园雅集，诗人们皆为有一官半职的名流文人，酒宴过半后，各自有诗作，如杨彝珍有《曾文正祠落成，曾澄侯邀同诸老为耆年会，并图形壁间，因赋诗一首纪之。即用文正集中题郭筠老诗集原韵》：

> 咸丰元二兵戈作，澒洞风尘涨寥廓。杀人流血丹川原，积骸几欲弥沟壑。十村九室无炊烟，乾坤极目何萧索。沿江千里鲜坚城，倚山一角余残郭。全生半逐麇鹿群，匪匿岩阿即林薄。毵毵白发垂两耳，滑滑赤泥沾双脚。顾影只为朝暮人，浮生漂泊将安托。乱定惊魂久始苏，追维往事犹如昨。差喜湖湘

① (清)李元度撰，王澧华校点《天岳山馆文钞》，长沙：岳麓书社，2009，第375—376页。

无旱潦，频岁秋原俱有获。乡村酒价贱如水，味比醍醐良不恶。杖头但挂百钱游，桑柘阴间堪一酌。市楼弦管声如沸，就中时复闻笑谑。犹忆蛇豕莽纵横，俄顷顿如风扫箨。微管孰成一匡功，反手补天匪意度。指挥运策失萧曹，慷慨登坛起卫霍。夙志思屠大海鲸，时会适与阳九遌。遂使天地还清夷，仍令井里勤耕凿。安堵不教鸡犬惊，宿巢只听鸟乌乐。似此直为不世勋，曾锡茅土膺封爵。代兴自宜有达人，已见铮铮露锋锷。未冠早能读父书，闻人赋就年犹弱。竭来新构丞相祠，两载经营工始落。……耻营声利逐夸毗，粗有生涯甘淡泊。大名应许万古垂，视彼蜉蝣羽奚若。请看壁上须眉苍，贸与宗臣遗像错。[①]

诗后有评云："祠宇落成，耆年并集，真一时盛会。"作者运用长诗对曾国藩艰难奋斗、浴血拼搏的历史过往作了细致描述，对曾之气节品行长篇讴歌，带有对乡贤志士的敬重与钦佩，并揭示了修建文正祠的历史意义。较之其他社集吟咏山水、歌赋风月之作，此诗气息遒古，魄力雄大，兴致淋漓。

光绪年间，郭嵩焘又邀集当时湖湘名流集于浩园，其《〈浩园雅集图〉记》载：

光绪六年春三月，新宁刘公自粤移督两江，衡阳宫保彭公适巡江东下，相见长沙，而善化少宰黄公方以浙江督学假归省墓。于是李君次青、朱君宇田、李君仲云、黄君子寿、张君力臣、邓君弥之及吾弟意城，相与会觞于曾太傅祠之浩园。……诸公所至，光气照耀，学士文人，追摹而赞颂之，以自矜宠。矧

① （清）杨彝珍《移芝室诗集读本》，《清代诗文集汇编》第 627 册，第 313 页。

今聚集欢宴，衣冠言貌，伟视一时！于是十一人各图其形，刊之祠壁，以志湖湘韵事。更千百年，必有流连慨慕，想念今日之盛者。是会也，黄公自以居省会，亦附主人之列云。①

诗中名流皆为当时湖湘俊杰，且与曾氏或多或少有些联系，如刘公为邵阳人刘蓉，彭公为衡阳人彭雪琴，因为跟随曾国藩平定内乱，建功卓著，名声大盛。他们选择在浩园雅集，更有别样意味。而且这次雅集“光气照耀”，成为新的湖湘韵事，让同时代之学士文人“追摹而赞颂之”；雅集众人也“以自矜宠”，期待后来者“流连慨慕今日之盛”。

另有晚清重臣左宗棠，湘阴人。光绪十一年(1885)逝世于福州军中，清廷赠他为太傅，谥文襄。襄者，甲胄有劳，辟土有功也，主要表彰其收复新疆的杰出功勋，并分别在长沙、湘阴等地建祠。长沙左文襄公祠在该市北正街，占地约六十亩。清末叶德辉在文襄祠结隆园吟社，其诗《文襄祠隆园吟社》四首云：

中兴名宰相，勋业始西行。今日明禋祀，当时好爵轻。宗臣思蜀汉，老将出幽并。烽火三边急，何人学远征。

一尊同在手，刻画羽娑娑。旧雨来相聚，晨星数却多。八厨名最盛，四颢发全皤。少长今咸集，春宵醉绮罗。

避世还行乐，哀时语激昂。诗歌编汐社，图画入山庄。杓指寅初建，绦分卯佩刚。园林残雪后，春色尚深藏。

---

① (清)郭嵩焘撰，梁小进主编《郭嵩焘全集》第14册，第654—655页。

羽毛今万古,一出毂交推。龙虎风云会,山林筚簬开。壮怀空舞剑,漫兴各衔杯。吴楚遥相隔,何时载酒来。①

这组诗在内容上同样回忆地方乡贤——左宗棠之功绩勋业,追慕遥想的同时抒发自己的激昂心境与壮志高怀。

湖湘文人在浩园、曾祠、左祠内的结社雅集和创作,主要是吟咏和叙述相去不远的乡贤功业与其生平,雅集活动与社作内容有较强的相似性,体现出湖湘文人群体在那些历史记忆上相似的接受、择选心态。而且这些建筑内多达数十人的盛会不少,增添了新的风雅记忆,为人津津乐道,追慕向往。

(二)纪念乡贤的时间性方式——社集祭拜乡贤生日

程颂万与碧湖诗社友人社集频繁,单是为纪念湖湘乡贤志士生日社集创作的诗歌,就有多首,如《九月朔为王船山先生生日,社集杜乔生、易中实六十,中实在都,付叔由寄之》《船山先生生日社集连句和先生寿王恺六诗韵兼寄中实京师》《李西涯文正公生日,壁垣以公手书落牙诗卷,易寅村以公遗砚来会……》《十月晦集碧湖诗社,是日为明遗民陶密庵生日,观先生手书金刚经及荣木堂集,和集中甲午初度诗韵五首》《十二月十三日,为陈恪勤公鹏年诞辰,饮集湖社,获拜公读书图遗像,并观戴文节公画公手植古槐图卷》等诗。诗中的王船山先生为王夫之,明末清初思想家;李西涯文正公为明代馆阁大臣、茶陵诗派领袖——李东阳;陶汝鼐,字密庵,为明末清初湖湘有名的节义遗民;陈恪勤公陈鹏年,湘潭人,则是清康熙雍正年间享有高誉的能臣廉吏,且博学工诗,擅长书法。

① (清)叶德辉撰,张晶萍校点《叶德辉诗文集》,长沙:岳麓书社,2010,第611页。

邱开来(1761—1836),字觉吾,贡生,湖南沅州府黔阳人。学识渊博淹通,工诗善书法。尝著《童训新编》二卷。“知县俞铄摘其(书)要,属书镌石,及解任载去,盖兼重其字也。道光初选郴州学正,以老疾归,尝与同人立诗社,祀古今诗人,祖陶潜,而配以杜甫、白居易,次则苏轼、陆游、李东阳、杨慎诸人。”[①]李东阳被郴州诗社同人所选择,成为被祭祀的七名诗杰中的一员,未尝不与其为湖湘乡贤有关。

小　结

忠雅传统、风雅余韵和经世情怀涵盖了古代文人的爱国之心、高洁之性、旷达之情、经世之志等多方面的精神追求,构建出湖湘文人们在品性、才识、情志等方面理想的文化人格,在漫长的岁月里经过择选甄别,融合成别具特色的湖湘文化传统,滋润和熏陶了这方水土的士子,也成为湖湘理学教育中所提倡的文人修身榜样,亦构成湖湘文人结社雅集时常在的记忆内容与影响因素。晚清湖湘文人围绕本土乡贤展开的结社,相比较而言,社集内容更具有时代感,目的更集中,追摹情绪更为强烈,而文人们这种追摹情绪与记忆心态一直延续至民国。

“历史的任务就是选择和淘汰。”[②]湖湘文人自觉不自觉地成为地方历史记忆的选择者与淘汰者,地方文化的守护者与传播者。贾傅祠、岸花亭、曾文正公祠、左文襄公祠等文化建筑是一种用砖石建材演绎的固定形式的记忆场所,而文学社团社集、祭拜与创作活动则是一种文人们演绎的变化的记忆活动;前者偏于物质

① (清)李瀚章、裕禄等编纂《(光绪)湖南通志》卷二九五,第3919页。

② [英]卡尔著,陈恒译《历史是什么》,北京:商务印书馆,2007,第133页。

层面,充当了典型的记忆认知环境,后者偏于精神层面,开展了有效的记忆传播活动,两者的共同点在于它们都实现了记忆的保存与重建的功能,而在文化建筑内开展的以纪念为主题的文学社集与创作,无疑是一种“二合一”的历史记忆、风雅传播与文化传承方式。

文人们在屈、贾、王、曾等乡贤志士的祠园中社集聚合,以屈原、王船山等贤者的生日、祀日为缘由展开社集活动,据杜甫、陈与义等名家留下的典故命名诗社,在风雅、随意地交流中追忆前贤,抒发壮志、寄托情思。一方面在选择符合自己文化品位与思想追求的历史素材予以接受和传播,强化自己及周围的交游圈对于某些历史事迹的记忆;另一方面在具有特殊象征意义的文化建筑符号内结社雅集,不同时期的湖湘文人不断增添新的韵事典故,延伸了记忆场景,使原有文化建筑符号的内涵意义更加丰富和深刻。用文学社集、创作这种休闲、娱乐的方式传导精英文化,把具有深刻、严肃意味的忧国悯民思想与轻松、愉悦的民俗游戏活动相结合,寓教于乐,寄深于浅。

第二节　清代湖湘文人结社的“江山之助”

湖湘自然环境富有强烈的地域色彩,湖湘地形复杂,北部为洞庭湖平原,西部有雪峰山、武陵山斜贯,东部有幕阜山、罗霄山穿插,南部五岭逶迤,中部多为丘陵地带,湖南境内山峰不计其数,其中以北岳麓、南衡山最为人知;湖南境内水系网布,河流纵横,五公里以上的河流就有五千三百多条,北奔澧水,西有辰水,中部为沅水、资水,东流汨水、攸水等,最大水系湘水发源西南粤西,入湖南汇潇、蒸诸水渟泓演迤,而北以达于洞庭,经长沙、湘潭等地的分支为涓水、涟水、渌江、靳江、乌江、沩水和浏阳河、涝塘河等,地貌特征大起大落、自然景观秀丽多变。

“挥毫当得江山助，不到潇湘岂有诗”是陆游感慨潇湘山水的名句，湖湘的秀美湖山如陆诗所言的确促发生成了丰富多彩的诗文作品。清代文人社团依山傍水，得山水而建；诗文创作吟咏风景，因湖山而发兴。在清代湖湘文人的著作里，留下了很多记载当时文人社集环境和活动空间的诗文。有些文人社集诗文作因为同题同韵，犹如一部合奏曲，同时演绎了一幅幅斑斓壮阔、绚丽多彩的潇湘乐章。另外湖南地貌多变，不同地区的文学社群之活动特征与作品风格也表现出其独特的地域色彩。

一、清代湖湘文学社群的地域分布特点

（一）清代湖湘文人社群地域分布以及特点

湖南明代时属湖广省。清康熙三年（1664）分湖广为湖广左、右布政使司，分湖广右布政使驻长沙，此可视为湖南正式建省。清世宗雍正元年（1723），改湖广右布政使司为湖南布政使司，下设长宝、岳常澧、辰沅永靖、衡永郴桂四道和长沙、宝庆、岳州、常德、辰州、沅州、永州、衡州、永顺九府。以《沅湘耆旧集》《清代诗文集汇编》和《（光绪）湖南通志》等为基本文献，参考今人研究，统计清代湖南各地区的社群数据，可大致得出以下结果，在此列一清代湖湘社群分布参照图以作说明：

地区	府	数量	社　名
湘北	常德府	5	邢祚允闻山结社、武陵诗社、黄石港结社、七老会、武陵唐开韶结社
	岳州府	3	洞庭社、华容诗社、平江九老会

续表

地区	府	数量	社　名
湘中	长沙府	70余	长沙周圣楷等结社、李星沅结社、漱花诗社、文良策结社、湘春吟社、释启林结社、妙高峰耆旧会、妙高峰结社、碧湖老屋八叟会、陈本钦、李星沅结消寒社、班春社、碧浪湖诗社、湘社、文襄祠吟社、吴氏闺秀社群、浩园社群、郭嵩焘消寒社、湘中五子兰陵词社、李桓芋园结社、何绍基结消寒诗会、麓山诗社、杨恩寿结消寒社、王先谦结社、春草社、李杭结社、徐受结社、汪灊熊雨胪组文酒之会、刘人熙船山学社雅集分韵、黄膺等人组文会、杨觐主组文会、湖湘七子（鄢正笏、周半帆、周默、孙石溪、胡朴园、杨道园、周槐堂）结社、周笠樵等组蝶社、廖树蘅组多社（蝴蝶会、红兰吟社）、黎松安组多社（罗山诗社、苍筤诗社、超社、逸社）① 湘潭郭劝结社、三个岸花诗社（康熙、乾隆、嘉庆各一）、凤竹庵诗社、东山诗社、华容诗社、三个雨湖诗社（乾隆、嘉庆、道光各一）、湖山吟社、曲江文社、刘贡铨结社、岳麓文会、东山十子结社、罗天阊林埙等七子结社、郭氏闺秀梅花社、左氏闺秀社群、罗汝怀结社、罗汝怀消寒会、道光年何拔秀、黎寿民等十六人结社于潭城忏心寺、吴淞和黎樾乔（黎寿民父）忏心寺结社、齐白石等组龙山诗社 其他地区：谭绍琬云阳山结社、陶汝鼐与郭都贤等结社、释溥良结社、杨德远结社、攸县陈启畴与洪里结社、菊花吟社、冶春诗社、益阳莫允怀与贺雪畦等结社、宁乡龙宝书堂结社、醴陵卜世藩等组文社

① 陈三立于1913年在湘成立超社、逸社，两社后续活动虽多迁移至外地，因其产生地和主要参与者，也纳入湖湘文人社群里。

续表

地区	府	数量	社　名
湘南	沅州府	2	邱开来立诗社、沅州社群
	宝庆府	11	苇缘诗社、古桃花洞文社、潘氏兄弟武冈结社、清初新化诗社(多个)、清中期欧阳辂等新化乡里结社、星社、古杉诗社、魏仲青等结消寒诗会、彭旭结社、新化廖可受及谌芸(邓显鹤弟子)结社
	衡州府	9	匡社、看山诗社、云阳楼诗社、晓堂和尚结社、常宁十子结社、聚云山房诗社、酃县文会(嘉庆时尹荣组与贾元贞组)①、衡阳夏时吟结社、衡山尹晓东及谭遵鲁等人结社
	永州府	1	宁远李氏枫社
清末民国初全省		21	门存诗社、凝粹堂消寒会、湘南文社、滆西支社、壶山诗社、潇湘诗社、陶社、碧湖诗社、觉华诗社、湘雨诗社、船山学社、五溪诗社、武陵诗社、松风社、苍筤社、姜斋社、武陵学社、沐社、山中诗社、萸江吟社等②,李澄宇及傅熊湘等人组湘籍南社

如上表所示:湘北的岳常澧三府,以常德府与岳州府,文人结社数量较多。湘南的沅州、宝庆、衡州三府中,以宝庆、衡州二府,为文人结社聚集热点。自北而南,湖湘文人社群皆有出现。目前湘西地区永顺、辰州两府尚未能考察出湖湘文人社群,这可能与清代湘西地区为苗民主要聚居地,受汉文化影响较小有关。需要强调的是,文学社团虽散布在湖湘各地,以长沙为中心的湘中地区实为湖湘文人结社主要聚集中心,文学社团数量和规模较其他地区

① 酃县:楚南重镇庞邑,湘东行政中心,今衡阳市珠晖区。

② 参见曹辛华《清末民国旧体诗词结社文献汇编序》,南江涛选编《清末民国旧体诗词结社文献汇编》(第一册),北京:国家图书馆出版社,2013。

也远胜一筹。

(二) 散布各地,聚集湘中的背景原由

究其原因,就自然地理环境而言,湘中大部分地区为丘陵起伏和河谷,两岸的冲积平原交错分布,土壤较为肥沃。“其山川则有罗洋山一名大富、云母山俱府,岳麓山善化,隐山、壶山俱湘潭,黄陵山、玉笥山俱湘阴,大沩山、飞凤山俱宁乡,太湖山、首禅山一名大围、洞阳山俱浏阳,五凤山醴陵,浮邱山、白鹿山俱益阳,韶山湘乡,司空山一名温泉,攸县,芙蓉山安化,云阳山茶陵,七星岭宁乡,妙高峰府,琵琶峰湘潭,紫微峰茶陵,灵岩仝,十房洞安化,簪筤谷善化,湘江府,汨罗江湘阴,桃花江益阳,罗浮江攸,青草湖湘阴与洞庭湖相接,昭潭湘潭,青枫浦浏阳”①,山地江湖广布,环境幽雅秀静。前者为农业生产的发展和经济的开发提供了极为有利的自然条件,而发达的社会经济又可以进一步为文化的发展奠定物质基础。后者则为历代文人墨客定居湘土后深居简出,潜心学问,吟咏诗文,创造了良好的环境条件。

就文化环境而言,湘中地区的长沙、湘潭、善化等地,为文明早萌、文化渊薮之乡。境内书院众多,文士林立,以长沙岳麓、湘潭碧泉书院等几大书院为代表,培育了大批湖湘人才;作为文化政治中心,获取和传播文坛风尚与信息,联合汇集湖湘拔尖名流有其独到的优势;文化世家长居此地,姻娅联系,诗词酬唱,以家族基点展开社交网络,文社唱酬,社集悠游成为建立社交网络的一种重要方式。此外,水路发达加上官道顺通,也为经济发展和文学传播带来了便利的交通条件。文人结社兴盛所需要的几个条件中,如物质、环境、交通、人脉、领袖、传播等,湘中地区无不具备。其中省府长沙之结社条件在湖南无疑是最为优越便利的。

---

① (清)朱奇龄《续文献通考补》卷三七《疆域补三》,清抄本。

以长沙府科举为例，清代共举行过 112 次殿试，共录进士 27446 人，平均每科约为 245 人。清代湖南考中进士 764 人，在总体上处于全国中下游水平，但清代湖南进士的地区分布颇有特色，长沙府高达 429 人，占全部 764 名进士的 56.2%以上。进士数低于 4 人的有沅州、永顺、桂阳、靖州、凤凰、永绥，六州、府、厅进士数之和仅 13 人。湘西地区即使有清政府加额的关照，但中进士者仍然非常稀少。而进士数名列第二的衡州府，其总数亦不过是长沙的 1/5，第一、第二名之间差距之大，在湖南科举史上是有特色的。而且按近代以来各城市的进士和人才统计，则长沙的综合排名完全可以进入前 10 名。道光二十七年(1847)丁未科，长沙考中进士 10 名，该榜湖南进士均系长沙人，其中徐树铭、周道治、童秀春、黄彭年、郭嵩焘五人相继入选翰林，其声势之盛，轰动京师。据统计，仅光绪十二年(1886)之后的 9 次科考中，长沙考中 43 名进士，这在全国城市中是罕见的。[①]

湖南文化世家的大量涌现主要是清代，据王勇、唐俐等学者考证、评估，清代湖南最有影响力和延续力的文化世家有四十个左右。从这四十个清代湖南文化世家的地理分布来看，文化世家属湘潭地区最多，有 11 家；其次是长沙地区，有 9 家，两者相加，接近总数之半。清代前期湘潭的经济发展超过长沙，故而相当长的一段时间内湖南的文化中心一直位于湘潭。这种状况在太平天国时期发展到极致，当时长江航路断绝，内地专恃湘潭之交通岭南。经济繁荣促进了文化、教育的发展，清前期湘潭进士人数在全省独占鳌头，远出于长沙、善化之上。而在长江开通机器航运后，湘潭地位下降，长沙作为省会的文化中心地位逐步得到巩固。“湖南有长

① 参见蒋建国《清代湖南科举述评》，《广东教育学院学报》，2013(4)，第 111 页。

沙首郡也,岳麓湘江,山峻水清,财赋人文,甲于他郡,屹然称重焉,予自秩宗奉。”[①]总的说来,湖南文化世家以长沙、湘潭居多,其他地区相对分散,正是以两地为代表的长沙府在清代人文兴盛的反映。[②]

二、山川沉浸
——湖湘文人结社的活动环境

湖湘山川奇秀清峻,文人们沉浸其中悠游结社,倚山而唱依水而歌的例子是较为常见的,如常德邢祚允的闻山结社,武陵姚定益(鼎南先生)黄石港结社,邵陵车以遵等人在资水之上古桃花园结古桃花园社,晓堂和尚结南岳莲社,黄云骥与王金策等在衡阳云阳楼作看山诗社,魏成柷等人在衡阳岣嵝建聚云山房诗社,茶陵谭绍琬云阳山结社,陈本钦等诸老在长沙碧湘老屋结社,新宁谢士筠蔗园雅集等等。地方山川,是湖湘文人社群社集活动的空间环境,也成为其诗作表现、描写的对象。

(一)地方山川与湖湘文人社群

康熙时攸县人刘铨与同里结社。刘铨,字犀衡,一字评月,为云峒大令刘世坡之子,清初著名遗民文人刘杜三(自晔)先生之孙。康熙时贡生,有《蝶园草》。其诗《同社游司空山归,诗以讯之》云:

瑶池只隔广寒西,去住邯郸路总迷。别有泉声翻地轴,倒垂虹影落天梯。寻仙客趁三春早,采药人容十日栖。闻道丹

① 《中国地方志集成·湖南府县志辑》,南京:江苏古籍出版社,2002,第1页。

② 参见王勇、唐俐《湖南文化世家·四十家卷》,长沙:湖南人民出版社,2010,第4页。

光浮月白，可无诗思与山齐。①

司空山在攸县附近。《(光绪)湖南通志》载："司空山在县东四十里，下有温泉源。旧名温泉山，亦名麒麟山。南齐司空张岊隐此得道，遂名司空山。左右有三十六峰。"②司空山下有温泉涌动，左右群峰耸立，并留传历史人物隐居得道的典故，既有自然风光，又蕴含人文内涵，还别具温泉妙用；既是同社友人游览、引发诗思之所在，也是大家相互交流的共同话题之一。

嘉道时魏成枧与张兰谷等人联诗社于衡阳岣嵝山。魏成枧，初名槐，字季犀，号将侯，别号黄生，湖南衡阳人。生于嘉庆十年(1805)，卒于咸丰五年(1855)。道光十七年(1837)举人，官贵州普定、天柱、开泰等县知县，皆有政声。咸丰五年(1855)从衡永兵备道李维醇镇压太平军，身亡。有《也居山房诗集》《也居山房文集》等。岣嵝山，即南岳衡山，有七十二峰，在衡阳县北，为"朱陵之灵台，太虚之宝洞。上承星宿，铨德钧物，故名衡山；下踞离宫，摄位火乡，故号南岳"③。其地危崖长壑，万卉盛长，飞泉喷涌，烟翠重叠；佛道兴盛，仙风弥漫，文客丛集，题画遍布，衡阳清峻佳景，南楚文化胜地，岣嵝山当之无愧。魏氏在《十宜楼即景呈张兰谷主人》一诗中勾画了岣嵝之胜，社集场所之清雅宜人：

为爱岣嵝胜，寻君旧草堂。溪流千曲绕，山翠一楼当。雨过晴云腻，风来早稻香。衔杯问芳讯，岁月个中长。④

① (清)邓显鹤编纂，欧阳楠点校《沅湘耆旧集》第3册，长沙：岳麓书社，2007，第304页。

② (清)李瀚章、裕禄等编纂《(光绪)湖南通志》卷一五，第577页。

③ (明)陈耀文《天中记》卷八，文渊阁四库全书本。

④ (清)魏成枧《也居山房诗集》，《清代诗文集汇编》第617册，第583页。

在为诗社取名时,因其结社环境与风景特色,拟定为"聚云山房",其诗《闻诗社已卜筑岣嵝,拟名"聚云山房",喜而赋此,寄呈诸友》云:

> 闻道骚坛卜已成,瓣香心事足平生。青山价重凭诗买,红稻泉肥贷鸟耕。便拟烟霞消岁月,同将文字替簪缨。岣嵝寂寞添佳胜,岂必开云独擅名。①

其《题张兰谷小照》序言:"吾将与先生联诗社,泛画船,啸傲于烟霞窟宅,嗽润于水帘洞天,而结茅构椽于岣嵝最高之巅,使得附先生后。图形绢素,其又奚让于香山九老与竹林七贤。"②在岣嵝山中与社友们啸傲烟霞,吟赏风月,簪缨文字,魏氏自认为行事风雅,不让于香山九老与竹林七贤,且为岣嵝山更添佳胜。

其中茶陵人谭绍琬等人在茶陵云阳山附近结社。谭绍琬字琰卿,号屈怀,又号涉园,茶陵人。生卒年不详。明崇祯时贡生。入清,遁迹岩壑,以逸民终,著有《涉园诗文集》等。其诗歌《半醉》中描写老年结社场景:

> 睡乡一往醉乡回,栩栩蘧蘧强半催。少泛杯湖邀月上,老登洛社戴星来。莺簧潦倒踣空谷,蝶梦沉酣枕落梅。蒲草堤杨环空舞,休将嫩绿薄苍苔。③

谭绍琬亦有《云阳山次夏东洲韵》:

---

① (清)魏成枧《也居山房诗集》,《清代诗文集汇编》第617册,第585页。
② (清)魏成枧《也居山房诗集》,《清代诗文集汇编》第617册,第584页。
③ (清)谭绍琬《涉园诗文集》,《清代诗文集汇编》第140册,第458页。

山僧导余过石门，乱石参差成古宇。看作匡庐欲寻盟，杂念频滋入社愧。……公居初盛我中晚，遥瞻雅集岂浮慕？游山选胜鄙培垒，与公异世同好恶。[①]

云阳山位于茶陵西南十里，为湘东名山。其雄姿秀色，仅次于南岳衡山，释子道人常建观立庙在此修行。宋李昉《太平御览》引《遁甲经》云："沙土之地、云阳之墟，可以避时，可以隐居。云阳氏，古之仙人姓氏，因号云阳山。在攸县。"[②]云阳山亦是儒家士子读书悟道的善地，一则云阳山的寺观可供历代学子寄食读书；二则云阳山一带还曾兴办了紫微、西崖、寻乐、西畴、范乐、幼学、龙湖等多家书院。夏良胜，字子中，号东洲，南城人。为明末节义儒臣，曾被贬谪茶陵州。谭绍琬游云阳山，选得胜景，遥瞻前人，也有"看作匡庐欲寻盟，杂念频滋入社愧"之想。云阳山对谭绍琬结社的间接影响由此也可一见。

释启林，益阳人，其《偕同社游鳊鱼山分韵得万字》有：

忻闻南山招，恰遂寻秋愿。相携陟层峦，倏已扫尘溷。日斜江逾空，木落山自献。渡喧知市收，烟深识渔爨。剧谈感离群，朗啸和吹万。古宵耿无寐，清酤还相劝。[③]

鳊鱼山，在今湖南益阳县内，资江南岸，民间相传仙人潘子良施法除掉资江内的鳊鱼精，并将之化为此山，在会龙山旁。山形似鳊鱼，颇有奇趣。山上奇花秀木丛生，山下设义渡，人群往来不断，

① (清)谭绍琬《涉园诗文集》，《清代诗文集汇编》第140册，第508页。
② (宋)李昉《太平御览》卷四九《地部十四》，《四部丛刊》三编景宋本。
③ (清)邓显鹤编纂，欧阳楠点校《沅湘耆旧集》第6册，第565页。

“邑治对岸,逆流五里许,曰会龙山,又上里许,曰鳊鱼山,为西南乡通津堡要塞也。原有义渡二,乾隆间邑廪贡周黎光与弟凤光倡首捐资而创,名曰‘老渡’”①。行人站于渡中,足底传来江声阵阵,远处一片山林翠色。释启林之诗记录了鳊鱼山的社集活动,并描绘了其周围的风景,“日斜江逾空,木落山自献。渡喧知市收,烟深识渔爨”。四句诗勾勒了一幅山水清旷又富有生活气息的画面,用词精准,风格古朴,也体现了诗人细致的观察力与不凡的表现力。

(二)私家园林与湖湘文人社群

除浩园等官府园林和会春园等古园林以外,清代湖湘文人亦建有多个私家园林,如长沙廖大隐之息机园,杨恩寿之坦园,黄氏之宛园、依园,张力臣之絜园,夏芝岑之宜园,王先谦之葵园,李星沅之芋园,衡阳徐启书之迈园,邵阳新宁刘侃之了园、复园,谢广文之蔗园,文人在自家宅园里构建风景、设计巧宅,并在面山环水的精巧园林中组成文学社群多次雅集唱酬。

清末刘坤一《蔗园记》载:

天下名山水讵必武夷九曲,钟阜千寻,而后娱目骋怀哉!披辋川之图,读盘谷之序,即一丘一壑,可以息以游,独难与面城近市者语此乐耳。虽然,亦视其人为地所囿否也。吾郡东郭外,山环水抱,图画天开,谢氏蔗园独擅其胜。园中新构精舍,额曰“稻香书屋”。余既随诸君子为之题识矣。距书屋十数武则“养云楼”,岿然俯瞰江际。登楼四望,西南濱、邵合流,波光浩森,雄城百稚,灯火万家,贾舶游航,帆樯络绎;东北浮图对峙,巨派中通,双清一亭,下临砥柱,澄潭倒影,鸥鹭群飞;

① (清)丁瀚钦等撰《鳊鱼山六里义渡志》,民国元年活字本。

东南市廛栉比，百货骈阗，负贩之徒，肩摩毂击，间以黉宫梵宇，台阁巍峨，暮鼓晨钟，发人深省；西北林峦隔岸，茅舍参差，樵唱渔歌，悠扬入听，更有岧峣远岫，横绝数重，上插青冥，若隐若现，此其园之大观、遐瞻、近瞩堪以娱目骋怀者。至于朝晖夕阴，春温秋肃，物随时变，气象万千，不可殚述。居是园者，非有会心而润色之，则此钟灵毓秀之区，不徒然乎？①

在作者笔下，蔗园山环水抱，园景如开图画，山光水色俱入读者澄怀。加上园中登楼一望，视野辽阔，景观丰富，不同方向的景物各具特色，的确是让文人墨客会心润色之所，钟灵毓秀之区。而主人谢筠士带领一批儒林文人时常在此园中文酒雅集，寄怀丘壑抒写性情：

主人翁筠士学博以儒林文人为风流领袖，揽四园之烟景，聚千古之图书，异石奇葩，随宜点缀。每遇花晨月夕，辄与骚人墨客，觞咏其中，或八斗千钟追欢索趣，或长篇短什斗捷争奇，老子婆娑，兴复不浅。呜呼，人生行乐耳。顾面有十斛尘，胸无半升墨，知孰为乐地，孰为乐事，与我为缘；况雅俗不同，所乐有在彼而不在此者。筠士自赋归与，寄怀丘壑，时为诗酒主盟，借以抒写性情，绍洛邑之耆英，仿兰亭之修禊，可谓善于行乐者。行年八十，矍铄有加，陆地神仙，非颐养之道得与？余闻在昔是处为车氏之得得园。当时景象，视今何如？乃草草烟荒，越数十年始复。②

---

①② (清)刘坤一《刘忠诚公遗集》文集卷四，《清代诗文集汇编》第716册，第606页。

刘坤一还用诗歌记载当时雅集环境与情景,其《稻香书屋谢筠士广文新构于蔗园》云:

> 缓步出城东,东山气郁葱。广文新构日,太傅旧家风。邺架书千轴,平泉地十弓。琼花何灿灼,玉树自玲珑。杖履尘嚣外,弦歌映亩中。乌衣怀祖泽,绛帐仰宗工。招饮频飞简,征诗必满筒。凤毛知有种,麈尾笑推公。岸迴双江合,桥回六岭通。草堂幽胜处,归燕夕阳红。①

湖湘诗脉源远流长,江山秀美多姿,既促发文人飞扬词藻,亦有助于文人扩大胸襟,正如聂铣敏所云:"风雅代兴,楚湘为盛。屈原宋玉,唐勒景差,上追比兴,扇芬播艳。嗣是,作者溯流穷源,循途顺轨,以是为滥觞、为权舆焉。所以然者,美人香草,扬其幽芳,潇水衡云,助兹奇藻。湖周八百余里,荡词客之胸襟;岳麓七十二峰,豁高人之眼界。自古在昔,实繁有徒。"②得美人香草滋养、潇水衡云助力的清代湖湘文人们,呼朋引伴,结成社群,聚集而游,谱写出繁多的山水文学篇章,在群体的交流中对山水投入更细腻的情感,获得更多的认知。而某些地方山水题咏,因为题咏者繁多的缘故,逐步演变成一种湖湘文人社群题咏的惯例。

---

① (清)刘坤一《刘忠诚公遗集》文集卷四,《清代诗文集汇编》第716册,第655页。

② (清)聂铣敏《献花山房诗存·序》,《清代诗文集汇编》第457册,第2页。

三、湖山发兴

——湖湘文人社作的题咏惯例

美好的湖山景物，引致诗人情愫勃发，兴起作家灵感浮动；山林皋壤，为文人们文思之奥府，诗情之渊泉，已是普遍的现象。湖湘地域，青山秀水遍布，触发湖湘文人诗情的山水媒介比比皆是。在湖湘文人心中，本地那些名川胜景更值得描绘，更易生发诗思，因此也产生更丰富的山水文学作品。而在一定时期里，对湖湘名景的题咏甚至成为湖湘文人集体活动的主题，并且渐渐发展为一种文人社群活动的惯例。

杜甫曾言："湖南清绝地，万古一长嗟。"湖南清绝特色典型景观莫若山市晴岚、潇湘夜雨、烟寺晚钟、洞庭秋月、远浦归帆、渔村夕照、平沙落雁、江天暮雪，此谓"潇湘八景"。"湖南清绝尝于潇湘八景中见之，天巧机缘具见于此谛，观古人清绝之语，信不诬也。夫山川林麓、楼观园刹，从古胜概之地，未尝不以吟咏垂重。方来清湘，云泉竹树，景物清旷，他郡罕有及者。"[①]潇湘八景所在区域宽广，景致特别，并无确定所指，一般泛指湖南湘江流域和洞庭湖一带的八种自然景观，正所谓"湖山千里，八景皆在"。以"潇湘八景"为题的诗作，流传不少，明清时有些诗词甚至脍炙人口，如李梦阳《八景诗》、王越《浪淘沙·题张千户潇湘八景图》等。

雁字之作，源于潇湘八景之"平沙落雁"，最开始由楚人提倡。"楚，泽国也，有洲渚，有平沙，有芦蒋孤茭，东有彭蠡以攸居志，南

---

① (清)张镔《咏清湘八景有引》，汪森《粤西诗文载》诗载卷六，文渊阁四库全书本。

有衡阳之峰，曰所回翼也。故楚人以此宜为之咏叹。”①文学咏叹由地域之景自然生发，湖湘文人对楚南特色景观多有雁字题咏。清初王夫之亦有多首雁字诗，既是追和前人，又是自我创新，对传统雁字诗的体式作了相关改变，其诗注言：“诸公于霜寒月苦，南天落翼之日，目送云翎。而仆于花落莺阑，炎威灭迹之余，追惟帛字。时从异轨，情有殊轸，短歌微吟不能长，斯之谓矣。故诸作者皆赋七言，而仆吟四十字。”②

潇湘八景和楚南雁景不仅是湖湘山水的典范，而且是地方人文精神的彰显，为湖湘文人所共知。而八景与雁景题咏是对潇湘地区山水文化景观的描摹刻画，也寄托了文人墨客们对人生理想和审美情趣的追求，成为湖湘文人共赋同题的良好题目。赋咏“潇湘八景”或“雁字诗”成为明清时湖湘文人的一项文学传统，入选为许多文学社团社集时固定的一种集体活动项目。在此可以补充几则例子以证当时题咏之盛。

陶汝鼐《潇湘八景有序》言：

> 古有八景台，海内咸称之，转相效拟，益若甲天下。然独称潇湘者，以二水合注于潭，与洞庭接，罗子而下三百里，皆古长沙地。江湖吞吐，气象殊绝，故八景独著，沿潭水也。前人诗歌传者不少，如近代李崆峒诗、王威宁词，并脍炙人口。而非生长其地，琉璃合眼，尚隔一尘，予厌此熟题，亦不复作。③

---

①② （清）王夫之《王船山诗文集》，北京：中华书局，1962，第475页。

③ （清）陶汝鼐撰，梁颂成校点《陶汝鼐集》，长沙：岳麓书社，2008，第205页。

因为对这类题目的题咏过多，变得有些烂熟，招致了一批清代湖湘文人的腻烦心理，一般不愿再题；而且对于非生长其地、亲见其景的文人题咏，总觉得“琉璃合眼，尚隔一尘”，而本地文人之作则认为是“如数家珍，较亲切耳”。①

邓显鹤《沅湘耆旧集》为武陵人龙襄作小传时提及：

> 襄字君超，武陵人，万历壬午举人。有《檀园草》。檀园为君御之兄，乡举后，以侍父疾，遂不会试。学识通博，君御《九芝堂集》其所论定也。袁中郎有《托龙君超觅仙源隐居结邻》诗，杨文弱有《哭君超先生四十韵》诗，其为名流所推重如此。今《檀园草》未见，仅得其《雁字》诗六首。当日吾乡社集，竞赋此题，几成恶习，檀园六诗，饶有寄托。末云“懒把姓名题寺塔，也垂文采照江湘”，为自己写照，尤可当小传读矣。今止存此一首。②

邓显鹤是道光时期湖湘著名学者兼诗人，他对乡贤文人以及典故传统所知甚深，为保存地方文献，推动地方文化发展贡献卓著。上文中的龙襄为明末著名文人龙膺之兄，因长期乡居家园，在省外的交游、名气皆不如其弟。邓显鹤在叙述龙襄生平，感叹其遗作仅见《雁字》诗六首时，也回忆起自己家乡文学社集竞相赋咏《雁字》，只是当时，“此题几成恶习”。相较之下，龙襄的《雁字》诗饶有寄托，在当地社集的众多烂熟题咏中脱颖而出。

当湖山风景遇上风雅文人，其观于目，动于心，迎于志，自然生

① (清)陶汝鼐撰，梁颂成校点《陶汝鼐集》，长沙：岳麓书社，2008，第205页。

② (清)邓显鹤编纂，欧阳楠点校《沅湘耆旧集》第2册，第458页。

发文学作品，创作方式上偏于“独奏”；当湖山风景遇上文人群体，其产生的文学作品虽不乏自然生发因素，亦更多出于社会集体因素；个人的自然本真有可能隐藏于众人的耳目与配合集体的协调之下，而且同时同地过多的同题材赋咏将在一定程度上导致创新的缺失和审美的疲惫。当一场湖湘风景发兴的题咏演变成明清湖湘的一项地方文学传统和一种文人社集的活动习惯，有其悠久的意义所在，但也脱离不了时代与地域的局限性。文人们开始明显表露出烦、恶的态度时，说明这种固定题咏某个题材或某个题目的文学活动正逐渐走向淡出历史的结局，“雁字题咏如昔梦，潇湘山水入新题”的趋势正在产生。

四、乡土印记

——湖湘文人社群的地域标志

“江山清俊似衡湘，地有文川与武乡”①，排青展翠的山峰，水澄波碧的江河所组成的清峻之景在湖湘各地随处可觅，而且相同地貌的风格还略有不同，“余闻洞庭以南，峰峦洞壑，灵奇萃焉。或为峭拔，或为幽深，或云树之变幻蔽亏，或沙水之容与澹荡，随晦明风雨以成变化”②。文人才子受到灵山秀川的滋养，地域空间的育化，当一方乡士聚集成社行文时，无疑会带有当地山川的气息和地域文化的印痕，这种痕记来自地理环境，亦来自地域文化，成为他们特有的区别于其他社团的地域性标志。

因湖山得名的诗文社，如长沙严如煜等十八人组成的岳麓文会，释笠云、徐树钧等人曾创立的麓山诗社、碧浪湖诗社，还有湘潭雨湖诗社、湖山吟社等。另外还有因地区直接命名的社团，如清初

① （清）唐仲冕《陶山诗集》卷一三，《清代诗文集汇编》第437册，第231页。

② （清）顾文彬《过云楼书画记》卷六画类六，清光绪刻本。

岳阳华容人严首升每至湖湘一地，便倡导当地文士结社，社名皆以有代表性的地点命名。如“予家在洞庭、玄石之间，十余年来，聚同调十数人为华容诗社。嗣是玉沙、石坛、油江，往来唱和，亦复十数人。今秋，箬溪周子彝仲谪迁巴陵，集其一家言，及吴中名士近十人，与予社为一，顷共人、樵之、叔方、宸青、五钟、朋玉、象岩、用梅，凡八人，为江陵诗社”[①]。“乙酉秋归，自白门栖隐东山之阿，寂寂不能耐……今且将与诸君子偕老东山矣，安得不有东山诗社?”[②]清末，由易顺鼎、程颂万等人在长沙成立的湘社。这是湖湘社团名字中涵盖整个湖湘，意指地域空间范围最大的一例。

以所在地域之山川、地点命名的这类文学社团，树立着鲜明的地域旗帜，标志着深刻的乡土情感。这类诗社的命名，带有区别于其他地域湖山与文化，又彰显本地山川和文化印象的目的。而另一类文学社团虽不直接以依托的山川为名，但社集活动多在文学社团产生地的山川环境中展开，社集创作中或以此地的山川环境为主要的描写客体，或为创作背景中始终不变的自然空间原型，这同样是文学创作中的一种地域性标志，涌动着地域情结，形成文人社团区别其他地域社团的可识别性特征。水土养人，江山助人，而人们也以各种方式诉说、描述他们依托的空间与寄情的怀抱，世世代代，绵延不绝。

第三节　结社传统的影响与承袭

文学史的空间里少不了线性的纵向结构，前人的文学活动与

① (清)严首升《濑园诗文集》文集卷二《东山诗社序》，清顺治十四年(1657)刻增修本。

② (清)严首升《濑园诗文集》文集卷八《答江陵诗社八子书》，清顺治十四年(1657)刻增修本。

创作在传播与接受的过程中影响着后人的文学活动与创作,后学则在自觉或不自觉涤选与模仿前辈的文学路径。湖湘文人社群起于唐宋,展于明代,清代大盛,从这种线性的连接中展现着结社传统的长久影响力。

一、清代之前的湖湘文人结社

明清以前,湖湘人才在历史上一直比较寂寥,关于湖湘文人社群的资料记载也相当少。他们在唐以后,不断地涌现,存在一定的历史渊源、文化参照,为后人提供了不少典范示例,也积累了文人社团组织与文学创作的经验。

(一)唐宋湖湘文人结社

据相关记载,湖湘地域最早出现的结社事件可以追溯到唐代,段汝霖《楚南苗志》卷一载:"白社山,在会同县境,旧传李太白流夜郎过此结社处。"①会同县的白社山,在今湖南怀化市区范围内,过去一直流传这是李太白流放夜郎经过此地时与其他文人结社之所在,由此而得山名。当然,目前这种说法还有待进一步考证。而宋代湖湘文人便在史料中留下了确切的结社痕迹,如衡阳雪矶先生乐雷发在《题许介之誉文堂并序》中提到了南宋嘉熙年间许介之在衡阳东溪建"誉文堂"以讲道著书,这位"擅诗声"的老翁还和同人在此"衡茅那识丝纶美,尚拟升堂结社盟"②。

宋时祁阳人郭三聘,字次尹,著《澹岩诗刻》。其《澹山岩》一诗明确提到了自己结社的事迹,诗云:

---

① (清)段汝霖《楚南苗志》卷一,清乾隆二十三年(1758)刻本。

② (清)邓显鹤编纂,欧阳楠点校《沅湘耆旧集》第1册,长沙:岳麓书社,2007,第393页。

忆昔游澹岩，文社四为侣。相逢各年少，抱负俱有素。训狐圣得知，夜半叫已娄。主人知客来，倒屣相告语。且言龙王神，多有灵异处。殷勤叩科名，吉兆齐确许。未成三先达，陆续霄汉去。转盼三十载，独我尚困沮。行将贾余勇，犹幸有孤注。乘兴偶重游，寓敬香一炷。再拜问龙王，前约何可负。朱衣愿点头，成就在此举。拟欲镵坚珉，纪此一奇趣。①

《祁阳县志》载澹岩在祁阳县北五里。《金石萃编》辑录此诗，并在诗末记载南宋绍定癸巳中秋，郭三聘偕唐可大、周衡仲重游澹山，感旧赋诗，问讯龙王之神。据诗意可知诗人往昔漫游澹岩时，正是与同乡文社友人前往，而且众社友皆青春年少，抱负有素；问讯龙神三十载后，社友们展翅腾达，独剩诗人困沮。今昔对比，不无苦涩，不过诗人在诗中仍能洒脱地自我解嘲，并纪此奇趣。

宋末元初的平江九老，为湖湘可考最早的九老会。平江九老追摹往日的耆英社，以风雅的方式颐养天年，又在对岁月、人事的感慨中表现了遗老的气节，成为“最早将九老符号与遗民意蕴结合起来的会社”②，从所存平江九老部分诗歌集句中可窥一斑，如：

龟鹤为群同寿隽，貂蝉相映半时贤。（邓希恕）

① (清)邓显鹤编纂，欧阳楠点校《沅湘耆旧集》第1册，第410页。

② 参见罗惠缙《以九老会为首的怡老会社主题探论》，《江西社会科学》，2011年第7期，第102页。

阮籍摩挲青眼旧,邹阳感慨白头新。(吴忻)

像绘耆英希五老,鹤归华表认千年。(李应春)

素丝不改衣冠旧,黄道从教日月新。(罗太岊)

且追白社为耆会,纵买黄金肯少年。势利朋俦随处有,诗章行辈逐年无。因会散,悼诸友。(罗太亨)[①]

上述诗句化用鹤归华表、白社、北宋洛阳耆英社等典故,既暗指个人的归隐,也感叹人世的变迁,素丝不改衣冠旧、青眼旧表示诗人们气节的坚持,日月新、白头新,蕴含对时光逝去、岁月变迁的感慨。尤其是罗太亨的诗是在九老会散时为悼念诸友而作,年老垂暮,纵使黄金散尽,也无法回到青春洋溢壮志满怀的少年时光,且追摹白社,山林快意,及时行乐。"势利朋俦"指那些弃宋归元的贰臣们,无处不在;而诗酒相酬、同道投合的齐年好友却逐年逝去,对比之下,更生伤感与无奈。

(二)明代湖湘文人结社

明代湖南与湖北同属湖广省,湖广文人群体已经开始崭露头角,较活跃于文坛的前人在数量上也有了一定幅度的增长,而且楚南诗人诗才卓越,不让中原诸子。这些因素为湖湘文人结社累积了一定的人脉基础与社会影响力。

明代湖楚文人对于自身的文学实力是持有一定自信与自知的。明代平江诗人艾穆,嘉靖辛酉举人,官至御史巡抚四川,著《终

---

① (清)邓显鹤编纂,欧阳楠点校《沅湘耆旧集》第1册,长沙:岳麓书社,2007,第435—436页。

太山人集》。艾穆因江陵夺情一事，遭廷杖遣戍西宁，因作《出都》一诗，中有“青山到处皆吾土，岂必湘南是故乡？”慷慨磊落，广为传播。清代朱锡鬯认为艾穆亡后，南风多死音。邓显鹤则认为其诋诃楚人可谓不遗余力，而事实并非尽如朱氏所言，明季楚诗人诗才亦不让中原诗人，只是朱氏囿于一己偏见持论不平而已。邓氏撰写艾穆小传时中提道：

> 实则吾楚诗人，在明季尤盛。君御、进之去和甫差近勿论，他若吾郡之车孝思、王稚潜、邓于与、潘章辰，益阳之郭天门，衡阳之王船山，宁乡之陶密庵、大云，华容之程或委，善化之黄又谦，攸县之刘杜三，随举一家，皆万历以后之人，其诗具在。置之当日中原坛坫所称“七子”“五子”“广五子”“四十子”中，未或多让，而动以钟、谭诟楚人，亦未见其持论之平也。①

钟惺、谭元春作为楚地诗人代表，其诗艺有得有失，虽因其失招致诟责，但不能因此动辄对楚地诗人带有一种地域性偏见。在邓显鹤眼中，明季楚地诸诗杰，任选一家，即便置于当时名声远播的中原“七子”“五子”中，也可独树一帜，诗艺诗境不让他人。

而且数位湖广文人翘楚如茶陵派领袖李东阳、陈文烛父子等，对促进文人社群的形成，推动文人社集的开展，也起到了一定的张扬楚风、推播骚雅的作用。明万历年间陈文烛为邵阳车大任作诗集序时言：

> 我朝诗莫盛于宏正之际。吾楚李文正公起长沙，主张骚

① (清)邓显鹤编纂，欧阳楠点校《沅湘耆旧集》第2册，第367页。

雅,推毂后进,有平津开阁之风。而一时才俊为之羽翼,若北地信阳,尤表表焉。肃皇帝初年,若茶陵张文邦、蒲圻廖鸣吾、黄冈王梦泽、应山颜唯高、沔阳童士畴,号楚材,甲于中原。嘉靖之末,先大夫庚戌榜尤多才子。兴国吴明卿与历下弇州,狎主词盟,而先大夫及蒲圻魏顺甫、京山高伯宗与之唱和,高调翩翩,满宇内矣。嗣予为廷中评,复结诗社。①

明代湖湘文人结社的例子可辑选出多例,其中有聚集京师的湖湘官员结社,也有游于各地的基层文人结社。

官员结社的如临武人刘尧海,字君纳,号凝斋。嘉靖癸丑进士,官至兵部尚书。有诗《题太学周二水湘上草堂》描写清雅的社集环境:

郭外寻幽望不迷,城闉曲曲度湘湄。晴霞色借蓉塘晓,湛露香添兰畹滋。散秩微风吟竹韵,下帷深影落松枝。不须结社群英内,次日林泉慰所思。②

武陵杨鹤结社。杨鹤字修龄,万历甲辰进士。崇祯年间曾拜兵部侍郎,总督陕西三边军务,加太子少傅。因连坐御史吴甡案,下狱。因其子嗣昌请以身代,才得以改判谪戍袁州。其诗《与丁唯一》诗云:

故人日夜望金鸡,不信君恩早放麑。并马绿杨沽酒处,春

---

① (明)车大任《车参政集》,车大任、车万育等撰,易孟醇校点《邵阳车氏一家集》,长沙:岳麓书社,2009,第22页。

② (清)邓显鹤编纂,欧阳楠点校《沅湘耆旧集》第2册,长沙:岳麓书社,2007,第336页。

风一路听黄鹂。

诗序中提道：

唯一，余同社也。闻余被逮，自里门跋涉数千里来都门省余。出狱后，复同策驴南还，感而赠之。[①]

善化黄学谦结社。黄学谦，字又谦，一字天益。天启间拔贡，中辛酉副榜。有《紫岩集》《照杯亭遗草》。其《花朝同社郊游》云：

缓步寻芳手漫携，雨余春草正萋萋。相看远日犹衔照，无处流莺不解啼。酒欲泛红花满眼，歌因踏翠月随低。桃溪十里香风散，应有新词学阮嵇。[②]

基层文人结社的，如茶陵罗众有结社。众有，字君郎，茶陵人，仕履无考。《楚诗纪》称其性颓放。著有《心庐》《寓岩》《饥驱舌存》《奚囊拾遗》诸集，均已散佚。今存有《罹难后晤同社诸子》及《督师幕中即事》两诗，知其出入幕府，曾经历明末党锢。邓显鹤评："知其出入幕府，尝罹党锢，盖亦为世指目者。诗不求工，亦不堕竟陵习气。"[③]其《罹难后始晤同社诸子》云：

一身憔悴古梅癯，坑劫何曾恕蠹鱼。司马当年犹有赋，虞卿此日并无书。[④]

---

① （清）邓显鹤编纂，欧阳楠点校《沅湘耆旧集》第2册，第431页。
② （清）邓显鹤编纂，欧阳楠点校《沅湘耆旧集》第2册，第518页。
③④ （清）邓显鹤编纂，欧阳楠点校《沅湘耆旧集》第3册，第296页。

与乡民结社的,如长沙杨德远结社。杨德远字仲先,崇祯末贡生,所著有《大中纬纪事》《续编史辨》诸书,“仲先为恪愍公后,少负俊才,慷慨负意气,常结社湖以南,肆力于古,诗不多见,大抵亦不离竟陵习气”①。

按地域空间来分,多地结社的,如桃源江盈科与里人结社,江盈科收集社友诗歌汇总《桃源洞天草》一卷,为“盈科与里人结社桃源洞作”②。江氏后又与京师各辈结社,严首升《江盈科传》:“盈科曰:吾五年为吏,黎明而起,以火从事,求须臾暇不可得,头鬓为白。今幸承乏廷尉,廷尉事省,藉此竟吾述作事,吾志毕矣。于是与一时名辈结社京师,聚觞分韵,殊自得也。”③

邱世望与龙膺等人词社,有诗《偕词社集江上,与朱康侯言别,因悼滃公先生自注:时先生新卒》:

> 数峰凉雨忽萧萧,画舫清江暑骤消。乍喜一尊名士集,却愁孤棹美人遥。谈深欲恋沙边月,夜寂偏闻水上箫。回忆滃园觞咏处,武溪哀怨不堪招。④

邱世望字当世,自号比丘,武陵人,明万历诸生,耽禅,工诗文,擅长骚赋楚声。与湘潭人周圣楷交好,曾同以诗质龙膺。其诗才力稍逊,但不为流派所囿。朱康侯,武进人,见赵宏恩《(乾隆)江南通志》卷一百十九选举志。滃公,武陵人龙膺,参与异地多个文学社团。

以明末湘潭王岱为例,王岱除在本土与郭金台等人组岸花诗社外,又在江南贾氏园、且园、施闰章寓所等地多次与社友雅集,参

---

① (清)邓显鹤编纂,欧阳楠点校《沅湘耆旧集》第2册,第538页。

② (清)李瀚章、裕禄等编纂《(光绪)湖南通志》卷二五八,第5129页。

③ (清)严首升《濑园诗文集》文集卷五,清顺治十四年(1657)刻增修本。

④ (清)邓显鹤编纂,欧阳楠点校《沅湘耆旧集》第2册,第871页。

与复社的金鱼池、曲沃馆大会，交游广泛，东南名士如施闰章、陈维崧、宋荦、尤侗、吴锦雯、熊伯龙、陶成瑜、汪灿、邹瑄、张玉书、姜图南、魏植、张丰玉、吴甫及、梅庚、程邃、周星、唐鹤彩等皆与之交往甚多，互称社兄弟。随着与文社名士交往的开展，王岱的文名也由之扩扬开来。《耆旧传》载："山长工诗兼善书画，少客金陵，即有时称。及与王阮亭、施愚山、高念东诸老交，其名尤著。康熙己未大科之征，吾楚得与于辟者，山长一人而已。"[①]

(三) 明末湘人结社的典型

明末王夫之等所组织的匡社无疑是明末清初湖湘文人结社的一个典型代表。王夫之年少时与郭凤跹、管嗣裘、文之勇等同里好友于衡阳集匡社，以"匡"为名，寓意匡扶社稷之义。

郭凤跹字季陵，一字季林。曾受业于王夫之父——武夷先生。崇祯壬午乡举，战乱后隐石仟岭，构建药阑竹坞，吟咏其中，自娱度日，著《涉园集》，不传。

管嗣裘字冶仲，明崇祯十五年(1642)举人。清顺治四年(1647)，与王夫之共同策划衡山起义，事败逃离衡阳。曾从桂王为中书舍人，顺治十年(1653)清军陷桂林，嗣裘逃隐灵川山中。第二年李定国复桂林后，又劝说李定国迎奉桂王，不成后离开桂林，转入永安州，剃发为僧，不知所终。

文之勇字小勇，明季恩贡生，顺治四年(1647)蓝山遇乱兵，身亡。

三人中，文之勇早逝，郭凤跹隐逸，管嗣裘与王夫之居同里闬，早岁过从最密，后又同在衡州起义，但因力弱事败，军溃离散。

匡社初集于明末崇祯十二年(1639)十月，明亡后，王夫之有回

---

① 江庆柏主编《清代地方人物传记丛刊》之《湖南文征姓氏传》卷三，扬州：广陵书社，2007，第 216 页。

忆和追悼社友的诗歌，《病枕忆得》组诗中有《匡社初集，呈郭季林、管冶仲、文小勇》五律一首、《庚辰年，有月下步春溪径，抵金钱冲，访季林因与小饮》七绝一首、《壬午年，有朱亭晴寒寄小勇》五古一首。顺治八年(1651)有《过涉园，问季林疾，遣作早梅诗》七绝诗四首，顺治十一年(1654)有《再哭季林，兼追悼小勇，匡社旧游》：

古寺青溪路，东窗隔一峰。缘花忘柳径，驱酒试蘋风。墨冷袜材客，巾残垫角雄。余生悲梦赋，不与勒新宫。[①]

后人罗正钧《船山师友记》评价匡社："匡社松声，芳洲杜若。文宴从容，豪情踔踬。如何兰蕙，先秋早萎。匣弦已绝，邻笛空悲。"[②]

匡社是王夫之、管嗣裘这些拥有共同抱负又富含朝气的明末书生实现壮志、聚合同道的一个重要组织。他们结社之际，年少峥嵘，文宴从容，豪情踔踬。离散之后，更多的是用自己节义自持的实际行动来诠释了匡社的宗旨和社人的理想。

湖湘地域在清之前已发生多起文人结社的历史前例。有些湖湘文人除在本地结社外，还在江南等地结社，江南等地结社的经验可为湖湘文人参照与吸收。前代结社中同道而集的特点，山水悠游、酬唱传播的活动内容，立约立期等组织方式，同僚、同里、同道文人组合成不同社团类型，这些都为清代文人所承袭，而明末文人结社中的文学风气与士人习气，对其影响更为直接与明显。清代文人站在结社传统的延续线上，继续前进。

① (清)王夫之《王船山诗文集》，北京：中华书局，1962，第152页。

② (清)罗正钧《船山师友记》，长沙：岳麓书社，2009，第177页。

二、湖湘文人对结社的共同认知与情感倾向

在不少湖湘文人的诗文作中，我们可以明显地觉察与归纳以他们为代表的湖湘文人之结社认知，包括对结社传统的推崇、所代表生活方式的认定、结社行为与社友的要求，并且能触摸湖湘文人各种结社心态与情感倾向。

(一) 高雅、悠闲的生活方式——文人结社

乾隆时期的罗云皋，字开九，号天闻，株洲人，布衣，与岳麓书院山长罗典同族。生性孝友，淡于名利，潜心理学，博极群书，以著书授徒为生涯，尤工于诗。罗云皋诗作《春日寄怀春园先生》记录了友人春园先生优雅适意之生活的各个方面，表达了罗氏羡慕的心情，诗云：

> 春来佳兴是宜园，草绿窗前鸟不喧。松下风和朝讲易，花闲月满夜辟樽。东山故老皆同社，南国诗人半在门。更羡露香楼上坐，摊书如拥百城尊。①

春园先生的家居生活，环境优美宜人，充满生机；平时讲经读书、饮酒休闲等活动处于此环境中更优雅自在；而交游的人群，一为东山故老，一为南国诗人。与东山故老结社既是他晚年风雅生活中一个固定的内容，也成为罗氏带着羡慕心情寄怀春园先生的一个方面。在罗云皋心中，结社不论名利，无关身份，最好不要谈论时事，远离纷争。尽量让其成为一种平静的休闲活动，一种单纯

---

① (清)罗云皋《西塘草》，株洲市南楚诗社编，湖南煤田制图印刷厂承印，2001，第 48 页。

的文学切磋。其《夏日山居感兴寄人》中云："一笠黄茅千树下，中有主人病且贫，终日无营自潇洒。亦曾拥鼻耸吟肩，得意诗成和古寡。闲将短调论前人，偶将长歌寄同社。阮公眼白不能青，扬雄口吃正非哑。世事如今不要论，莫学江南著书看。渔父年来浪得名，垂纶以外不知也。"①虽然乾隆年间文字狱屡兴，主流文坛气氛紧张压抑，而且山居者病且贫，终日无营，但仍然可以选择过相对自在潇洒的生活，休闲时节与同社友人诗词唱和，短调长歌切磋，轻松随意，文词相娱。

李象鹄，字仑圃，长沙人。嘉庆己未(1799)进士，改庶吉士，授编修。负才，早卒。其诗词秾丽工稳，善言风怀，出入温、李、小杜之间。著有《味闲斋遗草》。其《题龚瀛桥游吴杂纪》云：

> 天门阊阖接黄池，楚客风流唱竹枝。句里青山惊白也，吴中旧事属明之。自注：元龚明之著有《中吴旧闻》。秋风麋鹿长洲苑，上巳莺花短簿祠。想象登临饶逸兴，家家团扇写新诗。(其一)
>
> 笔上生花信手栽，吴江枫落妙诗材。春秋草木嵇含在，姓字鱼虫夹漈来。自注：《杂纪》中花、木、鱼、鸟特详。角里园荒双屐折，醉眠亭古一樽开。休言结社风流尽，胜地松陵日几回。(其二)②

在李象鹄看来，结社是一种在青山绿水，古亭幽园中逍遥自在，风雅创作，代表了一种显露文人风流的生活方式。

黄湘南多次在其诗词中提议友人——诗僧映云上人释本照结

① (清)罗云皋《西塘草》，株洲市南楚诗社编，第54页。

② (清)邓显鹤编纂，欧阳楠点校《沅湘耆旧集》第5册，第252页。

社度日，如“不如结社入庐山，潇洒”，“劝君结社入庐山，休迟矣”①。黄湘南，字一吾，号石橹，湖南宁乡人。生于乾隆二十二年(1757)，卒于乾隆五十年(1785)。诸生。黄本骥虎痴之父。后人辑有《大沩山房遗稿八卷附外集一卷》《红雪词钞四卷》。“结社入庐山”这一倡导在黄诗中频频出现，这固然是黄湘南对东晋慧远庐山结社典故的运用，也传达出他对名山结社这一举动的向往与提倡。在他看来，“结社入庐山”代表了一种潇洒快意的生活方式，似乎能逃离山下红尘间的种种烦恼，而且宜早不宜迟。他反复劝说友人选择结社入庐山，趋向一种脱俗的生活方式。

在湖湘文人提及文人结社时，很多提及耆老结社，如舒正载《张五渚夫子七十述怀诗奉次百韵》诗中有：

> 鸡肋名何恋，猪肝病欲瘳。天人身受爵，乡国杖扶鸠。坐觉心常坦，存为舌本寻。情泥沾落絮，意境狎浮鸥。白社成真率，平泉此逗留。池荷观袅娜，村鸟听钩辀。……②

舒正载，字西樵，湖南溆浦人。生卒年不详，嘉庆二十四年(1819)尚在世。乾隆四十二年(1777)拔贡。以四库馆议叙署湖北荆门州同、水利主簿等，官沔阳州判。能诗。舒正载和张五渚夫子七十述怀，描述了张夫子不囿名利、坦然度老、潇洒随意的生活。“白社成真率”，既是用典，也是舒正载对耆老结社的评价。全诗反映出他对这种真诚率性、林泉悠游、风雅度日的耆老结社的支持与向往。

朱毅，郴州人。朱毅德行文学矩步濂溪，大湖南北，士尽知名。

---

① (清)黄湘南《红雪词钞》卷三，《清代诗文集汇编》第448册，第247页。

② (清)舒正载《竹根斋诗草》卷四，《清代诗文集汇编》第452册，第368页。

其《壬午仲春次韵答族叔兰仙见寄十首》第四首诗中有:“山僧若个堪论酒,结社须于红杏村。”[①]其词《人日和家岳招饮元韵·瑶台第一层》云:

> 人日佳辰,趁龙召来,开北海樽。花香鸟语,风轻云淡,地属仙源。题诗石上,唤酒江干,尤爱奎垣旧烟景。记人喧隔岸,犬吠前村。
>
> 轩比玉堂,嘉宴全收,桃李入芳园。窗前翠竹,林间介石,历几寒温。耆英推洛社,舒老眼,潦倒乾坤,听豪论,但瑶台一曲,占尽春元。[②]

从朱瀫诗歌中设定的结社环境,到其词中表现的耆老结社环境、气氛与场景,都能发现:结社,特别是耆老结社在朱瀫心中,是一件在优美、恬淡的环境中饮酒作乐、诗文互娱、豪论言欢的休闲乐事,是一种雅致的享受与轻松的交流。

(二)单纯、清雅的结社心态

谭绍琬字琰卿,号屈怀,又号涉园,茶陵人。生卒年不详。明崇祯时贡生。入清,遁迹岩壑,以逸民终,著有《涉园诗文集》等。其诗歌《半醉》中描写老年结社场景:

> 睡乡一往醉乡回,栩栩蘧蘧强半催。少泛杯湖邀月上,老登洛社戴星来。莺簧潦倒蹄空谷,蝶梦沉酣枕落梅。蒲草堤杨环空舞,休将嫩绿薄苍苔。[③]

---

①② (清)朱瀫《东水诗集》卷一,清道光九年(1829)重刻本。

③ (清)谭绍琬《涉园诗文集》卷二,《清代诗文集汇编》第140册,第458页。

谭绍琬亦有《云阳山次夏东洲韵》：

山僧导余过石门，乱石参差成古宇。看作匡庐欲寻盟，杂念频滋入社愧。……公居初盛我中晚，遥瞻雅集岂浮慕？游山选胜鄙培塿，与公异世同好恶。[①]

谭绍琬游云阳山，选得胜景，遥瞻前人，也有"看作匡庐欲寻盟，杂念频滋入社愧"之想。这种文人依名山胜水结社雅集，隐约有归隐、禅悟之意，故而结社时不应频滋杂念。

唐世征，字魏子，一字琴叠，湘潭人。顺治辛丑(1661)进士，授司理，改玉山知县。云南吴三桂起兵叛乱，弃官远遁，悲愤卒于广陵。著有《数峰诗》《燕游草》《为郎小草》《碧泉诗钞》诸集。其《蜀僧不波住我泉上废刹，爱其坚忍却赠》中云："忽飘奇翰憩幽岩，携得峨眉雪几函。忍草床前过雉鹿，劫灰丛里振珠衫。溪花似解谈三易，蔬茗无求乞一镵。结社亦能称弟子，肯将灵运杂心芟。"[②]唐世征记载了在其家泉上废刹居住的不波僧，修行坚忍，能很好地控制欲望与调整心态；且其在结社的过程中，能抛弃一些尘心杂念，带着单纯的心态参与社集活动。

湘潭诗僧释本照《题也岸僧行脚图》中云："选官何如选佛长，有形亦复无形样。三登投子问因缘，九上洞山辩真妄。词坛结社誉争扬，夜半打钟吟不放。悠然适意诗酒间，木杓笊篱任排当。"[③]也岸亦湘潭诗僧，其集未见。在本照看来，词坛结社誉争扬，常受

① (清)谭绍琬《涉园诗文集》卷二，《清代诗文集汇编》第140册，第508页。

② (清)邓显鹤编纂，欧阳楠点校《沅湘耆旧集》第3册，长沙：岳麓书社，2007，第145—146页。

③ (清)邓显鹤编纂，欧阳楠点校《沅湘耆旧集》第6册，第630页。

名利牵绊,不如悠然适意诗酒闲,潇洒度日。

邹汉勋,字叔绩,清末新化人。其诗《与珪上人二首》中自注云:"仆前诗有'解我青蛾数日攒'之语。来诗云:'是否眉因入社攒?'夫远公结社庐山,辞谢客,邀陶公,入之者刘、雷诸巨儒。仆尝有句云:心杂文人辞入社,酒酣高士送逾溪。盖羡之也。则不入或恨,入复何瞢,故补述攒眉之故,如此云云。"①邹汉勋认为文人结社应该是一件纯粹的事情,需要专心持一,所以心杂多虑的文人是要谢辞入社的。若能与诸巨儒、高僧结社,把酒言欢,可谓让人羡慕之事。

在结社友人的选择上,湖湘文人坚持德行同道、精神相投的原则。乾隆年间,孙起栋邀人结社。孙起栋,字天擎,号白沙,新化人。乾隆癸酉(1753)拔贡生,正红旗官学教习,著《辽西草》《湘南草》等集。他在《赠杨荪圃,兼感怀吴建轩兄弟》一诗里表达了对诗友的知赏,便欲邀之入诗社:"我归自龙塞,故人尽黄土。酒龙诗虎复何人,土偶桃梗自尔汝。古博渊茂如君者,我欲邀之入诗社。惜不见吴檽两弟昆,浩歌临风泪如泻。"②孙起栋选择社友的标准与前提,即"古博渊茂如君者",才华横溢知识渊博之俊彦,希望能与这样的社友演绎"酒龙诗虎"的故事,也遗憾无缘再遇吴建轩两兄弟。文人结社时一般偏向于选择自己赏识的友人,同声相应,同道相求。

通过对湖湘文人社作之外的各种创作解读,我们可以发现清代湖湘文人一般视文人结社为带有强烈娱乐休闲性的群体活动,但要求聚合同道之士诗文切磋,活动中讲究高雅情趣,持有恬淡心态,增长真诚情谊。文人们希望自己的结社雅集尽量在世俗事务

---

① (清)邹汉勋《学艺斋诗存》卷一,《清代诗文集汇编》第616册,第624页。

② (清)邓显鹤编纂,欧阳楠点校《沅湘耆旧集》第4册,第307页。

之外，回避功利心态，拥有一个专门的文学创作、交流平台，享受一个有趣、放松又风雅的娱乐空间，流传一段让人向往的风流韵事。在这种对文人结社的认知、评价与自我期许、标榜的心理基础下，前代的文人结社被清代湖湘文人在活动与创作中不断地承袭、借鉴与模仿。

三、清代湖湘文人对结社传统的承袭与发展

结社，对湖湘文人而言，也意味着一种文化传统。“传统并非仅仅是保存旧的东西，相反，传统是在历史中不断积淀、汰变、演化的过程。”①清代湖湘文人们的许多文学创作和活动上的模拟，是一种对前代结社传统的温习与回忆，也是一种可自由选择的学习与创作，用具体行动展示了他们视结社为文人传统的认知。

（一）文学创作上的承袭与借鉴

湖湘文人从题材、艺术技巧、语词典故等不同方面对前人的雅集与创作进行了承袭、借鉴与模仿。即便在风雨飘摇、革新转变的清末，如火如荼的革命年代，湖湘文人的社作与活动中仍然融入了不少与时政无关，只和个人情趣、文学风尚有关的内容，继续旧瓶装着旧酒。有一批文人只是从文学继承的角度、风雅承袭的角度看待文人的聚合与文学的创作。

1. 洛社、白社等文人结社典故的运用

文人们常用洛社、白社等典故来形容耆老们的结社往事，出现在感赋、挽词、祝寿词、题图诗等各类诗作中。如乾隆年间陈启畴《先大人冥诞感赋》诗中叙述其父陈炯往事时，提到“耆英洛社惜评

---

① 王岳川《现象学与阐释学文论》，济南：山东教育出版社，1999，第7页。

交，银烛高烧簇酒肴”[①]。又为其乡人刘可斋昌期题挽词时也提到“洛社耆英月告存，怀铅握椠趁朝暾。小山招隐还家食，太史留名亦国恩”[②]。嘉庆年间聂铣敏《题冯征蓝师遗像》云：“暖日郡城好，吾侪佳兴同。到来仍旧雨，相对又春风。洛社耆英聚，兰亭少长崇。古人不可作，临眺感无穷。”[③]咸丰年间熊少牧《约月崖、花农、子楼为李西来作生日再叠前韵》中有“名在香山洛社中，肯令醉颊忽消红”[④]。诗人们在这些诗歌里，追叙前辈们的结社事迹，抒发其追慕、怀念之情。

也有用洛社自比，以示文人雅趣风流的。如何绍基《恕堂首唱白菊花诗，月厓、念园、研荪皆和之，余亦次韵得五首》其四云：

> 矍铄群贤洛社侪，相忘霜鬓动幽怀。金英嘉会联翩集，白雪新词次第排。如此风神何处写？不施涂泽自然佳。疏枝伴我清如水，孤赏惟宜闭小斋。[⑤]

在以上这类创作中，白居易的“洛社”典故代表了一种暮年仍持风雅的精神，其背后也反映出结社耆老们功成身退聚友求乐的心态、富足闲适的生活常态；这类典故也是文人社交应酬时构建前人耆老风雅形象的重要修辞“工具”。

---

① （清）陈启畴《麻田诗草》卷四，《清代诗文集汇编》第 450 册，第 208 页。

② （清）陈启畴《麻田诗草》卷六，《清代诗文集汇编》第 450 册，第 228 页。

③ （清）聂铣敏《寄岳云斋初稿》卷二，《清代诗文集汇编》第 513 册，第 605 页。

④ （清）熊少牧《读书延年堂诗钞》卷一七，《清代诗文集汇编》第 588 册，第 174 页。

⑤ （清）何绍基撰，龙震球、何书置校点《何绍基诗文集》，长沙：岳麓书社，2008，第 475 页。

2. 内容题材上模拟古人名社创作

善化人易棠尝试了不少模拟前人的诗歌创作，因其身居高官，在诗歌中不断表达对田园清趣的向往。其《春日田园杂兴拟元人月泉吟社》有三首，其一云：

> 无边春色大瀛东，披拂山家乐事同。晓日杂咏随上下，晴窗儿女杂青红。拟添秫酿分秧陇，闲按芹苗备药笼。一篴斜阳牛背稳，安排吟兴逐溪童。①

其《枕易拟元人越中诗社作》云：

> 欲祈寡过惟《周易》，消息徐参一卷书。闲坐小窗时嘿嘿，偶思仙枕亦蘧蘧。梦回乍觉天心见，意澹旋教客感祛。领取羲文同一室，此身何减在华胥。②

元末文人碍于时乱多选择隐居山林归栖田园，在山林田园中自由结社，摹写田园的文人社群随之渐增，月泉吟社即为其中一例。它与中唐太平稳定之时由白居易组织的香山九老，均乃一时之盛举，为文人结社史上的著名典故。元代月泉吟社之作甚清逸，显露隐者风格，如月泉社人白珽《春日田园杂兴月泉吟社第十八名唐楚友即湛渊先生也》云：

> 雨后散幽步，村村社鼓鸣。阴晴虽不定，天地自分明。柳

---

① (清)易棠《怡芬书屋诗草》卷四，《清代诗文集汇编》第585册，第687页。

② (清)易棠《怡芬书屋诗草》卷六，《清代诗文集汇编》第585册，第701页。

处风无力，蛙时水有声。几朝寒食近，吾事及躬耕。月泉吟社评曰：前联不束于题，"柳处蛙时"一联题意俱足，格调甚高，结亦不浮。[①]

将易作对比一下月泉吟社的创作，可以发现两者均充满闲适之情，题意俱足。而易作则呈现农家忙碌景象，更具生活气息，洋溢着欢欣的气氛。

3. 体式上从采用乡贤唱和原韵入手

郭嵩焘有《次韵周荔樵所藏乡先生手迹，用唐陶山、黄虎痴唱和原韵》：

湖湘老辈盛辞宗，翰墨流传一笑逢。难得弟兄鸾凤侣，旷怀今古虎龙从。老夫尘土迷双目，满屋蓬蒿卧一冬。犹喜妙高遗像在，便应题作石船峰。王船山先生以隐石船山为名，予始创修船山先生祠于妙高峰。（其一）

置酒无缘会未央，飘然一棹水天长。忽惊琲玉倾班管，早积缣缃满绛囊。二隽名高王秘监，一时语妙贾君房。徒伤小谢先朝露，谁为挥戈返鲁阳。（其二）[②]

唐陶山，即唐仲冕（1753—1827），字六枳，号陶山，湖南善化人。少小好吟，幼承家学。乾隆五十八年（1793）进士，知江苏荆溪、吴江、吴县，擢知海州，调通州，权松江及苏州府，嘉庆癸酉推升福州府督抚。道光元年（1820）由候补道擢福建按察使，晋陕西布政使，护理陕西巡抚。为官所至，勤求民瘼；严察奸蠹，兴利除弊；

① （元）白珽《湛渊集》卷一，文渊阁四库全书本。

② （清）郭嵩焘撰，梁小进主编《郭嵩焘全集》第14册，第214页。

修治古迹，礼待贤俊。吴门沧浪亭，有五百名贤像石刻，首吴泰伯，终唐仲冕，可见其为时所重。尝拟辑《湖南诗征》，未就。有《陶山诗录》《露蝉吟词钞》《陶山文录》等。子鉴官至太常寺卿，潜研性道，学宗濂洛，刻苦自持，与曾国藩、陶澍等人相善。

黄虎痴，即黄本骥，字虎痴，湖南宁乡人，诗人黄湘南之子，乃湖湘重要学者、诗人。道光元年(1821)举人，授黔阳教谕。建教泽堂，课士多所成就，同郡各属咸进谒门墙。著作等身，诗文集为《三长物斋诗略》五卷，附刻《夏小正试帖》一卷，《三长物斋文略》六卷，学术著作数十种，有《经义举隅》《姓氏解纷》《孟子年谱》《郡县分韵考》《南方物志》《郴岭纪游录》《历代职官表》《历代纪元表》《皇朝经籍志》等。

黄本骥对陶山先生唐仲冕，以师事之，多有交集。黄氏《致李松甫太翁书》中言："窃念骥一介寒士，伏处湘中，行年四十有六而名誉无成，然乃自少至长，所至辄为大人长者辱收奖进，既荣之以人伦之鉴，又任之以翰墨之责。如曾宾谷、翁凤西、唐陶山诸先生既得见而师事之矣。"①唐仲冕开藩陕右时，黄本骥客关中，曾为唐仲冕编订文集，并撰有《陶山文录序》，文中称唐仲冕为"吾乡耆宿"，对唐之文称赏备至。唐仲冕七十寿时，黄本骥与众幕僚同人一起为其祝寿，有《重九前一日同人集兴善禅寺为陶山先生作生日，因登慈恩、荐福二塔，无锡周雨香行为绘〈花甲重周第十图〉，敬题三首》，并作《花甲重周第十图记》。在以唐仲冕为中心文幕诸君环绕的文学群体中，黄本骥为其中一员，与唐仲冕有多首和作，如《和陶山先生音声树听事诗，用杜工部古栢行韵》《车秋舲以和陶山先生南山用韩韵诗并戴惜初凝之、蔡曼受成辂、王菱江庆澜和作见寄，次韵代柬，兼呈陶山先生及惜初诸君》等，黄氏自注言："余去长

---

① (清)黄本骥著，刘范弟校点《黄本骥集》文略卷五，岳麓书社，2009，第178页。

安时,周君雨香绘《青门话别图》见赠。拙诗二首,陶山先生及文幕诸君均有见和之作。"①

湖湘文坛耆老盛会,唐仲冕、黄本骥则如文坛龙虎,多诗唱和,交流感情,抒发怀抱,乡贤典故为后人之趣谈佳话,而前人手迹则让后人有了具体的缅怀媒介,促发郭嵩焘采用唐黄两先生的唱和原韵进行创作。

(二)思想、活动中对前人结社的模仿与比较

湖湘文人在思想认知上,对湖湘社集史多有回顾、解读和经验总结,并在活动中多方面地模仿、学习前人雅集风气。

同治辛未年(1871)秋,平江李元度折柬招集本邑耆老组爽溪精舍九老会,其《续九老题名记》中追溯了九老会的历史源起,指出自宋开始,湖湘踵行耆英会之文人不乏其人,一一简单介绍其姓名年龄,并叙述了他们的承袭、模仿与推进:

> 道岩在县东百有五里,盖有宋九老题名石云。考九老会昉自唐白文公,洎宋文潞公留守西都,与富郑公、司马温公作耆英会,踵行者代不乏人。而吾平九老,则南宋鲁进士仕能、吴进士钎等所会集也。时鲁年七十有三,吴七十有八,鲁公仕行、邓公希恕并七十有七,方公采、李公应春并六十有九,张公万全六十有七,罗公大岊六十有二,罗公大亨六十,更迭主会,阅十二年。诗锲岩间,有"九人六百三十二"之句,盖纪年也。鲁公受学饶双峰,称宝潭先生,吴公为阳坪先生雄次子,皆朱子再传弟子,流风遗韵,今六百余年矣。明黄梅岩方伯昭道,尝与邱大令万玑、余明经大乾同游兹山,并有诗,殆拟续前会而未果欤?
>
> 同治辛未,展重阳,元度山居多暇,屈指同县任京外官归

---

① (清)黄本骥著,刘范弟校点《黄本骥集》诗略卷三,第39页。

林下者得九人，乃折柬招集爽溪精舍，越日游道岩。岩分前后，石穴中通，后岩有九老祠。由石隙蛇行入，历数十武，忽开朗，达前岩，是为葆真观。前后屋数十楹，皆以岩为宇，有楹桷，无椽瓦。其右有龙潭，其峰曰香炉、席帽、华盖。纵游毕，会饮，议续题名故事。元度年甫五十一，诸老多丈人行，又亲在不敢称老，但治具作主人耳。酒半，叙甲子，合元度数之，得六百三十二岁。诸老皆惊诧曰："异哉。何适符宋九老之年也。岂真有前定者耶？道岩之会，古以九人，今十人，齿不差累黍。子不与则年数弗全，其勿辞？"元度固谢不敏，则又曰："昔香山之会，秘监狄兼谟，河南尹卢贞，年未七十，并与会。其后温公未七十，用狄监、卢尹故事，亦与耆英会，并为作记。然则子微特不当辞，且当记之。"

元度犹举觞寿诸老曰："古之仕者，倦而归，教其乡，大夫称太师，士称少师。燕飨之礼无弗与，选士咸集于庠，将射，则主人就而谋介。过其闾者率致敬，岂漫然哉？盖皆有风教之责焉。诸君子生逢盛世，归老林泉，优游光天化日之下，虽更寇乱，桑梓晏然，自此年弥高，德弥劭，固无愧上下庠之养。如元度辈，亦垂垂老矣。然君子居其乡则思善其俗，敢遂颓然自放，不思有裨于民物哉？抑又考温公序耆英，有曰：世所慕于乐天者，以其志趣高逸也，奚必人与地之相袭焉？故其时与会者十有二人，老不以九限也。近世欧阳坦斋师，订湘中耆英会，亦至十八人。然则今日之会，第以九人始耳，继自今，有同调者，固当虚左席待之。"诸老皆曰："善。"乃具列名衔，并录所述于左方，元度缀其末，且为之记。是岁九月二十一日也。[①]

---

① (清)李元度撰，王澧华校点《天岳山馆文钞》，长沙：岳麓书社，2009，第 371—372 页。

参加爽溪精舍悠游雅集的耆老们,均为平江附近致仕之文人,年高德劭,无愧庠养。悠游林泉,摹袭乐天,不是只图自放行乐,亦希望这个平江九老会群体坚持与示范志趣高逸,有裨民物,完善民俗。而且需要强调的是他们关注与摹仿的风雅对象为前代平江本邑耆老,参照与比较自身社群的对象——如岳麓书院山长欧阳坦斋所开的湘中耆英会,也是湖湘其他地区并非他省的耆老会。这种类型的比较在传承视野上或许有些狭隘,不过也确实反映出湖湘文人对本地域风雅传统的强烈关注与沿袭。在沿袭与承继上,平江九老会虽以九老命名,但人数并不限于九人,参与者认为耆老会以九老命名,是一种对前代风雅传统的继承和保持,在人数上可以不用限制,只要是同调者,皆可参与,并以左席待之,这反映了耆老们在结社上的一种开放性心态。

爽溪精舍九老会的参与者为:

余士镜,字月潭,道光十二年举人。甘肃渭源、绥来、阜康等县知县,云南昆阳州知州。时年七十有四。(诗二首。)

朱光瑞,字蔼堂,恩贡生。候选训导,署湘阴、嘉禾县学教谕,永州府学教授。时年七十有二。(诗二首。)

李汉章,字倬斋,道光十五年进士。即用知县,沅州府学教授,加五品衔。时年七十有一。(诗二首。)

方儒照,字鉴垣,廪贡生。试用训导,署醴陵、嘉禾、永定县学教谕,加内阁中书衔。时年六十有七。(诗二首。)

钟昌勤,字崇轩,道光三十年进士。署四川宁远府知府,候补道,加盐运使衔,赏戴花翎。时年六十有四。(守制,未作诗。)

周圭,字锡侯,例贡生。刑部候补员外郎,江苏司行走。时年六十有四。(诗二首。)

黄益杰，字子山，附贡生。湖北黄州府知府，加盐运使衔，赏戴花翎。时年六十有三。（诗四首。）

张岳龄，字子衡，廪生。甘肃按察使，加布政使衔，策勇巴图鲁，赏戴花翎。时年五十有四。（诗二首。）

凌文奎，字云槎，例贡生。湖北德安府同知，加知府衔，赏换花翎。时年五十有二。（诗二首。）

李元度，字次青，道光二十三年举人。云南按察使，加布政使衔，赏戴花翎，色尔固楞巴图鲁。时年五十有一。（诗四首。）[①]

九老身份相当，都获得过一定的功名，加上大家性情投合，居住地点较为靠近，相约而成九老会。在集会中九老陶然有真乐，情谊绵延数年。初次集会后的三年，方儒照七十寿，李元度为其贺寿，犹提及方儒照参会诗歌与性情表现，其《方鉴垣姻丈七十寿序》言：

吾平方氏，世有达人。南宋时，明甫先生暹，师事李宏斋、黄勉斋，与饶双峰共学。叔行先生鋧，初事宏斋，后及双峰之门，皆朱子再传弟子，今所祀十三君子者也。而亮甫先生采，又尝与鲁君子宝潭诸公作九老会，锲石道岩，至今称韵事云。

同治辛未秋，余山居多暇，屈指邑人服官中外归林下者，得九人，乃相约游道岩，续九老会，各为诗刻岩石间，而余为之记。时姻丈鉴垣先生六十有七，以齿序居四，其诗有曰："年年佳会群贤集，太古方回总率真。"盖自道也。识者谓"率真"二字，实足以概先生生平焉。先生累叶素封，少能自奋于学，郡

① （清）李元度撰，王澧华校点《天岳山馆文钞》，长沙：岳麓书社，2009，第372—373页。

试冠军,补弟子员,饩米廪。晚官醴陵训导,历嘉禾、永定教谕,莅官课士,一以真意行之。解组后,莳花种竹,含饴弄孙,陶然有真乐。①

八年后,凌云槎六十寿,李元度《凌云槎太守六十寿序》言其参会事迹与生平性情:

同治辛未,展重阳,余柬同邑致仕诸君,游葆真观,续宋九老会。时云槎太守年五十有二,次居九,各为诗,锲石嵌壁间,今忽忽九年矣。……君少能文,郡邑试,数列前茅,不遇,至是一意课其子,延名师主家塾,修膳必丰,长、次、三君联翩注学籍。又援恩例加四秩,请封典,赠父祖如其阶。辟园种花卉,累石为山,手一编,日哦其中。②

从集会初到集会过后的多年后,李元度等人一直在强调他们的九老会,是"续宋九老会",是继续某种道统,也是在承袭某种风雅,而这种结社传统的延续与地方、本土紧密相关。可见在这个湖湘文人社群的活动与创作中,本土、地方的文学经验与文化道统起着直接与主要的作用,也反映出他们对地方英耆蹈古追贤的情结。

湖湘文人社群模仿乡贤之风随着历史的步伐延续到清末民初,只是在近代的模仿中多了许多新的内容与思索。陈继训《花朝酬唱集序》言:

湖湘骚雅之地,自昔雄于诗者,唐李群玉最著。元代茶陵

---

① (清)李元度撰,王澧华校点《天岳山馆文钞》,第695—696页。

② (清)李元度撰,王澧华校点《天岳山馆文钞》,第682—683页。

有陈泰者，擅歌行，嵚奇磊落，著有《所安遗集》。《库目》称气格似李白，造句类李贺、温庭筠。王阮亭推其在元诸名家中，当居虞道园之下、诸公之上，惜位卑，名不甚彰。至明李文正公东阳始大显，公尝谓吾楚人多不好为诗，能诗者莫吴越。若似未为定论，特不若吴越之靡耳。迄于有清，曾、罗、胡、左勋业震烁，而词人巨儒代兴者众，前后踵继，其光烨然，张度西、唐六枳、邓湘皋、欧阳涧东、何子贞、邓弥之诸耆宿掉鞅词坛，无愧作者；若夫王而农、魏默深、汤海秋、曾文正、吴南屏、郭养知、王湘绮、王葵园经术文章，不专工诗者，又未易历历而道也。兹之所辑，远师宋人月泉吟社，近仿先辈同治壬申展禊絜园、光绪丙戌展重九碧湖，而碧湖尤为著称。碧湖者，城北开佛寺碧浪湖也，马氏遗迹之所存。吾宗程初提军，礼贤好客，筑亭觞咏于此，藏钩选胜，因以名社，养知老人实为盟主。王雁峰太史有句调之云：湘中近事君知否？碧浪湖边多鲫鱼。当时文酒之盛，略可睹矣。鼎革后，兵戈惨黩，流风浸歇，社址沦为瓦砾。贞元词客，簫落殆尽。裒衷湖上，乌能无数穷百六之感耶？是集未知较絜园、碧湖诸先辈何如？[①]

陈继训(1878—1962)榜名陈继舜，字杏聪，号猥庵，长沙人。清光绪三十年(1904)进士，授户部主事。清亡后，入南社、苍筤诗社。民国二十四年(1935)花朝节前后几日，陈继训与醴陵袁鍊人、湘阴巢懋丞、长沙刘篪生、醴陵卜云庵、湘乡萧理衡、岳阳邓瑾珊、湘潭胡问村、长沙魏肖梅诸君唱和酬唱，然后择选两百多首作品辑成《花朝酬唱集》。陈继训带着自豪感在其序中对湖湘功勋和诗

① (清)陈继训《猥庵文草十卷》卷一，《清代诗文集汇编》第793册，第568页。

杰历历道来,直接地宣称他所在的诗群,远师宋人月泉吟社,近仿同治光绪年间的絜园、碧湖社群,并叙述了碧湖社群的环境、盟主与韵事。这则材料虽撰于民国期间,但却能反映出从清末一直到民国,湖湘文人对清代文人社集的关注和学习。清代湖湘文人社集曾经的兴盛更能勾起民国遗老们的怀旧之情与模仿之念。

"'援引传统'是建立自我身份认同的一种被经常使用的重要方式"①,湖湘文人们通过这些模拟、援引,继续惯用的题材,寄发了一种怀旧的情感,标识着某类文人的身份,同时也能反映出湖湘文人结社雅集的传播方式与途径。在新旧冲突、革新迅速的清末时段里,湖湘文人社群追求活动与创作的本土特色,强调与时代精神的契合。历史的线性结构里总保持着一些经久不衰的要素,结社雅集在湖湘文人心目中代表了一种风雅的人文精神、自在的生活方式,构成了清逸的文人雅好与尚文的乡土传统的结合;对结社的长期承袭,其实是文人们对风雅精神、自由生活以及乡土传统的一贯追求与持久继承。

① [美]宇文所安著,郑勤译《追忆:中国古典文学中的往事再现》,北京:生活·读书·新知三联出版社,2004,第26页。

第二章　清代湖湘文人社群的阶段性特征

清代之前湖湘文人的结社为后人提供了一定的历史参照，积累了社会组织与文学创作经验。“清季以来，湖南人才辈出，功业之盛，举世无出其右”[①]，清代湖湘文人社群在此人才基础上持续形成和稳定发展。随着不同时期政治动向、社会思潮、文学风气的转变，湖湘文人社群社集活动内容、文学主张、社作题材与风格、社群活动与习气、数量与规模亦有所变化。综合参考社会、经济、文化思潮等划分时代的因素，可粗略分清为初（明亡至康熙年间吴三桂叛乱平）、中（平定三藩后至道光末年）、末（咸同之后）三个时期展开论述。

第一节　清初湖湘文人结社

清初，湖南是南明抗清的前沿。三藩之乱作害八年，作为主战场之一的湖南又屡遭兵燹之祸，民生凋敝。特别是湘中长沙、湘潭等富庶地区十室九空，哀鸿遍野，荒芜满目。以湘潭为例，“湘潭，湖外壮县也。财赋甲列县，民庶繁殖，官于此者，恒欣然乐饶。……（元）延祐二年分拨赐户湘潭六万五千户，计更有未拨赐者当不下

① 谭其骧《长水集》，北京：人民出版社，1987，第 392 页。

十万户。明洪武初计户才四千六百五十三，男妇二万五十三口。国初编册存丁三千百九十六。岂地当冲衢，易代之际凋耗逃散至此乎？”[①]士人们风雨飘零，经营惨淡，多有“兵燹摧城郭，风霜薄席帷。经营劳惨淡，指顾失嵚巇”[②]类似的经历。对于培养文人士子的书院，清初的统治者采取抑制政策。顺治九年(1652)诏令各地“不许别创书院，群聚徒党”[③]。顺治十六年(1659)又申严士子纠众结社之禁，“上谕士习不端，结社订盟，把持衙门，关说公事，相煽成风，着严行禁止。以后有犯者，该学臣即行黜革，参奏学臣徇隐，事发一体治罪”[④]。直至康熙二十年(1681)，吴三桂叛乱平息后，湖南社会才开始稳定，经济逐渐恢复。清初湖湘文人心情复杂多样，自命遗老的文人执意前朝，为坚持气节仍然壮怀激烈；而自甘逸民的文人在山川隐老，恬淡度日；那些剃发为僧的文人赖佛逃生，无奈感伤中不免也对自己的软弱有愧悔之感，他们结社的主张与创作的题材风格，既反映出对前代的承袭和反思，亦是出于对当下时事的反应。

一、清初遗民文人结社之湘中社群

清初“鼎革之间，遗民尤盛，无不家函‘井史’，人矢《谷音》”[⑤]。

---

① (清)陈嘉榆、王闿运等修纂《(光绪)湘潭县志》卷六，长沙：岳麓书社，2010，第138页。

② (清)晏际盛《丧乱以来有感而作》，邓显鹤编纂，欧阳楠校点《沅湘耆旧集》第2册，长沙：岳麓书社，2007，第847页。

③ (清)陈梦雷、蒋廷锡辑《古今图书集成·选举典》卷十七《学校部汇考十一》，影印本，北京：中华书局，1986。

④ 《清通志》卷七四《选举略》，文渊阁四库全书本。

⑤ (清)邓显鹤撰，弘征点校《南村草堂文钞》，长沙：岳麓书社，2008，第64页。

陶澍在《东祝堂遗诗跋》中评价清初湖湘之遗民文人:“胜国末年,楚南当兵燹之冲,一时文章之士率以节义自持,埋没不彰者多矣。如冯椳公、陶仲调、郭些庵、王而农、周仲声、郭幼隗,皆名贤大手笔也。如吴道行见可、子愉古度、杨会英嘉生、彭日浴孺子、陶显功肤仲、张圣型子畴、车以遵孝思、潘应斗章辰、严首升平子、瞿龙跃天门、石之琨元美、季嗣先创初、刘瑄他山、廖国遴孟符、周星九烟、朱慈祚恺郎、杨启华禹心、王二南放叟、陈来学开之、夏光洛梅巢、周圣楷伯孔,皆焯有才名。”[①]而淹没于历史中不能举其姓名的节义文人,亦不可胜数。湖湘遗民文人遭历兵燹国难,仍邀集同道文友倡社结盟,浩歌高咏,节义互励,邓显鹤言:“如些、密二公郭都贤、陶汝鼐倡社于湘中,邵陵一老车以遵主盟于资峡。夕堂王夫之浩歌瑶峒,居然正始之音;长史邓祥麟高咏鹿厓,宛具初唐之格……”[②]

(一) 以郭都贤、陶汝鼐为首的湘中社群

郭都贤(1599—1672),字天门,人称天门先生,号些庵,益阳桃江人。明天启二年(1622)进士。历任吏部主事、文选司员外郎和江西巡抚等官职,为官清正,吏治严明,颇有贤声。明亡后落发为僧,隐石门,号顽石,又号些庵和尚。性严介,风骨泠然。明末,洪承畴为督师时,曾坐事落职。都贤上疏,力请开复。后承畴降清,进军湖广,寻见都贤,赠以银钱,被郭退回,又欲授予都贤之子官职,郭也断然拒绝。与洪相谈时,都贤故作眼痛。承畴惊问:“先生何时患病眼?”都贤曰:“始自识君。”后流寓湖北嘉鱼、沔阳十九年,客死于江陵承天寺。《清史稿》列传卷二百八十八、《益阳县志》、《沅湘耆旧集》卷二十八等书载其事迹。

---

① (清)陶澍撰,陈蒲清编《陶澍全集》第 6 册,长沙:岳麓书社,2009,第 215 页。

② (清)邓显鹤撰,弘征点校《南村草堂文钞》,长沙:岳麓书社,2008,第 64 页。

陶汝鼐(1601—1683),字仲调,一字燮友,别号密庵、忍头陀,湖南宁乡人。少时奇慧,应童子试,督学徐亮生惊喜得异才。崇祯元年(1628)充拔贡生。"会帝幸太学,群臣请复高皇积分法,祭酒顾锡畴奏荐汝鼐才,特赐第一,诏题名勒石太学。除五品官,不拜,乞留监肄业。癸酉举于乡,两中会试副榜。南渡后,剃发沩山,号忍头陀。生平内行笃,父殁,哀慕终身。事母曲尽孝养,处族党多厚德,尝为人雪奇冤,冒险难,活千余人,然不自言也。"①明覆亡以后剃发为僧,以"忍头陀"自号。他坚持民族气节,不向满清政府屈服,顾炎武称他是"铁石心肝"。其诗文有奇气,书法遒劲迥绝,世称"楚陶三绝",著《荣木堂诗文集》。《清史稿》列传卷二百八十八载其传。

陶汝鼐与郭都贤交情最笃,郭都贤为陶澍诗文集作序有"生同里,长同学,出处患难同时同志"之语。陶汝鼐为其创作了一组挽诗《郭些翁坐逝于江陵古刹,讣到,且传临终上督抚诸公诗,不胜悲悼,作挽诗六首》,诗云:

孤臣老衲鬓如丝,为叹皇天不憖遗。六月寒霜僧对簿,一船黑气鬼吟诗。葛藤公案才能了,成败丹炉未可知。谁似楚些声调苦,谴生先拟大招词。公始逃禅,继而以三郎好玄,又徙而修炼。(其三)

与公同学屡冰霜,莲社年如洛社长。几度书来云待尽,一朝仙去信无常。金乌不唤庞灵照,白凤应乘沈侍郎。后死文章谁作传,人间空有少微光。公有女,矢节不字,而深苦参禅,故五句及之。(其六)②

① (民国)赵尔巽撰《清史稿》卷五〇一,北京:中华书局,1977,第13861页。

② (清)陶汝鼐撰,梁颂成校点《陶汝鼐集》,长沙:岳麓书社,2008,第280—282页。

这组诗叙述了郭都贤生平大事，高度评价其才识品性。另郭都贤女郭纯贞，性聪慧，善诗词，明末许字黔国公沐天波之子沐天亮，明亡后沐子不知所在，纯贞终身守节。陶汝鼐对于明末郭氏家族皆守节明志、清贞自持的品行尤为赞扬。诗歌感情真挚沉痛，足见两人的交情深厚，同道相持。

（二）社友交游

清初湘中结社的这批湖湘文人，明末已经在同一个交游圈中，相互推赏结社。明末湖广文人同集江南秦淮，结红雪社。益阳明经罗贤胄《红雪社成柬诸子武陵屠文纪、胡孝绪、李大泓、景陵毛翰如、胡君信、吴价闬、桃源罗耳臣、江陵申季豹、祁阳申季鹰、潜江刘阮仙、湘潭谢孺玉、谢曾至、宁乡陶仲调、攸水刘杜三、长沙冯棂公同集秦淮，时大雪庚辰人日也》云：

> 楚云倒覆秦淮绿，梅花照眼催残烛。游断春丝软柳烟，三五才人未敢续。女郎赛歌喉欲融，云花侵鬓飞成片。懒和人日少陵诗，破却山浮歌团扇。吴声暂歇楚声起，杂撞双环不可止。吴女醉后数楚男，倒履横吊十六子。[①]

社中诸子除景陵毛翰如、胡君信、吴价闬和江陵申季豹四人属湖北地域外，余下十二位文人皆来自湖湘地域。如冯一第，字棂公，善化人，明天启丁卯(1627)举人。自幼以诗文雄湖湘间，与湘潭郭金台交挚，同受知于蔡忠烈公，两人互相推重。癸未年(1643)张献忠攻陷长沙，一第意图乞师他方，张军擒拿其母兄来胁迫和招降他。一第不得已回乡就缚，以己身换母兄赦免，最后因不肯屈降

① (清)廖元度编《楚诗纪》卷一五，《四库禁毁书丛刊》集部 122，北京：北京出版社，2000。

于张氏叛军被处死,年仅四十。从祀长沙忠烈祠。《明史·忠义传》附载《蔡道宪传》中,有《贲园吟谱》。"尝与竟陵交,竟陵招先生读书寒河,入诗社,不赴。古今体诗,严冷幽峭,不能尽脱钟、谭习气,然其真挚独造处自多,犹不病其为竟陵流派也。"①

胡统虞(1604—1652),字孝绪,号此庵,武陵人。明癸未进士改庶吉士,"甲申之变被执,不屈,自经者再,贼逻守之。未几,王师大破贼于关门,得不死,乃变姓名走固安,会诏以原官,起用为邑令,所迹弓旌到门,固辞不受。大学士范文程束帛聘之曰:'统虞今之许衡也,不可失。'敦迫就道。旋授国史院检讨,丙戌会试充同考官。八月再举乡试充顺天正考官,丁亥拜国子监祭酒"②。

刘友光,原名自煜,字杜三,号渔计,攸县人,明丙子举人,入清,官沙河知县,迁行人,未赴卒。著《西游草》《南北行吟》《香山草堂》等集。《沅湘耆旧集》列小传。刘友光与王岱、王夫之等皆为良友,存《秋阴寄王山长》《将入闽寄故人王而农》等诗。早岁师吴梅村而诗不效其体,与谭友夏游亦不堕彼法,其诗凄切婉秀,善于言情。"名重一时,诗、文、书法,所至群推服。与同郡郭幼瑰、陶密庵及吾郡车孝思、潘章辰诸先生交尤笃。"③

罗贤胄的诗描述了红雪社诸子初结社时,文酒逍遥,歌妓助乐,一派明末文士风流放诞之风。而陶汝鼐《和秦淮结社诗,时刘阮仙谢孺玉尚留白门,予闻湘上有警,急归将母并以为别丁丑五月》一诗则不再是一派悠然休闲之风,而是散发明朝大厦将倾的紧张气息:

---

① (清)邓显鹤编纂,欧阳楠点校《沅湘耆旧集》第2册,长沙:岳麓书社,2007,第546页。

② (清)李瀚章、裕禄等编纂《(光绪)湖南通志》卷一九二,长沙:岳麓书社,2009,第3830页。

③ (清)邓显鹤编纂,欧阳楠点校《沅湘耆旧集》第3册,长沙:岳麓书社,2007,第19页。

风日非不深，兴会非不浅。悠悠对秦淮，脉脉方寸转。江湘四五人，偶聚皆极选。五月桃渡喧，竹枝何婉娈。虽则歌者酣，我心若重茧。名流激素风，郢雪落缃卷。始欲抽新怀，彦会不忍遣。日夕觥筹飞，小醉发雄辩。垂手乱灯月，舟动类花辇。情亲乃及欢，意独妨沉湎。中原半盗贼，东南力已鲜。钟山自晏安，天运或未蹇。诸子诚及时，为乐亦敏黾。而我重怀乡，归欤万虑挼。湘纹百尺余，拟向栖霞展。醉卧且未能，吾生徒俴俴。①

陶汝鼐虽觉得良辰佳地配上兴会自是悠然之乐，同乡四五朋友的偶聚也极为难得，应当欢聚。但在歌酣酒乐中，他此时社集的心情总是“心若重茧”，一方面是担忧家乡之母亲，一方面也是担忧国事，毕竟“中原半盗贼，东南力已鲜”。所以他固然理解大厦将倾之时同社诸子在秦淮及时行乐的举动，也存在侥幸心理，希望“钟山自晏安，天运或未蹇”，但自己却期待还乡，回归家园，以挼万虑。

胡统虞明末作有《岁暮再游麓江，别陶仲调年丈暨冯棖公、刘杜三、郭幼隗同社诸子》，诗云：

寻秋入岳麓，中道窘阴雨。岁暮复寻来，山深雪如堵。人我在山外，卑山等撮土。邈邈陟高峰，茫茫宗与祖。人生履平地，悬念犹石乳。想结成凝阴，趋变立今古。中有素心人，能为风会主。睠言顾文禽，而自修毛羽。毛羽不自戢，饮啄谁得取。此身若漏卮，世事类焦釜。相倾至今日，炼石胡堪补。维

① (清)陶汝鼐撰，梁颂成校点《陶汝鼐集》，长沙：岳麓书社，2008，第40页。

我同肝肠,千里车相辅。古道恒如斯,抱膝吟梁父。[①]

陶仲调,即陶汝鼐;郭幼隗,即郭金台。前文已简述题中几人生平。时至明末大势渐倾,社稷飘摇之时,诗人感觉"此身若漏卮,世事类焦釜。相倾至今日,炼石胡堪补",焦思愁虑之情显而易见。愁郁之余,也只能凭借友情慰藉心灵,并做好独善其身、退隐吟梁父的打算。

(三) 社集创作

明亡后这批湖湘文人乱世流离,饱经风霜,感慨深沉,以气节自持,以遗民自居。遗民的形象有时"须凭借一系列方式(记号)而自我确认,而为人所辨识"[②]。明亡后郭都贤、陶汝鼐等人削发为僧,除在形象设计和身份定位上标注不涉红尘、不与清统治者合作的明显记号外,在湘中结社与社友互励,社集创作时借助具体地域环境兴发与抒写明亡后真实的心理感慨,也是一种很明显的标志,能为他人辨识,其社会交游圈与文学创作内容即是确认的线索。

洞庭湖,湖湘最具代表性的湖泊,烟波浩渺,水雄山峻,为"海内巨浸也"[③]。洞庭秋景极富历史印象和地域色彩,属于潇湘八景之固定一景,从楚辞之"袅袅兮秋风,洞庭波兮木叶下"开始,一直是文人墨客屡赋不歇的题材。"诗缘情而绮靡,情触景以缠绵",洞庭秋风萧瑟之景、湖天飘渺之象、浪阔涛怒之境与遗民文人们心理情绪相契合,更易生发其兴亡之感、眷怀之情、悲怆之意,平常碍于政治高压难于明白表述,但可借诗歌状萧瑟秋景,婉曲地抒发自己

---

① (清)欧阳厚均编,邓洪波、周郁校点《岳麓诗文钞》,长沙:岳麓书社,2009,第126页。

② 赵园《想象与叙述》,北京:人民文学出版社,2009,第236页。

③ (清)陶澍《洞庭湖志序》,陈蒲清编《陶澍全集》第6册,长沙:岳麓书社,2009,第71页。

的黍离之悲，家国之痛。特别是郭金台等“遭遇壈坎，家国之际，有难以显言者，奇情伟抱，一于诗泄之”①。清初郭都贤先作六十首近体倡起《洞庭秋》一题，陶汝鼐、郭金台、赵友沂等社友同人群体共和。

郭都贤《洞庭秋》九十律组诗自序云：“题面极壮丽，着丘壑寒俭语不得；题情极清婉，着波涛汹涌语不得。”②郭氏之诗，一改许多过往文人《洞庭秋》之寒俭诗语，单一的清婉诗风，变寒俭为清婉，写汹涌为悲壮，纵横曲折，裁成九十首，有五千言。郭氏才气勃发，五千言诗气势不间断诗意不重复，典故横生妙用；想象恣肆，画面壮丽，时空寥廓，“谭天至非非想，发地至金刚际，无以喻其深玄”③。情感悲慨豪壮，感人肺腑。

现在组诗中择取数首稍作分析，如：

挂却鱼竿谢钓矶，空明欲击溯流非。地倾西北娲无补，人化沙虫鹤不归。界破紫蜺分碧眼，平沉苍狗卷秋衣。蒹葭白露关何事，尺蠖洋洋可乐饥。（其一）

秋远平湖湛四虚，风波莽荡渺愁予。可知破浪思宗悫，不似惊涛说子胥。击去三千嘲斥鷃，乞来升斗泣枯鱼。从今试上巴丘望，肯信龙蟠有洳沮。（其二）④

何处扁舟别有天，眸光夺却失中边。孤云万里谁禁此，长笛一声人悄然。丛桂小山随地得，蓼花隔浦漫情牵。冥鸿野鸟真寥廓，不向溪深叹站鸢。（其四）

---

① （清）邓显鹤编纂，欧阳楠点校《沅湘耆旧集》第2册，长沙：岳麓书社，2007，第554页。

②③ （清）邓显鹤编纂，欧阳楠点校《沅湘耆旧集》第2册，第610页。

④ （清）邓显鹤编纂，欧阳楠点校《沅湘耆旧集》第2册，第604页。

铁幕横霜警梦劳,洞庭波涌赴秋高。尽翻汉代回风曲,倾倒蛮天八月涛。星影动摇催海曙,鹰声激楚下耩绦。钓筒收去空云水,明月芦花老二毛。(其五)①

隔断红尘绝点纤,酒香亭上冷青帘。乾坤有尽疑天失,日月无多恐浪淹。鬓入星星秋枉兴,鹭能泛泛著何占。河清海晏寻常颂,叹息湖波岁未恬。(其三十四)②

郭氏的组诗纷繁多样,不过有一个时间的线索,他按时间推移的顺序,从远古起一直写到清初的洞庭秋。每首诗中采入各段历史、不同典籍的典故,许多历史人物如女娲、伍子胥等,不同典籍如《诗经》《庄子》等,和各种虚虚实实的洞庭秋景交织在一起,时空、人物、景象不断变幻,读者的各种感觉得以调动,这组诗最后形成一幅浩瀚辽阔的大画卷,一部多变调的交响乐。最后一首中诗人感慨时局的愤发之意已经很明显,“乾坤有尽疑天失,日月无多恐浪淹”,他不愿顺从清政府,作河清海晏的寻常颂,而是明白地叹息“湖波岁未恬”,骨气铮铮。

湖北嘉鱼熊鱼山开元题跋:“洋洋乎洞庭秋,真楚泽之遗音也。”癸卯年(1663)黄梅破额晦山樵跋:“天地间大旷景,原以待大吟咏,自有《洞庭秋》。然非些公才异,志节异,胸中邱壑异,即日坐潇湘,面巫峡,有望洋抱叹而已。湖可涸而诗不可灭,秋可老而文不可老,真万古绝唱也。狂读数过,忍俊不禁,中夜乱书一歌,以搏掀髯大噱。”③

---

① (清)邓显鹤编纂,欧阳楠点校《沅湘耆旧集》第 2 册,第 605 页。
② (清)邓显鹤编纂,欧阳楠点校《沅湘耆旧集》第 2 册,第 609—610 页。
③ (清)邓显鹤编纂,欧阳楠点校《沅湘耆旧集》第 2 册,第 610 页。

陶汝鼐《郭幼隗洞庭秋序》载：

何处无水？何水无秋？五湖四序，独以秋予洞庭。有说乎？曰：屈、宋，皆湖以南人也。屈悲风，宋悲秋，秋之气遂多在楚。湘、郢泽国，又皆与洞庭相望，宜秋多在洞庭间。至太白、襄阳，偶然兴会，顿觉天水争妍，然孰知千载而下，有更取而赋之如吾辈者也？

近体六十首，唱自些庵先生，似不少留余地，乃数数寓书使征和同志。予既阁笔让于幼隗，幼隗不复让。曰："灭灶再燃，岂得无意？"一日报三十章，俱就南郭子綦，遂称剧孟敌国矣。夫些公以故老流离，眷怀宗社，居然有《九歌》之风。而幼隗亦凤鸟鲲鱼，风流无恙，庶几得登山临水之遗响也欤！幼隗且曰："子盍为我评之？"而些公书适至，谓《洞庭秋》和者数十家。顷读幼隗诗，老夫真让一头地矣！①

其《洞庭秋十二首间和些翁作》中有：

微波新水壮于空，灏气纷然接素穹。睡去鱼龙方得夜，香来橘柚亦分风。怜人落照三闾远，望古登楼一范同。最是楚天飘渺处，百川疏雨挂残虹。（其一）

芙蓉寂寞鼎湖秋，一望中原涕泗流。青草更难寻旧垒，黄陵今亦类浮丘。蛟腥不射风徒劲，龙死遗灰劫未休。何处楼船钲鼓急，并将天地入边愁。（其十一）

---

① （清）陶汝鼐撰，梁颂成校点《陶汝鼐集》，长沙：岳麓书社，2008，第491页。

三湖水返太湖增,郡阁虚无镜里凭。天幂酒亭云卷幔,月低芦岸雪藏灯。楚风欲入鼪风细,江气如趋海气澄。值得玄真吟复画,烟波今日有谁能。(其十二)①

洞庭秋景生发了诗人们的诗思灵感,在遗民诗人们的笔下,较之平常感湖伤秋之诗人,被添加了更加强烈的感伤色彩与萧瑟情调。陶汝鼐“寻旧垒”“一望中原涕泗流”怀旧而伤感的心态在其组诗中表露得也较明显。同题相较,陶汝鼐、郭都贤两者诗作在典故的运用上皆择选了楚地域色彩强烈的,而郭氏诗更加才豪气猛,间乏蕴藉,陶氏诗风更趋清丽,时空景象较为清简。

新朝入仕的湖湘诗人们,多有参与题咏《洞庭秋》,其怀旧悲凉情绪并不因顾忌新朝而掩于卷。如沈可济《洞庭秋》诗云:

平湖下上汇西东,不尽江流九水通。万顷波光蓝蔚里,一天秋色碧虚中。风高莫遣骑琴鲤,目断何当问塞鸿。惆怅年来倍萧瑟,夜深清露引梧桐。(其一)②

诗歌景象开阔清朗,情思却惆怅酸楚。类似的凄伤之句,在沈可济的组诗中多处可见,如:

可惜南天倍惆怅,秋风一夜过秦淮。(其二)

文章何处灵氛荐,苦向西风泣暮烟。(其三)

---

① (清)陶汝鼐撰,梁颂成校点《陶汝鼐集》,第175页。

② (清)邓显鹤编纂,欧阳楠点校《沅湘耆旧集》第3册,第113页。

无限萋迷寒玉露，几行憔悴老烟条。（其四）[①]

沈可济，字月山，武陵人，顺治辛卯举人，官沅陵教谕。著作有《月山集》，今已佚失。邓显鹤在评论此诗时提道："今从《常德文征》得其《洞庭秋》诗五首。是题始于郭些老。当日吾乡诗社，竞相唱和。大抵感怀故国，多悲凉凄戾之音。月山入本朝，应举出仕，故其语少夷怿。"[②]

（四）湘中社群之影响

这场由郭都贤引发的《洞庭秋》群体文学唱和，在明清之际具有更特别的含义，这曲洞庭秋作品的"合奏"，亦是遗民诗人情感上的共鸣，还是志士们气节上的互励。而且文人志士借景抒情，迭相唱和，人数众多，诗作累积，社友之间相互评点，传播迅速，影响深远，成为湖湘文学史里的重要事件。如此奇情伟抱的组诗经社中众人传和后，继而传播开来，海内和者数百人。《沅湘耆旧集》卷二十八评："先生有《补山堂歌》、《洞庭秋》七律盛传于时，和之者遍海内。……陶密庵云：些公以故老流离，眷怀宗社，所作诗文，居然得《九歌》之遗。（陶）又云：'洞庭秋'三字，余始从寂寞中颇以寄愁。些老倡为诗，皆楚之篓人也。《补山堂诗》九十首，海内和者数百人。先生《湘痕草·自叙》云：此乾坤何等时也，尚忍言诗乎！每诵'少陵野老'之句，辄不胜呜哽。徘徊湘上，知己过从，喑哑自吞，呻吟间发，楚囚对泣，近于妇人矣。"[③]

郭都贤、陶汝鼐等人，于顺治九年（1652）受克复衡阳、湘潭的李定国邀约，赴南岳商讨起义兵逐清吏，此次事件被称为"壬辰之师"。《些庵自叙》中提及："壬辰恢复湖南，有微襄之力。"再加上清

---

①② （清）邓显鹤编纂，欧阳楠点校《沅湘耆旧集》第3册，第113页。

③ （清）邓显鹤编纂，欧阳楠点校《沅湘耆旧集》第2册，第576页。

初郭、陶二人引发的《洞庭秋》群体唱和，情感浓烈，气节卓然，影响深远，陶、郭等坚决反清的湖湘遗民文人在当时一度引起清朝政府的恐慌。顺治十年(1653)，陶汝鼐等人被长沙府胥役潘先正诬陷系狱，此次案狱累及湘中名士三百余人。陶汝鼐在狱中拒绝讹诈，备受严刑，险些致死；郭都贤则几近身陷囹圄，后“复以诗累，客死江陵承天寺”①。

后续文人对清初遗民文人的节烈事迹、悲慨诗文追怀不已，一直到晚清，湖湘闺秀周诒蘩追怀地方乡贤所作组诗之《郭些庵》中仍然还提到郭都贤《洞庭秋》的写作与影响：

> 天地忽何意，元黄失旧容。一人辞法驾，半壁走痴龙。不尽孤臣泪，空留释子踪。洞庭秋浪阔，万古怒涛冲。先生有《洞庭秋》七律九十首。②

诗人用艺术化的语言叙述了明亡后郭都贤的事迹，对郭氏的黍离之痛、孤臣之伤持以深切的同情，而作者对郭诗文才力、气节品性的敬服之心则含寓在洞庭浪阔涛冲的景象描写中。

二、清初遗民文人结社之古桃花园社

在湖南遗民文人中，还有一批反清情感没有那么强烈，或者反清意识表现得比较隐蔽的文人，他们的结社活动低调内敛，为人处世并不张扬；他们的创作，缺少壮阔词句，也感受不到明显的悲慨

---

① (清)邓显鹤编纂，欧阳楠点校《沅湘耆旧集》第2册，第575页。

② (清)周诒蘩《静一斋诗草》卷下，左孝威辑《慈云阁诗钞》第4册，清同治刻本。

情思，呈现出隐逸、清幽的风格，更接近于平常时期的文士创作。

邵陵（今邵阳）车以遵主盟于资峡，与乡人王嗣翰、刘应祁、王嗣乾、潘映斗等人结社古桃花园。古桃花园位于宝庆府邵陵县资水之上古桃花洞旁，洞边曾留有宋朝景定年间留下的“洞阳仙境”并古篆“桃洞流香”等字。《（光绪）湖南通志》卷二十“宝庆府邵阳县”载：“桃花洞在县南七里，官道左。洞扉高丈余，石室宏敞，顶有一窦通明，中有石床。右有石磴盘旋而出峰顶。洞前多桃树。花落水中，从山后小溪中流出。”[①]其地山溪秀邃，让人心生仙蜕之感，是为隐遁仙逸之所。文人雅集时攀山赏水，茵花啜茗，言笑晏晏。

车以遵，字孝则，徙字孝思，号劬人，一号劬园，晚又自号禅隐老人，又号痴禅，明参政车大任之子。少有异才，明时屡困场屋，后应辟不出。明亡，浩歌远引，矫然缯缴之外，年八十三，以布衣终。著作甚富，有《高霞堂文诗集》《贝叶集》等。“弱冠即有诗名，学问淹博，操履端洁。明崇祯丙子，诏举人才，湖广布政使张天鳞以其名应。会丁母艰，不果。……张献忠陷宝庆，大索绅士授伪职，以遵投缳以谢，得免。……桂王时，以撰文中书具题，不应。入满清，屡经荐举，复力辞不出，遂以布衣终身。与同志王嗣翰、刘应祁、王嗣乾结社古桃花园。”[②]高霞山，为其读书之处，故以名堂，集因以名。谭友夏、陶密庵、王山长、任淡公诸老均有序，其中陶汝鼐为其诗集作序云：“其文与人，俱翩翩有凌云气。而操履端雅，如明月不妄映。……当世负苏、欧之望者，莫不折节定交，而弗能测其首尾。

① （清）李瀚章、裕禄等编纂《（光绪）湖南通志》卷二〇，长沙：岳麓书社，2009，第671页。

② （清）车以遵《车逸民集・车逸民以遵传略》，车大任、车万育等撰，易孟醇校点《邵阳车氏一家集》，长沙：岳麓书社，2009，第187页。

晚年思益沉,学益大,品益高。”[①]《沅湘耆旧集·车以遵小传》言:“明季言诗者,必归钟、谭。先生初与之抗,继乃迥出其上。”[②]

湖湘遗民中之诗老名僧对车以遵多有推崇,如郭金台《寄车孝思先生》云:

> 极目云山上,疑公是古仙。耆英开洛社,海上遇成连。道广资来学,心悲阅大年。高霞飞渡处,早晚接湘烟。“高霞”,先生堂名。[③]

郭金台在诗中推车孝思为古仙、耆英,并肯定其学识、才力与品性、胸襟,期许其将来承袭湖湘文脉引领湘地文人。圆观大师,卓锡邵阳五台山,有《谷声集》。“宝庆副将维扬陈祥有《请圆公再住大悲林启》,殆亦破门、一念之流,有托而逃者也。有《谷声集》,耑公法嗣世藏之。集中与车孝思、邓子与、邹艮崖、王稚潜、王山长诸老倡和甚富。”[④]其诗《答车孝思先生》云:

> 千华台上白霜豪,照水分明影不逃。禅隐能令龙望气,集翻多见麈为毛。篱香彭泽三秋菊,赋涌钱塘八月涛。自是毗婆寻旧约,同声风雨不辞招。

---

① (清)陶汝鼐《车逸民集序》,车大任、车万育等撰,易孟醇校点《邵阳车氏一家集》,第188页。

② (清)邓显鹤编纂,欧阳楠点校《沅湘耆旧集》第2册,第667页。

③ (清)郭金台、郭都贤撰,陶新华校点《石村诗文集·些庵诗钞》,长沙:岳麓书社,2010,第118页。

④ (清)邓显鹤编纂,欧阳楠点校《沅湘耆旧集》第6册,长沙:岳麓书社,2007,第533页。

后附车孝思原作：

惟心那复隔秋豪，拄杖临门未可逃。似我无锥堪卓地，知君有剑足吹毛。几看狮子峰头月，又听松风夜底涛。往复一舟浑不系，莫须岸上手频招。①

诗僧释旋偡，字山樗，邵阳人。与车孝思先生交好。有《访车孝思先生宿楞严庵》：

离城殊未远，亦自历多村。遥望山寻径，如同饥出门。论诗知杜细，投社见陶尊。饭罢寻庵宿，僧归夕已昏。②

王嗣翰，字侍臣。"性奇敏。幼从父尚贤官苏州，因留读书白下，与海内名流结识。著有《六声亭草》《延喜堂集》《石崖研庄》诸稿，尤善临池，并辑选《古今诗文集》若干卷。"③王嗣乾，字稚潜。年少时与其兄嗣翰齐名。"久困场屋。南都立，兄弟同举丙戌乡试，旋弃去。著有《黄雪园集》。先生性豪侠，负气敢言。遭时多故，坎壈终身。与潘章辰、梦白、车孝思、郭幼隗诸老先友善，皆前朝遗老也。诗雅洁高老，格律浑成。一时名流，未之或先。"④

刘应祁，字澹山，顺治朝贡生。"澹山有至性，以父殉难，母王早殁，终身哀痛，言及必流涕。宗族有贫不能活者，割产以赡。嫁内外亲孤女四人。博学能文，尝与车孝思、蒋弥少、王稚潜、唐袖石、舒若讷诸君修郡志，博雅简洁，非后人所及。……所为文，沈博

① (清)邓显鹤编纂，欧阳楠点校《沅湘耆旧集》第6册，第533—534页。

② (清)邓显鹤编纂，欧阳楠点校《沅湘耆旧集》第2册，第913页。

③ (清)邓显鹤编纂，欧阳楠点校《沅湘耆旧集》第2册，第835页。

④ (清)邓显鹤编纂，欧阳楠点校《沅湘耆旧集》第2册，第833页。

浩瀚,尝见其龙山游记,洋洋数万言,叙次有法,无一复沓语。邵陵文献,孝思、袖石、稚潜、理中而外,殆无有逾于澹山者矣。”①

唐懋载,字袖石,顺治朝贡生。父兴贤,明末岁荐,为一时儒硕。“袖石,贡生,幼警敏博学,工诗,奇情幽艳似李长吉。时同县车以遵、宁乡陶汝鼐皆以诗雄长湖湘,皆推服懋载无异词。著有《绿声亭集》,惜不传。”②

刘思仁为古桃花园社作序中叙述了古桃花园社群特点:

> 余向阅图经,知邵陵之阳,为古武陵地,窃慕尚焉。因思卢、侯二生,奉始皇命之海上求神仙,乃独弃去,偕匿邵陵,安知昔之避秦人,非即此乎?……车子孝思,以弓冶之余,知名当世。十有五年,倾新锐之气,如泉吐,如月生,与其友人王介公、刘澹生、王稚潜辈相切摩,暨门内之芝兰玉树,长发理中,皆为名士。力倡文社,而古桃花之名,始显名于天下。且从春雨中,命一仆过洞庭,怀以示余。余读之起舞,且思山川之号,其听命于高流者亦多矣。如屈子行吟,未知何处,而今皆为屈子之沧浪,凡沧浪所经,不得而争也。赤壁之战,相传白雉以下,而苏子赋于齐安,齐安遂安然有之。又况高霞之旁,资水之上,古桃花洞,实俨踞其间也哉!……盖今圣天子在上,即有卢、侯二生,亦曰,我出而仕,诸子之意殆深于尊主,而湛然近道矣。谫陋如余,愿继子骥又问津焉。③

刘思仁序文中点示出了古桃花社的地域特色——为邵陵之

---

① (清)邓显鹤编纂,欧阳楠点校《沅湘耆旧集》第 3 册,第 176 页。

② (清)李瀚章、裕禄等编纂《(光绪)湖南通志》卷一八八,第 3701 页。

③ (清)刘思仁《古桃花园序》,《邵阳车氏一家集》,第 187—188 页。

阳，古武陵地，高霞之旁，资水之上，原有秦时卢、侯二生隐逸典故；称赞社中盟主之才力——“如泉吐、如月生”，同人之身份——“芝兰玉树，长发理中，皆为名士”，亦巧妙地为其趋于隐逸、不仕新朝的意图掩饰——“诸子之意殆深于尊主，而湛然近道矣”。

古桃花园社同人均有才识，品性高洁，不能与满清政府硬性抗争，只好采取消极对抗，屡荐不出，山水隐逸；其结社创作亦不敢公开发表太多感时愤世、伤怀旧朝的内容，把创作主题尽量倾向于隐逸、休闲和普通社交应酬的范畴。车以遵之诗《喜社中诸子偶集》较明显地揭示出社中同人的心态，诗云：

怀人三伏后，投我一天凉。同用孤舟力，来闻秋水香。隐惟谭诵读，事不尽行藏。颇羡竹林醉，情多为老妨。①

同道相应，知己堪怀。三五友人，如同孤舟一般，力量孤弱，在政治大漩涡中无能为力，只好在山水中放松愉悦。“隐惟谭诵读，事不尽行藏”，既迫于政治高压，且隐且藏，又保留一定原则和气节，不尽行藏。竹林七贤之典故运用，既是一种坚持高洁的自我喻示，亦是一种屈服命运的无奈与软弱的心情流露。

古桃花园社虽是隐逸之社，但与同邑其他相似类型的社群也有交流互动。如与同邑武冈文社往来酬唱。武冈文社成员潘应斗，字章辰，武冈人，明末癸卯进士。“春容含蓄，则有屡征不起之潘章辰。”②潘应星，字梦白，章辰先生弟，明季诸生。性孝友，嗜学强记，晚年耽于禅悦。③ 入清后，兄弟偕隐武冈有云山，屡征不起，

---

① (清)车以遵《车逸民集》,《邵阳车氏一家集》,第 230 页。

② (清)邓显鹤撰，弘征校点《南村草堂文钞》，长沙：岳麓书社，2008，第 64 页。

③ (清)邓显鹤编纂，欧阳楠点校《沅湘耆旧集》第 2 册，第 837 页。

组建文社，著述颇丰。唐时邻，字钦子，邵阳人，康熙初岁贡，官荆门州训导。有《云归草》《雪中吟》，潘应斗为其行序。唐有诗《雨中潘章辰、梦白两社长过访，次韵》：

我来春正半，颇不谓行难。远岭青犹送，疏枝绿未残。雨声闻好屐，酒熟浣余寒。此时情何限，劳劳一羽安。①

潘应斗、唐时邻等人与邵陵桃花园社中的车以遵、王稚潜等人多有来往与诗歌互动。王稚潜有《九日送潘章辰、梦白归武冈》：

登高已自谢才名，诗卷相看气渐平。乍笑须眉同洛社，且忘风雨在彭城。河山漫送群公泪，丝竹难陶晚岁情。世事未堪容久住，各携叹息返柴荆。②

车以遵《寄威溪章辰、梦白》诗题后接按语：章辰，潘应斗字；梦白，应斗弟应星字也，武冈人。为明末遗老，均富著述，晚年偕隐威溪，名所居曰"俦影堂"。此诗自《宝庆府志·遗民传》补入。诗云：

阮啸嵇琴可共陈，而今肝胆第求真。同为贫士偏怜我，未读新诗亦卖人。当日着鞭俱悔晚，衰年饮酒即思醇。白香湖满花盈岸，二仲逍遥又一春。③

唐时邻有《和车孝思先生寄古灯和尚》：

---

① （清）邓显鹤编纂，欧阳楠点校《沅湘耆旧集》第3册，第215页。
② （清）邓显鹤编纂，欧阳楠点校《沅湘耆旧集》第2册，第834页。
③ （清）车以遵《车逸民集》，第261页。

高僧如韵士，未见欲开扉。迟我溪三笑，移君锡一飞。花须留菊看，人自食芝肥。闻道灯灯续，何云今古非？[①]

古桃花园社还与当地名流仍往来密切。如与宝庆府教授黄师宪交流甚密，黄师宪，湖北应城举人，康熙四年（1665）任宝庆府教授，课士恳笃，著有《梦泽堂诗文集》，为时传诵。吴三桂逆反起兵，攻陷邵陵郡，因以抑郁愤恨卒。《（光绪）湖南通志》卷一百四名宦志十三有传。其《七夕初秋和车孝思韵》对车氏敞开心扉，诉说悲凉心境，诗云：

薄衣新试晚凉初，侍女无心倩我梳。为忆倚阑曾共语，却愁落叶不成书。流阴暗度秋光早，河畔明看画影疏。不信天边离合有，飒然悲到已难除。[②]

《慰王稚潜》对王稚潜的怀才不遇、境遇坎壈充满同情，并加以安慰和鼓励。诗云：

遗人此际种愁时，稚潜，明孝廉。人自修容我敛眉。书到春秋传有几，名成陆海楫为谁。阶前纸笔余多好，阿阁笙竽尽易吹。为语西河休怅惋，鲍家骢步起文衰。[③]

《怀潘章辰先生》颂扬潘应斗隐逸之志，描述其隐逸的环境：

---

① （清）邓显鹤编纂，欧阳楠点校《沅湘耆旧集》第3册，第215页。

②③ （清）黄师宪《梦泽堂诗文集》诗集卷二，《四库未收书辑刊》第7辑第19册，北京：北京出版社，2000。

云山高高不可即,云是昔人避隐处。云封千载未归来,鹤鸣猿啸环其居。……箧里实有不贫方,室无高轩蔽风雨。枕中更有长年药,丹不茹兮芝不嚼。我衷欲与先生游,勃勃蓬心满一丘。惟仰天际云山高,卢侯二隐皆草草。彼虽为隐独善身,先生大隐真吾道。万古为昭日月心,陶然五柳舒怀抱。[①]

三、清初湖湘文人结社中的反思与期许
——以严首升等为例

严首升(1607—1682)一名颐,又字平子、平翁、解人,号确斋,岳阳华容人。12岁时即作《懊春词》,名噪一时。崇祯中岁贡。明崇祯帝亡后一度立有南明小朝廷,严首升加入不久后便深感其前途黯然,于是他返回华容,衲衣髡顶,成为家僧。康熙十一年(1672),清军进驻华容以后,他赴石门容美土司处避难。康熙二十年(1681),湖广总督蔡毓荣追剿吴三桂,路过华容,听说距严首升的濑园很近,派人请来相见,他携小童,策蹇驴造访。蔡毓荣见后十分喜悦,但严首升简傲示人,长揖不拜。刻意诗古文辞,"下笔洒洒数千言,能于诸名家外自出新义,远近推之"[②]。著《濑园集》二十卷、《濑园诗话》三卷、《谈史六卷》等。

(一) 严首升结社经历

严首升年轻时也与同乡结诗社,其诗文中多次记录了社集活动内容,如欢游湖山,其诗《崇祯甲戌中秋后一日夜集同社十一人,

① (清)黄师宪《梦泽堂诗文集》诗集卷一,《四库未收书辑刊》第7辑第19册。

② (清)李瀚章、裕禄等编纂《(光绪)湖南通志》卷一七〇,第3203页。

是年八月适闰,因定闰中秋石门洞庭之游》有:

常年住此地,今夜看参差。林宿全城雀,桥通几处池。迷离金背在,容与水心宜。何故都无事,佳辰乐后期。

(其一)

大言秋后月,十六夜方完。结社林皆竹,幽栖谷自兰。舟通新政路,柳脱既斜冠。为喜中秋两,桥旁更订欢。

(其二)[①]

石门,在当时常德府内,濒临西洞庭湖。严文《中秋后一日记》记载了此次与同社欢游以及后续洞庭之游的见闻感受:

崇祯甲戌中秋后一日,予同士先、席之、文伯、眉生、彦林、六莹、于先、曼凡、僧无可,凡十人夜集观社,欢甚,思以再也。文伯曰:是月适闰,得雨。中秋,予十人当卜舟洞庭,爰以石门玄石万千壑从事。坐上客皆喜,如约。越十有七日,各随幞被,携步甑,泛两舟,自南河北行四五里,河浮山影,岸接城言,背侧无常,薄暮望石山矶,至止焉。矶巉岩削,立势如欲坠,望之黯然而黑,即之紫碧错生,日月出没,东西迭爽,舟入石隙,诸子重累而上。[②]

如与同社诸子,交结地方贤士,酬和文署官长,《寄怀湘中诗》序云:

---

① (清)严首升《濑园诗文集》诗集前集卷二,清顺治十四年(1657)刻增修本。

② (清)严首升《濑园诗文集》文集卷四,清顺治十四年(1657)刻增修本。

崇祯丙子夏四月,周子鸿仪以湘中广文署治吾邑。明年秋八月,邑令新至。后三日,周子旋车湘中。予聚同社诸子晨起,去城四五里,饯道左,沿途所至,徒舆摩击,舟乱中河,尘支两岸,状如救火避寇,进各争先,以视前三日迎候新令者,众甚倍也。……公深思博闻,动与道准,对酒当歌,登高作赋,此又岂弟所从来,而同社诸子爱敬公,加于邑中,一等有繇然哉。爰是,于其既去数月,绘图赋诗,汇成卷帙,以发明中心之好。予益知公之感人如此不已,而吾社诸子之好善,至于善已去,而好不衰,非有所利而为之,然则吾社诸子亦犹行古也。①

《贺周彝仲寿文》记载与同社诸子送行仲周先生事有:

辰秋,闻仲周先生谪迁巴陵,则心动。无何,署事澧阳,路过章台,集同社诸子,挟诗文如干卷贽于道傍,抵掌逆旅之次,尔时,人人在先生春风中耳。嗣后,澧中人传先生,啧啧称严子不去口。②

《和祖香堂雅集韵有序》记与同社诸子酬和仲周家族纪游诗事:

《祖香堂》,周彝仲一家记游诗也。三代一堂,倡予和汝。时维佳节,人在舟中,山水风月之乐,无不有之。张天如、孙孟朴皆有作。吾社诸子群会,升亦不应异同其间。因思江左强半姓王,可笑也。崇祯十三年八月廿七日雨夜成此。

---

① (清)严首升《濑园诗文集》文集卷二,清顺治十四年(1657)刻增修本。

② (清)严首升《濑园诗文集》文集卷一〇,清顺治十四年(1657)刻增修本。

葭荻青青载野航，伊人结伴水中央。一官同爱归来柳，三径堪怜未落桑。倦眼舟移岸欲动，轻裙花湿露能香。全家不俗三人代，和汝倡予到醉乡。[①]

严首升邀集同社诸子送行吟别、赋诗汇卷等种种举动，已不只交流朋友之间的私交情谊，还形成诗社诸子与文坛“大佬”的文学互动，展现出一个社群、团体所具有的集合力和社会影响力。

明末严首升又入复社，言预时事，指评官员。陈田《明诗纪事》为严作按语有云：“平子论明诗，推李空同、徐青藤、汤义仍，不许与竟陵，而所作乃与竟陵无殊，惟七律音节嘹亮。曾入复社，与孙孟朴通声气。集中有《上某尚书》一书，即杨文弱也，诋斥甚力，可谓公论。”[②]杨嗣昌（1588—1641），明代官员。字文弱，号字微，湖南武陵县碴口坡人。万历三十八年（1610）进士，崇祯十年（1637）任兵部尚书，明末出京督师，镇压农民起义，疲于奔命。其时已得重病，闻襄王被杀之后，自感有愧，绝食而死。严首升在社集活动中保留了明末名士自由放诞之风，他自称在京师时，“结社而饮，然皆不喜接觅上官，每邑令长至，必慕而相访，求一见不可得”[③]。

严首升晚年亦与湖北文人于黄鹤楼组九老会，此会不只是文人一般聚会，还兼有品评诗人与择选、推播佳作的目的，《湖北诗征》载：“蒋玉渊先生与严平子、毛子霞诸先生同集黄鹤楼为九老会，兼有清诗之选。”[④]

---

① （清）邓显鹤编纂，欧阳楠点校《沅湘耆旧集》第2册，第802—803页。

② （清）陈田《明诗纪事》辛签卷二五，清陈氏听诗斋刻本。

③ （清）严首升《濑园诗文集》文集卷一二，清顺治十四年（1657）刻增修本。

④ （清）丁宿章《湖北诗征传略》卷三九，清光绪七年（1881）孝感丁氏泾北草堂刻本。

(二)严首升结社的经验体会与文学主张

严首升多次结社,拥有丰富的文学结社经验,并形成了自己的一套结社主张与社集创作的观点。其《江陵诗社序》云:

> 予家在洞庭、玄石之间。十余年来,聚同调十数人为华容诗社。嗣是玉沙、石坛、油江,往来唱和,亦复十数人。今秋,箬溪周子彝仲谪迁巴陵,集其一家言,及吴中名士近十人,与予社为一,顷共人、樵之、叔方、宸青、五钟、朋玉、象岩、用梅,凡八人,为江陵诗社,函其《春吟》如干首以讯于予。予色然喜,曰:何其盛也。夫诗,浅事耳,然其兴也,非一人事。建安已来,称敌称豪,七子四家,代不胜数。胜国之季,迨我正、嘉,诗社浸盛,大约倡者弱冠,和者剉发,只在十年之内,盖风气使然矣。
>
> 林九成有言:位高者无诗心,无位者无诗身。以予观之,身与心未必遂可以诗也。司马子长以绝世独立之才,官太史以为身,轗轲寂落以为心,而赋让杨马,诗让苏李。假使子长生开元大历间,岂复使李杜称尊哉!何则?风气然也。
>
> 正、嘉已来,大雅寥阔,典型独存,吾楚蕴酿百余年,今始大振。诸君子生当其时,皆积奇字负夙誉,不终无位也,又不即有位,其身与心,适足为诗。龙台鹤泽之间,楼台芳草,为吾楚最胜。入春以后,歌舞日夜无虚,天下名流,四方至无间,乘传担簦,虑无不与诸君子邂逅为欢者。宜其诗多且佳也。窃尝有言:诗厚物也。刺常似美,美不似刺;怨当思群,群不思怨。《谷风》无失其故,《行野》无失其亲。诗中天地,不在人间,而况诸君子,合志同方,承以为好者哉!其相视莫逆何如也![1]

---

① (清)严首升《濑园诗文集》文集卷二,清顺治十四年(1657)刻增修本。

严首升在《江陵诗社序》中对诗社创作寄予了殷切的期盼——“多而佳”，以及希望诗社众人努力对诗道兴盛进行群体匡扶，因为“夫诗，浅事耳，然其兴也，非一人事”。还分析了诗社同人可以合志同方，承以为好的各种条件：楚地的文化酝酿百余年，乡土环境积累深厚的文化底蕴；诸社友既有诗身兼具诗心，创作主体拥有良好的创作能力与传播知名度；楚域的芳草胜地与日夜歌舞，又提供了让人愉悦、轻松的创作环境。薛谐孟评此书：“除却应酬滥恶句外，留连啸歌皆足为乐。讽刺夏危益生人感，所云彼自咏桧者乃品诗第一则也，湘汉间屈宋犹在，少易其制曰诗耳。”针对严氏诗之厚物与刺美的观点，刘秉三评：“唐宋以来多有以诗句讥刺陷网者，韦孟诗径是谏，尚以为讽，真古道哉。得此一论，开豁许多诗人，莫谓王谢偷薄也。”①后严氏在《答江陵诗社八子书》中又与社友谈到诗歌创作的几个观点，一是“诗盖易作而难知也”，二是“学古人，可也；学学古人者，不可也。卢白孟贾，皆可学也，济南、琅琊、公安、竟陵，学古人者也，不足复学也”②。

严氏明亡归隐乡土后又组东山诗社等，其《东山诗社序》云：

> 乙酉秋，归自白门，栖隐东山之阿，寂寂不能耐。丙戌春，大书方版悬中路，将庀粥饭，集诸比丘，谈一大事，无有应者。已，复控诸耆宿，相举寻孔颜乐处，亦无应者。邑之大，非无人，诚薄老夫为夸，不足语也。上巳后，始有靖庐社月一饮，可三十人，已乃得五十人，已更得七十余人。昔谢灵运山泽之游，开山通道，动以数百人，今其庶几君子多乎哉？中秋前一日，江州黄子将集山中有韵之言结诗社，约不过五六人。予既

①② (清)严首升《濑园诗文集》文集卷八，清顺治十四年(1657)刻增修本。

祝发,为在家僧。黄子乃以昌黎待五本之礼待之,招招不置,予唯唯色然,喜曰:实获我心矣!忆自壬午来,辗转兵火,同井皆流离之子也,所遇故物,一切无有,唯诗肠尚存耳。抑匪啻存之,殆有加焉。士子生当乎世,夙夜强学,靡事不为,胸中求一阔然,不可得。迩来周旋风鹤,有突莫黔,无可干之禄,无可读之书。饥寒非累生死,未大邂逅,只在山中放弃,全如海外举趾,则登诗临流,启口皆悼亡思远。一人之身,一日之间,而古诗人之遭遇、之性情殆备,欲无诗得乎?

予不知诗,强作诗,生平上下楚游,历吴及越,所至莫不结社为诗。久住则有城中社、城外社,江陵是也;偶过则有江上社、山中社,齐安是也;舟中则有舟社,太湖记游是也;路同则有路社,新安道上是也。今且将与诸君子偕老东山矣,安得不有东山诗社?维时旧侣增怜,新知有美,指不多屈,座上差满,有会而作。倡予和汝,秋以为期,自此日始。

呜呼!天下之生久矣。大乱亦如大治,不可数得。我等庶几无虚今日哉。爰是与诸子约,爰是与诸子夸言之也。自昔商山非有迷津,黄绮眉寿,适漏坑焚;南阳尤戎马地,庞公诸葛君等辈,群群名下士,何术自全?将无茹芝抱膝以为是,赋诗行野之人与物无患欤!我等藉是自脱云尔,抑更有请焉。国朝名臣硕儒踵接三百年,在朝在野,事事与前代竞爽。独文章一道,不强人意,其全力尽以工制举艺,而绪余乃为诗赋,为古文。自四家十子草草开始以后,遂欲以何李当李杜,以元美、用修当班马,以于鳞、子舆等辈当三曹、诸谢,识者难之矣。大约有名家,无大家,未知谁归。我等不幸,谢制举艺不为,尚勉勉此道,为吾代释此一憾。自古文运之与国运不相谋也。周之后进,文过先进;黄初建安,声振两京;永嘉之末,复闻正始之音;荆舒选唐,取中晚薄初盛。是或一道天下,事在人耳。

诸君子勉哉！其无以老夫为夸，不足语也。[①]

在严首升看来，文人结社是文人欲以文会友，寻求群体交往的一种必然选择，是文人生活中的一种常态方式。严首升一生加入的文人社团据笔者统计不下于十个，通过结社集会，群体诗文创作，勉勉诗文道，成为他所提倡的理想和社集追求的关键所在。无论是久住，还是偶过某地，都可结社。无论是集合旧知，还是相遇新美，只要座上差满，就可有会，有会便作，不必虚度日光，苛求条件。居留某地时间的长短与集会人员的熟知度，并不成为文人结社集会考虑的主要因素。薛谐孟评此序："将诗社作大铁围山，何处容修罗洒血，吾羡吾乎子已。"刘秉三评："沉痛轩豁，纷飞不已，何啻山阴道上。"这些结社经验与社集主张，恐怕是严首升经历了明末众多文人社团党派意气之争误国伤己后的痛定思痛，也反映了清初遗老们对于明末结社的反省与思索，以及对于未来结社与文学创作的期许与冀盼。

四、清初异地文人流寓湖湘的结社
——以方以智、姚端为例

明末四公子之一的方以智流寓湖湘时，在武冈洞口组苇缘秋社，社员除以智外，只有萧有斐、姚端。萧有斐，武冈人，方以智在武冈洞口赖以依托、授学的馆主。方以智《武岗洞口》条记云："洞口在都梁之西，资江所出。愚者以丁亥从沅，天雷被左苗，转靖清水、郎江，后经洪江，至洞口。两石峭立如门，飞桥渡之。时馆萧有

① （清）严首升《濑园诗文集》文集卷二，清顺治十四年（1657）刻增修本。

斐家,与姚以式泛舟,作诗《苇缘秋社》,易贡题壁。盖时自称为易贡云。"[1]姚端,字以式,钱塘人,方以智的弟子,当时寄居武冈山。钱澄之《赠姚以式待诏》有:"姚生忠烈后先公友璞死虏难,供奉意全违。蛮峒家难问,虔州骨未归。"[2]流寓广州期间,方以智改名吴石公,后与南海令姚奇胤(字友璞)相遇。姚为方之同年,原有旧交,他便延请方为其子姚端的老师。《苇缘秋社(有序)》诗载,方以智洞口有舟,舟名"苇缘"。社成立于永历二年(1648)中秋,故名秋社。首次聚会是永历二年中秋,各为诗三首。方以智不久即离开湖南,因此并无后续活动。

方以智《方子流寓草》卷六有《答湘潭谢孺玉刘杜三》云:

> 缨濯湘沅欲系谁,敝繻已弃采江篱。自从一日当青眼,忘却连年苦赤眉。病酒何劳吴客问,读骚还藉楚人知。长沙卑湿生君后,不似忧愁太傅时。

清初方以智流离武冈仍不忘与原湖湘社友唱和互动,并成立新诗社,犹是明末文士结社之习,同时也带动和影响了湖湘文人的结社。

清初这段时期的湖湘文人结社,表现为以下几个特征:

一、数量较少,沿袭了前代特别是明末文人结社的风气。对于满族的入主中原,湖湘文士仍多怀藏着对明王朝的眷念和忠诚,抵制与反抗清人的政治统治与文化压迫,在言行品操上,多以节义自持。

---

① (清)方以智《浮山别集》卷一,《清代诗文集汇编》第35册,第21页。

② (清)钱澄之撰,汤华泉校点《藏山阁集》,安徽:黄山书社,2004,第279页。

二、文人交游上，湖南名隽如冯一第、陶汝鼐、郭都贤、郭金台、严首升、邱世望以及车以遵、周圣楷等，大都在同一个交游圈或文学社团中，因地域靠近的缘故，与东南名士特别是与江西竟陵派谭元春等交往甚多。

三、在文学创作上，社作内容题材仍倾向于家国之痛，山水之逸；诗文风格受江西竟陵诗派影响较深，幽深冷峭，刻意工整，难脱钟谭习气，但也多有真挚自造处。

四、在经验总结上，对明末结社习气和创作倾向有所反思与批判，社群的文学创新性、社群组织的活跃度与社会影响力仍然是关注的重点。

第二节　清中期湖湘文人结社

自康熙年间吴三桂叛乱平定之后，湖南社会比较安定，从乾隆中叶开始，湖南人口大幅度增长，人口流徙现象比较普遍，一是向省外四川、贵州等地区移民，二是主要沿湘、资、沅、澧四水向南、向西迁徙。荒地得到大面积开垦，全省耕地面积显著扩大，人民生产、生活条件皆有所改善，经济恢复和发展较快。随着政治的相对稳定，康熙、雍正朝在文化上的钳制相对放松了，对培养士人的书院采取支持和鼓励政策，以岳麓书院、石鼓书院等为首的各地书院纷纷复兴。特别是雍正元年(1723)，设湖南布政使司驻长沙，同时湖南、湖北分闱而试，长沙开设试院，单独举行乡试。从此，湖湘士人不用远赴武昌，冒跨越洞庭、长江时舟毁人亡的危险应试，而且对湘西“苗疆”的苗、汉士子也采取了特别照顾的办法。中举、成进士的湖湘文人人数较前代大为增多，许多优秀的湖湘人物也脱颖而出，特别以长沙府所在的湘中地区推出人才最多。这段时期的清代湖湘文人结社能在一个固定的地域较长期地发展与稳定地进行,也有充足的人源加入。现以湘中地区之湘潭、长沙两个城市的文人结社为例,试作分析。

一、文脉流长的湘潭雨湖吟社

湖南湘潭,梁为湘州时改湘南为湘潭,始建湘潭县,以湘潭县内的昭潭得名。昭潭在昭山下,其名与山同义,潭水澄湛如墨,深不可测。湘潭在清朝时,为湖外壮县,财赋甲列县,民庶繁殖,曾有“小南京金湘潭”之誉。民间传说官于此地者:不贪不滥,一年三万。湘潭城中至外围十余里,“皆商贾列肆,及转移执事者肩摩履错,无虑数十万人。其土著农旷合巨亿计。孔子所谓庶哉富矣之邦与”①。湘潭一乡,不仅经济繁荣,而且文脉悠长。此地士人聚集,诗人辈出,清代嘉庆之前,“吾乡诗人自顺治朝以至乾隆,相续不绝。如郭幼隗、王山长、唐魏子、陈沧洲、张湘门、张紫岘诸先生先后辉映,紫岘至嘉庆初犹存”②。嘉庆之后,又有石承藻、秦关、张礼、罗汝怀、郭汪璨、王闿运等后辈承继而下。无论从地域环境、经济状态还是人才积累方面,湘潭一地都为雨湖诗社的建立与发展奠定了良好的基础。地域文学现象或事物的形成,一定程度上总会沾染文学环境的气息和色彩,其现象与事物亦能成为观摩当地文学生态的一面镜子。雨湖诗社组成之后,展现出地域文学社群的共性,其活动与延续体现出一定的重复性,同时也发散出独特的光华。

(一)市野之间的文学现场

湘潭之雨湖与凤竹庵为文人墨客常雅集会聚之地,这两个场

---

① (清)陈嘉榆、王闿运等修编《(光绪)湘潭县志》卷六,长沙:岳麓书社,2010,第138页。

② (清)罗汝怀《绿漪草堂集》卷一五,《清代诗文集汇编》第617册,第146页。

所除了风景秀美,在位置上还存在一个显著的共同特点——“市不近喧,野无伤寂”。雨湖,在湘潭北,湖水纯清泓深,湖景清新秀美,附近的潭市热闹兴盛与雨湖的清静秀雅相映成趣。道光年间湘潭才子郭如翰曾题咏雨湖:“天与诗人境,春风湖上亨。盈盈一水阔,无数柳条青。古寺落清磬,远山开画屏。坐看明月夜,瑶瑟鼓湘灵。”[①]而位于雨湖之后湖的凤竹庵,是最适合观赏后湖美景以快登眺的胜地,也有别于一般的乡土寺庙,凤竹庵为中心的里巷一直为文化氤氲风雅汇聚之所。湘潭望族张氏之代表诗人张九钺曾记载:“吾邑城西烟云缥缈之胜,后湖(即雨湖)为最。据后湖全胜,崇构砀基快登眺者,凤竹庵为最。庵自前明为新安商众捐地基,国朝初年节中大师苦行募化,四修始成,见邑王了庵先生《节大师传》,诗联尚存巷中。嗣张湘门先生与吾祖南麓公屡偕名流觞咏于此,号凤竹诗社,与城东岸花亭社并著,四方冠盖、骚人韵士望以为归。邑人士亦多读书其中,然则此巷关系湘南名风雅夙区,非他琳宫兰若所得并也。”[②]《(光绪)湘潭县志》载雨湖位置与状貌:“湘潭北第二潭,潭水纯清,重倍凡水。匠制铜钲,必取此水淘之。干宝所谓‘錞于注水,其声清越’者也。潭水泓深,下见游鱼,然估舟鳞次,殊为嚣杂。至于通阛交阓,娭舟饮巷,津柳江梅,昵烟媚水。自石嘴以下,坊市三重,工商十万,笙歌砧杵,昼夜喧阗,湘浦通沟,辟为后湖,亦谓之雨湖。上为烟柳,堤外多园寺。嘉庆时,官士文宴每集凤竹庵,即徽商汪程所建。门临湖脰,四山环翠,王山长所云‘市不近喧,野无伤寂’者矣。”[③]

“烟寺雨湖旁,诗场更酒场”,作为雨湖诗社的主要集会现

① (清)邓显鹤编纂,欧阳楠点校《沅湘耆旧集》第5册,第387页。

② (清)张九钺《紫岘山人外集》卷六《重修凤竹巷募化功德序》,《续修四库全书》第1444册,第193页。

③ (清)陈嘉榆、王闿运等修编《(光绪)湘潭县志》卷四,第83页。

场——雨湖或凤竹庵,两处环境在诗社作品中成为常见的描写背景,如嘉道年间雨湖诗社成员张礼对凤竹庵环境的描写:

频年别雨怅纷纷,古寺花开又送君。(《集凤竹庵送秦百二之粤东》)①

空有落花满庭院,春愁诉与杜鹃知。(《凤竹庵漫兴》)②

猩红犹带露华湿,花界玲珑路不遥。(《凤竹庵看海棠》)③

这种庭院深深,古寺幽静,细雨霏霏,繁花开落的情景很自然引发出文人韵客的诗情诗兴。

张礼《题雨湖雅集图》组诗相对全面细致地呈现了雨湖形貌和社集活动:

春云酿春雨,春雾湿春烟。一夜雨初涨,平湖望杳然。遥知画檐际,多在绿杨边。花底吟诗客,分明小洞天。(春)

凉云吹不散,面面拓窗纱。竹色碧堕地,水光红碎霞。竭来云外寺,醉倚雨前茶。日暮不归去,吟声出藕花。(夏)

湖光与岳翠,指顾豁双眸。不负一轮月,还登九面楼。白云山径晓,黄叶寺门秋。几度题糕兴,狂歌最上头。(秋)

帘阴撒微雪,老树不模糊。清兴几人共,高怀千古俱。合

①② (清)张礼《谦庵诗钞》卷一,道光九年(1829)刻本。

③ (清)张礼《谦庵诗钞》卷三,道光九年(1829)刻本。

将雨湖集，写入云林图。唱和松陵辈，当年似此无。（冬）[①]

《雨湖雅集图》画录了春、夏、秋、冬四季诗社成员在雨湖雅集的景象，张礼则结合亲身体验用诗文描绘雨湖四季，进一步展现诗社活动，由此可一窥当年雨湖诗社如诗似画的文学现场以及社员们的清兴与高怀。

雨湖诗社的雅集场所处于市、野之间，诗社成员常相唱和。从创作条件和心理上说，既不近喧，利于社员闲逸赏景，静心创作，又无伤寂，不会因为过于偏僻，交通与集合不便，也不会因为过于冷落萧条，冲淡了休闲的气氛，影响了娱乐的心情。从创作内容看，诗人们描绘雅集场所的诗句中，湖光山色皆备，高楼古寺雅逸，自然之境与人工之景有一定的结合，场景开阔丰富，不拘泥阛市里的一园一院；景象清逸有致，并不存在野外的芜乱冷僻，可谓得市野之利。

（二）市野之间的创作队伍

康雍年到嘉庆年间直至道光初年，雨湖诗社一直绵延。如嘉道年间雨湖诗社参与者有秦关、张礼等，皆爱慕风雅、博学通史，工诗善文之人，其中诗技杰出者尤能才思敏捷，八面应敌。而这些参与者来往于市野之间，有些居于市，与时杰名士有一定联系，相比其他湖湘偏僻诗社，雨湖诗社活动影响力较大、成员名声传播较快且广；而相比省城中心的一些诗社，诗社成员们地位并不显要，居住趋向多归于乡市或安于乡野，能减少一些虚浮应酬，而拥有更多的时间投入创作，并展现出更多的野兴逸气和诗歌个性，萧然淡泊、自得其法。

嘉道年间雨湖诗社主要成员张礼，字兼山，号谦庵。早年失

---

① （清）张礼《谦庵诗钞》卷五，道光九年（1829）刻本。

怙,家道中落,妻与一子俱亡。家贫喜读书,不慕荣禄,不事生产,弃科举制艺,工骈体文字。以开馆收徒及撰谀墓文字谋润笔之资为生,抚养孤侄及寡嫂。其人思捷品端、学富才瞻,嗜好吟咏,其诗婉转舒放,醇厚雅正,为时所称,著有《谦庵诗钞》十一卷,又曾刊《三诗僧遗稿》。《谦庵诗钞》吴登鸿序称:其与人也,辄慷慨出肺腑,虽饥困不屑干人。得名三十年,自公卿暨闺阁士女,皆能诵其诗。四方名流,无不闻声景慕,倒屣相迎。谦庵视之泊如也。雨湖社兴,衣冠韦布并集邑令,同邑黎吉云为张礼题墓志言当时状貌:"或爱慕风雅,招宴公庭。礼状貌敦朴,往来其间,独萧然如在物外。所居市廛湫隘,即其中设讲肆,处之怡然,望而知为高人。祁寯藻来督学时,爱慕之,为序其诗。"①

秦关,字百二。父秦天键,字启齐。《(光绪)湘潭县志》载:"(秦天键)以虎丘诗为王昶所知赏,名满吴越中。商盘等俱与纳交,倜宕自喜。尤习史事。子关,字百二。专为排偶文,典博工巧;为诗,亦专取配俪。尝应乡举,经义文及诗策皆对偶,无单句。考官惊其藻丽,终以破体取为副贡生。时南丰曾燠招致才士,请为书记,名满淮海。归家与张礼、吴登鸿唱和,号'雨湖诗友'。"②

吴登鸿,字俪樵,一字笠樵,诸生,工诗。《(光绪)湘潭县志》载:"馆留田(今湘潭县花石镇内)王氏最久,故其乡之人多能诗。与雨湖社者聚散不常,惟登鸿居城,张礼居市,聚多而诗亦多。年八十犹作细书,诗人中最为老寿。有《原上草》。子禹甲,字河槎。举道光壬午乡试,诗有家法。"③

雨湖诗社诸多来自市野之间的诗人,身份虽不显,但才华过人,情趣高雅,在地方上享有较高的声誉,又积极推动诗社的进展,

① (清)李瀚章、裕禄等编纂《(光绪)湖南通志》卷一七九,第3388页。

②③ (清)陈嘉榆、王闿运等编纂《(光绪)湘潭县志》卷八,第287页。

进而锤炼了诗艺，交流了文思，影响了本地域的文学创作与传播。道光十二年(1832)吴登鸿为秦关《九面楼诗集》作序，云："吾湘雨湖社作手颇多，类皆八面应敌之将，而余最心折者莫若秦百二、张谦庵两先生。"[①]雨湖文士郭云麓、杨春台等也对秦关、张礼等人誉之不释口。公卿士女俱诵张礼之诗，游其门者亦甚众，连诗僧觉慧也曾跟从张礼学诗。

(三) 市野之间的复演活动

从康雍年代开始，湘潭雨湖地区在清代各朝都曾出现过名为"雨湖诗社"的文学社群，而且直至道光初年雨湖诗社犹盛。社员走马更替，社集活动不断，作品林立，多关于悠游湖山，赏花观景，饮酒话别等。绝大部分社集活动是一种复演活动，周期性的重复，产生的是类似的文学体验与创作经验。这一点与其他地域的文学社群活动相差无几。

雨湖诗社诗人们现存的作品，如《雨湖联吟集》《雨湖唱酬集》记录了许多特定日期开展的周期性活动，如在花朝日、立春日、二月二日、六月廿四日荷花生日、九月十九日聚集，除日祭诗，还记录了不定期地举行一些常规活动，如雨湖消夏、书屋消寒、倡议社员各携一壶一碟饮凤竹庵作蝴蝶会，寒食酬赠等。罗汝怀存诗《十月十七日偕酉原宗弟携幼子莩访宗兄朋高叟看菊有序》，序中记载了一位名为高世旗的老朋友，中年投身商市，谋生奉母。因为其母偶然见菊而喜，高叟遂开始种菊。远致佳种，秋天灿烂盛开于阛阓中，独有人外之境。其时在道光初年，雨湖诗社犹盛。诗社中十多位诗人，每岁秋季约至高世旗的菊园，醵饮看花，赋诗以赠。诗人中张观詧壶山昆季、张谦庵诗老最为著名。

不过有些活动还是呈现出独特性，与市野之间的这块地域存

---

① (清)吴登鸿《九面楼诗集序》，秦关《九面楼诗集》，清道光刻本。

在紧密联系。湘潭地区荷花遍布,盛产莲子,民间亦有为荷花作生日之习俗。嘉道年间雨湖诗社曾刊行社人诗作集为社刊,以荷花生日为主题,但此社刊《荷花生日诗》今已遗佚。罗汝怀《绿漪草堂集》卷九载:"五十年前雨湖社为荷祝嘏,歌咏之。吾邑雨湖诗社刊有《荷花生日诗》本。作者数十人,贺蔗农先生与焉,计今无一存矣。"[①]贺蔗农,为贺熙龄(1788—1846),湖南善化(今长沙)人,嘉庆十九年(1814)进士,选庶吉士,授编修,著名学者,为晚期湘系经世派代表人物之一。

虽然过程或者复演过程进行的每一步骤往往是重复的,但是,重复也是一个讨论文学连续性和重现性的视角,也以某种方式包含着经验,有些意义就是靠经验层层累积起来的。生活体验与文学经验在雨湖诗社的复演活动中不断丰富与积累,地方文化习俗与文学传统也在其中得以一直延续与发展。

时至道光末,湘潭罗汝怀等人欲重组雨湖诗社以稍延先辈风雅之绪,他感觉"高韵康雍久寂寥,雨湖吟社又沉消",回忆嘉道年间的雨湖诗社"诸老既殁,雨湖诗社嗣出,岁会月要,转视前辈为盛,士夫、韦布、土著、流寓杂然并进,盖时方殷盛,物力充裕,诸君优闲无事,借此销日。大抵流连光景,求工欢娱。人既不齐,诗亦不拘一格"[②]。罗汝怀这段回忆往昔雨湖诗社的话语正是总结了它的各种特点:一、雨湖诗社的重复性。雨湖诗社绵延了多个时代,即便消歇一段时间后,又总会嗣出,足见处于市野之间的雨湖文脉不绝,风雅承袭。二、雨湖诗社的娱乐休闲性。清代中期,国家相对太平,湘潭地区又"时方殷盛,物力充裕",有此安逸稳定的

---

① (清)罗汝怀《绿漪草堂诗集》卷九,《清代诗文集汇编》第617册,第412页。

② (清)罗汝怀《绿漪草堂文集》卷一五,《清代诗文集汇编》第617册,第146页。

社会背景，大家衣食无忧，悠闲无事，都借组建诗社休闲娱乐，雨湖民众在物质殷盛的基础上生成风雅而丰富的精神生活。于此，“市”是雨湖诗社的物质基础，“野”促成其精神享受。三、雨湖诗社成员的多样性。社员身份不仅限于士子文人，而是“士夫、韦布、土著、流寓杂然并进”，甚至还有也岸上人、竹轩上人此类出家诗僧，社员并不拘泥特定阶层，也不局限于市或野，在只注重文字酬唱、诗艺交流的诗社里，市野之间各个阶层的文人实现了在某种意义上的和谐与融汇。四、雨湖诗社社作风格的多元性，因为“人既不齐”，诗亦不拘一格，不再寻求同种格调，而是趋于多种诗风。

从嘉庆到道光再到咸丰年间，湘潭雨湖诗社一直承袭风雅，文脉流长，影响力、创作水平等则介乎大与小诗社之中，是一个中型地方诗社的典型代表。同时，它来于湘潭市野之间，其产生背景、文学现场、创作队伍与风格特点与此密切相连，发散着独特的光芒。雨湖诗社，在长久的存在和发展中，留下了地域政治经济、社会时尚、文学风气等各方面的印记，演化为一个地方风雅传统，也是映现地域生态的一面文化之镜。

无独有偶，乾隆年间湖北蕲州李谷友先生等八人也结雨湖诗社。楚湘地域的雨湖诗社，皆依湖而建，遥相呼应，共续风雅。谷友先生李生盘，李时珍第六代孙，雍正五年(1727)举人，他与秦京、熊楚荆、张琦、郭从、黄载华、黄载峤共结诗社，命名为“吟湖诗社”，游湖豪吟，揄扬风月，进退烟岚，卷舒云霞。时称“雨湖七子”，后东山寺僧重珂加入，改称“雨湖八子”，各有诗集：秦京《愚圃诗钞》、熊楚荆《玉山诗稿》、张琦《另齐诗集》、郭从《苍屏诗文集》、黄载华《梧冈诗文集》、黄载峤《北游草》、重珂《茎草亭诗草释》和李生盘《楚江吟》《两峰诗文集》，另有《雨湖吟社》合集二卷。

湖南善化诗人李文照《雨湖吟社序》言：

从来诗歌有作，必赖江山以助之。以故香山有唱和之组纡，洛社有真率之会，辉映千古，迄于今不朽焉。虽然之数子者，或怡情于丘壑，或适志于园林，其于水云汀月之胜，尚未能沉酣而领略之也。吾族谷友先生，乃与良友高僧志同道合，环居雨湖之傍者，凡八人焉。春朝涵翠，秋夜澄碧，搴帘望远，鼓楫凌波，而百余里之景物尽贮之诗卷之中。积成巨轶，镌示同人。予以应征入志局，得与谷友相见，宗谊之余，继以吟社。徐观八子之稿，锦裁绣错，而后知其实获江山之助也。彼天下推佳丽者，莫若西湖，然不过载妖冶之伦，侈歌舞之态已耳。至若洞庭、彭蠡，吞天浴日，游之者每魄掉魂驰于蛟螭出没之间。岂若雨湖之内，雅集豪吟以揄扬风月，抬举莺花，进退烟岚，卷舒云霞，直与香山、洛社鼎立于骚坛也哉。抑予更有嘱焉：雨之为物，将以润天下者也，君子渊源深浩解，泽滂沱，归触石以自藏，敛神功于寂若。庸讵知人之非湖，而湖之非人耶？则掉歌之赠答，水槛之讴谣，犹其浅焉者乎？谷友勉之矣。①

李文照，字符朗，又字朗轩，号恒斋，湖南善化（今属长沙）人。康熙末年举人，曾主讲岳麓书院，从学者众。学宗朱子，博通经史，长于性理之学。与同县熊超班若、邵阳王元复能愚、宁乡张鸣珂玉友结交，以讲学鸣，皆为一时之儒硕。湖北雨湖之景“春朝涵翠，秋夜澄碧，搴帘望远，鼓楫凌波”，雨湖吟社之同人环居雨湖，诗文锦绣，实得江山之助。而以“雨湖”为名，一则区别于其他湖景，如“载妖冶之伦，侈歌舞之态”的西湖，“魄掉魂驰于蛟螭出没之间”的洞

① （清）李文照《恒斋文集十二卷附录一卷》，《清代诗文集汇编》第227册，第421页。

庭、彭蠡，雨湖之景自有其特色，并且适合雅集豪吟；二则“雨之为物，将以润天下者也，君子渊源深浩解”，湖以雨为名，诗社以雨湖为名，人与湖合二为一，既润天下，又善自藏敛，蕴含深意。诗社以雨湖为名，期冀社员德行能“雨润天下”，带有知识分子入世济民的责任感，雨湖诗社也是一种道德的标杆。

二、多省人士聚集的湖山吟社

邓显鹤辑《沅湘耆旧集》，以为有清称诗老者，惟张九钺及欧阳辂。清乾隆辛亥(1791)，张九钺自武昌归湘潭，年七十一。随后连年数集朱成之湖山草堂，偕黄承增、王德符、吴尊莱等作湖山吟社，也数次于湘潭之凤竹庵等地与同人社集。张九钺诗集之《归湘集》中多首诗歌记载结社活动和社员交往，《归湘集》上为张九钺乾隆壬子(1792)至嘉庆庚申(1800)所作，《归湘集》下为其嘉庆辛酉(1801)至癸亥(1803)所作，张九钺有关湖山吟社题诗始于1792年，止于1803年。朱涧东于1802年左右回江苏太湖，张九钺逝世于1803年，湖山吟社活动遂告一段落。《张九钺年谱》载：“湘潭凤竹庵桂花盛开，先生邀同人燕集，赋七律二首，其次章云：湖山吟社经年散，蔡子飘零朱子归。”①下有按语云：“先生连年集朱涧东湖山草堂，偕黄心龛、王印潭、吴橡村作诗会，以涧东归太湖，遂已。”②

（一）湖山吟社诸人

湖山吟社中众人或为良友而结社，或为姻亲亦成社友。其中张九钺和朱涧东为社中骨干人物。

张九钺(1720—1803)，字度西，号紫岘，湖南湘潭人。少年聪

---

①② (清)张家栻编《陶园年谱》，清咸丰元年(1851)张氏赐锦楼刻本。

颖,“大江南北,老师宿儒,名公巨卿,得先生手制,辄咋舌,称天才”[①]。乾隆二十七年(1762)举人,历官江西、广东知县,有治声。乾隆五十九年(1794)李絅庵邑令聘其主湘潭之昭潭书院凡十年,名儒辈出。张九钺八十岁时,汤二楼邑令率领绅耆为先生寿,四方能文之士争以诗贺。嘉庆八年(1803)卒,年八十三岁。有《陶园诗文集》《归湘集》等,后辑为《紫岘山人诗集》。“诗文宏博浩瀚,纵其力之所至,而一轨于正。当世诵其诗者,至推为乾隆朝一大宗。”[②]张九钺堂弟为张九镒、张九镡,子世涝、世津,孙家枢,侄孙家栻、蓉裳、家榘,侄婿何绍基,可谓“一乡英俊劳瞻望,四海知交荷注存”[③]。戴熙《习苦斋集》古文卷二有《紫岘先生传》。

朱成,字涧东,本江苏洞庭人,寄寓湖南。善画,诗字皆妙,所以湘中文士乐与之游,诗盟酒社,度无虚日。长沙人周锷与朱涧东少小论交,友情深厚。其诗题《朱涧东成岑鼎纪梦图》序为:“涧东与余交最久,本吴人,寓于楚,善画,诗、字皆妙。以故,中湘人士乐与之游,诗盟酒社无虚日。余忝居讲席于昭潭,旧雨新欢相逢益畅,兹因张云池履信梦徐荇浦文坛之语,为图。其梦缘起已详于涧东本序中,想见交情绵密,境幻而理则真也,因题。”[④]其挽诗《哭朱涧东成》云:

> 少小论交见性真,风流市隐记前因。湖山社里盘桓久,翰墨从中姓字新。一命数犹悭末吏,前身君定是文人。匆匆撒

---

① (清)戴熙《习苦斋集》古文卷二,清同治五年(1866)张曜刻本。

② (清)邓显鹤编纂,欧阳楠点校《沅湘耆旧集》第4册,第177页。

③ (清)张九钺《紫岘山人诗集》卷二六《归湘集》上,清咸丰元年(1851)张氏赐锦楼刻本。

④ (清)周锷《听云山馆诗钞》卷四,清道光刻本。

手余心怆，古寺秋风迹易陈。①

张九钺与朱涧东关系密切，袁枚《随园诗话》称："湘潭张紫岘，老诗人也，于涧东为前辈，仿其体，题渠所画墨兰云：'公孙大娘舞剑器，颠旭得之为草书。涧东兼二妙，写作幽兰图。纵横岂有形与模，天工人巧相与俱。湘妃愁春隔烟水，古云念雨一十里。《霓裳》玉珉慵斜倚，来降纸窗素瓷里。对之微笑忽通灵，澹无言说天纯青。心苞意萼谢俗墨，九畹辟尽畦与町。我欲置之九嶷峰巅四千丈，不可采兮但遥望。'"②张氏诗集之《归湘集》中存留数十首题朱涧东画作与送别之诗，又见交往之稠密。

黄承增，字心庵，歙县人，监生，著《寄鸥闲馆词》。丁绍仪《国朝词综补》卷二十四简载其生平。湘潭张履信有《戊寅春日同人枉过二云书屋小饮》诗中云："擘笺题额黄山老自注：二云书屋为歙人黄心庵题额，纵笔狂歌角里仙自注：吴人朱涧东为赋《二云书屋长歌》。剑舄频过犹昨日，死生一别感流年。漫凭唐宋分宗派，底用王卢较后前。老我骚坛抗旗鼓，南军谁更领中权。"③张九钺《挽杨湘岩司铎》中有："黄山诗豪歌七歌，歌终四座偕滂沱谓黄心庵。朱君厚赙兼哀诔，笛声惨裂秋江波谓朱涧东。人间友谊死不磨，摧才之天将奈何。我亦无言泪盈把，同是穷愁著书者。"④

吴尊莱，字象超，号橡村，会稽诸生，著《豫村诗钞》。阮元《两浙輶轩录》卷二十六简载其事。邓显鹤为其作《吴橡村诗集序》。

---

① （清）周锷《听云山馆诗钞》卷六，清道光刻本。

② （清）袁枚撰，王英志校点《随园诗话》，南京：江苏古籍出版社，2000，第549页。

③ （清）邓显鹤编纂，欧阳楠点校《沅湘耆旧集》第5册，第447页。

④ （清）张九钺《紫岘山人诗集》卷二六《归湘集》下，清咸丰元年张氏赐锦楼刻本。

张九钺与吴橡村在归湘前早已结交多年，而且持续不断地有唱和别赠之作，早年有《将归湘中留别吴橡村》《和吴橡村赵忠毅公东方未明砚诗有引》《羊城晤山阴吴橡村即别留赠三首》《得吴橡村武昌来书二首》《寄吴橡村海上二首》，张氏年老归湘后又有《书吴橡村沅州忠烈祠诗后》《答吴橡村节署见怀之作即步元韵三首》等诗。吴橡村长期客粤，于湖湘停留与湖山吟社同人社集时间并不长，据张氏《酬吴橡村之桂林过访，留别之作即寄二首》记载吴橡村在湖湘居住一段时间后准备又去桂林，并且打算第二年回家乡，"春江巨涨拍天浮，又挟琴书入桂州。……垂老虽贫归亦得，明年伫立望行舟君拟明年归越，迂道湘南，赋别"[①]。

王德符，字印潭，一字季虎，湘潭人。著有《延香挹翠轩诗集》。周锷有题《王印潭德符花烛词二首》。《(光绪)湘潭县志》云："世峰子德符，字季虎，以廪贡官训导，署永兴、沅陵学官，有诗名。每有所作，辄忘寝食，张九钺亟赏之。论诗辨难勤苦，人笑其癖。或摘中其疵病，立起拜谢。"[②]王德符与张九钺为姻亲，王德符是张九钺的侄婿。张九钺有《印潭侄婿钞余诗稿，以二律书其后，依韵奉酬》云：

风雨离群感，书来忽豁胸。题诗荣旧帙，醒梦落清钟。
敝帚徒知享，枯禅未可宗。无成今老矣，真悔学屠龙。

寥落千秋业，苍茫独立人。晚交方得子，契合岂无神。
抗手希前哲，鞭心出等伦。正声忻有待，著述慎兹身。[③]

---

① (清)张九钺《紫岘山人诗集》卷二六《归湘集》下。

② (清)陈嘉榆、王闿运等修纂《(光绪)湘潭县志》卷八，第270页。

③ (清)张九钺《紫岘山人诗集》卷二六《归湘集》上。

张九钺在诗中向王德符谈其创作的心路历程，娓娓道来，语言真诚朴实，也表达了“晚交方得子，契合岂无神”，晚年知交良友的欣慰与喜悦。

（二）湖山吟社活动内容

结社活动大致包括以下几类：其一，祭祀性的社集。朱涧东屡招同人集湖山草堂作祭诗会，曾以纪念文学史上某位名家为各次祭诗会社集的主题，社集时具体纪念的方式有两种，一则通过举行某种仪式，二则通过特别仿效那位名家的创作。张九钺曾描述与记载此类社集。其《朱涧东招同人集湖山草堂，作祭诗会》诗云：

> 户迎赍烛易门丞，灶列黄羊乞利市。钱刀衮衮闹不休，谁向萧闲作诗会。朱君风雅为性情，湖山吟社时招致。生辰已过玉局仙坡公生辰以黄心庵未归不果，祭诗特仿长江尉。无本胆大勇往能，奸变虽得平澹未。当时不遇大尹公，穷死浮屠亦何悔。
>
> 应奉昌黎一瓣香，岁终长作先河祭。胡为敝帚享以金，岂其自嘲还自慰。读君一卷伏枕吟，鼓荡天机运浩气。讵须酒脯补劳神，但纪岁华修韵事。狞飙撼衢地火温，桦烛摇窗兰蕊缀。老耽大胾与软饧，口吸长川挥巨觯。空中招出瘦岛来，休饮寒泉共饱醉。四座哄然拍手歌，铜缶红梅惊坠地。①

湖山吟社诸人前次社集本想纪念坡公苏轼生辰，却因黄心庵未归，未能举行。后由朱涧东于岁末时招同人集湖山草堂作祭诗会，特别纪念唐诗人长江尉贾岛。众人回忆贾岛的生平，韩昌黎对其知遇之恩，赏评贾岛的诗卷。张氏还别出心裁地希望“空中招出

① （清）张九钺《紫岘山人诗集》卷二六《归湘集》下。

瘦岛来,休饮寒泉共饱醉”,与贾岛一起在现实中来个共同饱醉,这是一种文人间的戏谑,也体现了社中同人对前贤的纪念中不只是追摹、景仰,还带有怜惜和亲近。四座哄然拍手而歌,连架上的铜缶与树上的红梅都为之惊坠,可见社集气氛热烈欢乐,文人真实、随意的性情也由此展露。

其二,游览性的社集。湖山吟社同人多次社集游览美景,如欣赏四时花卉,春看牡丹,《谷雨前三日,黄岱州招同人物我轩看牡丹,分韵得高字》:

> 金庭别馆净兰皋,雁棟移厨未惮劳。天半阴晴花气候,地联吴楚客雄豪。当檐更饫丛香近,飞盏何知酒价高。却为牡丹频出郭,路人传说艳吾曹。①

秋赏桂花,湘潭风竹庵是张九钺等社中同人经常社集之宴所,亦是吟哦之“词场”,《和静山邑侯元唱,时集风竹庵赏桂花,兼柬同人二首》有:

> 名花自黄岳,盘郁作词场。仙吏一以至,佛云从此香。心为攀折惜,客任醉呼狂。题罢琳宫壁,天风下杳茫。
>
> (其一)
>
> 尚忆维摩室,天花作道场。寺中耆宿字本章,诗名吴越,以苦行修培古迹,浮木堂,其手创也。孤根千劫外,一夕百年香。色界悬仙手,吟哦愧老狂。何时借洒扫,石径未微茫。
>
> (其二)②

①② (清)张九钺《紫岘山人诗集》卷二六《归湘集》上。

此后湖山吟社渐散之时，张九钺等同人还约聚凤竹庵共赏桂花，《凤竹庵桂花盛开，同人宴集，首唱二律》云：

浮木堂前老桂丛，卅年不见欲拿空。团圞覆地不知日，错落缀云偏爱风。天宇托根留净白，芗林孤隐剩衰红。生来迦叶微尘里，满酌龙涎入酒中。

湖山吟社经年散，蔡子飘零朱子归。大地秋光知各领，祇园花事未全非。欲裁篇什豪情减，忽对天香逸兴飞。好待轩亭重葺日。如来金粟共皈依。①

另在朱涧东之湖山草堂赏兰赋诗，《朱涧东席上咏并头兰，得斋字》云：

满园空谷与悬崖，合报奇花慰静怀。斗列黄瓷争媚酒，影交绮石若联钗。同心臭在无言结，竟体芳从得意偕。随得骚人吴下返，更滋九畹遍山斋。涧东东归行有日矣。②

张氏游览诸咏，出发点在花，随后内容都会联系社集社友，或借咏花喻意与社友同人“同心同德”，或自矜同社群赏花之风流优雅，“路人传说艳吾曹”。

其三，艺术赏评性的社中题赠。湖山吟社中朱涧东等人善书画，张九钺多有评图画之题咏，如题咏花卉景物图，有《题朱涧东红兰受露图》《题朱涧东咏梅图》《题朱涧东画兰》《题朱涧东湖山草堂

① (清)张九钺《紫岘山人诗集》卷二六《归湘集》下。
② (清)张九钺《紫岘山人外集》卷九。

图六首》；如题咏社友送别事件图，有《题岸花送别图送朱涧东归太湖四首》《题朱涧东吴门送别图六首》《题黄岱洲岸花送别图》《题朱涧东角里归帆图为王小摩作》等。其中值得一提的是“涧东归吴中，同人各饯以诗，王小摩作《岸花送别图》”①。而后朱涧东又作《角里归帆图》，社友们再继续题诗。此类题赠不仅反映了社中同人的艺术赏评能力，交流了社友之间的感情和才艺观点，还带有记录社中事件的写实色彩。而且按社友送别—社友题诗—社友绘图—社友再题图诗的顺序发生事件，在事件与图画、文学之间形成一种因果互动。

（三）湖山吟社特色

不同地域情结的表现与交流：湖山吟社诸友，由江南与湖南两地文人组成，诗歌酬唱时，常标注对方地域特色。如张九钺《题朱涧东吴门送别图六首》中有：

名士由来重别离，吴中风雅地尤宜。斜阳红树人千里，染出浓情似此时。

剩得浮生一病身，旧游回首每伤神。喜君几叶轻帆卸，载满云山与故人。

岸花亭子草留香，费我江头四载望。天为湖山诗社续，又寻图画到潇湘。涧东归吴中，同人各饯以诗，王小摩作《岸花送别图》。②

诗中同样的写作方式是以吴中风雅地对潇湘图画景，用两地的风景特色来比对。不只这首，张九钺等人多首与朱涧东等江南

①② （清）张九钺《紫岘山人诗集》卷二六《归湘集》上。

社友有关的诗句中都出现吴、楚两地意象，如：

吴客富性情，楚人重离别。何况垂老交，肝肠为余热。①

吴乡与楚乡，随地足徜徉。近水宜添槛，环山好筑堂。②

随得骚人吴下返，更滋九畹遍山斋。③

楚舞吴歌皆妙友，笑指明河一片秋。④

天半阴晴花气候，地联吴楚客雄豪。⑤

吴越群贤至，湖山一社雄。⑥

吴楚联三友，心期密岁寒。⑦

诗句中用吴客与楚人、吴歌与楚舞、吴中与潇湘、吴下与九畹等相比对的意象组，从人、地、民俗、典故等各方面，意示两地社友的具体地域，标举对方风雅与特色的同时，也不忘提点本地的风情与景物。而且多首并列比对式的写作，使读者对双方的特点和湖山吟社的人员构成特色都较容易存留强烈的印象。另外也透露出一个重要的信息就是清代中期湖湘与江南各地的文人在湖湘本地结成“妙友”，组成“社群”，使得“湖山一社雄”。

---

①⑤　(清)张九钺《紫岘山人诗集》卷二六《归湘集》上。

②⑦　(清)张九钺《紫岘山人诗集》卷二六《归湘集》下。

③⑥　(清)张九钺《紫岘山人外集》卷九。

④　(清)秦关《九面楼诗集》卷一，清道光刻本。

社友诗歌寄赠时,常常怀忆本地前贤所建的文学社团与风雅往事,体现了地方文学传统的深刻影响,如湘潭岸花诗社因与湖山吟社为同一地域的缘故,题诗寄赠时多次成为湖山吟社同人追慕、遥忆的对象。张九钺《和朱涧东见寄诗元韵》诗云:

湖山堂中风雅豪,病起洒墨临兰皋。闻之腰脚顿跃起,晴莎独踏城西郊。岸花诗社久寂寞吾邑前辈有岸花诗社在城东,斋名松竹新诛茅。喜来奇士促膝坐,不用折柬招邀劳谓黄心庵。清言那能及世事,正声直欲追离骚。……①

《题岸花送别图送朱涧东归太湖四首》其三:

少陵过潭州,晓吟岸花句。邑人建孤亭,诗社溯遥慕。千年花仍飞,草荒不知路。送子合此间,衡湘莽回互。……②

岸花诗社的位置、渊源、发展状态,在诗中作为一个地域文化背景或者地域色彩的文化图标出现,与当下文人的活动、创作相比对,甚至张九钺等同人修禊之所特别选在岸花诗社原社址,其《同人集岸花诗社修禊,赋五言排律十六韵》云:

佳会招邀遍,春光取次融。永和修禊古,癸丑与年同。觞咏能为主,莺花不负公。秉兰喧浦日,转蕙喜江风。联步随珂马,嬉游杂锦幪。袍拖垂柳碧,屐印落桃红。吴越群贤至,湖山一社雄。三千余里合,二十五人中兰亭集识成者二十五人。促

① (清)张九钺《紫岘山人诗集》卷二六《归湘集》上。

② (清)张九钺《紫岘山人诗集》卷二六《归湘集》下。

坐阶无隙，分阄韵不穷。墙摇修竹影，栏倚牡丹丛。仿佛清湍响，依稀曲水通。扶筇来老衲，捉席费奚童。岂待含毫腐，何劳击钵功。谈仍霏玉屑，唱亦听玲珑。传去藤笺迭，书来茧纸工。罚觥浑不用，共掉百船空。①

在岸花诗社处修禊，对于湖山吟社同人，这是一种带有浓厚纪念色彩的祭拜活动，也是一种自觉的风雅承袭举动。

三、书院复兴背景下的岳麓文会

长沙岳麓山，湖湘最有代表性的名山，不仅风景蔚然深秀，而且文化氤氲不绝。“湖周八百余里，荡词客之胸襟；岳麓七十二峰，豁高人之眼界，自古在昔实繁有徒。”②岳麓书院、万福寺、道林寺、云麓宫、爱晚亭等文化场所修筑山中，历史悠久。特别是岳麓书院为千年学府，“惟楚有材，于斯为盛”，化育士子，代有风骚。经过清初的严密钳制和紧张防范后，康熙、雍正朝在文化上的钳制相对放松了，对培养士人的书院采取支持和鼓励政策，以岳麓书院、石鼓书院等为首的各地书院纷纷复兴。同时清统治者逐渐将书院引向官学化，书院的教学与科举结合，加强了人员、财政各方面的控制。乾隆八年(1743)，乾隆帝赐书岳麓书院“道南正脉”的匾额，以表彰岳麓书院传播理学的功绩，这在当时是莫大的荣耀，也是对岳麓书院地位的肯定。在这样的社会背景下，岳麓书院的举子们组织文会以探讨制艺与古文，促进举业学习。

(一) 文会十八子与导师

乾隆末年严如煜等十八岳麓学子联以文会，以文会友，相互探

① (清)张九钺《紫岘山人诗集》外集卷九。

② (清)聂铣敏《献花山房诗存序》，《清代诗文集汇编》第457册，第2页。

讨讲论制艺与古文。严如煜,字炳文,号乐园,又号苏亭,湖南溆浦人。生于乾隆二十四年(1759),卒于道光六年(1826)。乾隆五十四年(1789)优贡,嘉庆五年(1800)举孝廉方正,补洵阳知县,以功加知州衔。历任汉中知府、陕安道、陕西按察使等。卒于任。为官善谋划,敢任事。自县令至臬司,皆出特擢。性豪爽,去边幅,泊荣利,视之如田夫野老。为学喜研舆图、兵法、星卜之书,尤留心兵事,亦工诗文。有《洋防备览》《苗防备览》《屯防书》《三省边防备览》《汉中府志》《乐园诗稿》等。

岳麓文会的组建源于岳麓书院罗典夫子的提倡,文会众友亦悉得罗夫子教导。严如煜的《岳麓文会记》开篇便提及“慎斋夫子讲学岳麓者十余年,倡明道术,衍朱张之传。湖湘间翕然宗之,一时俊伟奇杰之士获闻夫子绪余,皆务服古志道,为有体有用之学,不区区疲精力于文也”①。罗典(1719—1808),字征五,号慎斋,湘潭人。地方志载:“乾隆丁卯乡试第一,辛未成进士,选庶吉士,授编修,转御史,历吏工二科,掌印给事中,擢鸿胪寺少卿,两主河南乡试,一为四川学政。……以母老乞养归。主岳麓书院二十七年,教学者以坚定得性,明习时务,门下士发名成业者数百人。”②在岳麓书院担任山长期间,提倡朱张理学,以文明道。需要注意的是,罗典虽倡导文会,但并“不区区疲精力于文”,也不希望学生“徒雕饰蔓词,浮薄无根,文也近于徘矣。投有司之喜怒迁就其文,以幸于一遇则性情心术有不堪问者,而何足以语道”③。而是要学生“服古志道”后为有体有用之学,为明道致用之文。这种教育观念源于岳麓书院富有特色的教育传统,即主张培养经世致用的人才,

①③ (清)严如煜撰,黄守红标点,朱树人校订《严如煜集·乐园文钞》,长沙:岳麓书社,2012,第83页。

② (清)李瀚章、裕禄等编纂《(光绪)湖南通志》卷一七九,第3383页。

提倡正气明道的文章；不能让书院只成为科举的附庸，教育只专于八股制艺的技巧。这种传统由南宋时张栻主教时奠定基础，经历代山长坚持发扬。

严氏《文会记》中提到文会十八子分别为：严如熤、彭薄墅、王勿斋、潘郁亭、滕竹轩、向鲁斋、汪静轩、秦竹浯、赵笛楼、谢阆圃、彭真斋、方云榻、胡东浦、方蔗畦、陈望山、李白桥、傅七塘、罗麓西。严如熤在《防江忆岳麓诸友、明山诸生，即示洵州弟子》一诗中回忆道：

> 佳话词坛十八人，岳麓文会之友共得十八人。瓣香我自衍龙津。沅州明山书院训课共七载。澧兰沅芷风骚地，在明山时欧阳学博相唱酬，共研友也。玉蛛金鳌锦绣春。秦竹浯、赵笛楼、蒋云桥、李白桥、罗麓西诸君均在都中。结习未能忘故我，投戈聊与话前因。深惭俗吏非儒吏，风雨名山入梦频。①

文会十八子皆为岳麓书院同学，研读学业，文会促学。其中多人后来学有所成，或为官一方，为地方兴利除弊，或教授一乡，品行学识为乡民所景仰。如：

罗琦，字麓西，善化人。“嘉庆辛酉进士，授内阁中书，出为太湖同知，迁镇江知府，调苏州擢淮海兵备道。性诚厚，清慎自持，而务为地方兴利除害。总督陶澍、林则徐皆推重之。解组归主城南书院，维持风教，以世道人心为己任。学者多景仰之。”②

秦敬衡，字竹浯，善化人。拔贡生，礼部七品官。嘉庆戊午年

① (清)严如熤撰，黄守红标点，朱树人校订《严如熤集 · 乐园诗钞》，第238页。

② (清)李瀚章、裕禄等编纂《(光绪)湖南通志》卷一七六，第3299—3300页。

(1798)京闱举人,累迁礼部郎中,终宜昌府知府。

王德箴,字勿斋,湘潭人,拔贡生,乾隆壬子(1792)副榜,官新宁县教谕。

潘煐,字郁亭,益阳人。嘉庆辛酉(1801)举人,官郴州学正。

彭兴护,字薄墅,湘乡人。乾隆己酉(1789)拔贡,有集,甚有时名。后任岳麓书院先生、双峰书院山长等。

文会众子的成材或成名与岳麓书院教化作用有着一定联系,如岳麓学子除在学业上受夫子罗典教导指点外,还在仕途上由其推荐给当朝权贵,“嘉庆初福康安征苗招致才异,罗典荐溆浦两生,一严如熤,一即(戴)尚文。谓(戴)曰:严生负经济才,应禄仕;汝疏散为幕客,慎勿官职自羁也”①。

文会以岳麓为名,不只是简单地标注社集之场所地点,更是一个涵蕴丰富的标志,它发散着强烈又独特的地域气息,“岳麓”二字意喻着岳麓书院在当时引导的学术之路,湖湘士子所推崇的精神道义,乃至湖湘地域所传承的文化传统。岳麓之名,在文会学子社集活动与创作过程中,起着指引其学习方向、提醒其责任道义、促进其努力进取的作用。

(二) 文会宗旨与会约

严如熤在其《文会记》详尽地记载了岳麓文会的组建缘由、宗旨与约定。首先严如熤阐释了文庠对于国家选拔人才和士人自我修习的重要性:

> 然自宋明以来,以科目取天下士,名臣大儒,鲜由他途进,类皆修其文为拜献先资。为文者,士之羔雁也。古君子出必

① (民国)赵尔巽撰《清史稿》卷五〇二,北京:中华书局,1977,第13886页。

> 载赞，既将以其文为贽于君相，又乌可以不讲哉！文者，所以明道也。道在五经四子，士人出其所见，本其所学，体合圣贤语气，以阐明前人所未发。苟有所得，则难者为难，易者为易，皆无害于文之正也。徒雕饰蔓词，浮薄无根，文也近于徘矣。投有司之喜怒迁就其文，以幸于一遇则性情心术有不堪问者，而何足以语道。虽然此岂易言哉，先秦以前尚已。自汉以下聪明博辨之士，耽精劳神，竭毕生之力，以从事此中者，不知凡几，而惟贾董刘扬诸子，韩柳欧苏诸家，磊落光天壤。虽世殊代更，而家习户诵珍如球琳者，犹一日也。余则随时销灭，与花草树木同归腐弃而已。岂非以诸家者能根据圣贤关系、世道人心，不苟为炳炳烺烺，而非其一切炫博斗靡者所可及欤？今制举之文，其貌虽若不与古同，而其以明圣贤之道一也。先正如归胡金黄，莫不以古文为时文，当其因题抒发，精深透辟，可以立懦砭愚，令人油然思名教之重，怀节谊之大，勉为君子，而耻为小人。呜呼！何其盛也。①

正因为“文”的重要，学“文”对于举子势在必行，对于“庆幸生文教昌明之世”的严如熤等人更加觉得应该“思含英咀华，以鸣国家之盛”。那如何来更好地学习“文”呢？肯定不是，“散处方隅，恒苦域于见闻，囿于习俗，伥伥乎莫知所从”，而是应如曾子之意，以文会友：

> 曾子曰：君子以文会友。古之人赏奇析疑，考是订非，其藉助于友者，多矣。夫以圣门贤哲之众，而曾子必曰会之。岂

① （清）严如熤撰，黄守红标点，朱树人校订《严如熤集·乐园文钞》，长沙：岳麓书社，2012，第83—84页。

非以各自为学，两不相谋，则直谅多闻，亦不能以谊所不亲效其益乎？今余与诸君子得大贤人以为依归，既幸有以示其迷，正其趋，而风雨一堂，或齿德俱尊，可为楷模，或年茂才俊，可资辨晰，久者五六载，近亦两三年，皆款洽恳至，不可谓非谊之亲也。因仿曾子之意，联为文会相与讲论探讨。务志圣贤之志以端文之本，学圣贤之学以宏文之用。①

该文社据《文会记》可知为时文社，文会众子多习制举之文，"务志圣贤之志以端文之本，学圣贤之学以宏文之用"为文会宗旨，不仅是讲求端文之本，还提倡宏文之用。讲求为文宜正，不可徒雕饰蔓词，撰写近于徘的浮薄无根文。严如熤还在记中谈及古文与时文的关系，不少先正能以古文为时文，因题抒发，精深透辟，可以起到立懦砭愚的作用。这篇《文会记》又可谓一篇湖湘文人怎样认识文、如何作文的精到文论。

十八子联为文会后，定下文会之约：

善则相劝，过则相规，毋侈声气，毋矜标榜，毋貌合而中离，毋阿意而曲从，庶有以仰体大贤人之训诲，而得古人相与有成之义也。诸君子者，薄墅彭子，勿斋王子，郁亭潘子，竹轩滕子，鲁斋向子，静轩汪子，竹浯秦子，笛楼赵子，阆圃谢子，真斋彭子，云榻方子，东浦胡子，蔗畦方子，望山陈子，白桥李子，七塘傅子，麓西罗子，偕余凡十八人。②

清代中期的湖湘文人结社，与清前期湖湘文人多是外地输出

①② （清）严如熤撰，黄守红标点，朱树人校订《严如熤集·乐园文钞》，第84页。

型结社有所不同，在人员组成上，存在不少异地文人加入的现象，吸纳了聚居、流寓湖湘的各地文人墨客，并且也不同于清初同样加入江南文人的“苇缘结社”等社群，湖山吟社聚集的人数稳定，社群之领袖骨干有湖湘本地诗老张九钺。而岳麓文会的兴起，反映了湘鄂两省分闱而试后，集中于长沙的湖湘文人举子在数量上的大幅度增长，也是岳麓书院这类官方教育机构，从清初的破坏与萧条中恢复并发展壮大的结果之一。

第三节　清末湖湘文人结社

清代末期，国内政局动荡不安，国外列强虎视眈眈，清政府与其官僚体制暴露出无可挽救的腐朽与落后，而在湖南却出现一派人才辈出、气象维新的局面。特别是道咸以后，湖湘人才闻风而长。一方面清代全省有七十余所书院，以岳麓书院为首的湖南书院群继续发展，从而推动了湖湘人才的群体涌现。据曾国荃《湖南通志》统计，清光绪八年（1882）以前，湖南各科乡试共录取正副榜举人 4800 余人，其总数远胜前朝。清代湖南考中进士 764 人，自顺治九年（1652）开科到道光二十年（1840），凡 75 榜，湖南进士 441 人，而道光二十年至光绪三十一年（1905）的六十余年里，清末湖南的进士人数有三百余人，几占整个清代湖南进士总人数的一半。另一方面由于湘军在清王朝危机四伏的形势下应时而建，平定了太平天国运动；以曾国藩、左宗棠、胡林翼等为首的湘系士人集团力挽了清室的颓势，立下功绩的同时也为一批湖南经世人才获得更大的发展空间与机会，“军兴以来，吾湘人才鼎盛，立功名而膺节钺良不乏人”[①]，“楚省风气，近年极旺。自曾涤生领师后，概

① （清）杨恩寿《坦园文录》卷六，《清代诗文集汇编》第 727 册，第 428 页。

用楚勇,遍用楚人。各省共总督八缺,湖南已居其五。至提镇两司,湖南北者,更不可胜数”[①]。整个湖湘地域因为湘军的兴起在政治、经济、文化、教育等多方面起了较大的变化,湖湘文人结社也受到了多方面的深刻影响。

一、湘系集团重要人物的结社

清末人才辈出的湖湘文人群体构成了湖湘文人结社的组织基础,而湖湘结社的组织者和参与者,多与湘军或湘系集团人物有关。现以郭嵩焘、王闿运为例试加以论述。

湘系集团重要人物郭嵩焘(1818—1891),字伯琛,号筠仙,晚号玉池山农,学者称养知先生,湖南湘阴人。道光二十七年(1847)进士,选翰林院庶吉士,授编修。从江忠源剿太平军,累官至广东巡抚,不久被罢归,再起用为兵部侍郎,以及出使英、法等国的外交大臣等。与副使刘锡鸿不合,乞病归里,主讲城南书院。自幼端诚,有成人之度,质直好义,才识过人,倡经世致用之学。力主学习西方科学技术,以立富强之基。著有《礼记质疑》《周易释例》《绥边征实》《郭侍郎奏疏》《养知书屋文集》《养知书屋诗集》等。郭嵩焘青年时代游学岳麓书院,与曾国藩、刘蓉、江忠源等相友善。曾国藩《江忠烈公神道碑》载:“(江忠源)道光十七年丁酉科拔贡生,旋中是科乡举,久客京师,以大挑得教职。与曾国藩、陈源兖、郭嵩焘、冯卓怀数辈友善。”[②]《送郭筠仙南归序》言:“郭君筠仙与余友九年矣,即之也温,挹之常不尽。”[③]老年乞病归里后,邀集湖湘

① (清)张集馨《道咸宦海见闻录》,北京:中华书局,1981,第377页。

② (清)曾国藩撰,唐浩明主编《曾国藩全集》第14册,长沙:岳麓书社,2011,第326页。

③ (清)曾国藩撰,唐浩明主编《曾国藩全集》第14册,第233页。

耆儒硕彦，如王闿运、熊雨胪、曾广钧、王楷、释敬安、笠云等屡举诗会。

王闿运（1833—1916），字壬秋，湘潭人。咸丰七年（1857）举人，光绪三十四年（1908）赐翰林院检讨。自幼喜读书，发奋刻苦。博学，工诗文，为文章有奇气，为清末湖湘诗派魁首。对史学研究颇深，注重通经致用，怀抱帝王之学。性情高旷，入曾国藩幕府，为其赏用。与郭嵩焘、曾纪泽等人交好。著《湘绮楼诗文集》《湘军志》，编有《（光绪）湘潭县志》等。

（一）碧湖社群

光绪十二年（1886）六月十五日，王闿运集诸名士在长沙开碧浪湖（亦称碧湖）诗社。社员人数众多，籍贯不一，道俗并入，均为当时在湖湘之地的名士或高僧。本省社员有郭嵩焘、熊雨胪、易佩绅与易顺鼎父子、程颂万、王楷、王先谦、涂景涛等，外省籍贯如浙江山阴俞明震，江西义宁陈三立、陈衡恪父子等，方外之士如八指头陀、笠云等禅师。俗家社员们彼此之间或有亲缘，或有地缘，或有学缘，与八指头陀、笠云等方外人士之间，可谓“善缘”“文缘”。

碧浪湖诗社为吸纳清末湖湘精英文人的社群组织，带有较强的自我标榜性，一定程度上显示社员文人的清贵身份，与一般基层文人社团的区分特征也较明显。社员们多“置身清贵”，即使有个别社员身份不入此列，其文德诗才也有过人之处。八指头陀《寄吴梦舟秀才并序》序云：

> 余碧湖诗社中人，今皆置身清贵，惟吴梦舟秀才不求闻达，终老烟萝，众鸟高翔，孤云独卧，盖玩道有觉之隐君子也。辛亥秋寄书问讯，情见乎词，追念碧湖之游弥深白社之感，选

四十字以报故人。[①]

碧湖诗社名士林立,多清雅闲贵。长沙岳麓书院山长王楷,诗名传播已久,第一次开社时,却未收到邀请,没有列席碧湖首次雅集。他心有不适,出诗嘲讽。八指头陀在诗序中回忆:

忆光绪丙戌(1886)六月十五,王壬秋先生集诸名士开碧湖诗社,独遗王雁峰山长,因有诗见嘲云:"长沙近事君知否?碧浪湖边多鲫鱼。"是年十月初九,郭筠仙侍郎于兹作展重阳会,余为代邀雁老赴会,而城南杜仲丹、熊鹤村各以事不至,侍郎赋七古一章,中有句云:"王郎妙语谁能识?碧湖便可名金鲫。城南诗老掉头去,钓竿鱼尾不相值。"又《赠熊鹤村》云:"我亦鲫鱼甘受饵,君如鸥鸟独辞温。"明年上巳,公与陈伯严约余同友人修禊湖亭,分韵赋诗,遂题"鲫鱼第三集"于卷端。今名士鲫鱼,半随物化。读侍郎诗,不觉感慨系之。[②]

鲫鱼是南方水域常见的一种鱼,多聚集而游。王楷或许只是想借诗歌反讽,稍微发散一下自己被这个精英组织遗忘的不满,没有料到,因自己的诗语俏皮有趣、贴切形象,后来竟成为碧湖诗社社友相互打趣、彼此赠诗运用的典故。八指头陀在《与曼衍道人话碧湖旧事戏赠》中也有类似的玩笑式诗语:"何如碧湖湖边去,名士相逢话鲫鱼。"[③]《五、六叠韵,奉酬明州太守夏闰枝太史二首,即以留别》中有:"碧浪湖上有荒庵,归去言寻老友三。谓王益吾祭酒、王

① (清)释敬安撰,梅季点校《八指头陀诗文集》,长沙:岳麓书社,2007,第351页。

② (清)释敬安撰,梅季点校《八指头陀诗文集》,第296页。

③ (清)释敬安撰,梅季点校《八指头陀诗文集》,第183页。

壬秋征君、叶焕彬吏部。闲逐鲫鱼联雅集，共亲鸥鸟畅幽谈。”①郭嵩焘诗《笠云、寄禅开碧湖吟社，为作展重九之会；邀熊鹤村不至，叠前韵枉诗，次韵奉答》也有引申王楷“鲫鱼”说：

重开九日菊花尊，莲社曾闻长老言。我亦鲫鱼甘受饵王雁峰有诗云："长沙近事君知否？碧浪湖边多鲫鱼"，君如鸥鸟独辞温。将军筑室花光绕陈程初镇军构屋三楹，杂植花木，古寺临江水气昏。诗老自夸游岳遍鹤村诗句，岂知奈苑有沙门。②

这个“鲫鱼”典故引发的源起说明了碧湖诗社是个经过王闿运等人择选、遵行特定标准吸纳清末湖湘精英文人的组织，带有较强的自我标榜性；此典故用语通俗又带有戏谑色彩的，被一再运用提及，展现了湖湘文人社集创作时的轻松、愉快气氛。而时光如水、人如浮鲫的诗歌喻指也表露出文人们的自我调侃与人世感触。

碧湖诗社社集形式多样，活动内容较丰富，与其社群人员的活跃度也有一定关系。现据所存史料、诗文集梳理成表：

碧湖诗社主要社集一览表

时间	参加人员	诗社活动内容	相关诗文记载
光绪十二年(1886)六月十五日	王闿运、八指头陀、郭嵩焘等数十人。	于长沙开福寺后碧湖创办诗社、看月	《六月十五碧浪湖看月遇雨，用王壬秋社长韵》[2]83《致郭菊荪先生书》[2]369

① （清）释敬安撰，梅季点校《八指头陀诗文集》，第 297 页。

② （清）郭嵩焘撰，梁小进主编《郭嵩焘全集》第 14 册，长沙：岳麓书社，2012，第 207 页。

续表

时间	参加人员	诗社活动内容	相关诗文记载
光绪十二年(1886)九月十九日	郭嵩焘、八指头陀、陈三立、文廷式、笠云等	碧湖重阳会	《九月十九玉池老人招集碧浪湖展重阳，因赋》[2]84《笠云、寄禅开碧湖吟社，为作展重九之会；邀熊鹤村不至，叠前韵枉诗，次韵奉答》[1]207
	八指头陀、王楷等	碧湖雅集	《碧湖雅集，呈王雁峰山长》[2]86
光绪十三年(1887)春	陈三立、八指头陀、涂景涛、郭嵩焘、罗正钧等二十八人	游碧湖 碧湖修禊	《丁亥三日，陈伯严、涂稚衡禊集碧湖》[2]90
光绪十三年(1887)秋	王闿运、八指头陀、郭嵩焘、曾广钧等	碧湖斋集	《招王午楼碧湖斋集不至》[2]100
	八指头陀、刘希陶等	浩园斋集	《刘山人希陶自都梁来斋集浩园，即席赋赠》[2]102
光绪十四年(1888)五月二十四日	王闿运、陈三立、郭嵩焘、曾广钧、陈锐、罗正钧等	道俗雅集	《靖港紫云宫明净法师建镜湘楼成，宴集道俗，王先生壬秋为之记，余以事不与，作诗寄题》[2]138

表中所列举诗文皆引自：[1]（清）郭嵩焘撰，梁小进主编《郭嵩焘全集》，长沙：岳麓书社，2012；[2]（清）释敬安撰，梅季点校《八指头陀诗文集》，长沙：岳麓书社，2007。

碧湖诗社社集地点多在长沙开福寺后碧湖和曾国藩祠中的浩园。长沙开福寺始建于五代时期，北宋时修建有内外十六景：紫微山、碧浪湖（又名碧湖）、白莲池、龙泉井、放生池、鸳鸯井、凤咀洲、木鱼岭、拔楔亭、嘉宴堂、会春园、回步桥、舍茶亭、清泰桥、舍利塔、千僧锅。其中碧浪湖水天一色，充满诗情画意，曾系五代时楚王马希范避暑之地。清末湘江、碧浪湖和浏阳河凿通，新河一带随之出现了街市、码头和行栈，成为长沙北门繁华之区。浩园位于船山学社内，即曾国藩祠中，占地六十余亩，不断修缮，是清末长沙城中最大的园林之一。建筑布局基本采用传统的中轴线为主、东西两翼展开的手法。中央是神殿，前后都是假石山，水池环绕，景象丰富。其中有莲沼、桂岭、石廊、霞洞、绿衫亭、紫虹桥、听香阁、环青楼等八景。这些园林湖山充满野趣和灵气，清幽雅致，故常为文人墨士雅集聚会的理想境地。

碧湖诗社以王闿运、郭嵩焘为首，王闿运为社长，负责发起与组织，郭嵩焘则不仅参加，还常担任评委，评点一二。郭嵩焘日记中记载："十月初四日，雨，寒。接寄禅信，请评重阳会诗甲乙。"① 碧湖诗社名士诗僧林集，酬唱交游为湖湘文坛一时之盛况。可有时名与谤相随，因为担当了诗社首领的是郭、王两人，从而引起一些政治因素的渗入，导致碧湖诗社受到舆论抨击和官方打压，连八指头陀这种醉心诗歌的方外人士，也因此受到牵连。王闿运在他光绪十三年(1887)的日记里记载："(五月)廿七日晴热，仍九十四分。子威来。杨松龄、沙年侄来。沙取墓志文去。筠仙来书，告知吴雁洲、彭稷初等，以长沙令误断母子狱为名，上告院司及首府，语侵筠仙，与书孔吉士，迁怒寄禅，词甚愤愤。且引李辀言'碧湖诗集，招动浮薄'，以为远见。小题大作，且笑且叹，与书解之。"② 九月的日记里又言："十六日晴，鲁詹、云浦、筠仙、寄僧、吴雁洲、李幼

① (清)郭嵩焘撰，梁小进主编《郭嵩焘全集》第15册，长沙：岳麓书社，2012，第199页。

② (清)王闿运《湘绮楼日记》，马积高主编，吴容甫点校，长沙：岳麓书社，1997，第436页。

梅来。云萧小虞被卞诬作揭帖,上书自辩,卞遂释然,可讶也。”①郭嵩焘、王闿运等部分文士与官场之间的关系盘根错节,他们很清楚这是政治对手借些因由打击碧湖诗社,打击以他们为首的湖湘名士之气势。其五月日记中指出:“湘吏欲假公议倾之,然后鱼肉士类,此密谋也。筠不知机,为众人鼓动而犹恨湘士,此不及余。过陈、罗、郭均言此事,还家。”②

(二)兰林词社

王闿运年少时与湘中五子结兰林词社,咸丰元年(1851),邓辅纶与弟邓绎、王闿运、李寿蓉、龙汝霖在长沙城南书院结兰林词社。李寿蓉(1825—1894),字篁仙,一字械叔,号秋白,长沙人。咸丰六年(1856)进士,授户部主事。后改捐湖北江汉关道,调安徽芜湖道。工诗,郭嵩焘为其作序云:“篁仙与湘潭王氏壬秋、武冈邓氏弥之、葆之,攸县龙氏皓臣结诗社长沙,追踪曹阮、二谢以蕲复古。篁仙之诗稍演以肆,至其华妙处不减宣城也。湖口高氏碧湄亦俊才,年少,数君相与为石交。志节慷慨,敦友朋之谊……数君之文与其为人,非今世之有也,而年皆未逾三十,天下多故,万事堕坏,无与枝拄。”③著有《天影庵全集》十八卷。

邓辅纶(1828—1893),原名纶,字弥之,室名白香亭,武冈人。咸丰元年(1851)副贡,以助饷叙内阁中书,官至浙江候补道。通九经训诂,旁及百家之学,创湖湘诗派。文追汉晋,诗宗杜甫,与王闿运齐名。蔡寿祺将其与谭献、庄棫之诗编入《三子诗选》。曾主讲金陵文正书院,左宗棠独叹其才。中年时兼为商,性慷慨,精甄鉴,

---

① (清)王闿运《湘绮楼日记》,第443页。

② (清)王闿运《湘绮楼日记》,第436页。

③ (清)郭嵩焘《天影庵全集·序》,《清代诗文集汇编》第699册,第587页。

喜画竹,工行楷,笔法近何绍基。著《白香亭诗》《白香亭文集》等。

邓绎(1831—1900),字保之,武冈人。与兄辅纶皆好学。"然有大志,不屑章句,尤喜访求才俊,尝谓求才为经济第一事。"道光二十八年(1848)就读长沙城南书院;同治三年(1864),被左宗棠聘为督府幕僚,授浙江候补知府;光绪八年至十七年(1882—1891),先后主讲长沙校经堂、河南致用书院、武昌两湖书院等;光绪十八年(1892),应两广总督张之洞的聘请,主讲广东河林课吏馆;光绪十九年(1893),还居故里。著有《藻川堂文集》《行军杂记》《约言》《恳言》等。

龙汝霖(1824—?),字润生,号皞臣,攸县人。道光二十六年(1846)举人,历任山西、江西等地知县,多有善政,为官勤勉廉直。高平任内,当地百姓为之立生祠。龙雅好文学,与郭嵩焘等友善,存《九日郭筠仙嵩焘约同诸公从定王台登天心阁作》等诗,著有《坚白斋集》。[①]

王闿运回忆五子诗歌酬唱结交之文云:"肄业城南书院。院长陈先生本钦,名儒也,专攻八比文,礼聘龙先生友夔助校课艺。……余与其长子皞臣交,及武冈二邓子,皆在城南讲舍,李君篁仙,亦从其外兄丁果臣居院斋。篁仙早入学,补廪生。皞臣亦举丙午乡试,下第还,侍父居内斋。皆谨饬。独余跅弛,好大言。篁仙放诞自喜,余尤与相得,日夕过从,皆喜为诗篇。邓弥之尤工五言,每有作,皆五言,不取宋、唐歌行近体,故号为学古。其时,人不知古诗派别,见五言则号为汉、魏,故篁仙以当时酬唱多者,自标为湘中五子。"[②]兰林词社初组之际,社中五子皆为年少英才,如乳虎勃发,雏鹰展翅,正欲在诗坛一展身手。他们社日集会,分韵赋诗,

① 湘中五子的介绍多参见萧晓阳《湖湘诗派研究》,北京:人民文学出版社,2008。

② (清)王闿运《湘绮楼诗文集》第1册,长沙:岳麓书社,2008,第283页。

结伴游历,渔火湘江畔,夜月定王台,秋雨宝庆道,大雪祝融峰。事隔多年后,王闿运同治九年(1870)间仍然邀集其余四人延续当年的诗会,有《嘉会篇,九年十月于长沙作,呈龙、李、二邓》:

> 嘉会固有常,贤聚斯为庆。矧兹二好合,欣逢四难并。禯煊拟春晴,密雨调霜令。欢言愬杯行,新晴疗离病。龙李宅殷忧,巷庐已瀴瀡。释此且微行,访旧惊年夐。余生信无涯,二纪劳将迎。凄凄尚德里,落落衡山咏。风川无损时,达者超其柄。但知来日乐,岂忆徂年竞。缺月已复弦,德星傥相暎。且当数经过,终然不伶俜。①

当时湖南邵阳魏源(1794—1857)、道州何绍基(1799—1873)、宁远杨季鸾(1799—?)、新化邹汉勋(1805—1854)、武陵杨彝珍(1807—1898)、湘乡刘蓉(1816—1873),博学通古,工文善诗,文坛扬名,已有“湖南六名士”之称,崇宋学,究性理;文推韩愈、欧阳修,诗学苏轼、黄庭坚。兰林词社王闿运等则摈弃当时湖南流行的所谓唐宋歌行近体,诗取潘岳、陆机、谢灵运、鲍照,文推汉魏,学采古今。他们认为九流百家各有其长,因而,学者不应为后儒所限而画地为牢,而是应该无论言经言术,以治用为归。为突出自我,拮抗“六名士”,兰林词社五人因自号“湘中五子”。

“兰林词社”成立后,李寿蓉在曾军中自称“湘中五子”,罗泽南等时人以理学为崇,对“五子之名”不以为然,曾国藩却尚能容纳,而郭嵩焘是一直持支持、认可的态度。王闿运诗曾谈道:“篁仙以当时酬唱多者,自标为湘中五子。后以告曾涤丈。罗罗山睡中闻之,惊

① (清)王闿运《湘绮楼诗文集》第3册,第179页。

问曰:'有《近思录》耶?'时道学未衰,故恶五子名云。"[①]其诗《忆昔行,与胡吉士论诗,因及翰林文学丁酉》中有:"武冈二邓来诵诗,正值袁张名盛时。湘中跌宕六名士,流传篇什俗点嗤。城南论交得龙李,标置虚声称五子。江州响应有三君,罗山夜中惊倒屣。李何复古已优孟,湘社论诗更苛政。不从李杜争光芒,甘与齐梁拈竞病。"[②]而且从宏观上看,以"湖湘五子"为代表的湖湘诗派之起,是以抒情与感伤的思潮取代道学家所代表的诗坛正统,是桐城诗派与嘉道间宋诗之反动,在精神上与宋诗派分道扬镳,成为近代诗坛上具有重要影响的一大诗歌流派[③]。兰林词社是其初入文坛时一个宣传自我与诗风追求的革新符号,一个团结互助、交流互动的有力平台。

(三)郭、王有关的其他社群

湘乡陈瀚等东山十子结社,倡导诗歌、古文辞之学,受郭嵩焘推许。同邑周蕃为陈瀚题序言:"余少时即闻陈君子峻,名未相识也。是时君方以文学受湘阴郭侍郎知。"[④]陈瀚第二子尔锡作《府君行述》言:"是时学者争尚举业,府君独与邑人结社东山,倡为诗古文词。时人目为东山十子。年二十五,以经学第一补县学生,问学思贤讲舍,主讲郭筠仙侍郎与长沙彭丽生先生,咸相推许。"[⑤]

湘社,由程颂万兄弟与易顺鼎兄弟等数十人发起的词人社团,虽然是"偶然产生的暂时性的松散的"[⑥],王闿运也未曾加入此社

---

① (清)王闿运《湘绮楼诗文集》第1册,第283页。

② (清)王闿运《湘绮楼诗文集》第3册,第323页。

③ 参见萧晓阳《湖湘诗派研究》,北京:人民文学出版社,2008。

④ (清)陈瀚《剑闲斋遗集六卷》序跋,《清代诗文集汇编》第780册,第3页。

⑤ (清)陈瀚《剑闲斋遗集六卷》附录,《清代诗文集汇编》第780册,第70页。

⑥ 袁志成《晚清湘社考论》,《求索》,2011年第10期,第189页。

团活动,但是作为咸同以后的词坛名家,湘社成员对于王闿运的文坛领袖地位颇多认可,亦常依王闿运词作韵填词,如《湘社集》中《长亭怨·长沙客感连句用湘绮楼韵》《长亭怨·咏瓜仁同湘绮楼纸煤韵》等。

另外郭嵩焘、王闿运两人还组织并参与各种如祭祠、展九会、消寒、消夏、修禊的文人雅集。如光绪十三年(1887),参与陈伯严、涂次衡组织的碧湖修禊之会,会者三十余人。光绪十四年(1888)四月,郭嵩焘组九老会,为李黼堂贺生日。郭嵩焘日记记载:"会者孙春皋、龙琴堂、卢丽生、俞鹤皋、李芋生、陶少云、杨蓬海。"[①]自光绪五年返乡后至临终那年,郭嵩焘每年都组织文士于正月并祭曾文正祠与船山祠,即便天气恶劣,雪凌过甚,也不改常例。九月则每致祭船山祠。另外,郭嵩焘还发起禁烟公社,希望为乡人示禁。开始时每月一会,后恐其太烦,定为每季一会,旋又减至春秋二会。社中诸子"至言格论,互相印证,足资取益,亦可稍遂朋友谈宴之乐"[②]。

郭、王两人与湘军、湘系集团有着千丝万缕的联系,郭虽然后来致仕乡里,王也一直未能成为政权中心人物,但两人一方面长存忧国经世之心,积极参加省城长沙的各项社会活动之外,经常与友人商讨国事,不倦怠地提出主张与建议;另一方面仍然拥有宽广的湖湘人脉资源,保持着潜在的政治作用力,也发挥了较强的文坛影响力。郭嵩焘致仕后,在湘地交结的文士林立群布,单是每年正月初需要回拜的湘地名绅、文坛雅士就有近两百人,而参与的文宴也不计其数。而且郭、王两人前后主讲于思贤讲舍,培养与团结了一批湖湘文士。湖湘社群的发起、人员选择、活动安排等都经两人之手

---

① (清)郭嵩焘撰,梁小进主编《郭嵩焘全集》15册,长沙:岳麓书社,2012,第307页。

② (清)郭嵩焘撰,梁小进主编《郭嵩焘全集》15册,第191页。

择选，在社团的文学创作和社员的人生追求上，两人也是影响深远。

以郭嵩焘、王闿运等人为视点，观照其组织、参与的文人社团，可以发现这些文人社团新旧结合，雅俗并入，拥有相当丰富的结社信息、多彩的活动细节和各种复杂的文人心理，并且折射出湖湘地域、晚清时代的诸多气象，其典型性和复杂性，足以成为深入研究晚清湖湘文人生态的窗口。

二、清末湖湘文人结社中的敷承

清末一批湖湘文人则仍然停留在传统文人的生活节奏和比较守旧的休闲理念中，组建他们安逸闲适、文酒享乐的社群。他们的活动类型、文学创作、雅集心态等大体上一如旧貌，呈现出敷承的一面。而在对传统结社雅集敷承的过程中，湖湘地域的结社雅集因为晚清湘军兴盛、才士辈出的缘故，又具有一些不同于湖湘其他时段的特点，这些特点也有别于其他地域空间。

晚清以来，湘中长沙等地宅园大盛，如长沙一城就有陶澍于戥子桥建印心石屋，罗汝怀于荷花池建荷花精舍，何绍基于化龙池造磻石山房，李星沅父子在城东柑子园建芋园，郭松林在落星田建郭家花园，朱昌琳在丝茅冲建余园，此外还有何键的容园、胡兴仁的旷寄园、黄冕的宛园、杨翰的息园、周达武的蜕园等等。宅园的主人们中，陶澍、罗研生、何绍基、李星沅父子等都曾是岳麓书院培养过的士子，后都出仕为官；郭松林、周达武骁勇善战，为湘军杰出将领，朱昌琳在钱粮方面对左宗棠、曾国荃、谭钟麟等多有支援，且善于机变处理事务，被后人称作是湘籍将领的“内掌柜”。他们所营建的这些园林风格各异，不胜枚举，为文人雅集创造和增加了一个个充满野趣和灵气、清幽雅致的理想空间。

清末湖南文人中举得官、一朝发达后，其中许多人拥有经济实力，又讲究闲情逸趣，注重生活家居之美学，纷纷在家乡修建依山傍水、造型雅致的园宅，同时作为湘军的故乡，以军功起家的地主新贵特别多，这些人在长期战争服役中，积累了不少金银财富，享受的薪饷待遇又十分丰厚，而军务告竣，解甲归田后，许多湘军将领所获得的大量钱财被用来享受和消费。一些通解文墨又游历江南的将领，在自己的土地上，大面积兴建宅园。两类人士共同之处在于，园林修建上有意识地仿效江南园林雅致风格，沿袭前人传统的“闭柴门享芳菲”——园林玩赏，雅集行乐。虽然晚清士人眼界开阔后，开始注重社会公共环境生态建设，但这个时期湘地文人所建花园，还是一如往昔，为私有独享之物，惟供亲朋宴会、家族玩赏而已，不能与大众同乐。[①]

（一）何氏姻党耆老社群

何绍基、胡兴仁、易棠、黄海华、罗汝怀与李星沅、李星渔兄弟等组耆老社。

何绍基（1799—1873），字子贞，晚号猿叟，湖南道州人。道光十六年（1836）进士，官编修。典福建、贵州、广东省乡试，皆称得士。咸丰二年（1852）任四川省学政，均以实学教士。工诗、古文辞，书法探源秦汉，别成一家，名声甚重。著有《东洲草堂诗文集》。

胡兴仁（1797—1859），字恕堂，晚号蜕叟，湖南保靖人。兴仁出身书香门第，幼时勤攻诗书，聪明过人，记忆力超群。嘉庆十八年（1813）癸酉科举人，官至浙江巡抚。兴仁咸丰九年（1859），奉诏，引疾归乡，未回保靖原籍，而在长沙购买田宅。购建旷寄园，园为唐进士刘蜕故址。胡兴仁故去后，胡家家道中落，旷寄园归周渭臣。

易棠（1794—1829），字召甘，号念园，湖南善化（今属长沙）人。

---

① 参见赵杏根《中国古代生态思想研究》，南京：东南大学出版社，2014，第343—346页。

道光九年(1829)进士，历官员外郎、广东广州知府、陕西按察使、甘肃按察使、山西巡抚、陕甘总督。工诗文。著有《怡芬书屋诗草》《怡芬书屋文集》等。

黄文琛(1805—1882)，字海华，晚号瓮叟，湖北汉阳人，道光五年(1825)举人，历官国子监助教、湖南宝庆府同知、永顺府知府、宝庆府知府。工诗善文，兼具官声与诗名。著有《思贻堂诗集》《思贻堂书简》等。

李星沅(1797—1851)，字子湘，号石梧，湖南湘阴人。道光十二年(1832)进士，选翰林院庶吉士，散馆编修，位至两江总督，道光帝甚为倚重。勤政嗜学，诗文俱佳，有《李文恭公遗集》四十六卷。

此耆老社群成员既为姻党，又是朋友，年龄相近，皆工诗能文，习尚风雅。何绍基《九月廿八日蔬盘小集，黄月厓以诗谢，次韵奉答》中有注："姻党中，胡恕堂、李西台与余同庚，皆六十三，易念园六十八，黄南坡六十七，罗研荪、李季眉君皆五十七。九月初四，君七十诞辰，为最长。哲弟黼卿、恕皆，皆由词垣通籍。文郎五人，俱少慧能文。"①

这批耆老们，老年致仕后，屡屡在各自营建的园林里邀约雅集，活动多样，他们有时相约悠游风景，如在李氏芋园观荷赏菊，何绍基有《同研荪芋园看荷壬戌六月廿三日》《再游芋园观荷，赠李仲云世兄都转》《芋园看菊，赠李仲云兼示同集诸老》《恕堂首唱白菊花诗，月厓、念园、研荪皆和之，余亦次韵得五首》等诗。其中《次韵白菊花诗》其四云："矍铄群贤洛社侪，相忘霜鬓动幽怀。金英嘉会联翩集，白雪新词次第排。如此风神何处写？不施涂泽自然佳。疏

---

① (清)何绍基撰，龙震球、何书置校点《何绍基诗文集》，长沙：岳麓书社，2008，第472页。

枝伴我清如水，孤赏惟宜闭小斋。”[1]诗人借用菊、荷之清雅高格、洛社耆英之典故来标注湖湘耆老们的素雅与高逸。而且各位耆老精神矍铄，相忘霜鬓，文辞联翩，新词第排。他们有时相招品酒尝鲜，如去黄冕的宛园品酒，乐享人生，何绍基《黄南坡招同汤敏斋、周蓉帆两太常、胡恕堂中丞、郭意城舍人、丁果臣明经小集宛园，即事有作》中云："宛园主人得名酒，快扫桥亭招老友。"[2]有时相聚溯古追贤，如为东坡作生日，何绍基《黄海华处消寒第四集》中云其从嘉庆年间与同人便有此雅集惯例："嘉庆己卯就婚凤台，季寿丈作坡公生日，为余寿坡之始。"[3]另有《李仲云招客作东坡生日，出观成都西楼帖。次日窦兰泉侍御嘱题钱南园先生手札，作诗送兰泉行》等诗记载。又为荷花作生日，何绍基与罗汝怀等人雅集罗氏荷花精舍，其《荷花生日，荷花精舍作。同周韩臣阁学、周幼庵太守、吴称三广文，主人则罗研生舍人也，又字梅根居士》中云："荷花何必有生日，荷花生日何必诗？梅根居士巧逭暑，借藉良辰为谈宴期。连霄快雨遘新霁，绕径密竹摇凉飔。荷花几生修到此，高斋介雅趣特奇。长沙城中古荷池，传是宋元规址遗。乾嘉以前盛文宴，楼馆圮尽余荒坡。"[4]

何绍基等耆老于同治癸亥（1863）、乙丑（1865）、戊辰（1868）年间多次在各家的园林里举办消寒诗会，读画品碑，赏梅观雪，文酒逍遥，会必有诗，只为"短咏互推敲，薄寒易消受。方与君子为消寒会，会皆有诗"[5]。一般约于何绍基的磻龙山房、胡兴仁的旷寄园、黄

① （清）何绍基撰，龙震球、何书置校点《何绍基诗文集》，第 475 页。
② （清）何绍基撰，龙震球、何书置校点《何绍基诗文集》，第 505 页。
③ （清）何绍基撰，龙震球、何书置校点《何绍基诗文集》，第 532 页。
④ （清）何绍基撰，龙震球、何书置校点《何绍基诗文集》，第 595 页。
⑤ （清）何绍基撰，龙震球、何书置校点《何绍基诗文集·次韵答裴澍田大溇》，第 532—533 页。

海华的思贻堂等处轮流消寒雅集。

时间	地点	集会人物	诗歌记载
同治癸亥(1863)冬	旷寄园	何绍基、胡恕堂等	何绍基《癸亥冬至日，旷寄园消寒初集，主人恕堂老兄有诗，次韵奉和。时望雪未得》[1]530
	磻龙山房	何绍基、胡恕堂、黄冕、王敬一、唐荫云	何绍基《癸亥冬至后与胡恕堂、黄海华、王敬一、唐荫云为五老消寒会，十五日在吾斋为第二集，恕翁、海翁诗先成，次韵奉答》[1]531
	思贻堂		何绍基《黄海华处消寒第四集》[1]532
乙丑冬	磻龙山房	黄海华、胡恕堂、张东墅、杨性农、罗研生、李次青	何绍基《十月十二日约黄海华、胡恕堂、张东墅、杨性农、罗研生、李次青小集吾斋为消寒第一集，次青见示所辑〈国朝先正事略〉，感叹有作》[1]572 罗汝怀《十月十二日蝯叟为消寒之会，会者胡恕堂、黄海华、张东墅、杨性农、李次青诸公，蝯叟有诗中论次青所编〈先正事略〉，次韵奉和，兼呈次公》[2]卷八
	旷寄园	何绍基、胡兴仁、罗汝怀等	何绍基《恕堂老兄招集旷寄园，为消寒第二集，佳肴纷进，冬葵后出，乃园畦新摘者，隽味无比，竟为薄醉，诗以美之》[1]574 罗汝怀《二十五日胡恕堂中丞招为消寒第二集，蝯叟有诗次和，兼酬恕公》[2]卷八
	旷寄园	何绍基、胡兴仁等	何绍基《时乙丑仲冬月五日冬至节，集于胡恕堂中丞之旷寄园》诗有："消寒第三集，山园开旷寄。"[1]574

续表

时间	地点	集会人物	诗歌记载
		何绍基、黄海华、胡兴仁、曹颖生、李元度、杨性农、罗汝怀、彭于蕃、张东墅	《次韵答彭于蕃赋冬葵》注有:"消寒以来,此次方得九人俱集。"[1]575 《次韵和黄南坡新开蔬圃时为题"寒畦"两大字》注有:"去冬与黄海华、胡恕堂、曹颖生、李次青、杨性农、罗研生、彭于蕃、张东墅诸君为消寒会,论史评文,诗事颇盛,惟君辞不至。"[1]578
戊辰		何绍基、彭于藩等九老	《彭于蕃前辈于丁卯季冬月喜得曾孙,名曰阿卣,因前一月于园地中得古玉卣也。戊辰新春日,适值弥月为九老之会,寄示铭辞,嘱为考证,牵缀成诗,兼述近怀奉答》[1]601

表中诗歌皆引自[1](清)何绍基撰,龙震球、何书置校点《何绍基诗文集》;[2] 罗汝怀撰《绿漪诗集二十卷》,《清代诗文集汇编》第617册。

(二)李氏园林文学社群

以李桓等人为中心的湖湘文人,聚集李氏园林,形成又一个文学社群。李星沅之子李桓(1827—1891),字叔虎,号黼堂,湖南湘阴人。以荫官至江西布政使,署巡抚。后去官养病,以著述终老。其《宝韦斋类稿》诗录二《影言三十首和熊鹤村署正八十述怀原韵并引》引序云:

光绪癸未夏初,桓养疴芋园,花雨坠红,芳气可扑,竹阁延翠,浓荫生帘,沉篆烟茶,待客话隐,几不卧。临流自怡,轩轩乎有朗吟高咏之思焉。熊鹤村署正乘兴掩至,袖诗见观,桓受而读之,万里做客,五岳归来,叱咤风云,咳唾珠玉,综厥踪迹,著为歌谣。元亮意超,子美律细,盖八十初度述怀之作也。……敢拟欧苏之禁体于前喁，后聊同元白之唱酬，命曰影言，留为笑柄云尔。①

芋园环境清新秀雅，与江南园林相差无几。而且园中常招友人文会雅集，享园居生活之乐，其《影言三十首》之第十五首云：

漫夸雅集西园胜，文宴流连几日间。己酉芋园落成，于南郭之天心阁东郭之定王台，皆可眺望，常招同学文会其中，极生平未有之乐。②

李星沅弟星渔，字季眉，一字观香，诸生，著《观香室诗集》。建有待石园，亦常邀集文人耆老作客欢聚，文酒唱酬。熊少牧(1794—1878)，字书年，一字鹤村，号雨胪，湖南长沙人。号洞泉主人。《湖南省名人志》有传。道光十五年(1835)乙未举人，官蓝山教谕。工诗及骈文。以诗名天下，吴梅梁得其诗作，称他是“超超等”，以国士相待。熊与李氏家族诸子皆有交往，并于芋园、待石园都有雅集。其多首诗歌如《六月二十四日，同人集饮芋园，花农用季眉去夏宴集古荷花池贤字韵赋诗，并还同作》《上巳后三日，李季眉招同黄月崖、杨子楼、陈花农集待石园看花，醉后有作》《叠韵柬待石园主人》《立夏前一日同子楼、月崖、花农、西来、季眉重集待石园，七叠前韵》大致可以勾勒出一个比较固定以芋园、待石园为聚集场所的诗人社群，并记载了其活动与创作的概貌。这个诗人群体多有酬唱，并且“诸君叠韵诗成册”③。

① (清)李桓《宝韦斋类稿》，《清代诗文集汇编》第705册，第282页。

② (清)李桓《宝韦斋类稿》，《清代诗文集汇编》第705册，第284页。

③ (清)熊雨胪《读书延年堂诗钞》卷一七，《清代诗文集汇编》第588册，第174页。

（三）新宁刘氏园林社群

清末，不只长沙的园林，湖湘其他地区的园林也成为文人聚集游乐的场所。湘军重要将领刘坤一之弟刘侃（1839—1897），字希陶，湖南新宁人。刘侃自幼精研文史，淡泊功名，无意仕进。尝游历杭州、桂林等地，寄情山水，挥洒诗文，时有盛名。著《犊鼻山房小稿八卷》。

刘侃在老家新宁建了园、复园。《犊鼻山房小稿八卷》卷四《了园记》中则记载了园风景怡人，“广植花果，浓荫覆绿，不假碧油之瓦。平石露眠，无俟乌皮之几”[①]。《复园成作诗征和》讲述了自己的身世与建园缘由、经过，结合园中景点相掺杂述写。诗有：“传经九叶聊存想，为客三吴尚系思。吴越之游，讫不能忘，造一榭如苏杭游艇以志往情曰‘吴舲’。”[②]湘军中许多文人军士游历江南，江南园林的种种美景在心中留下深刻的印记，故而返乡后，在乡里希望复原记忆之景，把那段江南印象带入湖湘山水中。

（四）王以敏筱鲁宅诗钟社群

在以王以敏等为首的文人社群里，诗钟会是屡屡举行的活动。王以敏（1855—1921）原名以慜，字子捷，号梦湘，又号古伤，湖南武陵（今属常德）人。清光绪十六年（1890）进士，选翰林院庶吉士，散馆授编修。曾任江西知府，甘肃乡试副主考。工诗词。少时与龙阳（今汉寿）易顺鼎齐名，皆以“高名”“清狂”自负于世。有《檗坞诗存》《鲛拾集》等。

王以敏等人多次聚集友人筱鲁宅地，其诗《筱鲁迁居湖上》云：

---

① （清）刘侃《犊鼻山房小稿八卷》，《清代诗文集汇编》第 739 册，第 703 页。

② （清）刘侃《犊鼻山房小稿八卷》，《清代诗文集汇编》第 739 册，第 637 页。

爱君湖上宅，何减辋川居。野艇春鸥外，遥山秋雨余。茶烟朝饮渌，萝月夜观渔。珍重罗浮侣，餐霞赋遂初。①

描绘了筱鲁宅居环境的清新、闲雅，堪比王维之辋川居，并希望各位诗侣珍重美景，诗赋休闲。其《集筱鲁宅，子蕃有集禊帖诗依韵奉答》《连日集筱鲁宅举行诗钟之会》等诗则描绘了集会场景，如《连日集筱鲁宅举行诗钟之会》云：

不信同群有文会，兰言寄兴又今生。坐间山气一丝领，世外水流终古清。此地大风怀管相，故人游迹在天彭。易实甫近刻《蜀船诗录》《巴山诗录》各一卷。春亭觞咏年年事，感遇能无日暮情。②

作者虽然也有一些"日暮"情思，但更多的还是山水休闲，悠然游艺的心态。诗歌内容感觉不到太多时代的特点与政治的气息，诗人们仍然借助一种范围狭窄、脱离现实，只限于比划形式与巧思的文字游戏休闲取乐。

三、清末湖湘文人结社中的革变

在清末维新运动中，湖南可谓是最富有朝气的一省，湘军不仅培养了大批湖湘士人的才干，而且养成了他们爱国忧时、经世致用的精神与学风，还发扬了民风中不怕事、不信邪、勇往直前的"霸蛮"特点。爱国忧时又不信邪、霸得蛮的湖南士子"敢为天下先"，

---

①② （清）王以敏《檗坞诗存十二卷末一卷》，《清代诗文集汇编》第780册，第682页。

同时湖南民风强悍负气,以主观意志为原则,不轻易变更。湘军兴起后,自负嚣张之气渐生,湖南又是最封闭守旧排外的内陆一省,省府长沙被西方传教士提及“以最排外的城市名声在外”[①],但长沙的人民同时也被认为“将是大清帝国的一支中坚力量”[②]。而湖南人“守旧时固然守得很凶,趋新时也趋得很急”[③],新者愈新,旧者愈旧,两极分化,新旧矛盾斗争非常激烈。梁启超《戊戌政变记》曾言:“湖南以守旧闻于天下,然中国首讲西学者为魏源氏、郭嵩焘氏、曾纪泽氏,皆湖南人,故湖南实维新之区也。发逆之役,湘军成大功,故嚣张之气渐生,而仇视洋人之风以起。虽然他省无真守旧之人,亦无真维新之人。湖南则真守旧之人固多,而真维新之人亦不少,此所以异于他省也。”[④]

(一)维新、革变的文人社群

清末长沙无论是政治地位,经济水平,还是文坛影响力,都已经步入全国城市前列。同时它也是维新思想最蓬勃发展的一个城市。光绪二十一年(1895)八月陈宝箴走马上任后,开始推行新政。湖南学政江标密切配合,湖南风气渐开。不因循守旧,不墨守成规,具有维新思想。岳麓书院自光绪二十三年(1897)开始不用时文,而是“课经史兼算学”[⑤]。湖南共成立南学会等各种学会达15个之多,分布长沙、浏阳、衡州、常德、宝庆、沅州、郴州等广大地区。

---

① [美]威廉·埃德加·盖洛《中国十八省府》,沈弘、郝田虎、姜文涛译,沈弘、李宪堂审校,济南:山东画报出版社,2008,第275页。

② [美]威廉·埃德加·盖洛《中国十八省府》,沈弘、郝田虎、姜文涛译,沈弘、李宪堂审校,第263页。

③ 蔡元培《论湖南的人才》,蔡栋编《湖南文化百家言》,长沙:湖南人民出版社,2008,第19页。

④ (清)梁启超《戊戌政变记》附录《湖南广东情形》,北京:中华书局,1954,第130页。

⑤ (清)王先谦《葵园四种》日记,长沙:岳麓书社,1986,第862—863页。

如梁启超所说:“自时务学堂、南学会既开后,湖南民智骤开,士气大倡,各县、州、府私立学校纷纷并起,学会尤盛。人人皆能言政治之公理,以爱国相砥砺,以救亡为己任,其英俊之才,遍地皆是。”①

各种其他维新团体也蓬勃而出,如延年会,以强健国民体质为目的,由熊希龄倡导,光绪二十三年(1897)四月成立。熊希龄、谭嗣同为董事。《章程》明确要求:入会者规定严密的作息时间,并免除一些不必要的请客、拜客和无聊闲谈陋俗,朋友间便衣接待。同时对请客宴席也有规定,不能奢侈无度。而且强调入会者休息日不得博弈、听戏、撞诗钟。

响应梁启超、康有为在广东、上海发起的不缠足运动,光绪二十二年(1896)底,湖南人吴性刚在岳州成立戒缠足会,有会员 40 人。湖南不缠足会总会设于长沙小东街《湘报》馆内,光绪二十三年(1897)四月,由谭嗣同、黄遵宪、唐才常、熊希龄、徐仁铸、樊锥、易鼐等担任董事。不缠足会常有面向大众的宣传、演讲活动,慷慨激昂、直陈时事。并通过报纸、传单等文本形式传播思想、启发民智。会中同人撰文立论,再通过口头演讲、报纸传单等途径来宣传新思想。

南学会等由具有维新思想的旧式文人组成的政治性社团,政治目的明确、富有战斗性,起到了启发民智的作用,并具有时代进步意义。在文学层面上,它们鼓励与促进了新的主题、内容与文风、形式,倡导了更密切结合时事与普通大众的文人群体活动,湖湘文人社群开始有了崭新的面貌与追求。不过在当时维新与守旧冲突激烈的长沙,这批维新社团和文人群落势必遭受残酷地打击。岳麓书院院长王先谦及乡绅叶德辉大肆攻击南学会,并以“首创邪说,背叛圣教,败灭伦常,惑世乱民”的罪名于四月十五日将邵阳分

① (清)梁启超《戊戌政变记》附录《湖南广东情形》,第 143 页。

会会长樊锥(1872 — 1906)驱逐出境。不久,即便是维护封建纲常但倡导变法的皮锡瑞由于受到顽固派攻击,也被迫离湘赴赣。五月,南学会开讲仅三个月即告辍讲,南学会在新旧激烈冲突中被旧势力文人群体终止。

(二) 新兴事物的接受观念对社集的影响

清末西方列强的入侵,同时也带来西方科学技术与近代文明的渗入。国人面对西方威胁的同时,开始总结教训和反省自我,并主动了解这些陌生却充满胁迫力的对手情况,学习相关的先进知识与技术。湖湘文人不可避免地也开始认识、学习西方近代的文明与技术,并在日常生活中使用。在湖湘文人社集中,因为新科技的引进与新文化的传播,社集活动与创作内容有了一些小的变化。

魏仲青长沙结社,魏仲青(1870—?),字春皆,湖南邵阳人,幼孤,髫年失学,稍长即作远游,足迹半天下。赋性好诗,以啸歌自陶自遣,并且“屡开诗社,坛坫风流”[①]。

魏仲青在社集活动过程中,针对与社人互动、题咏的图像,不仅用画笔勾勒成像,而且开始采用西法照,即采用现代照相技术成像。其《贾园吟秋图小照自题》诗云:

> 长沙小住夏还秋,湘社重开竟滞留。吊古荒园曾痛哭,曾在贾公祠园中用西法照,有吟秋小照并题有诗。放歌对酒辄搔头。方愁相聚欢难久,又为饥驱苦不休。此去经过名胜地,寻诗且证昔年游。[②]

---

① (清)肖云谨《烹茶吟馆诗草序》,《清代诗文集汇编》第 792 册,第 219 页。

② (清)魏仲青《烹茶吟馆诗草》卷六,《清代诗文集汇编》第 792 册,第 158 页。

《斋中偶画夸示社中诸友》提到请人画用西法摄得的看剑小照，再请社中诸友题咏：

梅景横窗透绿丝，子征子近日生涯。美人小像焚香拜，看剑成图题咏奢。自注：曾倩人图看剑小照，征题甚富。画不求工聊写意，诗劳苦思冀名家。党姬侯火烹茶熟，饮沁心脾逸兴赊。①

不仅与社友共同欣赏传统中国画，也开始品赏西洋画。魏氏《久病初瘥，独居寡饮，约逸皆司马看西洋画图，并邀挺之三兄弟、尧农大兄及九弟芝九藉作展重阳会，即以代柬》云：

五簋之约有旧章，时蔬味美食堪耐。欢饮安排碧筒杯，何妨作展重阳会。与会殊无市僧徒，文酒联欢皆侪辈。挺之尧农与芝九，侍坐阿咸儿子迈。高纵好媲竹林风，何当绘册传佳话。②

社集餐饮活动中，亦开始用西洋方式用餐和择菜。其《辛丑冬十二月，因事至江宁，世丈、李果仙侍御招同郭子宽中书、曾岳崧、郭仲贻、郭葆森三观察、晏子绍明府饮于金陵春酒楼，即席有作》云：

朔风吹雪景弥漫，正思踏雪恣游观。丈人招我酒楼饮，煮

---

① （清）魏仲青《烹茶吟馆诗草》卷六，《清代诗文集汇编》第792册，第132页。

② （清）魏仲青《烹茶吟馆诗草》卷一〇，《清代诗文集汇编》第792册，第213页。

酒赏雪共消寒。……进酒主人呼入座，奇珍盛设罗杯盘。更效洋人用洋菜，刀叉并举餐大餐。自注：近时仿制洋人饮食之大餐。座中客皆通家旧，尊罍酬酢互交欢。酒酣相与纵论谈，内讧外侮时局艰。叹盟剿抚劳筹画，彼此不觉发浩叹。[①]

湖湘文人社集题咏的主题也有所变化，涉及西洋各种事物。如曾纪泽出使英国时，与陈松生等僚友海外结社，题咏英国风景。其《维多利亚花并引》引云：

欧罗巴人喜为汗漫游，得无人迹荒洲孤屿，或异种草木鸟兽，则以始见之人名谥地与物。英吉利有游阿美利加洲者，睹奇花产泽中，花大如车轮，叶周十丈许，为其博大清妍，特异凡卉，乃以英国女主之名名焉。僚友初结诗社，赋兹花，余亦同作。

诗云：

玉井莲花十丈青，奇葩终古不凋零。长梯摘实来西域，太华腾光照北冥。圣瑞虽非尧历荚，霸图犹兆楚江萍。藐姑仙子如冰雪，肇锡嘉名比德馨。[②]

曾纪泽，字劼刚，曾国藩长子。陈松生，为陈远济，字松生，为曾纪泽二妹之夫婿，随曾纪泽同出使英国。因结社的地点跨越重

① (清)魏仲青《烹茶吟馆诗草》卷八，《清代诗文集汇编》第792册，第198页。

② (清)曾纪泽著，喻岳衡校点《曾纪泽集》，长沙：岳麓书社，2008，第258页。

洋，海外之花草景物亦进入诗人们题咏的范围，并成为社友们共同赋咏的对象。在曾纪泽等组织的海外诗社里，陈远济赋咏维多利亚花的诗作甚佳，这固然与陈的诗才有关，也离不开陈对海外新鲜事物的长久接触与仔细观察。而曾纪泽同社竞诗，认为一首维多利亚花题咏尚不足以一展其才，又有《松生赋维多利亚花诗甚佳，效其体，复作一首》。

相比维新文人热火朝天、豪情万分、观念革新的活动与创作，另外一批湖湘文人则仍然停留在文人休闲生活的传统模式中，组建他们一如旧貌、安逸闲适、文酒享乐的社群，凸显他们高蹈出尘的情怀，他们社集时那种悠闲节奏、娱乐氛围放在清末那个风云变幻的时代里，显得有些远离社会现实，缺乏时代气息。特别是那些一味耽于小团体的天地中欢娱唱和的，在时代之烽火映照下显得精神苍白而内容狭隘。不同于清代其他的时段，清末湖湘文人集会地点更倾向于在各自修建的私家园林里，从湖湘文人园林社群的增加、社集场所以私家园林为主等特点中，也可归纳湘军兴盛对湖湘地域生活消费、休闲娱乐这方面的影响，以及挖掘晚清湖湘文人传承风雅、休闲享乐的一面。

清末湖湘文人结社与湘军以及湘系集团人物有着密切的联系，许多社集的组织者、参与者，便为知晓文墨的湘系集团人物；社集所在的宅园或由这些人物所建，或为这些人物而建，社作主题、内容也常关联湘军人物、功绩；社作心理上多流露湖湘文人共同的追摹前贤、欲建功业的心态，或者解甲归田、及时行乐的心理。结社的现象也比较复杂，守旧者继续原有的社集风格与创作，维新者则力图转目的相对单纯的文学性社团为有强烈实用目的能干预社会的政治性社团，原有社集的某些文学休闲型活动如诗钟甚至被后来的社团章程严令禁止。相比较而言，清末趋新的文学社团在数量上远多于一味守旧的文学社团。

第三章　清代湖湘文人社群的集会、创作与传播

文人社群的活动丰富多彩，文学创作是文人社群活动中的一项重要内容，一个固定的部分。文人社群运用文学创作描述活动环境、过程细节，表现社群风貌与人物精神，交流与传播社群同人的社会信息与文艺技巧。从活动、创作等方面综合比较，可以发现不同地域的文人社群存在一些共同之处；同样也能发现各个地域的不同社群，犹如绽放之百花，其姿容状貌各有千秋；如百脉之衍生，其过程特点均别具特色。即便是在大同小异之处，各种“小异”的研究汇聚到一起，也将促使我们更加明晰文学史与文人结社史的细节与支脉。

第一节　清代湖湘文人社群的集会与创作

清代湖湘文人社群的活动依于乡土，顺应时俗，活动项目种类多样，文学创作也兴盛蓬勃；湖湘文人社群在其诗文创作里，展现了当时人们的各种群体活动方式，记录下不同文人社群的日常言行，流露出他们真实的性情与精神风貌。通过社集活动，湖湘文人实现了社群的休闲娱乐、才艺竞长、精神砥砺和情感交流。通过其作品，我们可感受到湖湘文人社群多姿多彩的社集之乐，同声同道

的嘤鸣之情。

一、放旷悠远
——文人社集的现场氛围

休闲娱乐、友朋共欢是常态下文人结社活动追求的主旨，文人们的社集活动遵此主旨而安排、展开。在湖湘文人社集的现场，有的展露文人们自在放旷的状态，有的呈现闲适悠远的气氛。

(一) 放旷风格的文酒之乐

酒与文人自古便结下不解之缘，文人社集，离不开文学创作与酒宴佐欢。与其他地域的社群活动、创作一样，文酒之乐普遍地存在于湖湘文人的活动中，而且在湖湘文人社群的创作里，同样存在大量"文""诗""词""吟""咏""歌""赋"之类与文学创作有关的意象，与之相对应的，也有大量"酒""饮""醉""觞""杯""宴"之类与酒饮宴乐有关的意象。有些文酒之乐，现场气氛热闹，社群文人持有一种醉态的思维和情绪，社群的交流无拘无束，偏于一种较狂放的风格。

童先及与诸僚友组建文社，屡为文酒之会。童先及，字元三，号退斋。岳州府平江人，乾隆二十六年(1761)恩贡生。少以诗赋受知于学使张士遇，后士遇督学四川，聘为幕客。著有《不禁思诗集》《蜀游草》《梅溪诗草》等。久未入闱，沉居下僚，名不见经传。其社集诗句有：

> 经传辈辈分藜火，墨洒行行重洛阳。时诸君各出总稿相示。
> 遣兴夜深还捡韵，多情醉后更加觞。①

① (清)童先及《梅溪诗草》卷二，清乾隆二十年(1755)刻本。

年来事事任酕醄,远访知交兴转豪。
说剑疲时还看竹,论文浓处且焚膏。
七贤同醉风如阮,五柳新栽气似陶。
最爱一门人是凤,殷殷欵欵不辞劳。①

虽然童氏沉居下僚,寂寂无名,人生失意,却并不妨碍他与众人文酒相酬,说剑看竹,论文焚香,追求阮籍、陶渊明那般的精神自由与心态洒脱。

乾隆年间,王笛浦、周锷结漱花诗社,极文酒宴游之乐,"漱花鸿名溢区宇,谈诗纵酒谋良宴"②是社集常态。周锷,字莲若,长沙人,乾隆五十二年(1787)进士,官苏州知府。善画竹,尤精书法。著《听云山馆诗钞》。王笛浦,字兆熊,与周锷、欧阳厚均等同为岳麓书院同学。周锷《秋日王笛浦兆熊招饮即席书感》一诗序云:"漱花诗社,主之者王笛浦,同时唱和者,则马碧潭、赵晓峰、宋云階、彭兰沼、牛逸云、杜春亭及余,共八人。癸巳甲午(1773—1774)间,极文酒宴游之乐。"③值得一提的是漱花诗社中有一位残疾文士——瞽先生马碧潭,名澄,善化人。"三岁以痘瞽,七八岁闻邻塾书声,辄默诵强记,塾师奇之,稍为讲解,便豁然通其义。有所论列,宿儒皆逊之。尤喜闻人诵唐、宋古今诗,一过不忘。自为诗皆清警。"④马澄不以瞽症消沉,其社友亦不囿于马氏目盲,相邀社集酬唱,一起文酒行乐,珍惜才士间的诗酒缘,"相逢我辈须尽欢,人生良会能几度?"

道光间,徐受等长沙诸子结社。徐受,字寿同,湘潭人。年未

---

① (清)童先及《梅溪诗草》卷二,清乾隆二十年(1755)刻本。

②③ (清)周锷《听云山馆诗钞》古体卷三,清道光刻本。

④ (清)周寿昌撰,王健、田吉校点《周寿昌集·思益堂日札》卷六,长沙:岳麓书社,2010,第323页。

五十陨其天年，未竟其业，以诸生终。徐受以能诗有名，著《海宗诗草八卷》。宁乡刘康为其诗集作序时提道："其《九歌》《秋怀》等作早已传播艺林。……海宗为诗最刻苦，存诗尤矜慎，其诗绵丽温厚，出入唐宋诸大家。"①

徐受《怀长沙六子诗》序云：

> 客长沙九年，交以百计，最契者亦可数十人，何独怀夫六子？六子者，盖相聚于数月之久，无时无地不与之偕，而其志趣行谊皆有所裨益于余，非苟为酒食征逐也。
>
> 夏六月，道友虚竹割其所住持之地以主余，而朱大筠坡、扶四廉泉、苏大寄峰、汤四子镇、李二二木，无日不造于余，至则或奏一技，或商一游，倦则憩于虚竹之所。虚竹嗜饮，善烹饪，日治疱以款客，客无不醉，亦乐为之醉也。越四月，余之澧阳，六子者，先后作饯，献酬杂嚯，必酕醄而后已。复牵率以行，攲斜道左，市人见惯，半能举醉者姓名，谓是酒中仙也。过澧以来，喧寂迥异，追念畴昔，泫然以悲，各怀以一诗。②

徐受与长沙六子时常欢聚，众人每每欢醉。特别是当徐受要赴澧阳前的集会，六子"先后作饯，献酬杂嚯，必酕醄而后已"，诗歌赠别，酒宴欢醉，粗豪任性，六子相互牵引而行，在路上走得歪歪斜斜，招摇过市。聚会之风经常如此，以致市人见惯诸子狂放之醉态。只是徐受提到了两点，让他笔下的长沙六子与一般酒肉朋友区分开来，一点是六子在徐受交往百余人中是交往最契者，他们交往相聚既久，六子志趣行谊又皆有所裨益于徐受。而且六子有集

① (清)刘康《海宗诗草·序》，清同治古松书屋刻本。
② (清)徐受《海宗诗草》卷八，清同治古松书屋刻本。

体的艺文创作和共同的情趣追求。另一点是市人对六子的评价,诸子在文酒之会中,展露出纵逸随意的文人气质,同声相投的畅快心理,诗艺相酬的才情兴致,市人视他们为酒中仙,区别于酒鬼之流,这也反映出当时市人阶层对文人集会的认知。

咸丰辛酉年(1861)间,杨恩寿与何绍基、熊鹤村等人叠为文酒之会。杨恩寿(1835—1891),字鹤俦,号蓬海,又作鹏海,别署蓬道人,湖南长沙人。同治九年(1870)举人,授湖北候补知府。在云南、贵州为幕僚多年。工诗文,尤擅戏曲。有《传奇六种》《坦园全集》等。

杨恩寿有《连日与何子贞编修年丈、熊雨胪孝廉丈、胡恕堂中丞、唐艺农观察、魏镜余大令叠为文酒之会,醉后率成长句,呈同饮诸君》云:

> 醉人出语语必豪,醉眼观天天更高。酒杯之中有乐土,百年不受牢笼牢。君不见杨生年少隐于酒,酒外浮云复何有?一堂耆宿与公卿,平等视之皆酒友。酒友酒友形迹忘,人生行乐苦不常。莫愁长沙酒价贵,日日置酒作高会。①

杨恩寿文酒之会里醉语连连,醉态十足,却带着豪情壮意;放纵行乐中,又带着视功利如浮云的潇洒畅快。从杨恩寿文酒之会上的表现,可推想当时文酒之会上众人醉意醺醺中抛离身份后平等地交流、自由地创作,任情恣意,行乐忘忧。

光绪乙未年(1895)冬,吴德襄学博约刘清臣、魏仲青七友于邵阳城步县作消寒之会。吴德襄,字称三,湖南醴陵人,咸丰岁贡,同治六年(1867)任邵阳城步县教谕。绘《石笋山房图册》,石笋山在

① (清)杨恩寿《坦园诗录》卷六,《清代诗文集汇编》第727册,第523页。

醴陵、浏阳之交，与大沩山相接。郭嵩焘、何绍基、罗汝怀、王先谦、魏仲青等人均为其《石笋山房图册》题咏。

魏仲青《乙未冬月，吴称三学博约作消寒之会，刘清臣军门有诗嘱和步原韵，作此即呈同集诸公》云：

> 探梅无处恣游行，相约消寒遣逸情。郑老堂阶毡可坐，第一会集于称老学署。景宗竞病句先成。军门首唱二章，诗情高雅。约言宜早差无负，称老尝引消寒会约"到宜早，菜宜少"之语。和韵偏迟愧应声。此来俗务纷投，迟迟方才和作。几日过从欣畅叙，阳和难得一冬晴。算来此会尽名流，美媲前贤韵事悠。同会者刘清臣军门、陶绶臣中翰、吴称三学博、李恒卿茂才、吴松云运、同族叔祖文卿观察及予共七人。时局怕谈苍狗幻，新诗还当雪鸿留。尽堪饮啖同行乐，自哂疏狂共结俦。多感群公期许意，何年壮志快相酬。[①]

吴德襄等人的消寒之会，同样尽行文酒之乐，一面诗情高雅，名流雅集，另一面又随性饮啖，自哂疏狂。19世纪末，清政府仍愚昧排外又坚持"天朝上国"的妄自尊大观念，却屡屡为"夷狄"即西方列强所犯、所败，甲午之战败后，时政、海疆之事成为清代统治阶层恼羞成怒的源起，也是文人谈论的禁忌："海疆之事，转喉触讳，绝口不提。即茶房酒肆之中，亦大书'免谈时事'四字，俨有诗书偶语之禁。"[②]同时代诗僧释敬安与社友张啸石久别重逢，也谈及"故人忽以至，握手思依依。已作三年别，新从万里归。且寻旧社约，

① (清)魏仲青《烹茶吟馆诗草》卷四，《清代诗文集汇编》第792册，第145页。

② 雷颐《走向革命：细说晚清七十年》，太原：山西人民出版社，2011，第12页。

莫恨壮心违。时事嗟何补，青山共息机"[①]。故而，时势衰厥，吏治混乱，当时的许多文人心知肚明，悲凉感慨，但为避离麻烦，"时局怕谈苍狗幻"，也深知无力补天，"时事嗟何补"，只是一味尽情畅饮，文酒作乐。这种及时行乐的作为，流露了他们逃避现实的一种懦弱心态，也成为他们寻求慰藉的一种直接手段。

文酒之乐，文代表风雅精神的追求，酒渗透着世俗欲望与身体享受。文，有着理智、节制的外衣；酒，往往促发着纵放的精神。湖湘文人一方面借酒消解心中闲愁别恨、释放原我本我中不受束缚的一面，另一方面用吟诗作画的方式远离世间的俗情庸思，渲导出真实、放纵的情绪。因为酒的促发，文人更加性情和豪气，社作诗文更加狂放恣肆，社群交流更加平等与有趣；因为诗文的创作，平常的酒宴增添了风雅的氛围，具备更多精神层面的交流。

（二）恬静风格的清欢之趣

狂放之外，犹有静敛。湖湘文人在其社集活动中同样安排了清静、悠远风格的社集活动，在偏悠静的氛围中，社群共同感受美好、享受生活，创作风雅与记录韵事。

清末杨翰与王闿运、黄海华等友人于长沙寄庐组消寒会，其《浯上寄庐消寒第一集记》言：

> 岁时记俗以冬至次日数及八十一日，多作九九词，以寒至此而极。宜借酒食谭宴以却之耳，况我辈冷人可不集俦侣，以抒怀抱乎？
>
> 丁丑寓长沙，以十月九日为闰重阳，赋诗甚多。未几日，篠寒酒冷，王子壬秋谓余曰：流光驶去，清景日颓，二三君子，

---

① （清）释敬安撰，梅季点校《八指头陀诗文集》，长沙：岳麓书社，2007，第103页。

所当爱惜。爰集黄子海华、裴子樾岑、吴子云谷、朱子香荪、张子辛白于寄庐，乃撤菊屏，剪取三五枝尚有傲霜意者，插宋瓷舍利罂中，留此隐士，使之尽其风韵而已。沅州旧友姚莲舟赠古梅一株，无花萼，略有生气。一株芬馥有致，晨风暮雪，护惜甚勤，安得世之培养人材者如是耶？

云谷、壬秋早集，樾岑亦舍车骑燕服来。晨间闻海华小有不适，望其来。薄暮竟毡冠猁裘冲塞至，指对怏然。适潘子椒坡自鄂来官南楚吾同年顺之编修幼子也，己巳夏都下一见，于今九年矣。博雅好古，延入局，谈碑版甚欢，检书藏。三松堂主人榕皋先生与黄小松手札悬壁间，先生乃椒坡曾祖也。椒坡以所刻冬心先生《题画记》及所著《晓梦春红词》赠余，并怀秦谊亭。诸旧侣多下世，相与感叹。今春于此间失去画三幅，忽有人自浏阳送来李次星仿高南阜《登高图》，以泉三千赎之。其二则麓台二瞻，不知为何人弃藏，得归其一，亦适意事耳。食苹婆果，客以为色香味皆如春明，益令我兴怀旧梦，纵横忘倦。客散后，雪意渐浓，与幕客谈至夜分始息。……壬秋曰：不可不记，以待续集，或更有可传者在。①

这篇文记较清晰地记载了杨翰等人消寒雅集的整个过程，消寒缘起为集俦侣以抒怀抱，爱惜流光清景，雅集活动有剪菊插瓶、赏培古梅、谈碑版、检书藏、食苹婆果、怀旧梦、赋诗记文等。湖湘文人消寒之清欢雅趣由此可见。

易佩绅等组七老会，春日雅集。易佩绅（1826—1906），字子笏，号笏山，自署壶天遁叟，湖南龙阳（今汉寿）人。咸丰五年（1855）优贡，官至江苏布政使。晚年主讲杭州龙池书院。著有《函楼诗钞》

① （清）杨翰《息柯杂著》卷六，《清代诗文集汇编》第650册，第412页。

等。《晚晴簃诗话》评:“子笏治军察吏,颇负干才。诗亦抗爽,有奇气。惟晚年溺情仙道,不免颓唐。子顺鼎实甫、顺豫申甫俱有时名,能承其家学。”①

光绪十六年(1890)仲春,易佩绅与张兰亭、李渐远等人集自家园林——易园,作七老会,其《闰二月十日,邀张兰亭、李渐远、童性海、罗晓亭、金鍊堂、青遹堂集易园,作七老会。兰亭年八十二,渐远七十八,性海七十三,晓亭七十,鍊堂、遹堂皆六十六,余六十五》诗云:

> 七人五百有一岁,二月初旬闰仲春。光绪纪年今十六,会中同阅两庚寅。桑田沧海无穷事,莲社香山自在身。莺燕欢呼桃李笑,都随诸老庆芳辰。②

易佩绅等七老春日雅集易园,共同感受春天里自然万物的新盛与活力,时间与年龄,阅历与往事是老人们谈论较多的话题,也是他们雅集时群体相互参照的一种乐趣。心态平和、愉悦的耆老们似乎更能发掘平常社集里的细微乐趣,悠闲舒适气氛下的群老汇集,成功地实现了对香山九老生活风雅、身心自在的模仿。

晚清长沙湘社由长沙袁绪钦叔瑜,道州何维棣棠荪,龙阳易顺鼎中实、易顺豫叔由兄弟,宁乡程颂芳海年、程颂万子大兄弟,益阳王景峨伯璋、王景崧仲蕃兄弟,善化姚肇椿寿慈,江夏郑襄湛侯,保山吴式钊刓其等人组成,其中易顺鼎、程颂万为湘社集会主要组织者,姚肇椿在《湘社集序》中提道:“辰阳易君中实偕弟叔由买舟沅

---

① (民国)徐世昌《晚晴簃诗汇》卷一五四,民国退耕堂刻本。

② (清)易佩绅《函楼诗钞》卷一一,《清代诗文集汇编》第702册,第769页。

水，言寻衡岳，道经湘上，暂止蜕园。招携朋侣，流连文宴。琴歌酒赋，靡间晨夕。”①何维棣序言：“辰阳易子振铜琶于前，沩山程生总金羁于后。”②众人穷日夕为文酒之娱，每会必赋诗填词，易顺鼎在《湘社集序》中言：“今雨旧雨、大山小山，时或星晚露初，人则云间日下，掎裳连襼，刻烛题笺，婉娈琴歌，流连酒赋。娥魄将堕，犹跳听诗之鱼；义晖甫升，已喧吠客之犬。或一篇初出，赓和沓来；或半字未安，推敲忘倦。笼灯立待，仆足告疲，给札督钞，胥腕欲脱。弦外之赏，既无愧于身期，梦中之路，始不迷于敏惠。湘社名集，由此兴焉。”③湘社集作中，“诗词则中实、叔由、子大三人为多”④。

在易顺鼎看来，湘社社集的清欢雅趣，有三种境界，他在《湘社集序》中描述：“尔乃谢太傅之丘壑、何将军之山林，径满青苔，园依绿水，夜舸拿月，几作骑鲸之仙，春衣坐花，大似听鹂之客，此一境也。簧软笙清，钗飞钏动，臣冠偶挂，余褋将遗，子夜四时之歌，丁娘十索之曲，枇杷花底，初访薛涛，豆蔻梢头，绝怜杜牧，目成眉语，心醉肠回，此一境也。若乃쓰肩斗酒，风雨渡江，驴背囊诗，溪山如画，中流高咏，蛟龙欲攫其帆，芳草醉眠，蜂蝶相绕于袂，渔邨愁泊，灯似湘星，僧壁狂题，墨为岳雨，此又一境也。夫丰山九钟，冥应霜响，延津二剑，精烛斗极，气类之感，远近攸同，何况昔邪？”⑤这三

① 《姚肇椿湘社集序》，南江涛主编《清末民国旧体诗词结社文献汇编》第 15 册，北京：国家图书馆出版社，2013，第 258 页。

② 《何维棣湘社集序》，南江涛主编《清末民国旧体诗词结社文献汇编》第 15 册，第 255 页。

③ 《易顺鼎湘社集序》，南江涛主编《清末民国旧体诗词结社文献汇编》第 15 册，第 250 页。

④ 《袁绪钦湘社集序》，南江涛主编《清末民国旧体诗词结社文献汇编》第 15 册，第 256 页。

⑤ 《易顺鼎湘社集序》，南江涛主编《清末民国旧体诗词结社文献汇编》第 15 册，第 251 页。

种境界，在龙阳才子易顺鼎笔下，典故层出，美不胜收，令人心向往之。易序描述了文人多元化的集会环境与活动内容，寄寓了文人对集会之环境因素、娱乐作用与艺术美感的多重追求，表达出文人在闲适雅集中的愉悦情感与丰富体验。

清代湖湘文人招朋携侣，组织社团，在热闹宴集中发散着狂放；恬静聚会中蕴蓄着内敛，在闲意悠远的社集现场抒写诗文，流传下一段段趣味横生、翰藻飞扬的文坛韵事，甚至用他们的言行在特定的时空中构建出一种审美的境界，传播某一类文人的生活理念与审美追求。

（三）从湖湘文人社集活动看湖湘文人休闲文化观念

有学者言："一个民族的文明程度，最主要的标准不是其圣贤经典中的'语录'，而恰是人民大众日常生活的起居饮食、日常器物。"①文人雅集是湖湘文人社群一种休闲生活的常态，包含了他们日常生活的许多内容，他们的雅集展示了湖湘地域的休闲文化，体现出清代湖湘士人们的消费、休闲观念与生活情趣。

社作主题：咸丰辛酉（1861）冬杨恩寿组消寒社集，每集必要求诗歌创作，各次社集诗作主题全不相同，活动也丰富多彩，其消寒九集题分别为：

《消寒第一集拟各路军营凯旋歌分得关中》

《消寒第二集咏钱虞山玉杯以"晚来天欲雪，能饮一杯无"为韵得能字》

《消寒第三集咏锦鸡用韩孟斗鸡联句韵》

《消寒第四集东坡先生生日张公寿星相石刻为寿》

① 雷颐《走向革命：细说晚清七十年》，太原：山西人民出版社，2011，第128页。

《消寒第五集岳麓山云麓宫眺雪用杜工部岳麓道林二寺行韵》

《消寒第六集题宋徽宗明皇训储图》

《消寒第七集咏长沙古迹小绝句分得小东街》

《消寒第八集观元祐党人碑拓本》

《消寒第九集咏火锅限三江十六韵》[①]

杨恩寿记录的消寒各集透露了湖湘文人丰富的休闲娱乐文化信息。其一集拟军营凯旋歌之作，据笔者考证，清代前中期的湖湘文人并没有选择过这种社集诗题，似与清后期湘军的兴起、湖湘文人整体自信心的提升有关。

二、三集限定咏玉杯、锦鸡，且固定用唐名诗人之诗韵分字，为文人限题限韵之诗文较技。锦鸡、玉杯文化印象中或喜庆、或古雅之物，反映了文人群体社集中的择选倾向、休闲心态；而选用清初大家钱谦益虞山的玉杯，可知钱氏的影响力与他在湖湘地域的接受状态。

四集为纪念苏轼，择东坡生日社集，表达社群对苏轼的欣赏、崇拜与纪念，并择石刻寿以示长久铭记苏轼，亦希望社群的风雅韵事能为后人长久铭记。这种纪念性活动，在清代文人间相当普遍。

五、七集与长沙特色文化景观相关，具有强烈的地域色彩。第五集还限定用杜甫岳麓、道林二寺行韵，既是对诗圣的怀念与学习，对典故的温习，也通过诗作进行了一种与前人的比较和一种社群同人间的比较。

六、八集分别是题图与观书，都与书法文艺作品有关。这两集

① (清)杨恩寿《坦园诗录》卷六，《清代诗文集汇编》第727册，第525页。

的社作题咏,需要社群同人具备一定的艺术功底,同时既是考察他们在书法、绘画等方面的艺术赏鉴力,也是较量彼此文学创作的水平。

九集记录了一次具体的雅集饮食活动——吃火锅,展现了当时湖湘文人消寒休闲中的饮食文化。“娱宾宜热路”,冷天聚集吃火锅的气氛热闹,众人身心愉悦;“冷面人情改”,社群之间的精神交流和感情融洽也得到了增进,各方面都实现了文人消寒雅集的目的。

社群游戏:嘉庆年间,周锷、陈兰庄等人春日雅集,有诗叶之戏,众人作诗于叶上,然后置于水上,让诗叶随水漂流而去。周锷有《春日宴集友人为诗叶之戏,集字为诗,以屈贾陶蔡分题。余拈得蔡江门。顷刻而成,若有神助。同集者陈兰庄得陶、蔡复庭得屈,庄浚斋得贾》,诗云:“江上降旗举,孤城未解围。土花埋碧血,风雨掩残衣。转战声何勇,呼天事已非。墓门松树满,怀想尚依稀。”①雅集所题之屈、贾、陶、蔡皆为湖湘地域有名的历史人物,即屈原、贾谊、陶渊明、蔡道宪四人。前三位人物,其生平往事为国人所了解,不再赘述。第四位,蔡子,即周锷所咏之蔡江门,为蔡道宪(1615—1643),字元白,号江门,福建晋江人,明代官吏。崇祯十年(1637)进士。初授大理推官,后补长沙推官,癸未张献忠破长沙时被执,江门怒骂不屈,寸磔以死,卒谥忠烈,清代长沙为之设祠祭拜,后以明末烈士长沙郡丞周石拙配飨。

咸丰丙辰年(1865)冬,杨恩寿与友人刘子重组消寒灯社,其《灯社禧春集自序》记:“丙辰岁,檐雪如毳,拥炉寂坐,正苦无俚。忽刘子重排闼入,举所撰《灯虎》见示,惛然不解。子重一一宣告且历数流传名作,剖悉体例,始稍有所得,遂日以此为课。缄筒往复,

① (清)周锷《听云山馆诗钞》卷九,清道光刻本。

此作彼猜，两家童仆疲于奔命。子重天资超脱，颖悟绝伦，所存殆以千记。余则邯郸学步，虽奋起直追，恒愧不逮。撮钞二帖，用质同好。……五经四书《三字经》皆人熟读者，所存独多，《聊斋志异》《红楼梦》几于家有其书，亦旁及之。"[①]灯社的游戏性、娱乐性目的很强，但未尝不包括了文学技巧的练习，典故知识的运用，也可以反映出湖湘文人的文雅情趣、生活智慧。

再如清末郭嵩焘、熊鹤村等湖湘耆老于光绪十二年(1886)举消寒会，与会者另有罗瀛桥、傅青馀、王雁峰、俞鹤皋、李黼堂、杨蓬海六人，八老合得年五百四十岁。诸老汇集时斗诗牌，游戏取乐。郭嵩焘日记载："十一月廿二日，是日斗诗牌，凡为字盒十，每盒百字，平声五十字，仄声五十字，各就字盒中排赋五律一首，标题曰：《寻梅》。所受字盒惟四支韵六字，余皆不足四韵。"[②]又："十一月廿七日，熊鹤村诗牌十匣，每集多不过七八人，无满十人者。本日为冬至消寒会，本定熊鹤村、罗瀛樵、王雁峰、杨蓬海、李佐周、陈伯严、罗顺循、朱次江共九人，罗瀛樵以赴乡辞。适萧希鲁、李石仙到省，恰符十人之数，共领诗牌一匣。吾所受字匣得八庚韵，凡八字，因凑成八韵云。"[③]又当月廿九日晚，郭嵩焘、熊鹤村、杨蓬海等集于郭嵩焘家之果斋，众人各叠韵示诗，郭嵩焘戏答云："峰高海阔鹤家乡，鹤村屡邀雁峰、蓬海斗诗为乐。笑语寒灯烂有光。十客蹲鸱神奕奕，千言走马阵堂堂。十人各受一枰，枰百字，凡得一千字。枰盘堕地闻山响，云雾漫天说海防。"[④]

社集饮食：有时，为了吸引宾客参加文酒之会，让来客在文酒之会上更舒适自在，主人还会特地在酒宴菜馔上下功夫、精心斗

① (清)杨恩寿《坦园文录》卷六，《清代诗文集汇编》第727册，第403页。

② (清)郭嵩焘撰，梁小进主编《郭嵩焘全集》15册，第209页。

③ (清)郭嵩焘撰，梁小进主编《郭嵩焘全集》15册，第210页。

④ (清)郭嵩焘撰，梁小进主编《郭嵩焘全集》15册，第211页。

巧。清末光绪年间王楷《笠臣、鼎丞同日各以消寒雅集相招，赋谢》有："都下消寒盛文酒，湘中踵事联良友。张侯王侯皆好客，招柬同时入吾手。"[①]王楷同时接到数位名流的邀请，邀其参加消寒雅集。王氏最后虽以老病辞，但特别提到文酒之会的邀请人之一——张力臣为了招引客人，而精心设计菜肴，"絜园治馔出新意"[②]，他因为美食的诱惑，还是很想前往絜园。

王楷曾参加的一次文酒之会——蝴蝶会，会名与自然界的蝴蝶其实并无多大关系，而是别有含义，以蝴代壶、蝶代碟，与饮食器皿有关，集会也以饮食欢聚为主。王楷《蝴蝶会》诗云：

客中逢客皆孤栖，非有雅集肩难齐。剧饮创设蝴蝶会，宾主不别阶西东。兰亭新招谢孙魏，竹林旧约刘阮嵇。名臣飘逸又奚取，解说使我心不迷。以蝴代壶蝶代碟，一壶一碟人各携。菜笑家贫九作韭，酒夸味美齐通脐。园外狼园近戏谑，水中蟹更加诃诋。古人借音类如此，有据岂等言无稽。人嫌孤注太简约，食恐不足倾空椑。五侯合成娄护馔，千蹠同是齐王鸡。能将少许胜多许，如玉剖璞谷去稊。群贤先后到禅院，一一右挈兼左提。或燔熊腊挈麟脯，或烹凫臛堆鹿麑。我惭腐儒例粗粝，砚田糊口勤耕犁。家远难谋阿妇酒，地近且乞邻人醯。料知肉食复众意，自掘蔬笋行春畦。但凭精心斗新巧，岂就物价权高低。东坡粗饭答皛饭，一字咀嚼同品题。杯盘狼藉众宾醉，玉山自倒形如泥。夜归急作冰壶传，吻躁正欲吞寒齑。[③]

王楷《伟斋赠诗次韵奉答八首》其七亦云：

①② （清）王楷《听园诗钞》卷一二，清光绪五年（1879）刻本。

③ （清）王楷《听园诗钞》卷一五，清光绪五年（1879）刻本。

会邀蝴蝶命名新，放浪形骸自在身。长夜饮如无量佛，及时花似有情人。未能掷果招潘岳，何况凌波遇洛神。尚忆昨宵留客意，扁舟载月过前津。①

蝴蝶会的主要成员，多为以砚田糊口的孤栖文人，平常个人独居，饮食简约，故而集会里菜肴巧备，气氛热闹，参会文人无不大饱口福，放浪形骸，醉倒如泥。《蝴蝶会》等诗歌细致描写了湖湘基层文人日常欢聚过程，生动再现了当时的集会场景。

无论是纵放的酒宴，还是清静的文会，无论是安排极具地域特点的文化活动，还是创设富含生活情趣的文人游戏，乃至筹办最日常的社集饮食，雅集文人的目的很明显，追求闲适自在、旷达悠远之乐。文人们结合湖湘地域特色，设计出不同活动与创作主题，竭力在平常的日子里，追求生活的风雅与休闲的乐趣，展露他们的文学才艺和生活智慧。

二、经世之志
——社群写作的深沉走向

清代湖湘文人社集之时的作品，除了抒发欢乐、吟咏风雅、记载韵事外，也常有忧时济世之心、一展才力之志的抒发，体现出文人社群写作的深沉走向。古代文人与政治总是紧密相连，休闲、游艺性社集依然离不开政治情绪的渗透与社会信息的传递。特别到清末，士人眼界放大，忧心国事的情思更浓。这些作品是时代发展与国势飘摇留下的文学痕迹，也是传统士人关注国事忧心民瘼的情志表达。

明末清初时，陶汝鼐等人在秦淮结社，难免有于秦淮烟月中偎

① （清）王楷《听园诗钞》卷一五，清光绪五年（1879）刻本。

红倚翠的举动,但陶氏在社作中流露更多的情绪是焦虑国事,忧心忡忡。如其《和秦淮结社诗,时刘阮仙、谢孺玉尚留白门。予闻湘上有警,急归将母,并以为别丁丑(1637)五月》:

风日非不深,兴会非不浅。悠悠对秦淮,脉脉方寸转。江湘四五人,偶聚皆极选。五月桃渡喧,竹枝何婉娈。虽则歌者酣,我心若重茧。名流激素风,郢雪落湘卷。始欲抽新怀,彦会不忍遣。日夕觥筹飞,小醉发雄辩。垂手乱灯月,舟动类花辇。情亲乃及欢,意独妨沉湎。中原半盗贼,东南力已鲜。钟山自晏安,天运或未蹇。诸子诚及时,为乐亦黾勉。而我重怀乡,归欤万虑挠。湘纹百尺余,拟向栖霞展。醉卧且未能,吾生徒俴俴。①

虽然兴会不浅,聚者难得,又秦淮悠悠,竹枝婉娈,歌者甚酣,陶汝鼐开始还不想推却这等风雅良会,却终究心如重茧,忧心"中原半盗贼,东南力已鲜",忧虑之下无可作为,只能存侥幸之心,"钟山自晏安,天运或未蹇"。对其他同社诸子在秦淮温柔地,及时行乐的行径,陶汝鼐表示理解,不过他还是选择与社友分别,归乡就母。此诗写于崇祯丁丑年(1637),明朝衰朽之势已经很明显,从陶汝鼐之社作可充分感受其忧虑、无奈、伤感的心情。

再看陶氏崇祯癸未(1643)之社作《二月虎丘大社集宴步赵宾之韵》云:

词场一日酒杯宽,赋罢红笺看药阑。春不忧时花自艳,客因怀古剑多弹。江南气色尊兰畹,亭北清平忆牡丹。赖有文

① (清)陶汝鼐撰,梁颂成校点《陶汝鼐集》,长沙:岳麓书社,2008,第40页。

章慰岑寂，莫将孤愤说韩难。[①]

《癸未白门大集同社送郭梦白将军赴倪鸿宝太史勤王》云：

渔阳老将鲁诸生，同作铙歌劝义兵。大侠自能横剑赋，勤王先已直师声。人皆望阙龙鳞远，子不为家虎威成。旦晚定期皇路靖，腾腾臣马踏空行。[②]

以上两首社作，前者仅是宴集之上步社友之韵，较婉转地抒发自己忧时愤世之情；后者则直接为从军人士奏响战歌，寄予自己的报国之志。白门大集的同社，将社集活动安排成政治意味强的活动，陶汝鼐的参与及创作，明显体现了自己的政治态度。

清代晚期何绍基、胡兴仁等耆老们的雅集，除了追逐自我与群体的娱乐休闲、修身养性外，仍不忘忧时论世，希望发挥出“耆老不倦，以尽其死”[③]的精神示范和社会影响力。社集和社作也表现出他们参与时政的热情与身为士人的责任感。

他们关注民生丰歉，何绍基《癸亥冬至日，旷寄园消寒初集，主人恕堂老兄有诗，次韵奉和。时望雪未得》诗云：

朋旧年来苦寂寥，满腔愁思镇难消。练军筹饷无虚岁，望雪看云又几朝。问字诸生怜渐散，书院已收课。谈诗老友肯相邀。湖湘丰歉关天下，此日阴晴费燮调。

读画评碑语未阑，竹虔、研生、季眉、方过余斋话。而恕翁催客

① (清)陶汝鼐撰，梁颂成校点《陶汝鼐集》，第 138 页。
② (清)陶汝鼐撰，梁颂成校点《陶汝鼐集》，第 137 页。
③ (宋)叶适《宋杜君墓志铭》，《水心集》文集卷一三，《四部丛刊》本。

> 人至。涉园忘却步趋难。余伤足未大愈。乍倾竹叶心先醉,未见梅花句已寒。寻乐暂宜抛几杖,忘形何暇整衣冠。高台大可觇云物,记取江山雪后看。园中高台宜远眺。[①]

湖湘耆老们虽已致仕,但仍然关注国事民生。雅集的情绪随着时事的动荡而变化,己身虽不愁温饱,心思却始终关注着军事形势,心系"湖湘丰歉"。

关注时政军事,再如此年消寒的第二集,《癸亥冬至后,与胡恕堂、黄海华、王敬一、唐荫云为五老消寒会,十五日在吾斋为第二集,恕翁、海翁诗先成,次韵奉答》其一云:

> 军报多时苦寂廖,忽传南北逆氛消。三江凯捷先区夏,两邸忠勤翊圣朝。时政清明疆吏肃,战功稠迭主恩邀。预思偃武修文近,元化谁将鼎鼐调?[②]

由诗内容可知,这次雅集的主题基本上是一次探讨时政的聚会。国内的政治气氛、军事形势,成为耆老们讨论与思考的热点。

关注与推动社友们的著书立言,又如同治乙丑(1865)冬何绍基等人的消寒社集主题,何有《十月十二日约黄海华、胡恕堂、张东墅、杨性农、罗研生、李次青小集吾斋,为消寒第一集。次青见示所辑〈国朝先正事略〉,感叹有作》序云:

> 绍基昔直史馆,恭录《高宗实录》,得四十册,欲以继《东华录》之后也。丙午充提调,因馆中照例进书,皆一二品大臣传,

---

① (清)何绍基撰,龙震球、何书置校点《何绍基诗文集》,第530页。

② (清)何绍基撰,龙震球、何书置校点《何绍基诗文集》,第531页。

无三品以下传。虽经高宗屡次严旨申谕，史馆乃因循至今。因创拟条例，欲遍搜官书及前人文集，补办国初以来三品以下名臣各传，商之总裁穆师相，坚不见允，余即日辞提调矣。先是，办列传画一，见乾隆以前各传，于字号及家世著述皆载。入嘉庆以后，则非官牍所有者，一字不许阑入。今次青所辑，指日成书，以后源源继之，岂非我朝一大掌故哉！研生于修《忠义录》之暇，搜辑《沅湘文征》。李小泉中丞复议修《湖南通志》，海华、恕堂、东墅、性农皆劬学著书，期有传于后者。赞议古贤，斟斟时事，寒雨滴阶，尽欢始散。今日之聚，信非偶然。时余主讲城南书院之第三年也。①

何绍基在史馆任职期间，因史馆只进一、二品大臣传书，为进一步播承风雅，记铭前贤，试图增补三品以下名臣之传，无奈上司坚决反对，只好愤而辞职。而社友李元度之《国朝先正事略》在某种意义上弥补了他的遗憾，源源继之，为一大掌故。而且社集的众友，均为博学淹通、怀有著书之志的学者。罗汝怀研生，修忠义录之外，又搜辑《沅湘文征》，李小泉为议修《湖南通志》做出努力，其余众人"皆劬学著书，期有传于后者"。《国朝先正事略》《沅湘文征》《湖南通志》等书，毋庸置疑，在保存地方史料、记录地方前贤、传载地方文化精神等方面影响巨大、意义深远，对后人而言，均是丰厚的精神文化遗产。

《十月十二日约黄海华、胡恕堂、张东墅、杨性农、罗研生、李次青小集吾斋，为消寒第一集。次青见示所辑〈国朝先正事略〉，感叹有作》诗云：

① （清）何绍基撰，龙震球、何书置校点《何绍基诗文集》，第572页。

大清同治岁乙丑，二百二十有二年。东南暂已扫妖祲，西北尚缓弢戈铤。三湘早脱兵火厄，老夫忝与文字缘。清霜戒寒雪未落，残菊犹傲梅初妍。呼樽折柬集俦侣，论文道古相磨镌。平江李子秉特识，先正事略成巨编。堪为国史补缺憾，亦令后学知古先。是虽私书中律令，仰挹经心窥圣权。溯惟纯皇屡申诫，立传贵采人才贤。如何一例尚崇秩，三品以下咸缺焉。因循故事不急救，敷衍官牍多局蜷。删除学术及家事，苟且画一尤歧偏。小子昔直史馆久，伏读实录勤丹铅。谓名臣传当补葺，官书别集堪溯沿。时逢监修不省录，见谓多事转护前。同馆诸贤尽太息，径辞提调身翩然。后来使节牛马走，每念东华魂梦悬。十年闲散猿鹤性，万里浩荡江湖天。忽闻编摩志有合，不禁感激喜欲颠。若非肝胆照今古，岂免煤麝随云烟。取之贵博事愈尊，前有可守后乃传。吾乡大启文献事，一座况皆才笔专。汗青头白敢不勉，学衰道微谁与肩。武功烜赫在区宇，会见中兴文事光气腾奎躔。①

何绍基以长诗记录此次社集的背景、时间与内容，介绍了社集的目的、活动，感慨自己的生平与遗憾，并高度肯定了李元度的能力与其著书的意义。

邵阳魏仲青曾在家乡邵阳结社，在湘中留春别馆开诗社、消寒社，在湖北加入汉社等。魏仲青，字春皆，湖南邵阳人。约生于同治九年(1870)，卒年不详，光绪三十年(1907)尚在世。幼孤，髫年失学，稍长即作远游，足迹遍布海内。性好诗文，以啸歌自陶自遣，著有《烹茶吟馆诗草十卷》。

魏仲青湘中社集之诗，如《成公子邀饮雅集朋簪，座中十数辈

---

① (清)何绍基撰，龙震球、何书置校点《何绍基诗文集》，第572页。

皆湖湘之彦。陈梅生侍御嘉言、袁叔瑜户部绪钦、曾重伯太守广钧、邓子贯刺史国华，尤吾旧好，酒酣纵谈，时事怅触孤怀，即席挥毫赋诗四首》中有："兴怀身世真原幻，感念沧桑古阅今。愿结沅湘忠义社，岂独香草动行吟。"[①]其湖北黄鹤楼社集之作，如《十月初六日滕锡九、贰尹久仁、谢馨荪按司参军绩长邀饮于黄鹤楼，即席赋诗，以志盛会，并索同席诸君和作》："高楼莫醉展重阳九月十九日馨荪曾飞笺见招，因事不获赴宴，今日登临喜欲狂。贤主多情开盛宴，名流雅集快飞觞。江光照眼胸襟阔，世局关怀感慨长。嘉会不常拼痛饮，日斜犹觉意徜徉。江城如画暮烟中，何处声传一笛风。诗在上头曾搁笔，势成鼎足此争雄。高谈我辄思王猛，狂态人应笑次公。欲济时艰同声楫与伍芗垌太史同舟而渡，湖湘谁复继文忠楼侧为胡文忠祠？"[②]都抒发了自己关怀世局，愿效乡贤一济时艰的志向。

李元度《曾文正公祠雅集图记》载：

> 思古人称雅集，莫著于晋之兰亭，唐之香山，宋文、富之洛社，苏、米之西园，并以图画及诗文，传千古为韵事，然第流连光景而已。今日之集，则有九原随会之思，与崇德报功之谊焉。
>
> 元度从公于军旅，将及十年，俯仰陈迹，茫然如隔世，亦复缕缕犹昨日事，而公则不可复见矣。故宜言之尤悲也，既谂于诸老，遂次其言以寿诸石，并列诸君子官阀、年齿于左方。[③]

---

① （清）魏仲青《烹茶吟馆诗草》卷七，《清代诗文集汇编》第 792 册，第 193 页。

② （清）魏仲青《烹茶吟馆诗草》卷六，《清代诗文集汇编》第 792 册，第 162 页。

③ （清）李元度撰，王澧华校点《天岳山馆文钞》，第 377 页。

湖湘文人在清代后期的雅集结社中,经世之志更增。李元度将贤良昭忠祠的文人雅集,与晋之兰亭,唐之香山,宋文、富之洛社,苏、米之西园比较。虽然上述集会流传千古,可谓韵事,但李元度始终觉得这些集会只是文人流连光景而已,而曾文正公祠之雅集的意义与境界完全不同,曾氏功勋卓越,妇孺走卒皆知,曾祠壮伟,旧部与淮商争相重金助建,湘地文人于此集会,绝不只流连光景,更有九原随会之思,与崇德报功之谊。

三、嘤鸣之情
——社群交往的情谊基石

文学社群,定期或不定期的雅集,不只创造了文友交流技艺、传播作品的平台,也提供了友人交流感情、同尝喜悲的渠道。知己相酬、同道相和,相互珍惜与欣赏,产生一种嘤鸣之情,这种情愫在社集活动中得到增进,在社群创作中得以体现,在社集后的日常生活中仍然被延续。嘤鸣之情温不增华,寒不改叶,时空距离与人生变故有时并不能淡化社友之间的深厚情谊和美好回忆,反而奠定了社群交往在情感方面的稳固基石。

(一) 攸县社群

乾隆年间陈启畤尝与同里洪吉、岳麓同学屡次结社,唱和流连,樽酒谈心,自宵达旦,投合甚深。陈启畤(1757—1825),字麻田,号叙斋,湖南攸县人。肄业岳麓,积学工文,试艺宏深肃括,为湖南学政钱澧所赏。乾隆五十四年(1789)拔贡。翌年廷试罢归后,遂绝意名场。道光四年(1824)官黔阳县教谕,逾年卒于任。亦工诗,有《咏史拟古乐府》二卷、《麻田诗集》八卷、《麻田诗集补编》二卷。

洪吉,字蔼人,号翙冈,湖南攸县人。生于乾隆二十四年(1759),卒年不详。乾隆六十年(1795)举人,屡赴会试不售,遂弃举业。所学力追古人，不落时蹊。品端方，与有司交接，绝口不言公事。历掌本邑震阳、梅树、东山诸书院，多有成就。性喜吟咏，有《献花山房诗存》。

陈启畴、洪吉的友情，来自双方的相赏相惜。陈启畴在《甲辰十一月柬洪翙冈》一诗中评价洪："石田茅屋幽栖人，一领布衫两芒屩。沉吟闲似草间虫，意气娇若云中鹤。杉冈罗径恣登临，九天摩翮声霍霍。朝憩山家饭黎祁，暮宿僧房啖馎饦。秋蛇春蚓迹浑成，流水高山韵闲作。夜夜寒光南斗冲，丰城不久埋霜锷。村巷妇孺皆知名，暗中曹刘可寻摸。"[①]而洪翙冈在《长歌柬叙斋时初入啸庐馆舍也》中谈及陈启畴："一日君门高射策，文章有价重鸾掖。即今年才二十余，好是为人洁白皙。有时飞兴纵高谈，胸涵湖海气吞山。"[②]双方就对方的性情才学、胸襟气度都互相称赏。

陈、洪两人酬唱甚繁，诗柬不断，如陈启畴有《五月五日寄洪翙冈》《甲辰十一月柬洪翙冈》《辛丑柬洪翙冈五十二韵》《庚子初冬偕洪翙冈登澧溪文昌阁联句二十四韵》《柬洪翙冈》等多首柬洪吉之诗。洪吉则有《柬陈叙斋》《同陈叙斋登文昌阁联句二十四韵》《长歌柬叙斋时初入啸庐馆舍也》《三峰草堂与陈叙斋、文籍廊晚眺分吟适籍廊以岳游话别兼此送之》等诗酬赠陈启畴。这些诗歌记叙了两人的交往历事，两人或同赏景联诗，如两人之登文昌阁联句；或相互拜访，连床夜话，如陈之《夏日晚访洪翙冈东山书院留宿感赋》。也表现了两人的深厚友谊，或道离别伤感之情，如陈启畴之《柬洪翙冈》：

为有前盟在，翻怜后会艰。碧苔封仄径，红雨落空山。结

---

① （清）陈启畴《麻田诗草》，《清代诗文集汇编》第 450 册，第 186 页。

② （清）洪吉《献花山房诗存》，《清代诗文集汇编》第 457 册，第 8 页。

契真如水，求材不弃菅。何当飞剡棹，樽酒一开颜。[①]

或慰悼亡之痛，如洪吉慰陈启畴丧妇之痛，《叙斋悼亡，诗以慰之》云：

一夜西风惠草残，伤心骑省鬓毛斑。峰青江上人何在，月挂楼头凤不还。玉润冰清元皎皎，水流花落自闲闲。剧怜门外泥金帖，不见兰闺解笑颜。时方迟秋闱喜报。[②]

数十年后陈启畴在为洪吉诗集作序中回忆："余少于洪友翙冈结吟社，岁时策蹇，过从流连，累月或半月，樽酒谈心，上下古今，自宵达旦，犹喃喃不置。翙冈资禀奇特，枕经胙史，为文独出机杼，不主故常。乾隆乙卯由副车登贤书。才名籍甚，其诗则心醉全唐，悠然有得，故佳句流传，可泣可歌，有沨沨移人之致。而余则自汉魏以迄宋明诸名辈，洎今之作者，泛览流观，意无专注。两人意匠虽殊，故程材亦异。"[③]

另外，陈启畴回忆当年社友之作《夏日与族伯英偶谈旧友方柘墅同煦、粟庄应完、蒋桂彦湘培、蒋蔚轩湘塘兄弟感赋》有：

三十年前吟社友，鸾翔鹢退各西东。燕台旧雨非今雨，楚泽吟中是醉中。御史儿郎占梦雉，元卿松径冷雕虫。升沉莫漫分茵溷，徒倚栏杆一笛风。[④]

---

① （清）陈启畴《麻田诗草》，《清代诗文集汇编》第450册，第219页。

② （清）洪吉《献花山房诗存》，《清代诗文集汇编》第457册，第16页。

③ （清）陈启畴《献花山房诗存·序》，《清代诗文集汇编》第457册，第3页。

④ （清）陈启畴《麻田诗草》，《清代诗文集汇编》第450册，第254页。

此诗为陈启畴老年所作，诗中回忆了方同煦、粟应完、蒋湘培、蒋湘塘等三十年前吟社友，社友名字犹牢牢铭记，当年欢乐也历历在目，但是多年来与社友东西分离，现下只能徒倚栏杆徒增伤感而已。

（二）沅州社群

道光年间，黄本骥与王金策、张家榘、陈子言等人于沅州组成了一个文学社群，人员以黄本骥的师友为主，感情深厚，互相因依。

黄本骥（1781—1856），字虎痴，一字仲良，湖南宁乡人。道光元年（1821）举人，授黔阳教谕。本骥乡荐出香杜夫子门下，道光四年（1825）客衡郡，有校书之行。著《三长物斋丛书》。其兄黄本骐（1877—1823），一字伯良，号花耘。嘉庆戊辰（1808）举人，授宝庆府城步（今邵阳城步苗族自治县）训导，不久病逝。与弟本骥刻意砥行，同以所学著名湖湘间。尤工诗。著《三十六湾草庐稿》。兄弟“均抱经济才，卒困间曹，士论惜之”[①]。

张家榘（1777—1834），字静安，一字容常，别号蓉裳，湘潭人。嘉庆六年（1801）举人，官宝庆府新化（今娄底市新化县）教谕。工琴，善诗。有《蓉裳诗钞》。黄本骥、张家榘与新化邓显鹤、安化李沆训合称“湖南四才子”。张家榘与黄本骐齐年，视黄母刘光绮如己母，黄本骐道光三年（1823）卒时，黄本骥方在京师，未及归，张家榘经纪黄本骐丧事，刘光绮命黄本骐女黄婉璚出拜，以诸父事之。

王金策，字中之，号香杜，山东诸城人，嘉庆年间主讲岳麓书院，门下出宁乡黄本骥、黄本龄，黔阳邱开来、廖三杰、谢光篪等杰出人士。嘉庆二十一年（1816）进士，嘉庆二十四年（1819）为沅州府黔阳（今怀化市洪江管理区内）县令。著《湘帆纪程四卷》。道光

① （清）李瀚章、裕禄等编纂《（光绪）湖南通志》卷一八〇，第3427页。

八年(1828)与同人曾修屈子祠。邓显鹤《沅湘耆旧集》卷一九九中介绍嘉庆年间屈子祠主持僧晓迷时说道:“道光戊子春,余同鄞县黄支山桐孙、吴江吴山子育、诸城王香杜金策、宁乡黄虎痴本骥邀同人修屈子祀,宿寺中。”①

陈子言,字元富,江南人。嘉庆庚辰年(1820)冬,张家渠与陈子言同校沅州。张《赠王中之明府》小序记载:“中之名金策,山东诸城人。由庶常出宰黔阳。嘉庆庚辰冬,予与金陵陈子言同校沅州。”②另有《题金陵陈子言〈溪州诗草〉二首》。

参照众人诗文集,归纳出的重要社集有:

时间	地点	人物	诗歌记载相关社集
道光二年(1822)	黔阳黄氏屋舍东之颐园	黄本骐、王金策、张家榘、陈子言等	黄本骐《七夕招王香杜大令、周节庵刺史、陈紫岩茂才、张蓉裳孝廉泥饮颐园分韵得衣字》[1]、张家榘《七夕黄伯良学博招同子言、中之小集颐园以花入曝衣楼为韵分得楼字》[2]卷十
道光四年(1824)	颐园	王金策、陈元富、张家榘、黄本骥	黄本骥《七夕集颐园分韵得曝字。壬午是夕,家花耘宴客于此以“花入曝衣楼”五字分韵,香杜夫子、子言、蓉裳皆坐客也,故仍用旧韵分拈,禁用七夕故事》[3]54
道光四年(1824)	陈元富之茶花山馆	张家榘、黄本骥、陈元富、王金策、张玉峰等	张家榘《九日同人小集子言茶花山馆分咏重阳故事赋得茱萸》[2]141、黄本骥《九日集茶花山馆分题得蟹分韵得江字》[3]48

① (清)邓显鹤编纂,欧阳楠点校《沅湘耆旧集》第6册,第641页。

② (清)张家榘《蓉裳诗钞》,《清代诗文集汇编》第521册,第134页。

续表

时间	地点	人物	诗歌记载相关社集
道光五年(1825)	云阳山云阳楼	张家榘、黄本骥、道士刘钟桥等	张家榘《重九后二日黄二仲良招陪诸君集云阳市楼看山作》[2]142。黄本骥《重九日见田明府招集芙蓉楼登高次韵四首》中注:"道光五年,重九日集同人为云阳楼看山之会,时健在者有关雯山、邵香伯,尚客长沙。"[3]68《重九日过铁佛寺遇峨眉行脚僧长清,时年百四岁》中注:"去秋于云阳楼作看山诗社,有西岳道士刘钟桥逸兴具会。"[3]55
	江深阁	张家榘、黄本骥、陈元富、王金策、李竹溪	张家榘《归自都中,李竹溪招同子言、中之、仲良小集江深阁分得个韵》[2]143
	颐园	张家榘、黄本骥等	张家榘《雨集仲良颐园用颜鲁公水堂联句韵》[2]144、黄本骥《雨集颐园用颜鲁公水堂联句韵》[3]53
	铁佛寺	张家榘、黄本骥等	张家榘《立秋日中之招同人集铁佛寺一笠亭分韵得热字》[2]144、黄本骥《集铁佛寺分得微韵》[3]54
	颐园	张家榘、黄本骥、陈元富、王金策、李竹溪等	张家榘《同人集颐园饯别子言归江南、竹溪归桂林》[2]145、黄本骥《题湘江惜别图送子言归江东、竹溪归粤西》[3]55
	览湘楼	王金策、黄本骥等	黄本骥《王香杜夫子集同人登览湘楼,余未及,与于小郁棨章出册索题拈得集字》[3]55

续表

时间	地点	人物	诗歌记载相关社集
道光六年(1826)	屈子祠	王金策、黄本骥等	黄本骥《王香杜夫子集同人为三闾大夫作生日即次元韵》[3]58

表中所引书目:[1]黄本骐《三十六湾草庐稿》,清三长物斋丛书本。[2]张家榘《蓉裳诗钞》,《清代诗文集汇编》第521册。[3]黄本骥撰,刘范弟校点《黄本骥集》,长沙:岳麓书社,2009。

社中诸子社集频繁,或在园林、楼阁中联句分韵,或于名山、佛寺中林泉悠游,同人相处欢洽,吟咏风雅,感情连绵而深远。

黄本骥社作中多次强调社群中的师友情谊,如其《雨集颐园用颜鲁公水堂联句韵》云:

满眼皆诗题,到处寻无著。一雨萧然来,雅称披襟乐。安排酒百杯,相赏互斟酌。凉气透帘栊,绿意遍城郭。故人不我遗,今雨如有约。雨声杂吟声,嘈呟相间作。嗟余负米归,师友慰离索。冲泥集敝庐,此情殊不恶。孟公陈子言惊座谈,善戏何妨谑。孝先张蓉裳恋蓿盘,膏粱甘力却。吾师王香杜夫子与沅陵李竹溪,暂改绶若若。尽可十日留,噪晴憎野鹊。但得长往来,何恤偶飘泊。良会如再逢,此雨应践诺。①

又黄氏《集铁佛寺分得微韵》云:

西风撼树秋梧飞,寻诗有客排荆扉。相携城北访古寺,团团一笠遮朝晖。此亭不古亦不俗,湘西岳色青苍围。古佛雏

① (清)黄本骥著,刘范弟校点《黄本骥集》,长沙:岳麓书社,2009,第53页。

僧旧所识，饥驱笑我长相违。世人游赏每贱目，脚跟蓬转撄尘靰。眼前胜境不肯到，乃欲远踏渔郎矶。黔阳夫子香杜夫子沅陵长竹溪，耻随朝士侪布衣。元龙子言既为湖海客，平子蓉裳亦赋京畿归。时我远客五溪幕，知己落落晨星稀。偶缘省侍返闾左，得与师友相因依。每逢胜日辄小聚，新诗脱口追陶韦。人生所处贵适意，何用帘箔明珠玑。即此禅栖置笔砚，角艺可建骚坛旗。吾师他日归故里，童冠共浴春风沂。诸君千里倘相忆，抱琴定叹知音希。来夕双星照牛渚，友朋离合如匹妃。今朝有酒且共醉，云章预抉天孙机。①

无论在颐园，还是在铁佛寺的雅集创作，黄本骥都强调"师友慰离索""得与师友相因依"，反映出师友关系的亲密，情感的深厚，记录师友之间"每逢胜日辄小聚，新诗脱口追陶韦""一雨萧然来，雅称披襟乐。安排酒百杯，相赏互斟酌"的文酒良会，表现了相处的融洽与雅集的欢愉气氛。

沅州社群同人情感的密切与深厚，也体现于社集后的日常往来。张家榘家境见肘，王金策便远馈油米，张《中之远馈油米二事，诗以为谢二首》云：

观书起草此心期，自笑仍成懒妇脂。独有风林屏影畔，一灯千里故人思。

岂有鲁公书透背，可能新息聚为山。定怜冉甑尘生惯，怕向长安索米艰。②

---

① (清)黄本骥著，刘范弟校点《黄本骥集》，第 54 页。

② (清)张家榘《蓉裳诗钞》，《清代诗文集汇编》第 521 册，第 140 页。

再如社中友人的悲与喜、得与失,常常成为社群同人相互分享的情事;离别的伤感、思念与相聚的快乐,则为大家共同表现的主题,张家榘《九日同人小集子言茶花山馆,分咏重阳故事,赋得茱萸》中有:

良会人同健,尊前醉把时。辛香克楚佩,幽咏动江蓠。风物中年感,重阳异地思。独怜青海客,方废脊令诗。中之近丧两弟。①

重阳时节同人小集茶花山馆,得知王金策新丧两弟,张家榘分题吟咏时,为王金策感慨,"独怜青海客,方废脊令诗",表现自己的怜惜、同情之心,试图化解王之悲伤。张家榘约同人再次欢饮黄氏颐园,仍用昔年诗韵,作有《七夕同人剧饮颐园,仍用昔年"花入曝衣楼"韵,分得花字,时伯良学博下世已五载矣,怆然及之》,此时黄本骐已经离世五载,张家榘等人颐园重游,园景依旧,老友却"人面不知何处去",感慨连连,心情悲怆;依旧采用昔年"花入曝衣楼"韵,也是对往日社集的一种纪念。

(三)其他社群的交往

湖湘文人之诗文作品中展现社友之间嘤鸣之情的不胜枚举,如康熙初秦文超等人结社。秦文超字伟士,号寒村,湖南湘潭人,先祖本为吴人。生于康熙十一年(1672),卒年不详。以善化籍中康熙四十一年(1702)举人,知浦江知县,以正风俗、厚民生为务。调龙游县,积欠悉清,未迁而卒于官。其《诗社成以示同志》云:

千载有同心,羲黄日以远。结交四海中,相逢九折阪。間

① (清)张家榘《蓉裳诗钞》,《清代诗文集汇编》第521册,第141页。

巷答清音，明月犹往返。况乃皎皎姿，芝兰之九畹。于以答性情，非嵇亦非阮。[1]

秦文超在诗中表述到，社友们四海结交，却同心同志；社中诸子姿容皎皎，自比九畹芝兰；彼此之间性情投合，堪比晋时阮籍、嵇康等竹林七贤。

社友会聚，一起交流文学技艺，也一起分担生活的悲伤，分享日常的喜悦，特别是对于耆老社友，还能消解时光的寂寞与无聊。咸丰年间，何绍基与胡恕堂、黄海华、王敬一、唐荫云、彭于藩等诸老为消寒诗社。何绍基《癸亥冬至后，与胡恕堂、黄海华、王敬一、唐荫云为五老消寒会，十五日在吾斋为第二集，恕翁、海翁诗先成，次韵奉答》中其四云："绣丝老女无人笑，何苦针功要细看。恕堂每脱稿，必属余为酌定。"[2]社友间经常交流诗艺，酌定诗稿，何绍基打趣胡恕堂作诗为老女绣丝，酌读其诗稿为细看针功。又《次韵答黄海华太守，时守永顺丁卯》云："友朋离合风抟沙，平生四海为一家。东南归来老随至，高斋寂坐如枯鸦。赖有同心二三叟，时与灌溉诗萌芽。"[3]文人迟暮，高斋寂坐的时候很多，长久如此亦让耆老们像枯鸦一般，丧失活力与生气。而与三两同心友人雅集游艺，成为耆老们日常生活中的一种重要调剂与情感依赖。何绍基得知彭于藩喜得曾孙，又值孩子弥月正好为九老之会，特地作诗贺喜，并应彭之邀为之考证铭辞，兼述近怀，其《彭于蕃前辈于丁卯季冬月喜得曾孙，名曰阿卣，因前一月于园地中得古玉卣也。戊辰新春日，适值弥月为九老之会，寄示铭辞，嘱为考证，牵缀成诗，兼述近怀奉答》中云：

① （清）秦文超《涵村诗集》卷一，《清代诗文集汇编》第230册，第226页。

② （清）何绍基撰，龙震球、何书置校点《何绍基诗文集》，第531页。

③ （清）何绍基撰，龙震球、何书置校点《何绍基诗文集》，第591页。

地宝无心应时出，预贺添丁祝麋寿。同堂六百三十岁，幼子一人耆艾九。筵开汤饼值新春，未免衔杯忆猿叟。老猿甫抱鸰原痛，老泪倾余难计斗。嵩山三阙入我梦，茧足寻山阅旨皀。乡居五旬返城市，胸胃酸凄贯跟肘。[1]

陈本钦与胡焜农等人结社，陈尧农喜得一孙，他马上把这种喜悦与社友胡焜农一起分享。陈诗《十一月二十九日又得一孙志喜兼答焜农》记载此事。

分享生活中的喜悦外，社友们之间还会故意制造些笑料，增添社集时的乐趣。湖湘文人有不少对社友的戏作、戏和，也从另一面展现了社友间轻松随意的气氛和亲密融洽的关系。如郭嵩焘打趣碧湖诗社社友熊少牧（鹤村）的社作，如《九日登浩园高阁，喜鹤村诗老至，戏作》云：

百年三万六千日，几日能逢笑口开。剩取衰颜酬令节，强登高阁劝衔杯。西风不遣黄花放近年九日菊尚未花，短日还输白发催。正拟狂吟无住着，恰逢诗老杖藜来。[2]

前几次社集，熊少牧都因病推辞不至，而此次九日浩园高阁社集却到场，而郭嵩焘蛰居乡里，精神本来苦闷，“几日能逢笑口开”，此集得逢病愈老友，同与诗酒之会，心情十分喜悦，故有戏作。

又《戏和熊鹤村》云：

负土填河路几千，远劳心力恐徒然。功参冕弁归神禹，书

① （清）何绍基撰，龙震球、何书置校点《何绍基诗文集》，第601页。

② （清）郭嵩焘撰，梁小进主编《郭嵩焘全集》第14册，第209页。

纪河渠忆史迁。苦累诗翁搔短发，无烦蹇驾控雕鞲。转移气运期君相，诗酒盟须我辈联。①

另送别社友八指头陀（寄禅）归衡山的诗作，如《戏寄禅兼送其回衡山》云：

四大皆空空不来，馋僧也要吃清斋。一诗恰换一斗米，四饼添装四担柴。大雪漫天成幂房，枯藤拄地即根荄。闻师早晚衡山去，饱咏山园日夕佳。②

在以上这些戏作中，诗人或者设计自己有些狼狈、无奈的日常形象，高抬社友的社会形象，用自己有缺陷的日常形象对比他人“高大上”的社会形象，以制造反差效果；或者故意扭曲、夸张社友的某些特点，打趣对方为“馋僧”，假想其将来的发展局面，达到预设中的滑稽程度。诗人带着轻松的心态、良善的意图，运用诙谐的笔调，制造了开心的氛围，更拉近了社友间的关系，并显示出湖湘文人社群交往中最富“喜感”的一面，这一面同样反映出湖湘文人的真实性情，也表现出友人们相处间的生活智慧。

社群友人的嘤鸣之情不限身份，也不拘僧俗。诗僧释明哲俗姓杨，法号晓堂和尚，原为江西安城人。康熙时主持南岳祝融峰上的祝圣寺。晓堂和尚素有高行，性好吟咏，并在南岳组织莲社，交游亲近之俗友多为莲社之诗人墨客，“晓公师为天童法乳，素有高行，兼工于诗。自安福来衡，主南岳之祝圣寺，足迹不轻涉城市，问道载锡，常填户锥，厨无宿米，犹日与文流骚客相唱和。以故湖之

① （清）郭嵩焘撰，梁小进主编《郭嵩焘全集》第14册，第209页。

② （清）郭嵩焘撰，梁小进主编《郭嵩焘全集》第14册，第210页。

南诸当事莫不敬重之"[①]。其著作《南岳近草》《南岳近诗》经诸莲社友审定后版刻成书。《南岳近草》等诗集中留存了不少记载其与莲社诸友交往、酬赠的诗歌,如《停舟宿灵龟峰喜彭湘南莲社见顾赠以诗,遂次二韵答之并有所嘱》《途次柬寄刘侣梅莲社》《雨中宿刘虞山、鹤九二莲社书斋剧谈不觉至旦》《赠雪亭李莲社》《寄别黄北溟莲社小引》《访梁黄山莲社不值,归至舟中却寄次韵》《星沙客邸喜晤强中敏莲社》《赠禾川陈治略莲社》《重晤贺就山莲社》《贺文祖昭莲社》《喜晤贺禹定莲社》《赠陈滋庵莲社入山论诗》《补祝湘南彭莲社》《花朝后过阳荣陈莲社书斋》《酃溪萧凤以、燕用五二莲社先后为余到岳次年赋此怀谢》《月夜过集贤书院访克家彭莲社至樗星门,闻已出城,遂怅然而返》等等。数量有数十首之多,在现存不到百首诗歌的诗集中占有不小的部分,也足见晓堂和尚与莲社众友交往、酬赠之频繁。

这些与友人酬唱的诗歌中表现出的友朋之情深厚而真挚,对友朋之交往画面表现得富有艺术美感,如《停舟宿灵龟峰喜彭湘南莲社见顾赠以诗,遂次二韵答之并有所嘱》,其一云:

蕉叶书成摹凤体,甘泉赋成绣龙颜。只将一曲闻相委,不在钟期指上弹。[②]

"蕉叶""甘泉"两句,不只是描摹创作环境,还含蕴唐代张志和与颜真卿等人雅集蕉叶题诗、西汉扬雄以《甘泉赋》献汉孝成帝的两个典故,并以之颂扬彭的书艺及诗才。而诗歌的后两句,伯牙善鼓,钟期善听,为友道知音的熟典,以之喻示晓堂和尚与彭湘南之

---

① (清)释明哲《南岳近草·陈溥序》,清刻本。
② (清)释明哲《南岳近草》卷一,清刻本。

间的默契与理解。此诗蕴含多个典故，增加了诗歌的涵蕴。画面优美，诗风清新。

再如《重晤贺就山莲社》：

殷勤话别龙溪上，踪迹常飞蝶梦边。千里忽携诗满袖，凭栏读到月婵娟。[①]

这首七言绝句叙述了诗人两段时间的心情与活动，一二句是离别与思念；三四句是相遇与欢聚。简单的交往事件，在诗人笔下，充满了诗意和美感。语言明白如话，情景虚实结合，形象画面感强，情意平和而温厚。

又如《赠陈滋庵莲社入山论诗》：

斯道久沦落，逢公秀若拈。莲开六月沼，钟秀五更帘。腹为投机扪，杯因无事添。特烦来往兴，非雨即冲淡。[②]

晓堂和尚自觉地把诗歌创作视为一种“道”，并不希望“斯道久沦落”，所以与投机的众莲社友多番唱酬、讨论诗歌创作。不只是晓堂和尚屡屡出山，与众莲社友探讨切磋，莲社众友也常入山向晓堂讨教和谈论。因为僧人身份与经历，晓堂和尚诗风有独特的意味，为其莲社友所赏识。其社友评价：“近之诗僧满纸机锋，使骚雅之章几成传灯剩语，又焉在其为禅，焉在其为诗也？师之诗，触景成吟，语语妙悟。犹镜中花，犹水中月。澹宕空明，无有执着。语云善于易者不言易，则知深于禅者不言禅。呜呼！此师之禅所以

①② （清）释明哲《南岳近草二刻》卷一，清刻本。

为真禅,师之诗所以为真诗也。"①

晓堂和尚与莲社众友,以诗会友,以诗增情,在相互的酬赠与共同的切磋中,在南岳祝融建立起一个徜徉诗国、僧俗不限、情意隽永的文学社群。

四、骈萼联珠
——闺秀社群的联吟展颂

胡文楷《历代妇女著作考》中统计出清代的女作家"超轶前代,数逾三千"②,她们在文学史上组成一个足够引发研究者重视的创作队伍。胡适据单士厘《清闺秀艺文略》统计清代女诗人的占籍情况,得出结论为:按清代各省女诗人的数量排名,前五名分别是江苏、浙江、安徽、福建、湖南,江西、山东、四川、广东等省紧随其后,这一情况具有普遍的代表性。③ 清代后期,湖湘女作家群体涌现于文坛,创作迭出,而《慈云阁合刻》《湘潭郭氏闺秀集》《湖南女士诗钞》等编著的刻印与传播,更加扩大了湖湘女诗人的影响,形成了一个重要的女性文学核心区。在这个核心区内,湖湘女性文人社群自然生成,且展露出特有的光彩。

道光年间,湘潭以郭步韫、郭润玉为代表的郭氏家族之闺秀们数代风雅、联吟展颂、诗才惊艳。郭润玉父郭汪璨,字云麓。诚朴无俗好,独癖好谈文论诗,且辩才纵横。嘉庆十九年进士,

---

① (清)释明哲《南岳近草·陈溥序》,清刻本。

② 胡文楷撰,张宏生等增订《历代妇女著作考·序》,上海:上海古籍出版社,2008,第2页。

③ 此排名观点得到不少学者的认可,参见花宏艳《晚清女诗人地域分布的近代化》,《海南大学学报》社科版,2010年第2期;宋清秀《清代女性文学群体及其地域性特征》,《文学评论》,2013年第5期。

“归班候选，久居乡里，颇以诗酒与同人游宴，尤专以论文为乐。后学从问举业者，诱奖无倦”①。著有《云麓诗草》。郭汪璨与湘潭耆老道光年间组雨湖吟社，“(郭)润玉兄如翰，第进士，假归。父汪璨方与县中耆彦，倡雨湖诗社，内外宾客并绂佩娴雅，从容欢娱，盛事传于京国。词林文士多赋诗夸美焉。未几，瑀以疾卒。润玉从广东还，逾年亦卒。如翰病死，汪璨赴官陕西，郭氏文会不复兴矣”②。

郭氏才媛自郭步韫始，郭氏闺秀之诗名便传播乡里。步韫，号独吟，同邑邵某室，鄠县知县郭汪璨姑母。郭步韫自幼熟读经史，号为女博士。夫家贫甚，又早寡，以纺织维持生计。后归依其弟郭赞贤。步韫善作诗，郭友兰、郭佩兰诸侄女皆从之学习，皆有诗名，人以郭步韫为郭氏闺秀诗学之权舆，而郭氏才媛为“湘南最，皆步韫所教也”③。著《独吟楼诗》，其诗凄婉缅邈。郭润玉序云：“吾家诗事以姑祖母为先导，一传而至两姑母，再传而至诸姐妹，皆嗜诗若性成焉者。先是，姑祖母抚孤矢节，茹苦含辛，其时命之艰否，境遇之蹙迫，郁无所告，胥发于诗。如秋天别鹤，长空哀鸣；如雪山老梅，寒香激烈。读者即其诗可以悲其志矣。”④

郭友兰，字素心，监生郭赞贤次女，鄠县知县郭汪璨姊，苏州凤丹山室，撰《啸雪山房诗集》一卷。其诗多苦语。郭润玉序言：“二姑母年二十七始适凤氏，未几而寡，依先大父以居。椎髻布裙，躬亲操作，时借歌咏强自陶写。念予姐妹早失恃，爱怜有加。每呼灯

---

① (清)陈嘉榆、王闿运等修纂《(光绪)湘潭县志》卷八，长沙：岳麓书社，2010，第309页。

②③ (清)陈嘉榆、王闿运等修纂《(光绪)湘潭县志》卷八，第396页。

④ (清)郭润玉《独吟楼序》，《湘潭郭氏闺秀集》，道光十七年(1837)刊本。

夜过,博引古贤女事,反复训勉,漏尽,依依不忍去。”①

郭佩兰,字芳谷,监生郭赞贤三女,鄠县知县郭汪璨妹,贡生王德立室,撰有《贮月轩诗集》。郭润玉序言:“三姑母端淑勤俭,能得先大父欢。居甥室最久,琴帘静好,图史纵横,终日手一编,咿唔不辍,萧然如老师宿儒。间出议论,迥非巾帼所可及。教子若女皆以能诗名,女即浣香表妹也。予幼学四声,亦奉命惟谨。记当二十初度,姑母宠予以诗,余有句奉酬云:‘二十年来雅好诗,香闺指授已多时。’盖纪实也。诗雅饬有唐法,标格如其为人。”②佩兰夫王德立负才不遇后,得心疾。子继阏成进士,为佩兰母教之功。

郭漱玉,字六芳,号琼泉,鄠县知县郭汪璨长女,衡山诸生罗亨鼎室,撰有《绣珠轩诗集》。郭润玉序言:“伯姐六芳,性明慧,幼随阿母治家事,磊落如成人。读书数行并下,尤工为诗。偶得句,必吟哦再四,诸弟妹听之都能成诵,犹推敲不肯脱稿。其矜慎如此。所存诗故不多,近益不多作。然当姐妹促坐,刻烛分题,辄复袖手攒眉,沉吟如昔,不以能事让人。盖其负气好胜,性使然也。”③

郭润玉,字笙愉,号壶山女士,一字昭华,鄠县知县郭汪璨次女,两江总督李星沅室。撰有《簪花阁诗集》。其诗集自序云:“簪花阁,予少时自署集名也。予十四岁失恃,遂膺痼疾,展转床褥四五年。顾独喜诵诗,闻阿父论诗则凝思寂听,若有所得,神志都爽。

① (清)郭润玉《嗛雪山房序》,《湘潭郭氏闺秀集》,道光十七年(1837)刊本。

② (清)郭润玉《贮月轩诗序》,《湘潭郭氏闺秀集》,道光十七年(1837)刊本。

③ (清)郭润玉《绣珠轩诗序》,《湘潭郭氏闺秀集》,道光十七年(1837)刊本。

既而疾渐愈，益从两姑母卒业。”①

郭秉慧(1821—1838)，字智珠，润玉之女侄，李星沅和郭润玉之长子李杭室，早卒。撰有《红薇馆吟稿》一卷。李星沅序言：“(秉慧)幼读书过目成诵，学为韵语，婉丽自然。”②

另郭氏媳妇亦能文习礼，风度彬雅，在湖湘地域俨然成为当地世家中的宗范。“步韫兄孙女曰漱玉、润玉，兄子妇王珮姊妹，佩兰女继藻及润玉子妇郭秉慧，皆能文习礼，进退彬雅。姻族嘉庆以时聚会，众以为仪式焉。”③郭润玉编辑郭氏闺秀著作为《湘潭郭氏闺秀集》，自为序，道光十七年(1837)刊出。李星沅《湘潭郭氏闺秀集》序言：“予惟风雅之彦，萱于闺达，递传三代。近时湘楚，必推郭氏为女宗。”④

郭氏家族以家族闺秀为中心，组成了一个家族性的文学社群，诗歌创作与学习是这个文学社群的基本活动。郭氏长辈教授晚辈诗法诗技，代代相承，郭步韫教授郭友兰、佩兰，郭氏二兰教授郭漱玉、润玉，郭润玉又教授郭秉慧。诗歌成为家族教养与培育中一种必备的文化素养，“时阿父家居，督我辈为诗课，糊名易字，第甲乙甚严”⑤。家族成员之间时常相互唱和、竞技、评点，郭润玉记载：“犹忆乙亥冬夜，分咏作消寒，会设花笺湖颖标胜，余咏冰壶，擢第一，又梅花十绝句，连擢第一，为阿父所激赏。中心欢欣，殆胜秀才之得第也。自归石梧，觞咏无虚日，得诗倍夥。”⑥郭秉慧有多首与

①⑤⑥　(清)郭润玉《簪花阁诗集序》，《湘潭郭氏闺秀集》，道光十七年(1837)刊本。

②　(清)李星沅《红薇吟馆遗草·序》，《湖南女士诗钞》，长沙：湖南人民出版社，2010，第470页。

③　(清)陈嘉榆、王闿运等修纂《(光绪)湘潭县志》卷八，第396页。

④　(清)李星沅《湘潭郭氏闺秀集·序》，《湘潭郭氏闺秀集》，道光十七年(1837)刊本。

家族亲戚和作的诗作，如《暮春和静宜姨韵》《和雅宜姨寄怀原韵》《婉宜姨归志系二绝》等。其中《和雅宜姨寄怀原韵》中有："何缘倩得生花笔，为我评量近日诗。"①李星沂，字袖云，湘阴人，为郭润玉夫李星沅二姐。有与郭润玉唱和之《消寒词次弟妇笙愉韵》。这些相互的唱和、竞技与评点从才学修养层面促成了闺秀们诗艺的提升与诗心的凝炼，同时也从人文情感层面增进了家族成员之间的认知与情谊。

对家族雅集情景的诗歌描绘，郭漱玉有《荷亭小集分韵得凉字》："水亭雅集趁新凉，一阵微风度野塘。团扇光分明月影，荷花艳妒薄罗妆。金钩卷处虾须活，玉碗烹来雀舌香。最是娇痴小儿女，遍寻萤火绕回廊。"②另有《谈诗》云："九九图成斗八叉，约郎分韵小红纱。银釭照夜清谈永，绝胜当年咏絮家。"③两首诗一为消夏雅集，一为消寒雅集，诗人带着慧心灵性，感受生活中的美好细节与清雅氛围，也通过诗作表现出家族雅集中的意味与乐趣。

郭氏闺秀除家族之间常常酬唱研习外，与友人亦多有酬唱互动、文酒之乐。如与同府女诗人王璊的唱和，王璊，字湘梅，湘潭人。归吏部考功司攸县夏恒一卿为继室。著有《印月楼诗词剩》。夏恒有才名，工诗古文词。贫居萧然，湘梅不以为意，极闺中唱酬之乐。王璊有三姐妹，王璊为季，其二姊王佩，即郭步韫侄妇。王氏三女明慧过人，其中璊诗名尤美，"时还攸县，过湘潭，辄住姊家，与郭氏诸女倡和数日，成一集"④。如与瓜尔佳夫人的酬赠，郭润玉有《瓜尔佳夫人以诗见召，赋此奉答》云："多君

① 黄秩模编辑，付琼校补《国朝闺秀诗柳絮集校补》，北京：人民文学出版社，2011，第 2275 页。

② 黄秩模编辑，付琼校补《国朝闺秀诗柳絮集校补》，第 2257—2258 页。

③ 黄秩模编辑，付琼校补《国朝闺秀诗柳絮集校补》，第 2264 页。

④ (清)陈嘉榆、王闿运等修纂《(光绪)湘潭县志》卷八，第 396 页。

雅兴寄诗筒，满幅珠玑点缀工。倚阁乍开新岁酒，兰闺长仰大家风。梅花此地传春信，杨柳参差入画栊。好诗相逢话相忆，踏灯时节一尊同。”①

郭秉慧与杨纫仙、张仙蕖等闺秀友人组消寒梅花诗社。其《梅花社分咏》云：

罗浮经岁无消息，画阁生寒绣懒拈。试踏雪花频绕径，为探春色几巡檐。谁家芳讯传幽院，何处清香入翠帘。安得一枝分庾岭，疏林低压玉纤纤。

——访梅

瑟瑟风吹岁暮时，乞来佳种好扶持。扫开积雪千重影，种得春风第一枝。云淡最宜修竹称，月明合向短篱移。何当折取重簪髻，袅袅微香拂鬓丝。

——种梅

《冬日与杨畹香纫仙、张仙蕖诸女史分咏》云：

寒风飒飒绣帘垂，云影模糊欲雪时。拨火微烘鹤眼砚，好拈彩笔写乌丝。

——炙砚

同云黯淡雪溟濛，扫净琼瑶径乍通。见说寒梅香正好，折花行过小楼东。

——扫雪②

---

① 贝京校点《湖南女士诗钞》，长沙：湖南人民出版社，2010，第 454 页。

② 贝京校点《湖南女士诗钞》，第 478—479 页。

虽然社作题材范围相对狭隘,题目的选择缺乏新意,但题材内容与诗歌风格上表现出一种文人雅士的高情逸趣,在限定的例题中展露与较量了闺秀们的诗思文才。

闺秀文学社群通过消寒雅集进行了休闲,得到了娱乐,同时也较量了诗艺,追求了风雅。在娱乐与较量中增长了才艺,也增进了彼此的友情。郭秉慧《留别杨畹香纫仙、张仙蕖诸同社》云:

> 于归何幸见芳姿,握手依依坐秀帷。已见才华惊绝代,更兼风雅亦吾师。梅花共结消寒社,柳絮还吟送别词。酬唱无多又分袂,江天云树系相思。①

其《寄诸同社》云:

> 湘南有女士,潇洒莫与俦。去年与我唱,时值西风秋。握手情最亲,欢笑何绸缪。况结梅花社,消寒快赓酬。愿言长追随,心性两相投。人生多别离,忽为蓟北游。春风太无情,吹度湘江流。楚树与燕山,处处增离愁。②

梅花诗社的闺秀诗人们既拥有外在潇洒芳姿,又具内在的惊艳诗才,大家心性两相投,社集欢笑绸缪。只是碍于人生多故,酬唱无多,别离即到。郭秉慧已出嫁为妇,归宁的短暂酬唱甚为难得,且于此次归宁相遇诗友后不久,郭秉慧即素芳陨落。不过,虽然相聚匆匆,在消寒的梅花社里,彼此之间已经留下了深刻的回忆,产生了深厚的友情。

---

① 贝京校点《湖南女士诗钞》,第480页。
② 贝京校点《湖南女士诗钞》,第486页。

与梅花诗社类似的还有道光年间以长沙吴氏家族的闺秀为中心的文学社群，益阳陈若梅与其女弟子莲姑、菊姑、玉秀、凤儿组成的文学社群，宁乡人丁梅娥与其女侄佩瑜、佩珩、佩珊等组成的文学社群等等。以吴氏闺秀为例：

吴小云，长沙人，太学生吴廷柱女，同邑张再煦室。

吴小鸾，长沙吴廷楚女，石门县夏敬吉室。

吴小华，吴廷楚次女，小鸾妹，同邑张凤西室，春华早落。

张瑞英，字玉仙，杨钧长女，善邑朱厚炯室。

吴氏闺秀彼此之间多相酬唱，如吴小云之《红白梅花和张玉仙女史韵》《寄怀玉仙》，吴小鸾之《秋夜与小云妹分韵》，张瑞英之《和小鸾、小云秋夜分韵作》等诗。

吴小华《和小云妹冬夜即事》一诗描绘了众闺秀雅集创作之情景：

> 朔风如铁峭寒侵，为和新诗思转深。残雪梅花清晓梦，芳醅竹叶助狂吟。闲添兽炭琼闺暖，高荫虬松石洞阴。咏絮可曾成好句，尖叉涂抹兴萧森。①

与梅花诗社同样的清雅闲逸，专注诗歌创作。创作现场的各种细节描绘清楚，外部环境是如铁朔风、残雪梅花、高荫虬松石洞，内部环境是芳醅竹叶、琼闺兽炭，外寒内暖，而女诗人们新诗狂吟、尖叉涂抹，享受着温暖舒适的环境，品尝着别有风味的文酒之乐。

梅花诗社等闺秀社群是带着清代闺秀娴雅文淑之气的文学社群。相比男性社群，她们的社集活动清雅而简单，其社作风格也偏

---

① 贝京校点《湖南女士诗钞》，第 321 页。

向精致、小巧。与男性社群共同的是,闺秀社群通过社集追求风雅,获得娱乐,增进情感,开阔了创作视野,拓展了人文空间;闺秀社群的创作骈萼联珠,值得细赏。由此能一窥清代湖湘女性文人社群的文学创作与社群活动。

总的说来,湖湘文人在社群活动与文学创作中追求群体的文酒之乐,展现了他们的生活智慧,倾吐了他们的嘤鸣之情,寄寓了他们的理想志向。社群里的许多创作为游戏取乐和交际兴酬而生,但因为无太多拘束,反而能发抒真实性情。清攸人陈之驱《徐岫眉诗序》提道:“后世科制在帖括,士以诗为游戏,会际兴酬,候虫时鸟,不得不鸣。又无宠辱拘怕斗乱,其胸中反能发抒性情以自惬幽独,所不如唐者,止有宫词、出塞,无其艳芒,此实运会使然。”[①]社群同人的交往有很多细碎琐事,正反映了文人友谊的日常生态。君子之交淡如水,如果在生活中刻意要求朋友同生共死,日常相处轰轰烈烈,这其实是对普通人友谊的一种夸大,一种极端的偏执。在湖湘文人社群交往中充溢着各种简单、琐碎、平淡的事迹,有时,他们的聚会虽然不是盛会,他们的表现也可能缺乏英雄气概、才子风度,却输出为真实可信的史料记录。

在文学外缘的条件中,张健《明清文学批评》提道:“一个是时(时代或法令),一个是地(地域,地理情况),还有朋友的切磋润泽,学问的充实盈满。比起法国批评家泰纳的同类主张来,少了种族一目,多了友、学二则。”湖湘文人与社友们学相砥砺,文共切磋。以此为主要目的组建的社群,也为社人之文学创作和思想交流提供了良好的外缘条件。

---

① (清)陈桃文《岛孙集钞》卷八,清乾隆四十年(1775)刻本。

第二节　结社·编辑·传播
——以湘学导师邓显鹤为例

邓显鹤是嘉道时期湖湘地区一名重要的诗人和学者，同时也是著名的文献家、出版家、教育家，可谓湘学复兴之导师，乡井增重之巨擘。邓显鹤，字子立，一字湘皋，湖南宝庆府新化（今属娄底）人，生于乾隆四十二年（1777），卒于咸丰元年（1851）。嘉庆九年（1804）举于乡，礼部屡试不第，遂绝意仕进。晚岁入京师，诣选籍。道光六年（1826）大挑二等，选宁乡训导，在任十三年，后引疾告归。晚年先后主讲常德朗江书院、宝庆濂溪书院。自幼聪慧喜吟咏，及壮，与同里欧阳辂为诗友。中举后，远游燕、齐、淮、扬、粤等地，所到之处，皆有题咏。一生笔耕不辍，著有《南村草堂诗钞》二十四卷、《南村草堂文钞》二十卷，还有《易述》八卷、《毛诗表》二卷。其诗不为流俗之言，亦不依附古人成见，“包孕群有，力破余地，蟠际上下，天骨森然”[①]。以搜求整理楚文献为志，著述丰富，极力发掘乡贤先哲的精神文化遗产，整理刊刻了王夫之散佚诗文书稿《船山遗书》一百五十卷，编纂了“湖南文学史上第一部地方性诗歌总集”[②]——《资江耆旧集》六十卷，以及规模和影响更大的《沅湘耆旧集》二百卷，完成了《〈楚宝〉增辑考异》四十五卷、《武冈州志》三十四卷、《宝庆府志》一百五十七卷，另外撰述了《朱子五忠祠传略》及《续传》、《明季湖南殉节传略》等。邓氏倾心弘扬湘学、提携后才，曾国藩《邓湘皋先生墓表》言：“先生则阐扬先达，奖宠后进，知

① （清）邓显鹤编，欧阳楠校点《沅湘耆旧集》第5册，长沙：岳麓书社，2007，第135页。

② 张青松《〈资江耆旧集〉的成书过程考》，《湖南城市学院学报》，2006年第5期。

之惟恐不尽,传播之惟恐不博且久。"[①]其富丰硕多的贡献与成就,正如唐仲冕《次韵题邓湘皋诗卷》所云:"每闻楚有材,狂喜至曲踊。著述足千秋,乡井亦增重。"[②]《清史稿》卷四八六、《清史列传》卷七三和《国朝先正事略》卷四四本传,皆称邓显鹤在当时以道德、学问、诗文名满天下。

关于邓显鹤,结论性的个人评价前人论述已多,毋庸多论。这样一位并不位高权显的乡士,是如何进行地方文献的整理、地方优良文学传统的维系、地方精英文化的传播的,其过程有怎样的关键细节和特点,起到什么样的作用,学界论述相对较少。而对这些过程的挖掘与细节的还原,或许对今人有更大的参考意义。现从邓显鹤结社、雅集,来看邓对风雅传统的维系,以及《沅湘耆旧集》完成中的推力。

一、结社传统的身体力行者

邓显鹤少壮时,即锐意为诗,与同里欧阳辂相友善,以诗相励。邓显鹤为欧阳辂作小传言:"余与涧东同里闬,其订交乃在京邸。涧东长余十岁,余兄事之。涧东亦以弟畜余。既饥驱四方,会合无常,或积年始一见,见则先出诗互证。"[③]并结交陶澍父子、晏贻琮、黄本骐诸友,嘉庆十三年(1808),与黄本骐、晏贻琮等人时常雅集、唱和。[④]

---

① (清)曾国藩撰,唐浩明主编《曾国藩全集》第 14 册,长沙:岳麓书社,2011,第 324 页。

② (清)唐仲冕《陶山诗录》卷一六,《清代诗文集汇编》第 437 册,第 265 页。

③ (清)邓显鹤编,欧阳楠校点《沅湘耆旧集》第 5 册,第 134 页。

④ 邓显鹤之生平考证多参见张青松《邓显鹤年谱》,南昌大学 2007 年硕士论文。

嘉庆年间，邓显鹤在桂林、扬州等地也参加当地诗社活动。嘉庆二十年(1815，乙亥)邓显鹤会试五不中，落第后客扬州，其《萸江诗存跋》载："嘉庆乙亥冬月，余客扬州。"①《晏湘门过且过斋诗序》："嘉庆乙亥春，湘门以疾卒于家。其友同里邓显鹤客扬州闻讣。"②客居扬州期间，邓显鹤与当地文人屡屡雅集，有《六月六日雨中同人集陈牧堂逢衡思园，分韵得三字》《次韵赠答赵艮甫函明经，即书其乐潜堂诗集后》《艮甫招同屠琴坞、金手山学莲、毛生甫复集牧堂思园，琴坞先成三律，次韵奉答》等。思园雅集期间，结识屠倬，因题《潜园吟社图》。屠倬，字孟昭，号琴邬，晚号潜园老人，钱塘(今浙江杭州)人。嘉庆、道光之际活动于浙江杭州的"潜园吟社"，由屠倬创立。该社时举时辍，前后绵延十年有余，入社成员至少四五十人。又刊有部分社诗总集，为《潜园吟社集》，收入《是程堂倡和投赠集》。并专门绘有社图，曰"潜园吟社图"，广泛征集题咏③。扬州过客邓显鹤也是被邀请题咏的诗人之一。邓显鹤有《扬州晤屠琴坞太守倬出潜园吟社图属题，即用图中自题诗"潜园多水竹，庭户日夕幽"为韵，作十小诗应之》④。

又嘉庆二十三年(1818)邓显鹤去桂林，据所著《竹裕园制义序》："嘉庆戊寅，余来桂林馆春湖中丞寓斋。"⑤春湖中丞谓李宗瀚，时官都察院左副都御史，嘉庆二十年以丁母忧归居桂林。邓《诰授资政大夫工部左侍郎提督浙江学政李公行状》言："公讳宗瀚，字公博，一字春湖，江西抚州府临川县人。家世有厚德，贡生。

---

① (清)邓显鹤撰，弘征校点《南村草堂文钞》，第 100 页。

② (清)邓显鹤撰，弘征校点《南村草堂文钞》，第 93 页。

③ 参见朱则杰、李杨《"潜园吟社"考》，《文学遗产》，2010 年第 6 期。

④ (清)邓显鹤撰，弘征校点《南村草堂诗钞》，长沙：岳麓书社，2008，第 226 页。

⑤ (清)邓显鹤撰，弘征校点《南村草堂文钞》，第 52 页。

公以业鹾家粤西……公遂筑宅于桂林杉湖之滨,日侍戴太君暨刑部公侧,有终焉之志。"[①]邓显鹤至道光元年仍馆李春湖寓,据其《陶公子慧寿哀词》:"道光改元之明年,余客桂林李春湖侍郎寓宅。"[②]邓显鹤在桂林多年,与李宗翰等人结诗社,诗会常举。又《次日复拈山字得一首》云:"借得杉湖屋数间,栖迟聊以养疏顽。烟岚不肯放人去,鸥鹭将毋妒我闲。曾为看花入诗社,偶然好事款禅关。三年蛮徼吾何恋,一半难抛湖上山。"[③]《初七日游漓山水月洞,观石湖放翁石刻,因至开元寺寻唐人舍利塔碑,不获,步南溪眺望而返》云:"饱闻漓山水月洞,中有玉简藏云龛。三年居此岂不久,咫尺未到能无惭。"[④]知两诗作于嘉庆二十五年,又诗后自注:"连日会者七人,兹游惟春湖中丞及朱秀才与余三人耳。"[⑤]另有《十七日集湖西庄,时菊花已半开矣》《十九日集湖西庄看菊,以"采菊东篱下,悠然见南山"分韵得山字》《次日复和诸君韵作十首》《雨中见野岸芙蓉花开,因忆去年诗社之盛,口占寄七松老人》等多首诗社雅集、酬唱之作。

道光年间,自邓显鹤归乡官宁乡校官始,便屡屡招邀湖湘文化名人风雅集会。长沙周寿昌《汤君蠖传》言:"道光中,湖南有邓湘皋先生者,以古文辞倡导后学,搜辑废坠,嘘拔单素,凡一艺一能,奖藉之不遗余力。一时人士翕然向风,劬古服义,力矫浮陋之习。先生官宁乡校官,去长沙不百里,每至省会,即招集诸名流,若沈栗仲道宽、宋于庭翔凤、黄虎痴本骥及汤浯叟诸先生,类以发言成典,摛藻垂范,诗人则毛青垣国翰、杨紫卿季鸾、凌荻舟玉垣、李舜卿

---

① (清)邓显鹤撰,弘征校点《南村草堂文钞》,第298—299页。

② (清)邓显鹤撰,弘征校点《南村草堂文钞》,第360页。

③ (清)邓显鹤撰,弘征校点《南村草堂诗钞》,第129页。

④ (清)邓显鹤撰,弘征校点《南村草堂诗钞》,第132页。

⑤ (清)邓显鹤撰,弘征校点《南村草堂诗钞》,第133页。

洽，画史则阙雯山岚、陈茹华大椿、邵香伯梅臣、李二木林、僧听涛岛，分途奏技。室稍隘，则于长檐下设几命坐，或徙倚竹石间，酒赋琴歌，申旦不辍。予与家弟筱楼、寿祺尝与兹会。不数十年，而飘云坠叶，莫可踪迹。至今思之，惘惘如隔世事也。”[①]

从上文可见，湖湘名流中诸如学者、诗人、画士各类才士，均与邓显鹤时常雅集，于室内分途奏技，室外则设几命坐，或徙倚竹石间，酒赋琴歌，申旦不辍。邓显鹤招集了一个人数较多、才艺多样、风雅行乐的文人社群。虽不数十年，同人各自飘散，但让仅仅是“尝与兹会”的后辈文人，多年后犹念念不忘，追思当时人文盛景。周诗《呈邓湘皋先生》还记录了邓显鹤的日常生活场景：“故友欢留时剪韭，旧书屡校手题签。”[②]

清道光二十九年(1849)，邓显鹤寓居长沙。九月初九邓显鹤招邀黄本骥、汤彝、杨季鸾、左宗植、罗汝怀、杨彝珍、张柘泉、邓琮等登高天心阁，发起“重阳诗会”，后编辑成《城南倡和诗》专集。邓显鹤题诗为首篇，诗题名为《己酉九日，长沙寓中邀同沈栗仲同年、黄虎痴学博、汤幼尊布衣、杨紫卿上舍、左景侨舍人、罗研生明经、杨性农、张蔗泉两孝廉天心阁登高，返集旧城南精舍，儿琮侍，紫卿即席成诗，次韵二首》[③]。详述了这次诗会的有关情况：这次诗会，邓显鹤一人即吟诗 20 首，其中叠“高”“沙”二字韵 10 首，叠“方”“中”二字韵 10 首。

重阳诗会的另两名发起者为沈道宽和黄本骥，他们与邓显鹤三位均为 70 岁以上的老人，于此登高赋诗，诗兴大发，感慨此会之特别：“老来朋旧太寥寥，雅集无如此会高”；“三百年来无此乐，一

① (清)周寿昌撰，王健、田吉校点《周寿昌集》文钞卷一，长沙：岳麓书社，2010，第 137 页。

② (清)周寿昌撰，王健、田吉校点《周寿昌集》诗钞卷四，第 83 页。

③ (清)邓显鹤撰，弘征校点《南村草堂诗钞》，第 380 页。

千里外共登高”。沈道宽,字栗仲,顺天大兴(今属北京)人,生于乾隆三十七年(1772),卒于咸丰三年(1853)。嘉庆二十五年(1820)进士,以知县分发湖南。黄本骥,字虎痴,一字仲良,湖南宁乡人。道光元年(1821)举人,授黔阳教谕。本骥乡荐出香杜夫子门下,道光四年(1825)客衡郡,有校书之行。抱经济才,善诗文。著《三长物斋丛书》。

汤彝,字幼尊,湖南善化人。先世以武功显,父官参将,与伯兄蟠、仲兄蠖以文学名于时。汤蠖号小浯,晚号浯叟,十岁即能画山水,长益好之,遂弃举子业,专攻画,兼习为古文、诗歌,制小词,尤工书,法唐人而别有逸趣。汤氏兄弟皆交好于邓显鹤,前文周寿昌《汤君蠖传》已有提及。

杨季鸾(1799—1856),字紫卿,湖南宁远人。监生,御赐“孝廉方正”。归寓永州,主讲濂溪书院。同梁章钜、朱绶、沈道宽、左宗植等多有唱酬,与魏源、何绍基交尤契。死后何为其题墓云:“两人足迹轻天下,千古诗怀在永州。”季鸾之诗,古体磊砢自嘉,于太白、退之为近,近体多清新婉约之所。著有《春星阁诗钞》。

左宗植(1804—1872),字仲基,一字景乔,号慎庵,湖南湘阴人。左宗棠仲兄,道光十二年(1832)举人第一。初以拔贡入都,朝考列二等,任湖南新化县训导。中式后,选授桂东县教谕,改内阁中书。有才气,论学不尚苟同。工诗古文辞,间作四体书,尤善治天文,尝考订《开元占经》行世。时与魏源、陈起诗、汤鹏有湖南四杰之誉。所著《朴学斋存稿》,宗棠分刻为《慎庵文钞》《慎庵诗钞》。

罗汝怀(1804—1880),榜名汝槐。初名汝槐,字廿孙,一作念生、研生,晚号梅根居士。湖南湘潭人。清道光十七年(1837)选拔贡生,次年赴京,在京间,与湘籍文人汤鹏、何绍基交密。廷试落第返湘,主讲醴陵渌江书院两年,以期亲老辞归,就近设馆授徒,绝意科举,专治经学,关注时事,乡里有所为。同治间,参与编纂《湖南通志》。又以数十年时间辑成《湖南文征》二百卷。师从邓显鹤、沈道宽等学者，见闻益广，以文字训诂学著称于时。

未能参加重阳诗会，仍属于这个诗会社群的还有李星沅、陈本钦等。李星沅(1797—1851)，字子湘，号石梧，湖南湘阴人。道光十二年(1832)进士，选翰林院庶吉士，散馆编修。位至两江总督，道光帝甚为倚重。勤政嗜学，诗文俱佳。陈本钦(1790—1858)，字尧农，湖南长沙人。道光十二年(1832)进士，选翰林院庶吉士，散馆授工部主事。道光二十年(1840)南归后回乡任城南书院山长，为李星沅舅舅。陈本钦《己酉重九邓湘皋招杨上舍紫卿、左同年景乔诸君天心阁登高有诗酬唱，余未与此会也，会紫卿以诗见调，戏次其韵答之兼简湘翁》云：

> 名山胜会近寥寥，和寡非关曲调高。贺监风流今不作谓贺柘农前辈，元龙意气尚能豪。骚坛角逐中原鹿，讲席谁分左手螯。莲社攒眉吾岂敢？但较许饮肯辞劳。
>
> 郭外青山夕照斜，古来香草在长沙。重阳觞咏自千古，一代文章属大家谓湘翁。此日歌台同问月，他年荒径待看花。独输邓老多情甚，以九为名俗亦佳。[①]

陈诗对重九诗会作了高度评价，特别对邓显鹤推崇备至，认为“重阳觞咏自千古，一代文章属大家”，并特别注释诗中的大家“谓湘翁”。此次诗会，因湖湘文化名人唱和者甚众，所出诗作艺术品位甚高，被时人誉为“湖湘骚坛盛事”，亦悦被后昆，当同治年间湘人张自牧、杨翰等人展重阳会招集时，他们会怀念邓湘皋等人妙高峰上的展重阳会，感慨湖湘耆旧的逝去。杨翰《力臣十月九日招

① (清)陈本钦《春晖堂诗存》，《清代诗文集汇编》第567册，第336页。

集,话及道光己酉邓湘皋、黄虎痴、杨紫卿于是日在妙高峰展重阳会,不胜感慨,再用前韵,三叠奉酬。紫卿有春星阁集、虎痴刻米书于芙蓉楼、湘皋有沅湘耆旧集》中云:“慨想当年耆旧尽,玻璃且覆掌中杯。”①

二、《沅湘耆旧集》编辑背后的社群推力

从道光十九年(1839)到咸丰元年(1851),诗人潜心整理湖湘文献,思想上变得更加深厚,诗歌创作、鉴赏水平不断提高。邓显鹤自道光己丑始重修《楚宝》②,道光十九年始编辑《沅湘耆旧集》,其《文钞》卷第二《船山遗书目录序》载:“道光己亥寓长沙时,方辑《沅湘耆旧集》。”③此年夏,《资江耆旧集》印成于朗江书院。道光二十三年(1843)秋,《沅湘耆旧集》刻成于新化邓显鹤之南村草堂。

邓显鹤与耆旧才俊结社雅集的过程中,一方面寻觅同道、缔结友情,另一方面也积淀学识、增长才艺,继而为其搜集辨选资料、推广传播文献建立起宽广的人脉,加强良好的学养基础。在邓显鹤编辑地方总集之路上,湖湘友人不但为其提供编辑原料的来源,更成为其抚慰情感、鼓舞精神的力量,还在物质上提供了有力的援助。

道光十九年(1839)岁末,邓显鹤于长沙得长子邓琳病卒都门之噩耗,白发人送黑发人,沉痛至极。此时正辑《沅湘耆旧集》,悲痛中辍业数日。幸得沈道宽、贺熙龄、左宗植、毛国翰等老友百般宽解,并为其提供各种资料。宗植、国翰更是朝夕过访,连床夜话,

---

① (清)杨翰《褒遗草堂诗钞》卷九,《清代诗文集汇编》第650册,第302页。

② 参见(清)邓显鹤撰,弘征校点《南村草堂文钞·蔡忠烈公遗集序》,第44页。

③ (清)邓显鹤撰,弘征校点《南村草堂文钞》,第37页。

先生悲痛稍减，复忍痛纂辑。邓瑶《湘皋府君行状》："方辑是集时，以事至长沙，寓故城南书院，得长子琳病终都门之耗，辍业数日，已复忍痛纂辑。时沈栗祥丈、贺拓农师及长沙毛青垣文学国翰、湘阴左景侨舍人宗植晨夕过从，商榷搜讨。舍人与文学以府君有西河之戚，岁暮栖迟孤馆，相与更番值宿，联床共语，往往不知天之将曙也。叔父每言及当时遭遇之厄、友朋之厚，辄感叹不能自已。"[①]邓显鹤《毛青垣〈麋园诗〉序》："余闻青垣之名于沈栗仲，因得交其人，今二十许年矣。戊己之间，余羁栖长沙，寓旧城南精舍，栗仲方买宅城南为流寓计，相距不过数武。青垣往来其间，无间晨夕。时余方搜集湖外诗为总集谋授梓，会有西河之戚，青垣恐余废业，移榻就余，日取洪、永以来各家巨帙零章，商榷进退。余感其意，制泪忍痛，孜孜汲汲为之，遂以成书，今所刊行《沅湘耆旧集》是也。"[②]《沅湘耆旧集》刊刻前一年，左宗植代贺熙龄、陈本钦致书在外为官的湖南同乡，为《沅湘耆旧集》刊刻募资。贺长龄获书后最先捐助百金，其他人先后寄到多金，刊刻遂得以顺利进行。

从《沅湘耆旧集》收录诗人、采择诗歌的一些过程与细节，可以发现部分社集友人对邓显鹤的深刻影响。早年与邓显鹤唱和相交的欧阳辂、晏贻琮、黄本骐等人，因过世较早，经邓显鹤收集整理，收入《沅湘耆旧集》内，成为总集里重要的部分。早年唱和友人收录如下：

姓　名	收入古体诗数量	收入今体诗数量	总数
欧阳辂	154	209	363
晏贻琮	45	65	110
黄本骐			80

① (清)邓瑶《双梧山馆文钞》卷一九，咸丰十年(1860)南村草堂刻本。
② (清)邓显鹤撰，弘征校点《南村草堂文钞》卷五，第107页。

《沅湘耆旧集》据学者统计收录诗人 1699 人，诗 15680 首。[①]《耆旧集》前编收录时代从晋代开始，《耆旧集》主要收录明清两代湖湘诗人之诗，实际上《耆旧集》就是一部湖南诗征。据笔者统计，其中收录清代诗人有 1260 人左右，收录诗歌超过百首的诗人仅有 17 人，其中明代 4 人，清代 13 人。欧阳辂、晏贻琮之诗歌收录数量都超过百首，黄本骐诗歌的收录数量不弱。特别是欧阳辂为《沅湘耆旧集》中诗歌收录最多的一人，收录诗歌数量排行第二的是张九钺，收 215 首，较欧阳辂少了 148 首。从邓显鹤收录欧阳、晏、黄三人诗歌的数量和分类的细致可知，他对这几位诗友的重视与偏爱。这与邓早年多次与三人诗酒雅集、酬唱切磋，对他们的深入认识与了解存在一定的联系。

《沅湘耆旧集》只收录已经过世诗人之诗作，所以城南雅集的众多诗侣及其诗作，并无辑入集中。不过，总集文本中虽然没有收入城南诗友的诗作，但并不意味着文本编订与传播中就缺少了他们的身影和作用力。在《沅湘耆旧集》的编订过程中，他们像一个个重要的资料传播点，以他们的姻亲友人为背景，编织了一张张家族资料网，介绍推荐给邓显鹤，邓显鹤在总集中记录了由此途径征诗选诗的过程。《沅湘耆旧集》收录邓氏雅集诗侣之家族所作诗歌如下：

社友湘潭罗汝怀亲友之诗歌收录简况

与罗汝怀之关系	姓名	身　份	收录过程	录诗数量
罗汝怀之族祖	罗天阊	处士	“初编《西塘草》，丛稿甚多。其族子汝槐研生以一帙邮寄，属为多采，中多残缺失次，为删节存之。”（卷一百）	27

① 参见张青松《邓显鹤年谱》，南昌大学 2007 年硕士论文。

续表

与罗汝怀之关系	姓名	身　份	收录过程	录诗数量
罗汝怀之岳父	周系蔚	贡生，官永绥厅训	“好吟咏，稿多散佚。同县拔贡罗汝槐研生，其女婿也。搜辑数首见寄，为择存之。”（卷一百一十五）	12
罗汝怀岳父之弟	周系英	进士，官至工部右侍郎	“公子贻朴曾许寄公诗稿，未至。令从其兄子婿罗研生所得一册，为录存之。”（卷一百一十七）	10
罗汝怀之从父	罗修源	进士，官至少詹事	“诗集散佚，其从子汝槐搜辑数首寄余且撰状乞铭，迟之久而尚未得为也。老懒荒废惭负其有极耶。”（卷一百六）	7
罗汝怀之妻	周华洁		“负才早卒，研生哀之，以其集属选，为采其尤者登焉。”（卷一百八十八）	32
罗天闾之孙、碧泉学士族弟、研生明经诸父	罗修兹	明经	“研生投余一册属为序，行藏箧衍中十年矣。”（卷一百五十三）	17
朋友	李学缙	寒士	“好学，年三十，竟以穷死。罗研生以其遗稿来，谆谆属为采择，且称其人品实高于诗。为录一首，以存其人。”（卷一百六十二）	1

社友湘阴左宗植家族之诗歌收录简况

与左宗植之关系	姓名	身份	收录过程	录诗数量
左宗植之曾祖父	左逢圣	秀才	“今从其曾孙宗植仲基所得诗一首，可以概其生平矣。”（卷一百）	1

续表

与左宗植之关系	姓名	身份	收录过程	录诗数量
左宗植之祖父	左人锦	监生	“其孙景乔学博宗植为余诵《建族仓诗》。”(卷一百二十五)	1
左宗植之父	左观澜	廪生	“今从仲基许得其遗诗。”(卷一百五十五)	1
左宗植之妹	左寿贞			1
左宗植之妹	左寿玉			1

社友宁乡黄本骥之亲友诗歌收录简况

与黄本骥之关系	姓名	身份	收录缘由	录诗数量
黄本骥之兄	黄本骐	举人,官城步县训导	“早岁尝与余同客京邸,后闻其官城步。不久旋卒,迄余为沩宁校官,尝主其家,益习其内行。”(卷一百四十九)	87(含《母述训诗》6首)
黄本骥之祖母	秦邦淑		“为吾友虎痴学博本骥祖母。虎痴一门风雅,其继室陈梅仙及其兄女婉璚、甥女唐婉珠皆能诗,均见是集,盖其家学渊源为有自矣。”(卷一百八)	10
黄本骥之父	黄湘南	诸生	“君为虎痴学博本骥之父,自幼随其父太守公官天津,才名播南北。年未壮,客苑杭州。遗诗三千余首,词七百余首。可谓富矣。宁乡黄氏代有闻人,几于人人有集,而先生抱才早陨,未见其止,尤为可惋云。”(卷一百四)	22

续表

与黄本骥之关系	姓名	身份	收录缘由	录诗数量
黄本骥之母	刘光绮		“余往来长沙，尝主其家。孺人以子畜余，余不得事之如母也。故铭其墓词，特哀焉。孺人诗不多见，仅从《女士诗钞》得一首。”(卷一百八十五)	1
黄本骥之侄女，黄本骐之女	黄琬璚		“年二十七卒。卒之前数日语其叔父虎痴，死必丐余文志墓，余哀而许之。虎痴得余文，乞吾友沈栗仲书丹于其葬也。”(卷一百八十六)	24
黄本骥之友	邱仙易	黔阳县学生	“所存诗不多。近吾友黄虎痴学博本骥与临桂龙见田大令光甸编辑《月沛园诗钞》并绘图锓木，以一册寄示。”(卷五十二)	2
黄本骥之友	郭浚	善化人	“曾孙芑泉茂才祖翼介吾友黄虎痴属作家传，卒卒未果。今芑泉死矣，录其诗辄为之婵媛太息也。”(卷八十八)	50

《沅湘集》中经友人毛国翰介绍录入的人物简况

人　物	籍贯、身份	收录过程	录诗数量
蒋　氏	零陵名宿女	“有集散佚，仅从长沙毛国翰青垣《湖南女士诗钞》得数首。”(卷一百八十)	3
骆化麟	长沙贡生	“其诗粗犷棘塞，颇不入格。吾友毛青垣襄校，劝选一二，以存其人。”(卷五十三)	1
毛　琇	长沙举人	“近与其家青垣秀才国翰交，出示一册则其族子某所手录者。双清诗在焉，盖亦无有能逾美是作者，故所存止此。”(卷一百零八)	8

续表

人　物	籍贯、身份	收录过程	录诗数量
杨延亮	长沙进士	“毛青垣为余言尝见昭杰近作《赵城杂咏》八首卓然可传,阅之洵然。”(卷一百四十一)	28
张祈倬	长沙诸生	“所为诗不欲自存,故多散佚,青垣就其所钞录者锓木,即今所传四咏堂诗剩是也。”(卷一百五十三)	23
夏　恒	攸县进士	“多才好学,讲求经济,时誉翕然。吾友沈栗仲、毛青垣尤亟称之。”(卷一百五十八)	25
何官麦	湘潭国子生	“有诗万余首,毛青垣力为删节,得若干首,属余存之。”(卷一百六十二)	9
罗金淑	善化人	“吾友沈栗仲序其端,毛青垣志其墓,余复为之选。其诗入是集,丽生亦可以无憾矣。”(卷一百九十)	69

收录文献均参考邓显鹤编纂《沅湘耆旧集》。

邓显鹤足迹遍布各地,广结善友,晚年回归湖南,屡开诗会,邀集名流。通过雅集文会,经友人介绍、推荐,并一起择选淼汰,最终搜集和整理了大量宝贵的湘人著作资料,可以说邓显鹤雅集结社中积累了人脉,交流了思想与技艺,也以此为起点,形成《沅湘耆旧集》背后的群体推力。而《沅湘耆旧集》完成后,对于延伸社群同人们以及家族德誉、文声也起到了重要的传播作用。

对于邓显鹤弘扬地方文化、传播湘学中的卓著地位,梁启超在《中国近三百年学术史》中评价:“盖以中国之大,一地方有一地方之特点,其受之于遗传及环境者盖深且远,而爱乡土之观念,实亦人群团结进展之一要素。利用其恭敬桑梓的心理,示之以乡邦先辈之人格及其学艺,其鼓舞浚发,往往视逖远者为更有力。地方的学风之养成,实学界一坚实之基础也。彼全谢山之极力提倡浙东学派,李穆堂之极力提倡江右学派,邓湘皋之极力提倡沅湘学派,其直接影响于其乡后辈者何若?间接影响于全国者何若?斯岂非明效大验耶。诗文之征,耆旧之录,则亦其一工具而已。”①而邓显鹤拥有如此的高评,除了归因于其自身的才志等因素外,其诗文之征、耆旧之录,也离不开与他联系之各社群同人的群体贡献。

第三节 结社·创作·传播
——以诗僧八指头陀为例

清末著名诗僧八指头陀(1851—1912),释名敬安,字寄禅,湖南湘潭人,曾于宁波阿育王寺烧残两指,并剜臂肉奉佛,故号“八指头陀”,著作有《八指头陀诗集》十卷、《八指头陀诗续集》八卷等。八指头陀出身寒素,境遇坎壈,但苦吟好学,诗才出众。不少名家亦称赏其诗,如湖湘诗派魁杰王闿运两次为其诗集作序,认为:“寄禅得慧,而能兼文理以为诗。”②八指头陀德行高卓、交游广泛,先后主持湘中六寺——衡阳大罗汉寺、上封寺、大善寺、宁乡密印寺、湘阴神鼎寺、长沙上林寺和江南二寺——天童寺、观音寺,③任中华佛教总会首任会长。他经常往来于湖湘与江南两地,远游山水、驻锡名寺之同时,参与两地的多个文学社团,与社友同人社集频繁,酬唱甚多。其社友同人中既有海内闻人,也不乏无名文士。他们社集频繁,酬唱甚多,其现存文献里仍可发现一批记录当时社集

---

① 梁启超《中国近三百年学术史》,北京:人民文学出版社,2008,第152页。

② (清)王闿运《八指头陀诗集·序》,《清代诗文集汇编》第775册,第2页。

③ 参见(清)释敬安《冷香塔自序铭》,释敬安撰,梅季点校《八指头陀诗文集》,长沙:岳麓书社,2007,第414页。

的诗文资料。于地方文学史与文人结社史，八指头陀都是一位颇具影响、富有特色、值得关注的人物。

一、八指头陀的主要结社考

自同治十年(1871)八指头陀以一句“洞庭波送一僧来”受到郭菊荪赏识，初登诗坛始，按其主要活动区域，八指头陀一生大约可分为三个时期：从二十一岁(1871)至三十四岁(1884)为早期，二十四岁游历湘阴，二十五岁离开湖南，远游吴越，与四明文人徐酡仙、胡鲁封、与了法师颇多赠答；三十五岁(1885)至五十一岁(1901)为中期，回到湖南，主持湘中六寺，与王闿运、陈三立等人交往密切；五十二岁(1902)至六十二岁(1912)为晚期，又离开湖南，任浙江天童寺住持，历游江浙，与东南名士交游。[①] 最后因请愿上京，逝世于北京法源寺。八指头陀的活动区域虽不断变换，文学社集活动却一直进行，现按时期分别考察其主要结社：

(一) 早期结社

湘阴结社：光绪元年(1874)，八指头陀自衡阳岐山仁瑞寺去湘阴法华寺，东林老僧为其师。秋季曾游历宁乡沩山、湘阴神鼎山等地。游历湘阴期间，曾与郭增颐等人结诗社。有《丁丑秋寄郭增颐少君》一文可证：

增颐社兄足下：

自家山分袂，不觉几度丹桂飘香，黄花弄色矣。回忆畴昔，华屋中与君拾枯槎，煮野菜，歌明月，吟松风，诚一时之佳会，千秋之胜事也。讵料浮云一别，流水三年，海角天涯，睽违

① 参见(清)释敬安撰，梅季点校《八指头陀诗文集·前言》，第1页。

万里，鳞鸿罕遇，音问难通，望风怀想，能不怆然涕下者乎？[①]

郭增颐为八指头陀湘阴社友。光绪三年(1877)春夏之交，八指头陀已离开湖南，落脚宁波，于四明官舍遇见郭增颐叔叔——郭子桂，得知郭增颐家遭变，即写书信慰勉他。清代湖南之湘阴亦称为“上湘”、湘潭为“中湘”、湘乡为“下湘”，统称为“三湘”，故八指头陀称湘阴之山也为“家山”。此次湘阴结社时间当在秋季，人数少，形式比较自由，社集活动包括“拾枯槎”“煮野菜”等日常生活内容，也有“歌明月”“吟松风”等文学创作活动，在八指头陀心中留下“佳会”“胜事”的感觉，但诗社持续时间不长。

光绪六年(1880)，另有《怀湘阴郭增颐》一诗抒写对社友、社集的怀念：

日落寒林万树烟，怀君此际倍凄然。秋风雁断书千里，凉月光浮水一天。结社青山还忆昨，渡杯沧海已忘年。若耶溪畔云门寺，何日孤灯对榻眠。[②]

云门寺在今浙江绍兴境内，为千年古刹。若耶溪在寺门口，风景秀美。从诗意可知，八指头陀即便在佛门胜地、山水佳境中，对湘阴社友郭增颐的怀念，依然强烈；对往昔家山结社的回忆，仍旧清晰。

四明结社：光绪二年(1876)冬，八指头陀从湖南西来，驻留明州(今宁波)。明州以境内四明山得名，也称四明。从吕文舟、胡鲁封、徐酡仙及寺僧与了法师等人游，并成立诗社，相互吟和。其诗集卷七记录：

---

① (清)释敬安撰，梅季点校《八指头陀诗文集》，第365页。

② (清)释敬安撰，梅季点校《八指头陀诗文集》，第50页。

光绪丙子余驻锡明州，从与了法师、吕文舟、徐酡仙、胡鲁封诸子游。以文舟居近东林寺，用仿远公故事，结社吟唱精进，极一时之胜。[①]

与了法师为四明茅山普安寺高僧，与八指头陀为湖南同乡；[②]胡鲁封、徐酡仙、吕文舟、杨灵荃等人，世居于茅山附近胡家坟、花园、东林寺、杨家弄等村，都常出入茅山寺庙。其身份多为基层文士，如徐酡仙，鄞县人，善饮工书，自号“四明狂客”。酡仙一直未得功名，晚年常馆胡鲁封家，课其子女以谋生计。他逝世后，八指头陀在《追致徐酡仙》一文中感叹其家境贫苦，自己无能为力：

今一开箧，见君旧制，楮墨尚新，墓木已拱。悲来神灭，事往情存。闻君老母饥寒，八旬犹活；爱子贫病，三十未婚。故人厚禄，谁抚其孤？余亦何人，徒伤胸臆！无剑悬陇，有泪落云。[③]

诗集卷终自叙云：

住四明最久，窥天童雪窦，穷揽霞屿月湖之胜。郡中吕文舟、徐酡仙、胡鲁封、马文斋、沈问梅诸君相与唱酬。[④]

八指头陀遍游吴越，住四明最久可谓有其因由。四明山水秀

---

① （清）释敬安撰，梅季点校《八指头陀诗文集》，第 150 页。

② 参见《戏赠与了山人》自注“师本衡山人，现住三茅山”，（清）释敬安撰，梅季点校《八指头陀诗文集》，第 33 页。

③ （清）释敬安撰，梅季点校《八指头陀诗文集》，第 376 页。

④ （清）释敬安撰，梅季点校《八指头陀诗文集》，第 372 页。

美，天童寺、雪窦寺与八指头陀燃指奉佛的阿育王寺皆为四明的名寺古刹，这些名刹高僧林集，环境清幽，适合八指头陀修禅悟法，同时也为诗僧结社提供了静逸的场所。

诗集自叙里还回忆了明州社集中有趣生动的往事：

> 余口吃字拙，尝作诗寄李炳甫茂才，有“花下一壶酒”句，书至“壶”字，忘其点画，遂画一酒壶于上。酡仙书法名一时，出纸强余为书，笔画错落，左右易位，如倒薤然。每宴会，酡仙以悬之中堂，诸客观者，无不绝倒也。[①]

八指头陀的尴尬自嘲，徐酡仙的戏谑打趣，众人社集时轻松随意、开心随性的聚会气氛，在此则材料中清晰可见。

逗留明州期间，八指头陀曾对所欠莲社社友的诗债应付不暇，其光绪五年(1879)曾有诗作《暮春禅课之余，欲补明州诸莲社旧赠之作，苦不能成，忽见杨花飞舞，遂得句云》：

> 别绪吟怀正杳茫，杨花寻入砚池香。数年风月陈诗债，今日应须次第偿。[②]

“诸”字表示社友于他多有赠酬之作。八指头陀交游甚广，赠诗、索诗者不在少数，累积下来成为数年陈诗债。

光绪十年(1884)八指头陀自四明归长沙，小住麓山寺。明州结社暂告一段落。

(二) 中期结社

光绪十一年(1885)至光绪二十八年(1902)这段时期，八指头

① (清)释敬安撰，梅季点校《八指头陀诗文集》，第 372 页。

② (清)释敬安撰，梅季点校《八指头陀诗文集》，第 40 页。

陀主要在湖南活动，曾先后主持湘中六寺。

长沙碧浪湖诗社：八指头陀自光绪十一年开始，住南岳。光绪十二年(1886)六月十五日，王闿运集诸名士在长沙开碧浪湖(亦称碧湖)诗社，八指头陀被邀参加，由南岳赴长沙。九月，复至长沙，赴郭嵩焘招集之碧浪湖重阳会。

光绪十五年(1889)，八指头陀由长沙赴衡阳，任衡阳大罗汉寺主持。此年曾离开衡阳，与碧湖诗社社友俞恪士、陈三立、曾广钧、吴嘉瑞等畅游金陵，称"白门佳会"[①]。

光绪二十年(1894)为衡阳上封寺住持。二月初，赴长沙与王闿运等游浩园，于碧湖赋诗。光绪二十一年(1895)为大善寺、宁乡密印寺住持，此年冬，由宁乡赴长沙，与王闿运诸诗社人士集长沙浩园。

光绪二十四年(1898)住湘阴神鼎，此后三年来往于长沙、湘阴间。光绪二十七年(1901)夏为长沙上林寺住持，居长沙，九月于碧湖参加展重阳会。[②]

八指头陀多次从衡阳、宁乡、湘阴等地赴长沙参加碧湖诗社社集。清代长沙对外交通已经比较发达，与衡阳、湘阴等地都有水陆交通可至。以距长沙最远的衡山县为例：衡山至长沙水路约 370 里、陆路约 260 里[③]。若走水路，搭帆船，从衡山出发中途经过湘潭再至长沙约需要花上四天的时间。诗社社集地点离八指头陀居所

---

① 参见《寄怀俞恪士观察江南，并柬陈伯严吏部十二首》之序，释敬安撰，梅季点校《八指头陀诗文集》，第 235 页。

② 参见释道阶主编，喻谦编辑《新续高僧传》四集卷六五《八指头陀传》，北洋印刷局铅印本，1923；梅季《八指头陀年表》，释敬安撰，梅季点校《八指头陀诗文集》，第 546—557 页。

③ 参见《清代衡阳至长沙交通图》，咸丰二年(1852)手绘本，湖南图书馆藏。

有一段距离，他基本上逢约必赴，足见他对碧湖诗社的重视和参社的热情。

八指头陀有多首诗歌记载碧浪湖诗社社集活动，如《六月十五碧浪湖看月遇雨，用王壬秋社长韵》《九月十九玉池老人招集碧浪湖展重阳，因赋》《碧湖雅集，呈王雁峰山长》《花朝日，湘绮翁集道俗八人觞于碧湖，听雨赋诗》等等，其《致郭菊荪先生书》中有：

> 去岁六月，与湘绮翁、玉池老人诸公，开碧湖吟社，会者数十人，宾主酬唱，一时文人之胜。碧湖在开福寺后，为五代马文照避暑游宴之所。敬安因从诸公游，诗思颇进，特录数首，寄呈训正。①

他人诗歌中亦留存八指头陀参加社集，或与社友往来的记载，如：光绪二十年（1894）浩园雅集观画，王先谦有《壬秋偕笠云、寄禅、素蕉、道香初春集雨珊浩园寓斋，壬秋、笠云、寄禅三人有诗，素蕉画梅，道香作篆成一小幅，雨珊索题》②，王闿运作《甲午二月四日，再集浩园，寄、素、道三道人同会。斋罢，逢张居士，要入东寮看画，归作记日》③。光绪二十一年（1895）程颂万《乙未腊八日，同王益吾祭酒、王壬秋、刘采九两年丈、诗僧笠云、寄禅治具曾文正祠之浩园，寿易笏山布政年丈七十。属伯芗黄子为浩园介雅图，因次笏丈诗韵四首，弁诸册端以永期颐之祝》④等诗。

---

① （清）释敬安撰，梅季点校《八指头陀诗文集》，第 369 页。

② （清）王先谦撰，梅季点校《王先谦诗文集》，长沙：岳麓书社，2008，第 581 页。

③ （清）王闿运《湘绮楼诗文集》，《清代诗文集汇编》第 723 册，上海：上海古籍出版社，2010，第 303 页。

④ （清）程颂万《楚望阁诗集》卷九七，清光绪二十七年（1901）刻本。

长沙湘社:光绪十七年(1891)春,易顺鼎、易顺豫、程颂万等人在长沙蜕园集会,其后,郑襄、袁绪钦、何维棣、程颂芳、陈锐、朱鞠尊、俞恪士等湘中词人陆续加入,遂成立"湘社",并辑刻《湘社集》。湖湘大家王闿运虽未参与湘社的文学活动,但湘社成员对于王闿运的文坛领袖地位颇多认可,亦常依王闿运词作韵填词,如《湘社集》中《长亭怨·长沙客感连句用湘绮楼韵》《长亭怨·咏瓜仁同湘绮楼纸煤韵》等[①]。八指头陀曾入湘社,光绪三十二年(1906)其诗《寄朱鞠尊、俞恪士二观察》前序中言:"朱鞠尊、俞恪士二观察,皆余湘社中人。"[②]宣统元年(1909)有诗《衡山陈仲明,余湘社中人,别十年矣。宣统元年,遇于甬上,以诗投赠,感次其韵》。只是八指头陀并非湘社的骨干成员,《湘社集》未见收录八指头陀的作品,八指头陀诗文集中对湘社的社集活动也甚少记载,这可能与湘社是词人社团,且八指头陀又嗜好作诗,更多地参加诗社活动等因素有所关联。

光绪二十八年(1902)二月,浙江宁波天童寺首座幻人率两序班首前来长沙,礼请八指头陀为该寺住持。八指头陀推辞再三后,答应赴任,有《由长沙上林赴四明天童寺请,回忆湘中故旧,怆然有感》。自此,八指头陀湖湘结社也告一段落。

(三)晚期结社

光绪二十八年(1902)至民国元年(1912)这一时期八指头陀继续游历江南,主持浙江二寺。民国元年任中华佛教总会第一任会长。

江南社集:八指头陀一方面与前期湖湘社友继续互动、来往。光绪二十九年,他被湘社社友俞恪士招去南京后湖雅集。光绪三十二年八月,与湘社社友俞恪士、吴蓉初等小集上海。不能会面的

① 参见袁志成《晚清湘社考论》,《求索》2011年第10期,第188页。

② (清)释敬安撰,梅季点校《八指头陀诗文集》,第273页。

社友，也有书柬邮寄赠和。如《闻陈师曾由日本返金陵，再次前韵奉寄》《寄朱鞠尊、俞恪士二观察》等。陈三立曾回寄给八指头陀多首赠诗，其一如《次韵答寄禅上人海上见寄》云：

碧湖花雨照迷津，十五年前挟老筠。客湘时屡与郭筠仙侍郎诸公同集碧浪湖诗社。石火光中吾未死，乾坤毁后汝何人。缥缈潮音倚雁闻，楼台歌啸隔霾氛。虬须白足自来去，想得袈裟生海云。①

另一方面，以友人身份参与江南文学社团的具体活动。南京陈作霖，曾与朱绍颐、顾云、秦际唐、蒋师辙、邓嘉缉、何延庆结成诗社，常在南京可园、愚园等地社集。陈作霖有《愚园社饮，八指头陀适至，诗以赠之》：

瓦官寺侧共衔杯，六代江山感劫灰。丹桂香中居士悟，白莲社里远公来。光阴草草供行脚，文字英英亦辨才。儒释两家皆欲尽，师应与我有同哀。②

八指头陀还以旁观者身份参与江南诗社创作的评点，光绪二十八年有《袁叔舆户部寄示金陵诗社"门""存"唱酬韵见怀之作，次韵奉答壬寅》：

卧雪清承旧德门，新诗遥寄到荒村。一时相见风流盛，千

① （清）陈三立撰，李开军校点《散原精舍诗文集》，上海：上海古籍出版社，2003，第130页。

② （清）陈作霖《可园诗存》卷二八蠹窠草，清宣统元年(1909)刻增修本。

里如闻笑语喧。恋阙定回金锁梦,探春初返玉梅魂。终当杖锡来相访,割取安禅片石存。①

光绪三十一年另有《武陵陈伯涛作宰江南,曾以其金陵“门”“存”唱酬唱韵集见寄湘中,时余往浙,事繁,迟迟未答。阅四年,于天童禅课之余,追怀旧事,补次其韵》。

晚期社交面更广,结识五湖四海的学者、文人、诗僧。除与国内诸名流文人如夏曾佑、狄梦青、黄益斋、吴保初、陈诗等多次小集上海外,八指头陀还多次与日本僧人雅集唱和。光绪二十八年,他的诗集由日本僧人购买,传播四岛。与日本僧人的雅集唱和,其诗歌中有相关记叙,如光绪三十年《甲辰九月朔,重过杭州,松风、定能、海峰诸长老邀余陪日本净土宗伊藤贤道法师泛舟西湖,感而有作》、光绪三十一年《日本滑川达澹如自上海寄诗见怀,辄成七绝四章答之,即约入山消夏》《再答澹如》、光绪三十三年《丁未六月,严子均、渔山昆仲邀蒲作英、叶广庭及日本滑川达、长尾甲集小长芦馆,为余与陆廉夫饯别》等诗。

一九一二年九月,八指头陀逝世于北京法源寺,世寿六十二,僧腊四十五。其嗣法弟子道阶筹奉龛南归,葬于天童寺前青龙冈冷香塔苑。

二、八指头陀结社与其诗歌创作、传播

结社、雅集,对于八指头陀这位诗僧来说,是伴随其一生的文学、文化活动。而这些活动的经历促发他创作了大量描写社集、怀念社友的诗作,并且在其诗歌创作、传播过程中,从题材选择,到诗

① (清)释敬安撰,梅季点校《八指头陀诗文集》,第226页。

思交流，从初稿的细节修改，到作品的社会传播；从其诗才的发展、诗名的扩大到诗作的流传，社友所提供的助力皆不可忽视，应当对此加以认识。

首先，社集是八指头陀文学创作中常见的表现主题。歌颂或怀念社友的情谊则构成了八指头陀诗作情感抒发的一个主旋律。

从光绪元年湘阴结社始至八指头陀去世的近四十年岁月里，八指头陀的诗作中时常出现社集、社友们的身影。从这类诗歌的统计数据看，社集与社友在八指头陀的心灵空间里占有不小的比重。以八指头陀第一部诗集《嚼梅吟》为例，诗歌总数为三百余首，描写明州社集、与社友酬唱赠答之诗作约占六分之一；《嚼梅吟》补遗部分以《哭社友徐酡仙四首》为结。以光绪三年为例，八指头陀留存诗歌总数约为 56 首，其中与社友交往、赠答的诗作约存 10 首。而在八指头陀去世之年，他还写下《重过茅山寺遥望徐酡仙、胡樵砚、吕文舟、杨雪门诸亡友墓，泫然有作》《过亡友杨灵荃湾居，怆然作此》两首诗以表对故友的怀念；招湖湘社友小集，见《招樊云门、陈伯严、熊秉三、易实甫于沪上静安寺作重阳会，次云老韵二首》，与湖湘社友仍在不断酬唱，见写与碧湖诗社社友笠云禅师（亦名曼衍道人）的诗歌《与曼衍道人话碧湖旧事，戏赠》《曼衍道人以诗见贻，次韵奉酬》。

从内容上分析，它们或纪实，或回忆，较细致地描写了与社友交往的一些往事与细节，充分抒发了与社友们相交相知的愉悦或离别后的思念、遗憾与感伤。其诗《寄怀明州吕文舟、胡鲁封二首并序》有：

> 自酡仙殁后，余归南岳忽忽十有一年。与公示寂，又七年矣。乙未之夏，与公弟子心恺、续缘二上人自明州数千里访余湘中，欢会须臾，旋即话别。为言文舟、鲁封近益衰老，思余日

甚,每遇湘僧问讯不置,有“恐今生不能相见”之语。乃不禁怆然涕下,因为一绝寄文舟,一律怀鲁封,以叙生死离别之感。盖亦不自知其言之为悲也。

(一绝)二十年来故旧疏,湘云海月恨何如。远公已死遗民老,愁绝衡阳一纸书。

(一律)自从徐孺定交期,每惜陈蕃下榻迟。酡仙晚年常馆鲁封家,课其子女。看竹品泉犹昨日,招魂翦纸忽今时。存亡异地应同感,寂寞空山只自悲。欲续东林莲社传,西风吹鬓已成丝。①

自八指头陀回到湖南,已弹指多年,而明州社友徐酡仙、与了大师也相继逝去,八指头陀与其他社友仍旧友情深厚、彼此思念。感觉往昔看竹品泉的风雅集会如在昨日,而今虽欲延续社集,却龙钟老迈,有心无力。所作赠诗不胜唏嘘,情真意切。

再如光绪三十年诗作《暮秋阅报奉怀》:

(序)暮秋阅报纸,见义宁公子由金陵返豫章九江舟中之作,因忆曩与君陪郭筠仙侍郎于长沙碧浪湖作展重阳会,弹指十五年矣。故人存殁之感,一时横集,次韵奉怀,不知涕之何自也!

此生岂分作诗囚,垂老江湖一叶舟。遥夜郎吟湓浦月,孤襟凉带石城秋。题糕应忆碧湖社,载酒曾陪白发游。十五年前思旧事,不禁泪湿海云头。②

① (清)释敬安撰,梅季点校《八指头陀诗文集》,第150页。

② (清)释敬安撰,梅季点校《八指头陀诗文集》,第260页。

民国元年有《题王翊君所藏张力臣絜园展禊图卷》：

一瞬流光四十春，青山如旧白云新。空余禾黍故宫感，不见兰亭雅集人。尘世沧桑身已老，名园觞咏迹俱陈。披图只剩王壬父，落日江南泪满巾。[①]

两首诗歌均思旧忆故，感慨满怀，伤感连连，垂垂老矣的作者仍蕴含着对湖湘碧湖诗社和社友真挚动人的情意，正所谓“嘤鸣求友，是文人普遍的心理需求，而结社成为人际交往最风雅的方式。以文字相交，其深处是情感的交流，最终往往形成生命的结盟”[②]。

其次，在八指头陀创作生成与诗艺提高的过程中，社友们的相知、相助是一个不容忽视的辅助因素。

八指头陀与社友同人之间经常切磋交流、论文析诗。其《过徐酡仙墓》云：

落日荒村里，来寻处士坟。倘君犹在世，与我细论文。挂剑嗟何及，遗琴怆欲焚。平生知己泪，沾洒向寒云。[③]

徐酡仙工诗善书，生前与八指头陀以文字相知，情谊深厚，两人曾屡屡集会论谈诗文。八指头陀在悲伤的吊唁中，还很肯定地认为，若徐酡仙在世，这次过访，两人相见，又将一起细细论诗析文。

---

① (清)释敬安撰，梅季点校《八指头陀诗文集》，第 355 页。

② 参见罗时进《基层写作：明清地域性文学社团考察》，《苏州大学学报》2012(1)，第 120 页。

③ (清)释敬安撰，梅季点校《八指头陀诗文集》，第 120 页。

《诗僧八指头陀遗事》记录：

> 一日，八指头陀与易顺鼎同宿一寺中。易偶得句云："山鬼听谈诗，窥窗微有影。"上人笑曰："若云鬼影，未工。我意易为'孤灯生绿影'何如？"易为之叫绝，曰："摩诘诗中有画，寄禅则诗中有鬼。愿以百金易此句，可乎？"上人曰："文章千古事，得失寸心知。虽十倍，亦不易也。"其嗜诗如此。[①]

易顺鼎有"龙阳才子"之称，与宁乡程颐万、湘乡曾广钧称"湖南三诗人"，尝问业于王闿运。八指头陀自认为"此生岂分作诗囚"[②]，诗如同禅，费时耗力地苦心经营，只为悟得妙境，出一首好诗。在与才子型社友的情景性对诗中，他受到启发，机锋时现，遇强亦强。这一事例在一定程度上展示了八指头陀与社友平常相处时的诗歌创作情景。

八指头陀还主动向社友中的诗学大家讨教学习，得其传授经验。如光绪十四年(1888)，王闿运《湘绮楼日记》曾记载："(一月)七日，笠、寄、自、常四僧来。价藩来，同至浩园看雪，思力臣大雪登楼之作，弹指再生矣。笠僧设斋更招叔鸿同集东堂，将暮，散。叔鸿复过余，强要价藩复来，价恐暮，亟去，鸿亦乘夕光归。寄僧索解诗，自僧约斋集，复招寻少坐。"[③]寒冬大雪之际，暮色将至，他人已归去，寄禅仍然抓住机会向王闿运讨教、索解。苦吟好学，再加大家点拨，八指头陀诗艺逐渐长进。王闿运在其诗集序中提道："余初序之，引贾岛以比意，以为不过唐诗僧之诗耳。既隔一年，复有

---

① 参见《诗僧八指头陀遗事》，长沙开福寺戒元所藏手抄本。

② (清)释敬安撰，梅季点校《八指头陀诗文集》，第260页。

③ (清)王闿运《湘绮楼日记》，马积高主编，吴容甫点校，长沙：岳麓书社，1997，第451页。

续作，乃骎骎欲过惠休。余序未为知言，急刊前序，更为论定，亦见进步之速也。”①

社友有时还提供书斋或居处方便八指头陀研读和学习。八指头陀诗集中有多首记录其拜访社友的诗作，如《过杨灵荃社友书斋》《过李炳甫茂才书屋》《题胡槐芳茂才书屋》《重过沈问梅书斋》《冬月初三坐胡飞鹏茂才山馆读书，不觉日暮，归而有作》等，社友们的书斋或书屋，除了是八指头陀论文析诗的雅集场所，还是他汲取知识的来源。其中《冬月初三坐胡飞鹏茂才山馆读书，不觉日暮，归而有作》有：

> 读残书卷夕阳斜，远浦渔歌送落霞。归到茅庵天已晚，一痕新月上袈裟。②

胡飞鹏为八指头陀的四明社友，八指头陀在胡家书馆中忘我读书，直至太阳西斜，方起身归庵。

最后，对于八指头陀的文名，社友们持鼓励其传播的态度；对于他的诗文作，社友们则帮助收集整理或汇录出版。

以明州社友为例，光绪七年(1881)，八指头陀《嚼梅吟》诗集在明州社友胡鲁封的紫榴山房刊刻，四明诸诗人多有观读，不少社友为其题跋。胡鲁封评道：“当如满山梅雪间清磬一声，迥绝凡响，绝次之，律更逼近唐人，于岛佛尤似。盖寄禅苦心孤诣所造如此，而其得江山之助深矣。”③杨灵荃题跋有：“吾友寄禅子，性爱山，每跻攀必凌绝顶，务得奇观，逢岩洞幽邃处，便吟咏其间，竟日忘归。饥

---

① (清)王闿运《八指头陀诗集·序》，《清代诗文集汇编》第775册，第2页。

② (清)释敬安撰，梅季点校《八指头陀诗文集》，第53页。

③ (清)胡鲁封《嚼梅吟·胡跋》，清光绪七年(1881)紫榴山房校刻本。

渴时,但饮寒泉、啖古柏而已。若隆冬,即于涧底敲冰和梅花嚼之。故其诗带云霞色,无烟火气。"①明州社友观读《嚼梅吟》后,除留有明显的题跋外,还存在一些其他的反馈方式,如八指头陀《鄞县何珊瑚茂才精岐黄术,活人无数,年七十,与其孺人今秋同日而卒,诗以挽之》其二云:

> 玉几峰高对结庐,经过犹记晚凉初。白云苍狗看浮世,红树青山读异书。曾折梅花劳记我,拙集旧名《嚼梅吟》,君怀余有"折梅还寄嚼梅人"句。欲歌薤露渺愁余。虎溪莲社都寥落,垂老天涯故旧疏。②

"虎溪莲社"出自东晋时江西庐山东林寺主持慧远大师送客不过虎溪的典故。传说慧远与诗人陶渊明、道士陆修静三人曾"虎溪三笑"话别,诗中意指诗人加入的文学社群。社友何珊瑚思怀八指头陀题句也包含对《嚼梅吟》的反馈。这些题跋与反馈,有助于其他读者加深对八指头陀及其诗作的认识,扩大了八指头陀在宁波诗坛的影响,确立了他一定的诗坛地位。

以湖湘社友为例,光绪十四年(1888),陈三立、罗顺循将八指头陀于同治十二年至光绪十四年(1873—1888)间所作的作品删定,编成诗集五卷刊刻;光绪二十四年(1898),叶德辉将八指头陀光绪十五年至二十四年(1889—1898)的作品编成卷六至卷十,并且刊刻。王闿运为其诗集两次写序。自此八指头陀诗名大振。民国八年(1920),王闿运弟子杨度搜集汇刻《八指头陀诗集》十卷、《诗续集》八卷、《文集》一卷,并为之作序。其作品收录更加完整、

① (清)杨灵荃《嚼梅吟·杨跋》,清光绪七年(1881)紫榴山房校刻本。

② (清)释敬安撰,梅季点校《八指头陀诗文集》,第295页。

传承更加便利。

八指头陀中晚年声名远播，在湖湘家乡，同邑诗人杨度曾提道："予世居湘潭之姜畲，寄禅师为姜畲黄姓农家子。……予幼时即闻乡有奇僧，具夙慧，能为诗。"[①]在江南，光绪三十年（1904）于浙江刊刻《白梅集》，其诗诗思精巧、情境两高、独树一帜，他被江南诗人呼为"白梅和尚"[②]。八指头陀诗集中也记载他曾与社友俞恪士、陈衡恪游北极阁，归舟过秦淮河，陈衡恪独自上岸，八指头陀留于舟中避嫌，而楼上女子们得知八指头陀也来到附近，在楼上合掌呼"八指禅师"多次，以示对八指头陀的景仰与敬重。这一趣事或可从一个侧面反映其声名之盛，而八指头陀之诗作传播与盛名实多得其社友之助。

三、八指头陀结社的特点与意义

清末诗僧八指头陀，早年游历江南，与当地文人、禅寺、莲社关系密切；中年回归湖南，入碧湖诗社、湘社，为碧湖诗社主干社员；晚年再入江南，除继续与早年结交的湖湘社友雅集、唱和外，交游圈扩大至海外。

（一）八指头陀结社的特点

1. 文学结社对象社会身份的变化与范围的扩大，显示出八指头陀文坛影响力与社会身份层次的变化。

八指头陀早期结社，社集地点选择在居所附近，社团人员身份多为基层文士或诗僧，社团活动规模较小，形式较松散。八指头陀中期结社，社集地点选择省会城市，有时远离住所，达数天路程。

---

① （清）杨度《八指头陀诗集·序》，《清代诗文集汇编》第775册，第3页。

② 参见《诗僧八指头陀遗事》，长沙开福寺戒元所藏手抄本。

社团人员身份多为上层文士或名僧,有社团领袖和创作学习的模范。社团活动内容丰富、形式多样,社集次数频繁、气氛活跃,社团在湖湘文坛的影响力较大。晚年与早期社友保持往来,社交圈继续扩大,和海外诗僧都有雅集唱和。八指头陀还以他者身份参与到江南文学社团的观察与评价中。八指头陀社会活动众多,交游广泛,曾被王闿运戏称为“市僧”。几乎每到一地,他便受到当地文人的欢迎,得以引荐入诗社,除与其个人诗才卓越有关外,与清末湖湘文人在文坛的整体地位上升也有关联。

2. 八指头陀以僧人身份异地结社,其社集交往是循序渐进式的,可为清末湖湘文人与异地文人交往的一个特别案例。

八指头陀早期远游吴越,异地结社,作为一个普通的行脚僧,其人被四明当地文人接受,其诗才被认可,有个渐进的过程。江南吴越本身为文化高地,整体文学生态良好,即使一般布衣之士,既能攻文吟唱、摛章染墨,也不乏论文评诗、量词称句之识。八指头陀在宁波阿育王寺驻留时,曾有武弁数人上山游玩,到寺中突发诗兴,“上人与之谈,颇自骄矜,若不屑酬对者”,直至八指头陀续出“夕阳在寒山,马蹄踏人影”的诗句,在场众人才对他刮目相看。[①] 部分四明社友认识他之初,当他仅是一寻常诗僧,即便“人貌奇古、辞气淡雅”[②],也只是有别于俗僧而已。个别社友如胡鲁封,一开始不喜僧人,认为“僧人学佛而辄背驰夫佛”;之后听到朋友称赞八指头陀的诗,也不以为然,“未之奇,意不过稍别于俗僧已耳”;和八指头陀交谈数次后,便“讶其若不仅稍与流俗殊”;结社后看其多卷诗歌后,称赞其诗“迥异绝响”“逼近唐人”,

① 参见《诗僧八指头陀遗事》,长沙开福寺戒元所藏手抄本。

② (清)徐酡仙《嚼梅吟·徐跋》,清光绪七年(1881)紫榴山房校刻本。

并写文“以志吾过”。[①]

(二) 结社给八指头陀个人带来的影响

与其文学创作之间的联系，从创作心理层面上看：社集环境陶冶其情怀，社集活动丰富了其修禅生活，社友情谊滋养了其人生，带给八指头陀愉悦、伤感等世俗情愫，亦成为其创作素材。从创作能力层面看：早期远游吴越、明州结社为八指头陀扩展了见识、打下了良好的作诗基础，社友的砥砺、促进与帮助也让八指头陀的诗才有了一个上升、发展的空间。中晚期结社，八指头陀在原有基础上，求教名家，能进一步锤炼自己的水平。从创作传播与文化交流层面看：明州社友对八指头陀诗文中的楚湘特色有所注意，对其诗歌的推崇与肯定，为八指头陀早年在宁波诗坛立下一席之地，而八指头陀描写明州社友的相关诗歌也可作为了解当时宁波诗人诗坛的资料；湖湘碧湖诗社社友对其人与诗的肯定与揄扬，促使八指头陀的诗名更加远播。

结社对八指头陀诗歌创作的影响是多方面的。反过来八指头陀的相关诗作，有些表达了自己对诗歌的看法，对社集活动的感受，可促进社团活动的开展与社团宗旨的实现；有些体现出对于社友情谊的珍惜或美好社集的怀念，增强了诗社团体的凝聚力。诗、词社凭借八指头陀这类社员的名气与交游，无形中也扩大了其在文坛的影响力。

(三) 八指头陀结社个案的文学史意义

八指头陀结社颇具影响又富有特色，能由其归纳出一些共同的、群体的特征，从而具有一定的地方文学史与文化史意义：

---

① 参见(清)胡鲁封《嚼梅吟·胡跋》，清光绪七年(1881)紫榴山房校刻本。

1. 八指头陀结社创作数量丰富,题材多样,能有助于进一步了解清末湖湘文人的社集细节与创作现场。

在八指头陀一千九百余篇诗文作[1]中,涉及社集、社友的诗篇数量众多,约占六分之一,可见社集与社友在八指头陀诗情澎湃的人生中占有不小的比重。这些涉及社集、社友的诗歌作品与相关史料为了解清末湖湘文人社集也提供了充足的个案材料。八指头陀的诗歌创作态度严肃、情感真挚,其诗歌作品也有较强的可信性。考索、梳理八指头陀结社史实,解读其结社创作,可更清晰此名诗僧在清末文坛地位上升和社会影响力扩大的动态过程,更了解清末湖湘文人的社集细节与创作现场。

2. 八指头陀结社创作中蕴含的地域情结,以此亦可观照地域空间与文人结社、创作的联系。八指头陀江南结社的材料,亦可用来进一步丰富清末湖湘、江南两地文人交流互动的研究。

八指头陀一方面在诗中推崇江南山水,如"说法观空未是闲,钵龙泥虎太痴顽。何如插脚尘中去,踏遍江南两岸山"[2]。一方面记录、描写了各地的佳山秀水。如四明山水秀美,山中的天童寺、雪窦寺与八指头陀燃指奉佛的阿育王寺,高僧林集,环境清幽,适合八指头陀修禅悟法,同时也为诗僧与四明文人结社提供了静逸的场所。其诗《辛巳五月初六偕吕文舟处士、与了上人游雪窦》曾记:

> 赋性生来爱丘壑,又携良友此寻幽。岩飞瀑布晴还雨,路入松林夏亦秋。胜地有缘方可住,名山无福不能游。闲花细

① 八指头陀诗文数的统计数据参考梅季《论八指头陀的诗歌创作》,《湖南师院学报》,1984年第6期。

② (清)释敬安撰,梅季点校《八指头陀诗文集》,第304页。

草香衣带，直欲留连到白头。①

再如湖湘碧浪湖结社，社集地点多集中在长沙开福寺后碧湖和曾国藩祠中的浩园。这些园林湖山充满野趣和灵气、清幽雅致，故常为湖湘文人墨士雅集聚会的理想境地。八指头陀有多首描写碧湖、浩园景物的诗作，如《登碧湖楼》《碧湖雅集，呈王雁峰山长》等。在名刹古寺之熏染、佳山秀水之助力下，文人社集亦得增雅趣、文人灵感更易勃发；八指头陀亦禅味日深，诗思日进，笔下景象优美古雅，读者从而对地域景物特色留下深刻的印象。

四明社友评价这位异地社友——八指头陀的诗歌时，常常论及其人生中的远游经历、其诗歌中的湖湘地域环境特色与文学传统。如吕文舟曾言：

寄禅子自长沙飞锡，游寓四明，迢迢五千里路，所过名山大川不胜指屈，一一咸登诸歌咏……予特谓长沙故多佳山水，衡岳之云，洞庭之波，又复得屈子、贾傅之风流文采，胜地名贤，足令人向往靡尽。②

3. 八指头陀结社对僧俗文人结社雅集习尚的传承与推进。

文人僧人结社，约始自东晋，如相传净土宗始祖东晋释慧远在庐山东林寺与文人刘逸民、雷次宗等结白莲社，“既而谨律息心之士，绝尘清信之实，并不期而至……彭城刘逸民、豫章雷次宗、雁门周继之、新蔡华颖之、南阳宗炳、张季硕、张莱民，并弃世遗荣，依远

① (清)释敬安撰，梅季点校《八指头陀诗文集》，第55页。

② (清)吕文舟《嚼梅吟・胡跋》，清光绪七年(1881)紫榴山房校刻本。

游止"[①]。僧俗结交雅集作为一种习尚和历史积淀，在后代屡见不鲜，如唐皎然在妙喜寺主盟诗会，参加联吟者，多为当地政要及著名文人；北宋诗僧惠洪与苏轼、黄庭坚等人交往；清钱谦益是诗僧憨山德清的入室弟子；清代山东泰安范氏家族范惟纯，以文学知名，与诗僧元玉等结社，诗酒唱和等等。"高士莲花还结社"[②]，八指头陀与其社友的结社，为这一风雅习尚添上新的精彩个例。

文人结社是一项群体性的活动，征歌赋曲、游宴赏景彰显文人的生活之乐，饮酒赋诗、争奇斗胜显示文人的风雅情怀，结社活动既促进文人之间的情感交流，又为不同文人的切磋竞技、不同地区的文化交流提供了机会与条件。文人的文学创作也可以促进社团活动的开展与社团宗旨的实现，提高诗社团体的凝聚指数；社员的名气与作品的传播也扩展了社团的影响辐射面。而以地域空间为依托的结社，社员们所产生的文学作品彰显地域环境特色、蕴含地方传统习俗、抒发地方文人情怀。以上种种，从八指头陀结社及其创作可窥一斑。

---

① (梁)慧皎撰，汤用彤校注《高僧传》，北京：中华书局，1992，第 214 页。
② (清)释敬安撰，梅季点校《八指头陀诗文集》，第 225 页。

第四章　清代湖湘文人的异地结社

地域，从来拥有着开放性的空间；文学，也一直包含着流动性的创作。文人们的足迹延展在大江南北里，他们与不同地域的文人相识、相知。文学社团这类文人群体组织形式，因其群体性、集中性，能提供较固定又宽广的交流互动平台。在文人们各种迁移、流寓的时间段里，他们在不同地域里或组建，或加入了形形色色的文学社团，其中的过程、现场、特点、作用、意义皆值得探讨。文人异地结社的研究对他们本乡土的文学结社研究，既是个良好的参照与比较，也是个有力的补充说明。

第一节　湖湘文人异地结社概论

一、异地结社的背景因素

清代湖湘文人的异地结社，存在其他时代与地域文人结社共同的普遍的因素，与清代之前的湖湘相比，拥有较独特的外部时代背景，与其他地域相比，又具备不同的心理特点。

湖湘文人结社雅集现象不仅发生在湖湘地域，还发生在多个地域，而且此现象数量不少，层出不穷。推其产生的历史背景，究其原因，首先因为战乱、天灾等各种因素，湖南在明清时期本为移民迁徙现象普遍之省。谭其骧《湖南人移民考》中得出结论为：湖南人来自天下，江、浙、皖、闽、赣东方之人居其什九；江西一省又居东方之什九；而庐陵一道，南昌一府，又居江西之什九。而且需要强调的是，清代以前，湖南为移民输出之省，清代之后，湖南则为移民输入之省。故而湖南与其他地域之间文化的交流与互动一直持续地进行着，文人社集交流是其中一种常见的方式。其次，求学、入幕、避籍为官等个人的现实原因也促成许多文人异地的社集。清代中后期湖湘人才群体性生长，书院的恢复、湘军的兴起，给予了湖湘文人更多的发展机会与地域拓展空间，异地游学、入幕、宦居的湖湘士子数量大幅度增加，异地结社的湖湘文人数量亦相应增加。另外僧道文人化缘游历，在各地挂锡居住，也与当地文人社群结成善缘，互动甚多，如前文所提到的八指头陀即为一例。

而湖湘文人异地结社的内在动因，则与文人们不限时空，不拘差异，追求共同的风雅、娱乐与友情的群体心理有关。另外，咸同年间太平天国运动兴起，佐清室平定者，湖南人之功为最。“无湘不成军”，湘军的崛起和湘系集团的兴盛，迅速提高了湖南在全国的地位，湖南因此改变了历史上“碌碌无所轻重于天下”的状况，而是“天下称之”。所谓“语战绩则曰湘军，语忠义则曰湘士”[①]，湖湘文人士子开始拥有一种前所未有的荣誉感和使命感，一派舍我其谁的气势，湖湘文人这种充满自信与责任感的积极心态在文学活动开展与创作中较明显地体现出来，而在湖湘文人结社中，特别是异地结社的活动与创作，其他地域的文人对湖湘文人群体的评价与接受，正是对这一情况有力的说明例证。

---

① 唐才常《唐才常集》，中华书局编辑部编，北京：中华书局，1980，第170页。

二、异地结社的时空分布特点

笔者从《清代诗文集汇编》、《湖湘文库》、爱如生数字化技术研究中心建设的中国基本古籍库、各图书馆所藏文献中辑考出有代表性的清代湖湘文人异地结社，统计排列如下：

<table>
<tr><th>时间段</th><th>地点</th><th>社　群</th><th>数量</th></tr>
<tr><td rowspan="4">明末清初</td><td>江苏</td><td>王岱等入江南复社、谢孺玉等结秦淮红雪社、严首升舟社、路社</td><td>4</td></tr>
<tr><td>京都</td><td>杨鹤等结社、严首升等结社</td><td>2</td></tr>
<tr><td>湖北</td><td>郭都贤湖北结沔社、陶汝鼐竟陵结社、严首升齐安结江上社、山中社、江陵城中社、城外社、严首升黄鹤楼结九老会、陶之典黄鹤楼结九老会</td><td>8</td></tr>
<tr><td>四川</td><td>溪上草堂结社</td><td>1</td></tr>
<tr><td rowspan="6">清中期</td><td>江苏</td><td>陈鹏年入苏州雨花社、邓显鹤入江南诗社、唐仲冕入江左耆英会、结青溪十老会、周有声入消寒会等、陶澍结苏州五老会</td><td>6</td></tr>
<tr><td>京都</td><td>谢振定结社、何绍基结五簋会、顾祠结社、贺长龄结同年会、陶澍入宣南诗社、欧阳厚均组同甲会</td><td>6</td></tr>
<tr><td>湖北</td><td>诗僧觉慧入东社</td><td>1</td></tr>
<tr><td>福建</td><td>欧阳辂结社</td><td>1</td></tr>
<tr><td>山东</td><td>何绍基结消寒社</td><td>1</td></tr>
<tr><td>广西</td><td>邓显鹤、唐世倜桂林结社</td><td>1</td></tr>
<tr><td>清末</td><td>江苏</td><td>唐鉴结社、邓辅纶结消寒诗社、易顺鼎结吴社、郭庆藩扬州结社</td><td>4</td></tr>
</table>

续表

时间段	地点	社　群	数量
清末	京都	李希圣结社、彭旭结社、杨琪光愚园结社、徐树铭等结龙喜社、易顺豫入咫村词社、易顺鼎开诗钟会	6
	浙江	郭庆藩宁波海曙楼结社、李桓入望会、蝴蝶会、铁华吟社	4
	湖北	魏仲青入汉社、杜贵墀等郢中结社	2
	四川	易顺鼎结诗钟社、王闿运之女王岎与其女弟子结浣花诗社	2
	贵州	易顺鼎结岁寒三友社、旧鸥今雨社、榕社	3
	广东	谭溥结柳塘诗社、张经赞组九老会	2
	上海	瞿鸿禨结吟社	1
	国外	曾纪泽英国结社、欧阳予倩日本结春柳社、易君左日本结通讯社	3
			58

地域分布特点:纵观清代湖湘文人异地结社的地域分布,可以发现湘人异地结社地域的集中性,无论哪个时期,湖湘文人在江苏、京都、湖北三地都有结社,且结社数目相对为多,这背后有着文化、历史和自然地理等方面的原因。

文化传统上,湖南、湖北两省同属楚地,在历史发展中同受楚文化这一源头熏陶发展,两省文人较他省,更能找到地域文化上的认同感;行政人事上明代与清初明代湖南与湖北同属湖广省,省会武汉。直至清康熙三年(1664)分湖广为湖广左、右布政使司,分湖广右布政使驻长沙,湖南方正式单独建省。分省后两者仍相邻相依,各种人事关系交织。再加上地理位置上两省相依,文人往来结交相对便利,两省文人交往无疑密切。

江苏在明清时期既是烟柳繁华地，风景清雅灵秀，经济荣昌兴盛，士大夫的休闲享乐文化高度发达，又为“诗书之泽”“文献之乡”，俊彦辈出，才子林立，结社雅集之风盛行不衰。湖湘文人们至此，既可俯仰流连于山巅水涯间，又能醉舞狂歌于酒坊花厅中，最重要的是能以文尚友研摩诗词，学诸硕儒陶练才艺。湖湘文人加入的江南文学社群，社员身份驳杂，既有宦居吴地的文官，也有游历江南的基层文人，还有致仕后在此地休养的耆老。湖湘文人在江南组建和加入的耆老会数量较多。另外吴楚相邻，长久以来一直用“吴楚”“吴头楚尾”并称大东南地域，形成了文人的历史印象与文学典故，这在清代文人诗文作中常可找到例证。吴楚地域间存在一定关联。而在江苏各府中，湖湘文人在苏州府的结社现象最为频繁，富有代表性的结社案例数量也最多，这与苏州府是吴地经济、文化中心有密切联系，至清末民国初，湖湘文人结社的中心逐渐往上海转移。

而京都，作为全国的政治中心，历来为士子云集文人影从之地，虽然来自不同地域环境，出于不同书院师承浸润不同的文化因子，文人们总能找到彼此的相同点，结成一个共同体。湖湘文人加入的同年会、同甲会，组合了年龄相同的进士文人；宣南诗社、龙喜社，组合了兴趣爱好接近和官职大小等同的文人。基本上这些文人社群与政治关系密切，京都社群中的湖湘社员身份多为中下层官员，其政治倾向和利益相对一致。社集中消寒名目居多，与结社地点处于北地、社集时段常是寒季有关。相比江南的文人社群，京都文人社事中的休闲、娱乐性较弱，政治色彩更强。

时期表现特点：随着时间的推移，相比前、中期，清代后期湖湘文人异地结社的数量更多，结社能涉及的地域空间距离湖湘越来越遥远，加入社群雅集的人员范围也越来越大。特别是清末除江南、京都两地域外，湖湘文人结社足迹北至山东，南至粤地，西至四川，东至浙江，甚至走出国门结社或者直接影响海外的文人社群，如名臣陶澍与朝鲜梅花诗社互动酬唱，除普通酬唱外，陶氏还隐然为朝鲜梅花诗社的诗文指导老师，并多次怀自豪之情向梅花诗社人员介绍湖湘文化；诗僧释敬安多次和日本僧人酬唱雅集，其诗才为日本诗僧欣赏，作品流传至日本；曾纪泽出使英国，还在海外与僚友结诗社，赋英国之风土人情。

湘人在其他省份更广泛交游、更积极地参加各种文学活动，也获得更多结社招集的机会。这自然与清代中后期湖湘人才群体的涌现、输出有着密切关系，也意味着湖湘文人整体的文坛影响力的提升。

三、异地结社的类型

（一）按籍贯划分的文人社群

湖湘文人异地结社，按参与人员的籍贯，分为两种情况：一种是湖湘文人加入当地文人组建的文学社团，或与不同籍贯的文人在某地共同组建文学社团，不限地域，不论社员籍贯，只论才艺与情志。湖湘文人异地结社以这种情况居多。

另一种情况则是社群同人以湖湘文人为主，同在异乡为异客，相互慰藉与鼓励，形成一个区别于其他地域社团的湖湘文人同乡会，这种情况相对较少。有代表性的异地湖湘同乡文学社团，如明末清初湖湘文人在四川溪上草堂的集会。王岱《人日同阮亭耦长集愚山寓步韵》诗云："题诗溪上地，应让蜀州佳。客路悲新采，乡园冷旧斋。余故乡同社曾人日联句溪上草堂，今隔绝矣。"[①]又如湖广十

① （清）王岱《了庵诗集》，《清代诗文集汇编》第23册，第148页。

六子同集秦淮，结红雪社。十六子为益阳罗贤胄、武陵屠文纪、胡孝绪、李大泓、景陵毛翰如、胡君信、吴价闬、桃源罗耳臣、江陵申季豹、祁阳申季鹰、潜江刘阮仙、湘潭谢孺玉、谢曾至、宁乡陶仲调、攸水刘杜三、长沙冯一第，均为湖广人。

（二）按结社目的与活动划分的文人社群

按目的与活动分，结社以休闲、娱乐为主，具体名目以消寒、消夏会居多，结社成员多由地方耆老组成。

张经赞于粤东组九老会。张经赞，字南皆，号廷相，湖南武冈人，生于嘉庆十九年(1814)，卒年不详，光绪中尚在世。道光十七年(1837)拔贡，历署广东都门、新兴知县、广东候补同知。自道光二十九年(1849)起，官粤省三十余年，多次领兵与太平军战，仕途艰难，九死一生。著有《燹余吟草》，其诗记梧州军与太平军作战艰难形状，曲折传情。

张经赞自中年始至成为古稀老翁，一直居住粤地，《九月十一日七十初度述怀十首》中提及："卅五年来滞粤东自道光己酉来粤，七十虚度已成翁。……牢落他乡嗟往事，升沉何处问前因。"[①]七十左右致仕后，欲学白居易致仕闲居、雅集诗会之乐，"才非白傅聊寻乐，赋咏扬雄欲逐贫。惟任世嗤为拙宦，敢云天派作诗人。登高有兴歌藜杖，放眼乾坤老此身"[②]。光绪十一年(1885)间于粤地组九老会，其《九老会戏作》云：

> 九人五百有余岁，一月三回约举觞。环坐笑谈年自序，坐次序齿。迭为宾主迹都忘。按月轮流作东。两仪合撰非多费，每月各出饼金二枚。六位分爻是定章。每月三次逢六会期。雅会何

①② (清)张经赞《燹余吟草》卷一二，《清代诗文集汇编》第658册，第234页。

能风雨阻,及时行乐兴弥长。[①]

此九老会人员平均年龄不到六十岁,一月逢六固定雅集三回,风雨无阻,行乐兴长。上列诗中还特别提到雅集的消费细节,九老会员按月轮流作东招待,而且每月各出饼金二枚,以作举觞馔资。

又如嘉庆年间,周有声与沈乐善、周靄联等同人京都结消寒社。周有声(1749—1814),字希甫,号云樵,湖南长沙人,乾隆六十年(1795)进士,历任贵州知州、贵阳知府、苏州知府等职。工诗文,著有《东冈诗剩》。

其《岁暮沈蕺山乐善、家肖濂靄联两太守及诸同人为消寒之约,每集必招余共之,张壶山太守频以诗来,为赋二首以应》云:

犹是当年同队鱼,招邀踪迹未应疏。可知旧雨胜今雨,何必吾庐非寄庐。鲭好定容楼护合,诗成还遣阿奴书。唱篇一一如珠贯,三复焉能不启予。(其一)

到来亭馆趁幽偏,觞咏相从可尽年。微雨飏风疑有雪,薄云低阵不成烟。心空应感全依佛,语杂诙嘲亦近仙。他日耆英传洛社,杖藜还让老夫先。同人中惟余齿最长故云。(其二)[②]

从“老夫”“余齿最长”等词句,可考此时周有声已进入暮年阶段,应为嘉庆初年所作。雅集注重休闲享受,精神层次的诗成吟

---

① (清)张经赞《燹余吟草》卷一二,《清代诗文集汇编》第 658 册,第 240 页。

② (清)周有声《东冈诗剩》卷一二,《清代诗文集汇编》第 424 册,第 722 页。

唱，物质层次的鲭好馆幽，两相结合。相处场景为“语杂诙嘲亦近仙”，可见社友关系亲密，社集气氛平和愉悦。

另周有声与法式善、秦瀛、吴嵩梁、唐仲冕、严煜、杨蓉裳、赵怀玉等多有交游。周有声参与法式善的诗庵集会，其《法时帆庶子式善上元日招同人宴集诗龛，时余以他事不赴，分韵得寅字，赋诗一章》言：

> 九陌连灯作好春，名流簪盍庆斯辰。百年觞咏无今日，同集皆一时知名士，凡廿余人。一代风骚有主人。末至定谁居客右，重来终要饮公醇。倘教不畏严城钥，烂醉何辞漏尽寅。①

周参与赵怀玉发起的展重阳会，见赵怀玉诗《十月九日招同罗山人聘，桂大令馥，邵侍读晋涵，吴赞善锡麒，周有声、李鼎元两舍人，李骥元、叶绍楏两编修，熊方受、张问陶两检讨，魏成宪、伊秉绶两比部集敦经悦史之堂，举展重阳会，时王给事友亮不至，以“尘世难逢开口笑，菊花须插满头归”分韵得世字》。另周有声与秦瀛等人多有雅集，嘉庆十九年(1814)，秦瀛《东冈诗剩序》中介绍道：“余交楚南诗人曰周半帆、孙石溪、唐陶山，而最久故者，莫如周君希甫。希甫曩官中书，余与同在内阁，京师宴游之胜，辄与希甫偕谈谐酬酢，靡问寒暑。”②

再如贺长龄京都组同年消寒会。贺长龄(1785—1848)，字耦耕，号西涯，晚号耐庵，湖南善化人。嘉庆十三年(1808)进士，嘉庆二十一年(1816)以编修任。历官多职，官至贵州巡抚，总督云贵。“典试广西，提督山西学政，转赞善，充日讲起居注官。道光元年特

---

① (清)周有声《东冈诗剩》卷八，《清代诗文集汇编》第424册，第700页。

② (清)秦瀛《东冈诗剩序》，《清代诗文集汇编》第424册，第651页。

简南昌知府，二年擢兖沂曹济道。四年权山东按察使，擢广西按察使，调江苏。五年擢布政使，六年调山东旋护巡抚，八年调江宁布政使。母忧归。起福建布政使，调直隶，擢贵州巡抚。二十五年总督云贵，坐永昌回变，左迁河南布政使。逾年谢病归，仍以回变事夺职。卒年六十四。”①著有《耐庵诗文集》等。

贺长龄虽为湖湘著名经世文臣，诗文中多忧时之言，救世之策，谋国之方，同时其社集社作中也反映了他休闲、安逸、及时行乐的一面。自贺长龄考中进士（1808）至道光元年（1821）外放这十年里，长居京城，与诸同年屡屡结社雅集。贺长龄有多首诗歌提及，如《消寒第一集题〈听涛书屋图〉，为刘矩堂同年作》《湘梦轩消寒第二集呈诸同年》《湘梦轩小集，得葛仙米十二韵》《稚圭斋中消寒第三集，用东坡〈腊日游孤山访惠勤、惠思二僧〉韵》等。再看其社集创作诗句：

莽莽风烟看大地，森森魁柄仰中天。樽前即是太平宇，肯把流光付逝川。②

剑头炊米矛头淅，中夜闻鸡欲舞逖。筵前风月自神仙，野外麦禾已蓬荻。③

隐不必岩与嶂，逸不必江与湖。赏心乐事无处无，但得樽酒片时共。④

---

① （清）李瀚章、裕禄等编纂《（光绪）湖南通志》卷一七六，第 3300 页。

② （清）贺长龄、贺熙玲撰，雷树德校点《贺长龄集》，长沙：岳麓书社，2010，第 437 页。

③ （清）贺长龄、贺熙玲撰，雷树德校点《贺长龄集》，第 438 页。

④ （清）贺长龄、贺熙玲撰，雷树德校点《贺长龄集》，第 439 页。

诗句中隐逸之思较浓，诗酒欢纵、及时行乐以打发流光的情绪也很明显，这样的诗句相当多。贺长龄长居京城的十年里，实际上一直沉居下僚，未得重用，只好借文酒之乐打发流光，欢纵岁月，但实际上内心苦闷、愁郁，其在友人稚圭斋中消寒三集作有一诗后，又有《同日又作，用前韵》：

> 身廊庙，心江湖，此语则有人则无。四海将伯将谁呼？出门愧童仆，入门愁妻孥。只鸡斗酒难为娱，中夜起坐徒郁纡。……一身万事多负逋，执笔自笑空描摹。①

诗歌写于诗人雅集回来中夜起坐时，夜深人静中诗人对世态人心的认知、对自身困境的体会格外清晰，展露的情绪尤其真实。其郁纡愁苦的情绪，无从排解的状态通过自嘲内敛的口吻表述、平淡朴实的语言道来，真切感人。京都的欢娱放纵、及时行乐只是贺长龄社集的表象，真实的心理状态其实是“难为娱”，而且再联系贺长龄其他诗文和后来的经世之举解读，就会感觉在诗酒欢娱里，隐藏着作者有志难酬无奈而苦涩的心绪。

第二节　作为参与者的湖湘文人

湖湘文人异地而居，总有种种机缘可以参与进当地的某些文人交游圈，从而加入一些文人社群，他们的社集心理、加入的过程、扮演的角色、起到的作用都值得我们探究。

---

① （清）贺长龄、贺熙玲撰，雷树德校点《贺长龄集》，第439页。

一、地方风雅传统的推动力量
——以唐氏父子结社为例

乾嘉名臣唐仲冕(1753—1827)权臬苏州时,屡结耆老社。嘉庆丁丑年(1817)间,唐仲冕受同年孙星衍之邀,与孙星衍、胡钟等人开耆英会,其《孙渊如邀同江左耆英会,分韵得难字》云:

耆英肇自洛,此会古所难。古徒云尚齿,今更藉承欢。封公八十九,鹿鸣歌迴还。余皆六七十,齐列羔雁班。我亦有伯兄,矍铄乘清闲。会有父兄在,子弟具杯盘。胡陈鹤出樊,方焦鸿渐磐。相与序宾僎,相随勤加餐。五百八十岁,八人作团栾。新楼适落成,高宴喜盘桓。潞公旧堂额,移为斯馆颜。楼上有大槐,阶前有崇兰。家庭多乐事,常觉岁月宽。笑我迫迟暮,尚弗辞粗官。年如蛇赴壑,官如鲇上竿。虽循狄庐例,移文惭北山。[①]

又《次韵陈云涛山长希哲耆英会并谢与胡兰川太守招饮道院》云:

……至道九老追遗风,睢阳五老怀往昔。及时行乐将毋同,余年岂欢不满百。此会江东事所稀,遐踪洛下神不隔。九旬珍丛如父师,三老齿序无推择。远道秦伯未同盟,粗官唐子原破格。承约主宾宴赋诗,欣逢饮食需占易。折简偏艾琳宫

---

① (清)唐仲冕《陶山诗录》卷一七,《清代诗文集汇编》第437册,第278页。

游，投辖不愁榆景迫。仙厨若问有酒无，蒲馔我欶既醉亦。①

嘉庆丁丑年，唐仲冕年六十四岁，与其他七老在苏州开江左耆英会，最长者已有八十九，其余人的岁数均在六十以上。据唐仲冕《次韵陈云涛山长希哲耆英会并谢与胡兰川太守招饮道院》《次胡兰川太守耆英会饮字韵并谢招饮》等诗和《苏州府志》等书考，耆英会其他七老分别为：

孙太翁为孙星衍之父孙勋，字书屏，江苏阳湖人。乾隆二十一年(1756)举人，历山西曲县知县等职。耆英会年最长者。

孙星衍(1753—1818)，字渊如，一字伯渊、苑如，号薇隐、季逑等。江苏阳湖人。乾隆五十一年(1787)榜眼，官至山东督粮道署布政使。“年六十，以父老告归。卜居江宁，又于苏州虎丘建孙武子祠，拓其旁屋以为别业。奉祖母许太夫人香火，筑授书堂于前，依山临壑，叠石疏泉，擅幽栖之胜。春秋佳日，奉父盘桓于其中。”②工诗善书，著有《孙渊如诗文集》(又名《芳茂山人诗集》)、《尚书今古文注疏》、《周易集解》、《寰宇访碑录》等，清代著名学者。

陈希哲，字云涛，江苏吴县人。乾隆三十年(1765)钦赐举人，官至内阁中书。著《云涛吟稿》。乾隆三十四年(1834)状元陈初哲之弟。陈初哲、希哲两兄弟以词赋闻名江南，有“二陈”之称。

胡钟，字山音，号兰川，又号晚晴。江宁人。乾隆四十二年(1777)举人，官云南澄江府知府、遵义知府等。工山水，书法亦精，篆、隶、正、草各体俱备。

唐仲冕长兄唐家罂(1743—1818)，字玉林，号菊溪。“乾隆癸

---

① (清)唐仲冕《陶山诗录》卷一七，《清代诗文集汇编》第437册，第279页。

② (清)冯桂芬《(同治)苏州府志》卷一一二，清光绪九年(1883)刊本。

亥年九月癸巳戌时,越嘉庆戊寅年四月戊子寅时,卒于就养龙潭司官舍。春秋七十有六。"①

方甫参,袁枚门人。唐家慁、方甫参、焦衢风三人均未出仕。唐仲冕《次韵胡兰川太守耆英会饮字云并谢招饮》自注:"会中孙太翁、陈云涛与兰川、渊如皆仕而退居者,家菊溪兄、方甫参、焦衢风皆未仕者。"②

此江左耆英会,是一个极具游艺性和休闲意味的社群。应约聚会中多有才艺性创作与鉴赏,也促进诗朋画友的团聚与交流;大家高宴盘桓,诗酒欢娱,林泉悠游,尽管"年如蛇赴壑,官如鲇上竿",时光飞去,仕途艰进,但能及时行乐,风雅度日。社群人员构成很稳定,由互为亲友的成员组成,彼此间谊切苔岑,感情深厚。孙星衍和唐仲冕等人,"会有父兄在,子弟具杯盘",在社集中至亲相和,良朋共酬,情谊深远。唐仲冕多年后为孙星衍作挽诗云:"廿交知交远倍亲,曾筹买屋作比邻。石湖宾从推前辈,山馆耆英奉老人。"③唐孙二人知交时间既久,而且"远倍亲",甚至筹划买屋比邻而居。江左耆英会名流汇集,才士互赏,"此会江东事所稀",成为当地承袭风雅的一个范例。该耆英会充分地实现了社友情感与才艺的交流,较完满地发挥出社集的社会影响与娱乐功能,从而让耆老成员们"不愁榆景迫"。

唐仲冕又与方体等人首开青溪耆老会,江苏武进人汤贻汾《青溪耆会始自唐陶山方伯、方茶山廉访,予入会时二公已仙去矣,今同人作图,并摹二公像曰"青溪十老",使予题之》云:

① (清)唐仲冕《陶山文录》卷八,《清代诗文集汇编》第437册,第552页。

② (清)唐仲冕《陶山诗录》卷一七,《清代诗文集汇编》第437册,第279页。

③ (清)唐仲冕《陶山诗录》卷一八,《清代诗文集汇编》第437册,第283页。

我昔官江南，循吏推唐公。公方擢刺史，壤接面未逢。逢君忽今日，乃在图画中。公来白下居，我客雁门东。迨我倦游返，檀桥室已空。继与元方交，想见公仪容。牙籤三万轴，邺架犹盈充。文章寿人口，气谊融人胸。所嗟裙屐沓，所喜志趣同。飞笺嘉会堂，古余堂，名予始入会处也。惭愧追前踪。[①]

唐陶山，唐仲冕之号。方茶山，方体之号。方体字道坤，安徽绩溪人。乾隆五十五年(1790)进士，出知江西九江府，嘉庆二十一年(1816)任苏州太守。方体在江西庐山香炉峰建有茶山草堂，得号"茶山"。两人不仅都为循吏，而且均是诗老。汤贻汾入青溪耆老会时，唐仲冕、方体已经仙去，但他们首倡青溪耆会的风雅，却为后续者所铭记。同人早已作图，摹二公像，并请入会者继续题咏青溪十老像。汤贻汾为唐仲冕题咏的诗句中表达了自己的追念与推崇，难以企面的遗憾，异世杳隔却志趣相同的欣喜。

汤贻汾虽有憾未能得见唐仲冕，却有缘和唐仲冕之子唐鉴结社雅集。唐鉴(1778—1861)，字镜海，号翕泽。湖南善化人。嘉庆十二年(1807)进士，改翰林院庶吉士，后历任检讨、御史、府、道、臬、藩等官，道光二十年(1840)，内召为太常寺卿。唐鉴服膺程朱之学，是当时义理学派的巨擘之一，蜚声京门。道光三十年(1850)汤贻汾、唐鉴均七十三岁，唐、汤等数老订约雅集。雅集地点或为唐鉴家之颐园、或在汤贻汾家之狮窟(一名诗窟)。[②] 唐鉴有《九日邀侯青甫学博、汤雨生协戎、崔春泉山人颐园小集》《九月二十九日雨生招饮诗窟广重九嘉会并复五老盛集，先为首唱次韵和之》等

---

① (清)汤贻汾《琴隐园诗集》卷二二，《清代诗文集汇编》第 526 册，第 336 页。

② 参见(清)汤贻汾《狮子窟别业落成并序》《狮窟书感》及《狮窟集》等。

诗,汤贻汾有《九日唐镜海太守招同崔春泉侯青甫集颐园即次太常韵》《颐园席上赠主人》《九日颐园座上赠九十翁崔春泉并订诗窟展重阳之会》《九月廿九日狮窟插菊作展重阳会,会者春泉、青甫、礼田、镜海》《次日同人就菊作蝴蝶会》等诗记录了他们的雅集欢聚。其中汤贻汾《九月廿九日狮窟插菊作展重阳会,会者春泉、青甫、礼田、镜海》云:

> 菊花开日即重阳,东坡语。重作重阳菊始黄。倍觉亭台幽入化,不愁篱落晚经霜。清时且遂林泉乐,雅集何嫌诗酒狂。待会休期梅信早,此中羁住九秋长。①

唐鉴《九月二十九日雨生招饮诗窟广重九嘉会并复五老盛集,先为首唱,次韵和之》诗云:

> 山阴看遍又山阳,一片秋容叶半黄。此会仍来重九雨,好花可奈满头霜。五星毕聚人同寿,叠韵循环我欲狂。屏障光辉足书画,高谈竟日引杯长。②

狮窟的展重阳会,五老齐聚。侯云松,字贞友,号青甫,江宁人,嘉庆三年(1798)举人,官歙县教谕。崔溥,字春泉。沈牧,字礼田。除唐鉴(镜海)外,青甫、春泉、礼田、雨生四老均为青溪诗社成员。汤贻汾有《十月廿九日琴隐园集孙尹圃、瞿秩山、侯青甫、熊松乔、刘焯斋、任阶平、沈礼田、蔡友石、方云室作十老第一会,申五篇

---

① (清)汤贻汾《琴隐园诗集》卷三五,《清代诗文集汇编》第526册,第435页。

② (清)唐鉴《唐确慎公集》卷八,《清代诗文集汇编》第526册,第621页。

约》,另《挽陈花农太占山人》中注五老为:“城北侯青甫八十五与沈礼田八十、城南卢止泉八十一、马鞠村八十、崔春泉八十九。”[1]五老时常“弹琴赋新诗,徜徉水竹隈”[2],相约弹琴赋诗,悠游山水间。

清雅之欢与狂放之乐,在五老的集会中都具备。五老吟诗斗酒,高谈竟日,嘉会蝉联。正如唐鉴《召入都和雨生韵》中所言:“三两同人正乐群。”[3]五老之间题赠、和酬之作也来往频繁。唐鉴一人就有《题汤雨生都督狮窟幽居图》《和韵酬青甫》《题根香圃图为侯青甫学博》《祝侯青甫八十有七寿》《召入都和雨生韵》等多首诗作。酬赠之作中不乏艺术上的点评,也不乏生活中的祝福;有快乐的邀约,亦有伤感的告别;呈现出耆老们交往中的丰富内容,投射出他们真诚的友谊。

二、地方文人社群的重要“名片”
——以何绍基京师、济南、扬州结社为例

“乐莫乐兮新相知”,他乡结识知己、组建社群亦是湖湘文人在异地漂泊游历一件乐事,而同道相和、同声相求始终是文人组建社群、挑选社友时的一个重要标准。湖湘文人在选择和组建社群时总会带有较强的区分性,而一旦加入特定社群,他们的志向、身份与才情,使此社群具有或强化了标识性、独特性、代表性,社员即社群的重要“名片”。

何绍基(1799—1873),字子贞,晚号猿叟,湖南道州人。道光十六年(1836)进士,官编修。典福建、贵州、广东省乡试,皆称得

①② (清)汤贻汾《琴隐园诗集》卷三四,《清代诗文集汇编》第526册,第435页。

③ (清)唐鉴《唐确慎公集》卷八,《清代诗文集汇编》第526册,第623页。

士。咸丰二年(1852)任四川省学政,均以实学教士。工诗、古文辞,书法探源秦汉,别成一家,名声甚重。著有《东洲草堂诗文集》。何绍基之父何凌汉嘉庆十年(1805)考中乙丑科殿试一甲三名进士,授翰林院编修,次年把家眷接入京城居住。何绍基的青少年时期基本上在京城度过。从青年时开始,何绍基多次于湖湘之外的地域结社,并在结社休闲中传播他的经世观念与入世精神。

道光初,何绍基入陈秋舫所设五簋会。道光二年(1822)秋,何凌汉任壬午科山东乡试主考官,并留督山东学政,何绍基奉母出都去山东,临走前赠诗陈秋舫。其《陈秋舫属题秋斋饯别图》中序言:

> 道光壬午秋,家君典试山左,即留视学。余于秋杪奉母出都,将都寓藏书寄存秋舫处,手写目录,以水车连日运往,并车骡俱付之秋舫,将作此图,嘱先题句。

诗云:

> 婉娩十年契,先看上苑花。文章真报国,词赋早名家。君刻《简学斋诗赋》,皆家君所命题也。珍重寄书券,间关运水车。高斋离别意,一卷得秋奢。多时五簋会,客止五人来。论议几千载,酣嬉无笄杯。门稀杂宾至,日有好花开。一事君输却,明湖探早梅。君设五簋会,客惟五人,包慎伯、龚定庵及余常在坐,黄修存与子毅弟或偶一至,他人皆不得与。①

---

① (清)何绍基撰,龙震球、何书置校点《何绍基诗文集》第1册,长沙:岳麓书社,2008,第56—57页。

上文所提到的五簋会的几位社员中，陈沆(1785—1826)，字太初，号秋舫，湖北蕲水(今浠水)人，嘉庆二十四年(1819)以一甲一名进士及第，授翰林院编修。清道光二年(1822)，任广东省学政。次年，任礼部会试同考官。官至四川道监察御史。负有文名。

包世臣(1775—1855)，字慎伯，晚号倦翁、小倦游阁外史等，安徽泾县人。嘉庆十三年(1808)举人，曾任江西新喻知县，次年被劾。勤于词章，善书法。

龚自珍(1792—1941)，字璱人，号定庵，浙江仁和人。嘉庆二十五年(1820)会试落第，龚自珍以举人身份被挑选为内阁中书。道光元年(1821)任国史馆校对等职，才气过人。

黄洵，字修存，高凉人，与梅曾亮、毛长龄等人书法上同受法于包世臣，生平不详。子毅为何绍基弟何绍业，字子毅。何绍基在五簋会里与才子嘉士聚于一堂，畅谈诗书，晓议时事。“他人皆不得与”，也说明了这个社群有着一定的择选性和排他性，在选择社友上首选同道之人，有才之士。

何绍基从道光二年(1822)至道光五年(1825)在济南居留了近四年。四年里其父视学山东学政，何绍基随侍左右，并交结地方才士。道光五年(1825)何绍基离开济南归湘参加应试。道光六年(1826)何凌汉擢任顺天府尹，举家移京。何绍基滞留在湘。直至咸丰八年(1858)何绍基才约于春末返回济南，主讲泺源书院授徒[①]。与济南名士李仲衡等人组消寒会，其诗有《李仲衡招同嵇春原、彭雪嵋、牛仲远为消寒雅集。初九日初集于仲远小小斜川，余适于初八日南行，十一日敖阳值雪，小诗奉怀》云：

① 参见何华中《何绍基年谱》，《湖湘人物年谱》，长沙：湖南人民出版社，2013。

> 济南名士今不多,赖有数子穷吟哦。龙洞枫林尽凋落,明湖衰柳余婆娑。种蘅词人侨此久,治聋无术只耽酒。两耳不闻雷鼓鸣,终年寻诗街上走。无端雅兴要消寒,约客不约当道官。乐得夸张真率会,由他嘲笑腐儒餐。画诺到余无可谢,说不能诗恐遭骂。斜川临夜正开樽,薄笨南游先命驾。今晨汶水风萧萧,马蹄蹴踏飞琼瑶。大雪百里真汗漫,诸山一夜失岧峣。想见群公恣吟啸,念我独游成阒寥。岂知荒店景尤异,快活村酿勤相浇。既然得雪并得酒,纵使有寒何不消?呜呼!即令得雪不得酒,纵使有寒何必消。[①]

咸丰十年(1860)何绍基南归,仍有诗句寄赠济南消寒诗社友人,如《十八日当是消寒第二集小诗寄济南》等。这个以济南名士为主的小团体,与何绍基志同道合,而与当时的腐儒相对,何绍基清楚认识到这个社群的文学责任和社会影响,故有“济南名士今不多,赖有数子穷吟哦”之说,同时也坦露了自己自在、率真的性情,“乐得夸张真率会,由他嘲笑腐儒餐”。

同治九年(1870)春,曾国藩及江苏巡抚丁日昌延请何绍基主苏州、扬州书局,为校刊大字《十三经注疏》,又浙江杨石泉中丞亦聘何绍基主孝廉堂讲席。绍基往来吴、越间,觞咏流连,意兴颇适,曾入方浚颐在扬州题襟馆所开消夏社。方浚颐字子箴,号饮茗,一号梦园,安徽定远县人。道光二十四年(1844)甲辰科进士,由翰林院编修补授山东道御史,历两淮盐运、苏淞太道等职,官至四川按察使。同治八年暮春来扬州,同治九年二月离开去岭南,十月又返回扬州,修葺题襟馆,自此居扬州三年。其《仪董轩记》载:“扬州题

---

① (清)何绍基撰,龙震球、何书置校点《何绍基诗文集》第1册,长沙:岳麓书社,2008,第390页。

襟馆之名震于大江南北，乱后葺治之，已非复旧观。馆之东为景贤楼，楼后少右为董子祠，祠北则董子井在焉，隙地甚广，榛芜瓦砾，睹之恻然。同治己巳暮春，浚颐由粤东抵邦上，适运署工作方兴，窃思此地为江都故宅，顾名思义，当于题襟馆外另辟一区，以表醇儒高躅焉。乃召工匠，祠之北建屋五楹，缭以曲廊；井之东建屋九楹，又于井之西浚池畚土，筑高阜于九楹之南，稍稍种竹树焉。工未毕，而予有岭南之役。庚午二月俶装度岭，十月始返，园中之竹则已半枯矣。促园丁补种之，忽忽又逾三稔。今年春，将于肥滨筑屋，作归老计。"①

扬州题襟馆曾为曾燠任两淮都运使时榷署中退食之地，亦其宴宾之所。曾燠在此招致四方名士，诗酒以乐，唱和成帙。后此地为扬州文人聚会雅集常到之所。

方浚颐等人也邀约同人于题襟馆结社雅集。其《且园消夏图记》言："予曩消夏于题襟馆招同人起诗社，属汪子研山作图。"②何绍基、方浚颐等均有《题襟馆消夏第一集，用刘芙初前辈读邗上题襟集遥寄宾谷先生韵》，方诗云：

火伞撑空汗雨流，披襟相对傲浮休。诗狂我爱王肥上谓谦斋，书圣近推何道州谓子贞前辈。邛竹健扶身似鹤，蜀山高卧气如秋。好风一夜甘霖降，快向红桥载酒游。

豪兴犹然卷白波，赏音今喜抱琴过。香探莲界尘氛净，贞翁独游天宁寺。赋到芜城感慨多。坛坫百年重辟社，烟花三月

① (清)方浚颐《二知轩文存》卷二〇，清光绪四年(1878)刻本。
② (清)方浚颐《二知轩文存》卷二二，清光绪四年(1878)刻本。

续征歌。停杯忽动林泉想,恨不幽栖薜荔阿。①

何诗云:

海疆淮甸占风流,运值红羊一炬休。燹后全荒西楚迹,我来重认古扬州。最怜花月如人瘦,不待风霜满眼秋。赖有通家儒雅旧,题襟馆伴许优游。(其一)

翩翩笠屐似飙流,访胜探奇意未休。五岳遍登犹有岳,去年欲游霍山未果。九州而外尚多州。谓英、米各国。群花围绕权支夏,片雨飞来欲报秋。好待新凉生院落,衔杯畅与话前游。(其三)②

在消夏雅集的诗作中,何绍基、方浚颐等人倾心交流,从国际时事到私人游历,从各地见闻到社友近况。诗作亦反映出两人情趣的高雅、情谊的真诚。相较而言,方氏更有林泉清雅之气,何绍基则更具时政关注之心。何绍基晚年工诗善书法之名已远播海内,擅长书法之事尤其广为人知,从方诗可见众人对何绍基的推崇与了解。题襟馆消夏文人社群唱和频频,方浚颐此后还回忆当时题襟馆联诗之盛:"性奈浮沉缘病久,地居绾毂得朋多。题襟馆消夏,同人唱和,两月之内得诗三百余首。即今兰室偕赓唱,宝米斋盆兰盛开日,与蝯叟、谦斋、叔平捻髭觅句。遥忆槐荫独啸歌。"③

---

① (清)方浚颐《二知轩诗续钞》卷一一,清同治刻本。

② (清)何绍基撰,龙震球、何书置校点《何绍基诗文集》第2册,第622页。

③ (清)方浚颐《二知轩诗续钞》卷一二,清同治刻本。

三、地方风土人情的记录者
——以易顺鼎、郭庆藩为例

清末易顺鼎在外省屡结诗社，异乡风情不时进入他的作品中。易顺鼎（1858—1920），字实甫、宾父，一字中实、中硕、一厂，号哭庵，又作哭厂，湖南龙阳（今汉寿）人。江苏布政使易佩绅子。清光绪元年（1875）恩科举人，纳官刑部郎中，寻改任河南候补道，居二年辞归，隐居江西庐山。甲午中日战起，两赴台湾，助刘永福抗日。光绪三十四年（1908）授云南临开广道，寻调广东钦廉道，再调高雷阳道。辛亥革命后隐居上海，民国二十年（1931）由袁克文荐任印铸局参事，袁世凯死后易氏寄怀诗酒，纵情声色。工诗词骈体文，诗才奔放，独步一时，与湖北樊增祥并称诗坛两雄。作品辑入《琴志楼丛书》之中。

易顺鼎多次于贵阳结社，如岁寒三友社、旧鸥今雨社、榕社等。其岁寒三友社作《梦游仙》一词云：

白太傅尝以此调追忆吴宫钱塘之胜。余则榕城倦旅，即景成咏。以兹区替吴越，岂但拟于不伦，然幸为吾辈所经，岂可使地灵终闭，平生游寓虽僻陋，而未敢忘。约略存之，亦小人怀土之过也。（序）

榕城好，碧润一天阴。晓郭山多宜试屐，秋衙吏少但闻琴。空翠坐来深。

榕城好，春步向平郊。柳絮绿将莺梦管，菜花黄得蝶魂销。似有酒旗飘。

榕城好，小阁尽开扉。山路夕阳行马过，水田春雨饭牛归。心向画中飞。

榕城好,处处听吹笙。月黑寻郎苗女秀,花红赐觋竹王灵。庙火夜犹青。

榕城好,蛮髻见双丫。溪女钏摇因洗菜,峒娘鞋褪更穿花。体态也夭斜。

榕城好,湖水碧如苔。菱火两三星不定,荷花八九月犹开。撑个小船来。

榕城好,倒影水楼嵌。秋浦鱼云晴晒网,春潮蜑雨暮归帆。却也似江南。

榕城好,楼影认龙冈。湘雁北来穿瘴绿,海螯东寄擘晴黄。几度醉重阳。

榕城好,冬景更留连。鹭影翘来无雪地,鸦痕画出欲风天。人立柳塘边。

榕城好,飘梦水天空。枫叶凉波江舫笛,梅花细雨寺楼钟。不听也愁侬。①

易顺鼎模仿白居易之《江南好》以咏贵州榕城,希望历经之处,都能摹景成词,不可使"地灵终閟"。易顺鼎的词作中,刻画了榕城诸景,并记录了当地风俗人情。

再如郭庆藩两次外省结社,一次是光绪五年(1879)宁波海曙楼结社,另一次是光绪二十年(1894)扬州结社。郭庆藩(1844—1896),原名立壎,字孟纯、岵瞻,号子瀞,湖南湘阴人。郭嵩焘从子。优廪生。屡踬乡试,援例得通判。积军功保知府,分浙江补用。乞假归养,家居十年,又以道员改江苏,主扬州运河堤工。遭母丧,哀伤而卒。工诗古文辞,尤精小学。

---

① (清)易顺鼎撰,陈松青校点《易顺鼎诗文集》,长沙:湖南人民出版社,2010,第1627页。

郭庆藩宁波有消夏结社，其《己卯伏日招同人消夏海曙楼分韵赋诗得暑字有序》描绘了宁波夏季的炎热景象，以及当地官员消夏雅集的情景过程：

余重榷厘宁波之明年，己卯岁，蕤宾应候，朱夏方长，炎云幂空，烈日驻景，榷舍湫隘，盛暑蒸歊。槐柳之阴，不增荫于短庑；竹荷之静，空有望于迎薰。惧贻诮于热行，高卧适同程越；感并天之异候，幽栖欲比陆含……

吾辈情随事迁，心为形役，饥来驱我，壮不如人，终岁不敢少休，一朝无由寻乐，可慨也已。宁波榷务，各有专司，而集其成于不肖。分职者近十人，益以乡人之需次于宁者，才俊踵接，地濒大海，炎威早至，诸君惮暑，邀我招凉，爰寻海曙之楼，暂息征人之驾。开窗户以纳乾坤，辟草莱而设几席，储以绿蚁之酒，笼以碧纱之幮，藤床菌枕以相随，茗碗冰壶之毕具。忘形尔我，迭为主宾。楼上仙人闻而让座，尘中俗客见亦流涎。披襟当风，高吟入古。十人予有，各携榼以偕来，五日为期，共举杯而相属，只谈风月，尽谢簪裾，或围谢傅之棋；或作周昉之绘；或上追彭泽，琴谱无弦；或远望长沙，笛吹不落。公家事了，快阁可倚。夫晚晴尽醉归来，高亭得名以喜雨。抚今追昔，举酒行觞，以小暑之良辰，为消夏之初会。从此互相酬唱，续韵事于西园；相期各命巾车，溯雅游于北海。因拈昼夜极醉，以避一时之暑。十字分韵，赋诗以纪其盛。是日庆藩为主人，来会者刘颐伯、庄芝岩、周子庄、曾星垞、彭鼎卿五司马，陈月庵通守、徐子元、李咏仙二大令，期而不至者叶雨穗明府也。[①]

① (清)郭庆藩《十二梅花书屋诗六卷》，《清代诗文集汇编》第753册，第89页。

在序中,宁波地濒大海,夏季炎威旱至时的情景作为一种铺垫背景被细致刻画,而当地文人雅集消暑的特色器物、活动过程、创作现场均得以一一展现。

郭庆藩等同人此次消夏雅集持续了十次,每集必有诗,郭有《海曙楼消夏,五日一集,以十日为约,七月五日为第十集,觞政既举,因拈"待到重阳日,还来就菊花"十字分韵赋诗得来字》。消夏雅集择选诗题时,还会选择和当地季节、地域密切相关的事物来集体吟咏,如当时宁波苦旱,郭庆藩等人第四集会时食荔枝,有《消夏第四集食鲜荔枝用东坡荔枝叹韵邀同人赋诗,时宁波苦旱望雨方殷也》,而不久,宁波迎来大雨,郭庆藩等第六集时又有《消夏第六集喜雨星垞同年限次韵东坡有美堂暴雨韵赋诗》,诗中云:"喜极转闻田妇叹,二施遗憾食琼瑰。日前祷雨不应,村妇施氏妯娌相率投身龙潭,触龙而死,此宁波陋俗也。"[①]湖湘文人在异省为休闲娱乐而聚的雅集创作中,客观记录了当地的民俗风情、天文地理。

四、文化精神的共同构建者
——以何绍基、李桓为例

文化精神犹如一块晶石,被时间长久地淬炼,又不断地吸取来自各地域的精华营养。湖湘文人的异地结社,通过其有影响力的社集活动,在某些文化精神的构建上,融入了湖湘文人的一些文化因子,与其他地域的文人一起发挥承继文化传统和构建文化精神的作用。

道光二十三年(1843)何绍基仍寓居京城,癸卯大考又获二等,

① (清)郭庆藩《十二梅花书屋诗六卷》,《清代诗文集汇编》第753册,第92页。

供职国史馆兼办传志。此年夏，集资与同人创建顾炎武先生祠，以举行顾氏公祭。“癸卯之夏，余集同人匄资创建顾亭林先生祠于城西慈仁寺之隙地。”①林昌彝《射鹰楼诗话》言：“昆山顾亭林先生，昔侨寓京师城西偏，即今之慈仁寺也。道州何子贞师就旧址为营顾祠，俾同志知所仰止。每值顾先生诞辰，余从道州师及诸同辈，拜瞻祠下。”②苗夔《〈使黔草〉序》言：“岁癸卯，子贞集同人匄资创建亭林顾先生祠于城西慈仁寺西隅隙地。每岁春秋及先生生日，皆举祀事。尝有春禊、秋禊二图。同人多赋诗纪事。迄今计之，前此与祭者，汤海秋、徐星翁已逝。苏赓堂、陈颂南、许印林、王箓轩、冯敬亭、赵伯厚、朱伯韩、郑浣香、叶东翁、王子怀、杨墨、林子言兄弟皆先后归里。罗椒生、朱亮甫、庄卫生、魏默深俱外擢，后至者来往无定。”③道光二十四年(1844)顾炎武祠二月二十五日举行初祭礼。《顾炎武祠会祭题名第一卷子》云：“与祭者有何绍基、张穆、苗夔、徐松、陈庆镛、许瀚、魏源、何秋涛、王梓材、冯桂芬、赵振祚、郑复光等十四人，俱为当时名士。”④咸丰二年(1852)，顾炎武祠建成已十年，秋祭之日同人集亭林祠举行秋祭并为何绍基饯行，有诗留别。何绍基《百字令·顾祠初建》云：

顾祠初建，古双松庭院，聚英多士。都道与君谐际甚，一味虚怀而已。春几羞蘋，秋觞荐菊，文宴常如此。不知今日，骚坛谁执牛耳。闻说时事方殷，胜流仍萃，海纳群川水。旧日

① (清)何绍基撰，龙震球、何书置校点《何绍基诗文集》第2册，长沙：岳麓书社，2008，第714页。

② (清)林昌彝撰，王镇远、林虞生标点《射鹰楼诗话》卷八，上海：上海古籍出版社，1988，第191页。

③ (清)苗夔《〈使黔草〉序》，《清代诗文集汇编》第604册，第3页。

④ (清)《顾炎武祠会祭题名第一卷子》，民国影印本。

画图诸玉貌，不数放翁吴市。我返家园，君归兜率，槃敦谁人事？碍觚亭长，俨灵光岿然是。自癸卯春，余创建顾亭林祠，春秋及生日祭，朝彦皆集，然聚散无常，初事与祭者惟寿阳相国尚在都耳。君亦寿阳门下士也。余有顾祠春禊、秋禊两图。[1]

顾炎武倡导“经学即理学”，讲求实学，注重博采考订，对清代经学的兴起功不可没。他又以五经为基础阐述义理，并且关心国计民情和经世实务。顾炎武曾谓：“引古筹今，亦吾儒经世之用。”[2]“君子之为学，以明道也，以救世也。徒以诗文而已，所谓雕虫篆刻，亦何益哉！某自五十以后，笃志经史。”[3]嘉道年间顾炎武的文化地位上升，“道光年间京朝各官特建顾炎武祠于京师，春秋祀事。直省学人咸为执事，迄今不绝”[4]。顾祠修禊、雅集的底蕴是推崇亭林的学术取向和气节，其基本内容是给汉学宗师重新定位，赋予汉学新的(经世)内涵，文学的重要性已明显减少。顾祠修禊的主角何绍基、张穆、苗夔等人多根柢于汉学，主张汲取宋学，调和汉、宋，而且他们倡导经学，关心民情世务，注重博学及思想创新。[5] 部分学者也认为：召唤古人的生日祭，本身即是一种self-fashioning，它有点像是当今流行的“角色扮演”(cosplay)，人们扮演的对象往往是自己所心仪，或希望成为的角色。故扮演本身既是表露自己的心迹，又是表示自我的认同，同时也是一种自我的塑

① (清)何绍基撰，龙震球、何书置校点《何绍基诗文集》第2册，长沙：岳麓书社，2008，第632页。

② (清)顾炎武《顾炎武全集》第21册，上海：上海古籍出版社，2011，第141页。

③ (清)顾炎武《顾炎武全集》第21册，第148—149页。

④ (清)葛士浚《清经世文续编》卷五二礼政三，清光绪石印本。

⑤ 参见罗检秋《嘉道年间京师士人修禊雅集与经世意识的觉醒》，《西方思想在近代中国》，2005年会议论文。

造。它有如 Kenneth Burke 在讨论象征时所说的，使用某一个象征，既是反映内心的信念，同时又是一种对外沟通、说服的行动。[①]何绍基在第一卷中墨迹甚多，以他为代表的湖湘文人积极加入并推进的顾氏公祭活动，正清晰表达了他们对顾氏所代表文化精神的认同，并踏实坚定地为之塑造与建设展开行动。

"顾祠公祭"活动，是清代非常重要的一个名贤祭祀活动，每年春秋及顾炎武生日三次祭祀，而且每次祭拜祭者都要在卷上签名，而这一祭祀传统维持了八十年左右，参与者前后达五百余人。何绍基作于咸丰二年(1852)的诗作《顾祠秋祭日，陈颂南、王子怀、苗仙露、冯鲁川、潘季玉、杨缃云、何愿船、孔绣山公饯于云深松老之庐，夜归得黎月乔送行诗，次韵奉答，并留别诸君子》对"顾祠修禊"的影响和作用有清楚的表述："亭林祠构今十年，海宇才杰争随肩。文词固勉根柢厚，风骨多有冰雪坚。"[②]

又清末两江总督李星沅子李桓，字叔虎，号黻堂，生于道光七年(1827)，卒于光绪十七年(1891)，湘阴人。以荫官至江西布政使，署巡抚。后去官养病，以著述终老。友人评价李桓："自以养疴，解兵柄闭户著书，不干外事，幅巾野服，时与二三故人为真率会，述乾隆盛事。穷原竟委，娓娓千言，虽日晷屡移，听者犹恐其辞之毕。又泛扁舟，就养西湖，探九溪十八涧之奇，更上天台、雁宕、普陀绝顶磨崖题名，补生平游屐之阙。淡于名利，天机斯和，其诗

① 参见王汎森《历史、纪念与自我重塑——读段志强著〈顾祠——顾炎武与晚清士人政治人格的重塑〉》,《东方早报》2015 年 6 月 7 日；段志强《顾祠——顾炎武与晚清士人政治人格的重塑》，上海：复旦大学出版社，2015。

② (清)何绍基撰，龙震球、何书置校点《何绍基诗文集》第 1 册，第 268 页。

愈清真愈淡远，蝉蜕尘滓，绝俗千寻，无以方之，美哉。”[1]这样悠游闲逸、高怀淡致的生活，江南奇绝秀雅之游景，也滋养了其真率的性情，陶冶其淡远出尘的诗文创作。

李桓在杭州西湖加入了数个文学社群，如西湖耆老社、蝴蝶会、铁华吟社等，参与文学社团的活动多次。他在频繁的社集活动中坚持一种文人风流率真的精神，推引清雅高蹈的休闲娱乐心态。其诗录二《影言三十首和熊鹤村署正八十述怀原韵并引》第二十八首云：

> 圣湖三度驻云骖，老辈风流健笑谈。酒畔歌随虚籁远，囊中句向小奚探。闲身不遣瓜期代，晚景都回蔗味甘。洛下耆英无此盛，艳传高会大江南。
>
> 桓三至西湖，文宴之欢以庚辰为最。月弦望会二次，则秦澹如、梁敬叔、江筱云三观察，李申甫方伯，金少白水部，应敏斋廉访年皆六十以上，会必有歌。梁、江两公喜为吴歈，李公喜为秦声。月铁华吟社会一次，则沈辅之、吴筠轩、盛恺亭三观察，王琳斋刺史，年皆七十。以上会必有诗，不限体韵，盖经年之久，凡三十有六会焉。[2]

李桓三至杭州西湖，与当地名流耆旧屡开文宴，其中光绪庚辰(1880)年为聚集最多的一年，每月与六十以上的西湖耆老聚会至少三次，时间持续有一年之久，聚会数量达到三十六次之多。西湖

---

① (清)李桓《宝韦斋类稿九十卷》诗录，《清代诗文集汇编》第705册，第234—235页。

② (清)李桓《宝韦斋类稿九十卷》诗录，《清代诗文集汇编》第705册，第286页。

的蝴蝶会活动更加频繁，一旬一集，李桓有《约同志为西湖人倚楼蝴蝶会届旬一集，口占代柬庚辰》诗云：

襟带逍遥自在身，联翩游赏趁芳辰。喜从西子湖边住，都作庄生梦里人。画舫衔波云几叠，层楼醵饮月三巡。年年盛会长如此，留取胸中太古春。①

无论是加入和推动苏州耆英会开展的唐氏父子，还是在多地社集踊跃、文宴频繁的何绍基、李桓等人，都展现出湖湘文人在外省入乡随俗，积极参加当地文学社团的一面，也抒发了他们喜悦、愉快的心情。湖湘文人异地结交友人，雅集欢聚，一方面入乡随俗，自然地顺应与接受当地的民风民俗，同时也是当地风俗民情的观察者与记录者；另一方面视自己为当地文化盛事、文学韵事的建设者与参与者，积极地发起与参与，并且融入当地的文人圈中，筑建与社友融洽而亲密的关系，依靠自己的才情、志向等成为所入社群的重要"名片"。大家在艺术上交流诗词、书画等艺术技巧，生活中共享休闲、娱乐信息，而嘉道后的湖湘文人更注重在思想上传播理学观念，促进圈中人士的经世意识。

第三节　作为"他者"的湖湘文人

湖湘文人在湖湘地域之外的其他地域结社雅集，其聚合之力源于文人们之间共同的风雅爱好，相似的人文情怀。同时，在异地社集中，湖湘文人所特有的地域意识与乡土情结时常凸现。"他

① (清)李桓《宝韦斋类稿九十卷》诗录，《清代诗文集汇编》第705册，第272页。

者”(the other)作为一个哲学名词可以被阐释为一个与自我相对的存在,是一个与主体既有区别又有联系的参照。从文人们交往的资料中,我们也可发现湖湘文人“他者”视角的运用,以及“他者”身份的被读解。这些材料可以与湖湘文人本地结社相互形成参照,是湖湘文人社群研究的丰富和补充,促使我们更了解湖湘文人社交形象与结社心态。此处“他者”指不同地域文化空间成长的文人,在思考历史、面对现实时拥有不同的视角和情感。

一、异地社集的地域意识与乡土情结

(一)对本土乡贤的推崇与纪念。

本地乡贤不只是湖湘文人在异地怀念故乡时所联想起的温情符号,寻求榜样激励时所学习的经典范例,同时也是湖湘文人在异地标榜自我时的一块有影响力的招牌,一份强有力的宣传力量,还是他们兼具责任心与经世意识传播开来的一项文化内容。

湖湘文人的京师社集场所多选取在为纪念湘军、湘系集团人物而建造的建筑园林中,如光绪年间徐树铭与黄膺等人京师结龙喜社,邀集同人,多次游集京师宣武城南之湘馆、湘祠。其《湘馆留云图赠金仓山还高句丽二首有叙》载:

> 予与同人并建湘军忠义祠于京师宣武城南之西南隅,方成而朝鲜贡使仓山金君至京师,见访于城南。因相与游集祠下,同时文士若鹿泉、桐云两农部,郑茉农、俞剑江两孝廉,予弟叔鸿侍御咸至。更唱迭和,文字绸缪,道义磋切,缔海内之针芥,萃日下之星辰,觥筹交飞,缟纻欤达,拟吴季之过鲁,譬箕子之宾周,观乐识礼,宗国钦其上贤,叙范归极,隆周引为资式,可不谓躬习三德才官五能者乎?……湘馆、留云图、湘祠

者，为曾文正、左文襄二公建也。[①]

徐树铭(1824—1900)，字伯瀓，又字寿蘅，号瀓园、澄园，湖南长沙人。道光二十七年(1847)进士，选翰林院庶吉士，散馆授编修。同治六年(1867)署礼部侍郎。徐树铭与同人创建湘军忠义祠于京师宣武城南之西南隅，京城湘祠、湘馆不仅成为本国文士聚集雅会之地，徐树铭还邀请朝鲜贡使金仓山等人一同前往，觥筹交飞，更唱迭和，并比拟其为春秋时期的吴季札与西周时期的箕子。季札与箕子出使异国时，都因自己对周礼乐的精通，从而获得外国人的推崇与敬重。

龙阳才子易顺鼎在其光绪二十一年(1895)诗作《再柬朝鲜李参判二首》中云："春明八载撷兰茳，余不至都八年矣。去年至都，得晤诸故人，读《龙喜社集》。旧雨挑灯话溴江。三楚尊盘龙喜社，九夷冠剑凤嬉邦。出《论语纬》。京尘送客红迷路，海月怀人白到窗。为报今年消息好，镐池君已璧遗双。"[②]易氏到达京城后，阅读龙喜社的社集诗文作，用"三楚尊盘龙喜社，九夷冠剑凤嬉邦"两句概括出龙喜社独有的楚湘特色。

除成为几个人小范围的雅集场所外，湘祠、湘馆之地也容纳了数十人等较大规模的文人雅集，这些雅集文人来自不同地域。徐氏诗歌中记载了光绪庚寅年(1890)四月四日浙中同学二十四人集湘祠、中秋数十同人湘馆雅集分韵赋诗等事件。徐树铭等同人湘祠、湘馆雅集吟唱的诗句有多首，诗歌作成后，徐树铭又加以唱和赠答，进一步增加了社群诗歌的创作数量，如《和黎佑生中秋诗孔

① (清)徐树铭《澄园诗集》卷九，《清代诗文集汇编》第697册，第887页。

② (清)易顺鼎撰，陈松青点校《易顺鼎诗文集》，长沙：湖南人民出版社，2010，第536页。

字韵名锦缨,光禄寺署正》《答杨松腴协戎中秋湘馆诗良字韵》《和憩云中秋湘馆雅集诗楝字韵》《和劳叔安上舍启潞中秋湘馆诗为字韵》《和凯丞郎中湘馆中秋诗饮字韵名启台,劳文毅公孙》《和龚省吾宗政湘祠中秋诗友字韵》等。这些诗作内容多与湘军人物、功绩、湘祠馆的意义有关,在颂歌湘军英烈品质与赫赫功勋的同时,也交流了同人感情,并抒发自己的志向。如:

英烈照古今,今毅蜚虹霓。[①]（《光绪庚寅四月四日浙中同学二十四人集湘祠有赋二首》）

君不见城南湘馆天尺五,皓月澄辉弥宇宙。[②]（《和鹿泉农部中秋诗遘字韵》）

辛壬寇乱逮甲子,河山瓦裂穷搂收。群公往来破无敌,亿万性命纷沉浮。帷幄千里俱胜算,庙谟阃岂同壮犹。竟者成功毕志节,殁者已矣无能侯。江罗二李不战死,懋赏庶协廷臣谋。益阳瘁躬共嗟惜,三杰首拟馨香酬。[③]（《次和再彤太史东堂诗求字韵》）

另明代茶陵李东阳文正祠也常为京都湖湘文人雅集常聚之所,李文正祠“近皇城迤西,孝宗赐第也。第久析为民居”[④],历经时代变迁,至清初颓坏破败,经法式善等人提倡修缮。

乾嘉年间,谢振定与法时帆等人京都结社,多次集聚李东阳文正祠。谢振定,字一之,号芗泉,湖南湘乡人。乾隆四十五年

---

① （清）徐树铭《澄园诗集》卷九,《清代诗文集汇编》第697册,第889页。

② （清）徐树铭《澄园诗集》卷九,《清代诗文集汇编》第697册,第884页。

③ （清）徐树铭《澄园诗集》卷九,《清代诗文集汇编》第697册,第883页。

④ （清）张之洞《（光绪）顺天府志》卷一三《京师志》,清光绪十二年(1886)刻十五年重印本。

(1780)进士，由编修官京畿道御史，终礼部员外郎。负经世才，矜尚气节。著有《知耻斋文集》八卷。无锡秦瀛云："君平日议论，觥觥岳岳，不屑苟同。于诗文，尤笃嗜。每以古学衰歇，见侪辈中有能为古文者，辄手录之。"[①]法式善(1753—1813)，字开文，号时帆，一号梧门，乾隆时期著名诗人、学者，为一时文坛领袖人物，历任左庶子、国子监祭酒、侍讲学士等。谢振定与法时帆等同人或为前贤做生日祭会，见其诗《庚申六月九日集诗龛，为西涯作生日。即用西涯翁"秋风吹芰荷，西塘凉意早"之句分韵，得芰字》《六月九日，为茶陵李文正公生日。先一日，法时帆祭酒招诸同人集积水潭拜瞻公像，盖西涯旧址也。是日爰即席口占》《十二月十九日，集汪庶子静厓芥室，为东坡生日。座上客凡十人，各和东坡八首，共六十韵》等，或作迎秋、消夏之集，见其诗《六月既望，鲍雅堂、吴谷人、汪杏江、法时帆、赵味辛、张船山同集，用作迎秋之会，分韵》《知耻斋销夏第二集赋得瓜》等。谢诗刻画了"好风送残暑，终日醉醇醪。抱蕊蜂儿茁，将雏燕子高。清光来斗室，消受独吾曹""豆花新雨足，蝉响夕阳高。近市尘心远，敲诗险韵牢。更当崇晚节，佳会订题糕"[②]这些赏心悦目的风景以及轻松、愉悦的休闲细节，并记叙了"设位拜晬容，堆柈列冰蔌。名流共觞咏，俯仰心焉肃。先兹三日前，牲醴奠怀麓。冒雨畏吾村，未惜泥没毂"[③]这类名流雅集、俯仰肃然的纪念性活动。谢振定对李东阳文正祠的纪念活动印象尤为深刻，融入更多的关注与不同的情感，如其在黄庭坚生日集会时的诗作《黄山谷先生生日诗六月十二日，吴山尊集同人于藤花书屋，为黄山谷先生生日，以〈黄集〉中六言绝句诗分韵，得六字》中还回忆起"六月九

---

① (清)邓显鹤编纂，欧阳楠点校《沅湘耆旧集》第4册，长沙：岳麓书社，2007，第630页。

② (清)邓显鹤编纂，欧阳楠点校《沅湘耆旧集》第4册，第642页。

③ (清)邓显鹤编纂，欧阳楠点校《沅湘耆旧集》第4册，第634页。

日，西涯墓祠告成。是日为西涯生日，同人祭告墓所，额其堂曰怀麓，亦公志也”[①]。将两次活动加以联系。其《六月九日，为茶陵李文正公生日。先一日，法时帆祭酒招诸同人集积水潭拜瞻公像，盖西涯旧址也，是日爰即席口占》诗云：

> 刘谢翩翩尚羽仪，狂澜东下更谁支。成斋竹舫西涯斋名茶烟集，想象先生下直时。
>
> 小筑平泉宛画图，盈盈积水落菰蒲。西涯自具东山望，莫向东风怨鹧鸪。
>
> 苇棚酬酒荐诗仙，烦暑全消六月天。较寿坡翁好风景，荷花万本一声蝉。
>
> 风流潇散称诗情，画意琴心一例清。是日观马秋药、笪绳斋、谭湘琴、俞东甲、罗雨峰作画，何兰士、积庆亭、凤伸梧弹琴。独我怀湘归未得，碧菱香里拜先生。[②]

在推崇、怀念李东阳的活动中，作者同为湘人，既感到自豪，还通过对李东阳的祭拜，寄托了自己的思乡怀归之情——这一点是与诗社其他地域的成员最为不同的。在某种意义上，李东阳的文正祠等同于故乡前贤在京都的一个成就象征物，一种被认可与接受的标志，一个再传播的工具空间。

徐树铭等同人光绪十三年（1883）三月展茶陵祠。《丁亥三月二十八日展茶陵祠墓，归饮国花堂作在极乐寺海棠最盛》有：“李祠拜罢来饮酒，同人惊诧生吟哦。黄君俊章独怀古，高情雅韵真诗虎。谓鹿泉。三十年来几和章，诗龛默默谐宫羽。茶陵祠树绿如云，谁

---

① （清）邓显鹤编纂，欧阳楠点校《沅湘耆旧集》第4册，第634页。

② （清）邓显鹤编纂，欧阳楠点校《沅湘耆旧集》第4册，第646页。

当画笔写缤纷。诗书三绝空余子，自古高才属郑君。苿农为图。”[1]诗中用俊章怀古的黄君为黄膺，字鹿泉，湖南善化人。与徐树铭等湖湘文士同往拜祠，以追前贤。刘人熙与同人京都拜谒李文正祠，雅集诗作亦采用黄鹿泉诗韵。刘人熙(1844—1919)，字艮生，号蔚庐，湖南浏阳人。清光绪三年(1877)进士，授工部主事，官至广西道员。亦有《同人谒李文正祠饮极乐寺用黄鹿泉户部膺韵》，诗云：

> 言寻极乐寺，同拜李公祠。前辈风流歇，松楸尚护持。澧兰香可荐，燕草碧无涯。刘谢西郊别，怀归两鬓丝。[2]

刘诗同样表达了对乡贤前辈的怀念，诗中采用的澧兰意象亦为具有湖湘地域色彩的典故。湖湘同人京师聚集乡贤之祠，怀古追贤，这类事件更能带给他们归属感，激发他们的经世精神，增强他们的地域认同意识，并逐渐发展为清代湖湘文人京师社集的一种风习。

(二) 创作中流露的思乡情怀、恋乡情结

身在异乡，长期流离、漂泊，对故乡人、事、物的思念与怀忆是人之常情，而这种情感也很自然地展露于湖湘文人与同人、好友的社集社作中，通过诗文中出现湖湘意象符号间接展现，或者直抒胸怀，一展思乡、恋乡情怀。

康熙初王岱曾于湖北随州建且园，其集中有《且园记》，称其于康熙丙午(1726)七月就任湖北随州广文，广文无有馆舍，而黉宫有隙地，于是王岱披径结构，宅而园之曰“且园”，且之名则源于“且

---

① (清)徐树铭《澄园诗集》,《清代诗文集汇编》第 697 册，第 877 页。

② (清)刘人熙《蔚庐刘子诗集》,《清代诗文集汇编》第 753 册，第 607 页。

者，闻之春秋书次，明乎徐而不疾也，婉而不遽也，且则有次之义；公子荆居室之善，每称苟，明乎知足不侈，知止不盈也，且则有苟之义；物之不备，仪之不饰，为简，且则有简之义；又暂而非久，权而非经，为姑，且则有姑之义”[①]。并以名其诗文集。

王岱多次与同人雅集且园，有多首雅集诗作，如《周叔子集且园和合》《和程苍其集且园韵》《重午阳晋侯、吴仲勉集且园》《初秋阳晋侯、池象九集且园》等。其《重午阳晋侯、吴仲勉集且园》云：

> 并是天涯客，逢时忆故乡。续骚谁九辨？竞渡忆三湘。蒲艾盈尊绿，葵榴绕槛香。何因阳长会，五月尚飞霜。[②]

端午佳节，王岱身在异乡，与同是天涯客的同人雅集且园，有感而发，思念故乡。在这首雅集诗作中，湖湘“骚辨”文学传统，端午节的文化习俗，湘地的环境特色，在王岱回忆性的笔调中得以一一展现。

道光年间，湘潭人谭溥游历粤东，与当地文人张南山、黄香石、李子虎等人组柳塘诗社，常聚会于李子虎之深柳堂。其《闰九月九日奉同艾至堂师、黄香石、王兰汀、喻少白、杜洛川、李次白、张小槎、何一山集李子虎深柳堂作展重阳会》诗中有：“烟浒秋容倍觉佳，重阳展节招朋侪。柳堂屋小客胆大，开门一笑伸奇怀。主人选才似选将，白战楚客惭良才。登坛摩垒夺旌旆，各逞怖异张吟题。……卅载我愧不得意，牢愁满腹无由排。轮蹄铁碎未肯歇，天涯海角胡为哉。雨丸抛掷那可系，三湘修阻尤难回。烽火漫天塞

① （清）王岱《了庵文集》卷七，清乾隆刻本。

② （清）王岱《了庵诗集》，《清代诗文集汇编》第23册，第142页。

归梦，妖尘拔地多狼豺。八口飘零定何处，倚门盼念双亲猜。"[1]诗人在诗社展重阳会之集中，定义自己为楚客身份，并不掩饰思乡念亲的情绪。又在其他雅集创作，如《八月十五夜冯少蘅招同符梅修、杨斛巢、蔡纬卿、家梅仙、许隽卿荡兰谷分咏得踏月》中有："天涯徒负月华明，难遣奔驰楚客情。"[2]《偕王兰汀过就树轩听雨涉川和尚索作图并题》中有："天涯客倦感倾耳，如听潇湘楼上秋。"[3]这些诗句都表达了同样怀念楚湘故土的情绪。

又画有《梦岳图》，描绘了其异乡之梦境中出现的衡岳风光，这实际上是一种思乡情结的体现。谭溥邀请诗社众友题咏，并在其诗中记录。如《寄吴蓉舫》中有："芝城挥手别，千里各相违。岳色留名画，诗情人化机。谓题梦岳图。"[4]《怀张南山二首谓宴集柳塘诗社》："天南怊怅诗空在，拙诗初稿尚在师处点定。画里缠绵梦亦稀。谓赐题梦岳图。"[5]《怀黄香石谓小集柳堂诗社》："画里诗狂飞楚岳，谓题梦岳图。柳边人散响奇交。谓小集柳堂诗社。"[6]《怀陈紫垣丈》："白社故人应垂老，清湘词客更推谁？南衢敞书秋云热，曾题梦游衡岳图。别梦飘灯夜雨奇。"[7]通过在诗社同人中对《梦岳图》的征咏，寄托了诗人对湖湘山水的思念之情，一定程度上也强化了同人对湖南衡岳风光的印象。

光绪年间，郭庆藩署官浙江宁波时结社，光绪己卯(1879)其《己卯夏日与同人寻凉海曙楼颇极觞咏之乐抚时怀旧，情绪惄焉，

---

① (清)谭溥《四照堂诗集》卷五，《清代诗文集汇编》第633册，第162页。

②③ (清)谭溥《四照堂诗集》卷五，《清代诗文集汇编》第633册，第175页。

④ (清)谭溥《四照堂诗集》卷五，《清代诗文集汇编》第633册，第164页。

⑤⑥ (清)谭溥《四照堂诗集》卷五，《清代诗文集汇编》第633册，第202页。

⑦ (清)谭溥《四照堂诗集》卷五，《清代诗文集汇编》第633册，第203页。

因叠前韵以志感叹》诗云:

> 论交异地拟陈雷,深语能令笑口开。忽忆长沙携榼日,每逢嘉会袖诗来。廿年人事情何极,独客天涯老渐催。朋旧晨星成落落,微生惭愧说奇瑰。昔年家长沙时,尝奉陪吴南屏学博、熊雨胪中翰、李次青方伯、易海青山长、杨海琴观察、张东墅太守诸丈人文宴,并与陈伯平、李果仙太史、左癸叟司马、黄子恒观察、子襄太守、李宣伯学博、李佐周明经、朱香荪通守、刘史亭茂才、江芾生太守诸君文酒欢会,几无虚日,今凋谢各半而存者,又皆鞅掌风尘,无复往时清兴矣。①

“陈雷”一典故出自后汉宜春人陈景光与鄱阳人雷义虽不同乡里,但为友如胶漆之坚之事。所以诗人有“论交异地拟陈雷”之言。诗人与僚友在宁波海曙楼极觞咏之乐,不过犹怀念长沙文酒之会,自注中对当时长沙之会的人物细节记叙清楚,因无法与长沙友人回复往日清兴,倍感惆怅。

光绪二十年(1894),郭庆藩署职扬州,与文小坡、张子苾等人结社唱和,其《广陵酬唱集序》中言:“甲午秋九月文小坡部郎、张子苾庶常自苏台来游,适予方以于杂役茭防,挈家寓邗上。故人相遇重拾坠欢,觞政盛行,雅游斯畅,一时江容方都转丈、欧阳润生观察、笠侪孝廉父子、欧阳伯元太守皆相与宴饮为乐,殆无虚日。小坡子苾故豪于诗,容老则引用间作,润生方读礼,不合与韵事,予与伯元、笠侪从文、张两君后,旗鼓高张,情往兴来,几忘佳节异乡之感也。旬日小聚,得句遂多,朋好传抄,颇烦楮墨,因汇为一册付之

① (清)郭庆藩《十二梅花书屋诗》卷五,《清代诗文集汇编》第753册,第92页。

手民，题曰《广陵酬唱集》。”[①]序中清楚地记载了自己在扬州与朋友文酒之宴殆无虚日，旗鼓高张，情往兴来，“几忘佳节异乡之感也”，而这种异乡之感在平常只怕是比较明显的。

又光绪四年至五年(1878—1879)间，易顺鼎与友人顺天(今北京)张景昌、华阳(今四川成都)蒋文鸿同居黔东贵阳，刻意为词，酬唱殆无虚日，成岁寒三友社、旧鸥今雨社于张景昌所居之容园。事见易顺鼎《摩围阁词》、张景昌《容园词综》[②]。龙阳(今汉寿)易顺鼎与王绰、胡政举、蒋文鸿、何达该、张景昌、易顺豫、张泰寿、萧泽、阮光、冉崇简、李之瑛、钟逢涟等人结词社于贵州。事见易顺鼎等撰《榕社课存词》、林葆恒《词综补遗》。其榕社词作有《多丽·忆湘》：

梦游仙，被秋尾到湘边。怎荒波、卷将古碧，重来万感依然。向君山、夜凉吹笛，记臣里、春暖寻钿。柔绿随篙，静红驻几，倩花扶影上渔船。再相见、浣纱溪女，已是断魂天。江亭外，晚风高树，换了鸣蝉。

待何时、煮莼烧竹，倚篷浅醉深眠。吐骊胎、一双儿月，评鲈价、三五人烟。鱼浪蘋吹，雁沙苔映，真从镜里度流年。颤数点、水窗灯火，闲把楚骚笺。侬愿守、黄陵祠庙，青草湖田。[③]

词人在社作里倾吐思乡心声，用梦幻惆怅笔调勾写湖湘景物，湘边秋尾，荒波古碧；君山夜凉，笛声幽咽；柔绿静红，重会溪女，江

---

① (清)郭庆藩《广陵酬唱集》，清光绪二十年(1894)扬州刻本。

② 参见查紫阳《晚清词社知见考略》，《中国韵文学刊》，2010 年第 2 期，第 85 页。

③ (清)易顺鼎撰，陈松青校点《易顺鼎诗文集》，第 1621 页。

亭高树,已换鸣蝉,流年飞逝,人事俱非。作者一直向往和期待湘地煮莼烧竹、评鲈吐骊、闲把楚骚笺的闲雅生活,为此愿长守黄陵祠庙、长依湘水湖田,却奈何难以如愿。黄陵祠庙前湘水流深,在湘阴县北;青草湖在岳阳洞庭湖之南,接长沙湘阴县界,湖中有山芳草遍布,经冬不凋。

另一社作里,易顺鼎提及湘地词坛情况,并寄怀所交的四位湖湘词人,见其词作《金缕曲·填词一事莫盛于杭,吾湘代不数人,然以仆所交,则有四君子矣。都门别后,羽换商移,因各缀一词寄怀知天外雅弦,犹有同调也》,四君子为长沙张雨珊祖同、巴陵杜仲丹贵墀、武陵余子瀓嵩庆、武陵王梦湘以慜。①

光绪十三年(1887),易顺鼎与文焯叔问、张祥玲子芾、易顺豫叔田、蒋文鸿二窗、陈昌昙笠塘等诸子于苏州欢缔吟社,豪张美酒,吊古悲歌。分离后易顺鼎觉得吴社集会哀乐难忘,聚散可感,与吴社诸子仍不断赠寄词作,其《玲珑四犯·寄吴社诸子,用白石韵》上阙有:

> 白月照歌,青春呼酒,当时欢意何许。小阑花影下,一夜箫声古。黄金问谁买赋?只投书、吊他湘浦。万里清游,百年幽恨,都是楚骚苦。②

易顺鼎言苏州写词一事,"不知我者以为雕虫篆刻之事,而知我者,必以为穷愁枯槁所为也"。此首词作运用了湖湘地域之"湘浦""楚骚"意象与典故,并拿当下的湘浦清游与白月照歌、青春呼酒的当时欢景,反复渲染词人之幽苦意味。

---

① (清)易顺鼎撰,陈松青校点《易顺鼎诗文集》,第 1630 页。

② (清)易顺鼎撰,陈松青校点《易顺鼎诗文集》,第 1679 页。

二、被评价的“他者”

清代湖湘文人在异地的交游、结社中，积极地参与，平等地交流，营造一个共同的交往平台，组织一个共有的文人团队。在其异地的交往圈中，他们与异地文人良朋高会，飞觥斗韵，同道共鸣，不过当地社友评价这些来自不同的“他者”时，势必联系地域背景。同时湖湘文士对其他地域社群的记录与点评，将更丰富我们对于他们结社观的考察与认知。

（一）异地社友对湖湘文人的评价

清初王岱社友施闰章在《赠湘潭王山长兼谢其作画障》一诗中云：

> 骚人昔日沉沅湘，不意天壤之间有王郎。此语虽唐突，赠君殊不妨。男儿词翰皆礌磈，安能低头逐队无短长。爱君有胆大如斗，看君用笔如用帚。狂吟泼墨势离奇，竖儒睨笑惊且走。我独披图盘礴久，楚山峭，湘水愁，风林湛湛九嶷秋，记我当年肠断处，扁舟曾向此中游。[①]

施氏《了庵像赞》云：

> 山人家在湘潭，云梦胸中八九。[②]

施闰章联系湖湘文学传统与湘地特色环境来烘托、刻画王岱

① （清）施闰章《学余堂集》诗集卷一六七言古诗，文渊阁四库全书本。
② （清）王岱《了庵诗文集》，《清代诗文集汇编》第23册，第313页。

的形象，从另一面，也可看出王岱之湘人特点在社友心目中留下深刻印象。

陈鹏年任苏州知府时，在苏州与张大受等人结社。陈鹏年字北溟，号沧州，湖南湘潭人。生于康熙二年（1663）十二月，卒于雍正元年（1723）。康熙三十年（1691）进士，授江西安知县，改江苏山阳知县，迁海州知州，擢江宁知府。禀性刚直，敢于任事，不畏权贵，民谓之陈青天。康熙四十四年（1705）以刚正去官，被诬下狱，江宁商民为之罢市，句容童生焚卷罢考，百姓填街塞户送食、请冤，遂罢官免死。康熙四十七年（1708）复起为苏州知府，后官至河道总督，兼漕运总督，卒于任。谥恪勤。博学工诗，擅长书法。有《陈恪勤公诗集》《沧州近诗》《道荣堂文集》《历任政略》《河工条约》等著作。

张大受（1641—1725），字日容，号匠门，江苏嘉定人。康熙二十八年（1689）举于乡，康熙四十八年（1709）方成进士，选庶吉士，授检讨，康熙五十九年（1720）主四川乡试，任贵州学政。著有《匠门书屋文集》三十卷。钱仪吉纂《碑传集·张学政大受小传》言："张大受，字日容。居吴郡之干将门，干将门又名匠门，故以自号，人皆称匠门先生。匠门生有异才，又好学，特甚于经，嘱百家之言无不贯弗，最为汪钝翁、韩慕庐、宋竹垞三先生所赏识。"[①]张大受家有潮生阁，常与四方文人唱酬，"潮生阁，在张大受孝廉园中。征士至吴，长泊桥下，主客时酬唱"[②]。

张大受《寄沧州太守诗用香山代书寄征之一百韵》诗云："正直神能与，文章命孰司。星霜三岁隔，天地两心知。最喜名流挺，都

① （清）钱仪吉纂《碑传集》卷四七，周骏富辑《清代传记丛刊》第108册，台北：明文书局，1985，第641页。

② （清）朱彝尊《曝书亭集》卷二一古今诗，《清代诗文集汇编》第116册，第200页。

愁俗网羁。身能安进退，秩肯计崇卑……径接降龙地，门连养鸭陂。八州官舸议，十子夜灯期。先生在苏州曾议公事，晚至潮生阁为诗社。同会者十人。”①陈鹏年有《壬辰仲冬，费滋蘅、江服懿、林中山、苏梅仙杠集月华寓斋同赋五言古二首，用“海日生残夜，江春入旧年”为韵分得生、入二字》《癸巳正月六日，俞西友、郑耕岩见过留饮，以“天涯风俗自相亲”为韵拈得亲字》《八月十一夜，集顾秀野庶常晚翠阁看月，分得清字》《冬日，同沈润芳、杨宾实、集匠门斋头，次匠门原韵奉答》《次答张匠门检讨见过，寓斋小饮，雨中看花》《丁酉三月廿二日，同周寒溪、劳宗维游万柳塘，是日早微雨，相订诸君子皆不至》等诗记录在苏州与众文士的雅集，其中雅集人数较多的有《乙未三月十八日，偕俞颖园、蒋石堂、张莪村、吴见山、沈西园、张匠门、李伞山、方观文、顾秀野游兴胜庵，登明远阁，晚入双林寺观元人画壁，用少陵“野润烟光薄，沙暄日色迟”为韵各赋五言古体一章分得野字》，此次有十人雅集；《八里庄元福宫看杏花，奉同汪紫沧、俞叔音、张莪村、吴见山、李伞山、李巨来、缪湘芷、徐坛长、汪无况、须凤苞、黎宁先、郑参亭、潘万长用杜牧之“游骑偶同人斗酒，名园相倚杏交花”为韵得游字》，此次聚集十四文士。从诗歌题目中的系年即可看出，康熙四十七年(1708)至康熙末年，陈鹏年在苏州任知府期间，与张大受等众文人名士屡屡雅集，分韵拈诗、亭林游集之活动也时常进行。

张大受诗集中存有多首题赠陈鹏年的诗作，其中数次提及陈鹏年的湘人特色，并与其宦迹、品行相联系。如《坐沧州寓楼听谭子玺弹琴》：

---

① (清)张大受《匠门书屋文集》卷五，《清代诗文集汇编》第205册，第262—263页。

苍山斜挹真人阁,江畔潮生日西落。苏州刺史湘中人,日望长天云漠漠。①

《沧州太守席上赋水》:

寒威不散暑犹凝,湘水人如一段水。肝胆向谁悬皎洁,鬓眉放我伴崚嶒。②

《和沧州种花三绝句》:

我爱湘潭君,种花长沙馆。何翅蕙杜蘅,馨香满江岸。
恶草恰要剪,疏花不成行。安排数竿竹,消受三伏凉。
朝汲古井水,夕浇瓦盆土。皇天为发生,中庭一夜雨。③

《夜与牟山听雨兼忆沧州》:

却话梁园事,仍怜楚客情。④

在张大受其他文作中,亦有提及,如《秋日潮生阁文宴启》:"情缘物感,士动秋悲。听鸿雁则肃肃以鸣,对木叶则嫋嫋而下。屈灵

---

① (清)张大受《匠门书屋文集》卷五,《清代诗文集汇编》第205册,第259页。

② (清)张大受《匠门书屋文集》卷三,《清代诗文集汇编》第205册,第244页。

③④ (清)张大受《匠门书屋文集》卷三,《清代诗文集汇编》第205册,第245页。

均之弟子坎壈居多，桓宣武之宾朋风流未绝。”[①]其中“屈灵均之弟子坎壈居多”既是标举陈鹏年继承的楚湘文学传统，也对陈之官场坎壈遭遇表达关注与同情。而在张大受为陈鹏年所撰之《沧州集序》中，更是浓墨渲染陈鹏年的湖湘特色，序言：“悲夫九辨，江潭坎壈之区；卓尔五言，刺史风流之格……手理豆苗，口谈风月，王江宁之隽句，系地略同；贾长沙之怆怀，遇时尤异。……湘流望九转之帆，衡岳断双飞之翼。当食而三叹，所思兮四愁，矧夫臭托，同心音期孤赏；飘零黄叶，悲歌谶于往年；徙倚紫芝，偕隐盟于他日；歌入燕而多慨，曲和郢以难工。士在一堂，或流蟋蟀之响；公翔千仞，直振凤凰之鸣。”[②]序文运用各种与楚湘有关的典故，如九辨、贾长沙、湘流、衡岳、郢中吟等，描绘其成长环境，烘托其文学才力，隐喻其官宦经历。

当然以上这些评价，多发生于文人个人之间，并不全和社集、社群有关，但其出自社友执笔，有些评价性的诗句还题咏于社集现场，它们未尝不和前期社集积累的印象有关，在此辑出，以供参考。

（二）湖湘文人对异地诗社的认知与评价

南华九老会为乾隆十四年(1749)江苏武进庄氏家族所组建的诗社，会中的九老均是庄氏家族年过六十之致仕居里中者，分别为庄清度、令翼、祖诒、柼、道歆、学愈、柏承、大椿、柱，他们相约而集，“各系以诗”。九老之外，庄氏宗族人中“年及六十而未预斯会者，复二十一人，各依韵和焉”[③]，可谓地方之盛事，士林之美谈。洪亮吉(1746—1809)，字君直，又字稚存，号北江，江苏阳湖武进人。乾隆

① (清)张大受《匠门书屋文集》卷一三，《清代诗文集汇编》第205册，第318页。

② (清)张大受《匠门书屋文集》卷一五，《清代诗文集汇编》第205册，第335页。

③ (清)洪亮吉《南华九老会唱和诗序》，《卷施阁文乙集》卷五。

五十五年(1790)进士,授编修。嘉庆四年(1799),上书军机王大臣言事,极论时弊,免死戍伊犁。次年(1800)释还。居家十年而卒。洪亮吉为武进庄氏九老会作唱和诗序,充分阐发其开展的意义与人员的作用。南华九老会并非只是宗族里党之荣,也不只是时事升平之象,众老之高情远致还对建设与完善乡土礼仪、风俗起到重要作用,“此则十室之邑,忠信所存;百年之宗,家法斯在”①。

湖湘陈启畴、王先谦等人对江苏武进庄氏家族的南华九老会皆有所认知,并作出诗文评价。陈启畴(1757—1825),字麻田,号叙斋,湖南攸县人。著《麻田诗草》。其《书洪稚存太史〈南华九老会唱和诗序〉,得诗四首序云:乾隆十四年乡庄氏致仕居里中者凡九人》诗云:

夷坚寻旧志,接武汉君平。太史言先立,秋江水独清。蝇头夸事业,蜗角斗功名。炳烛吾何有,山村忆旧盟。时余将赴学博任。(其一)

五际昔能事,陈风今未删。疏槐连夕市,小草出深山。采药君臣合,传杯伯仲间。灶觚多岁月,奋翼且知还。(其二)

廿载蕉中鹿,嘉庆十二年有人诳余选常宁县学官。刍尼晓乍闻。梧冈侄孙省归,始悉余目下即可得缺。新知敦古谊,故事检遗文。嘉庆二十四年奉部咨催,竟为县吏书延搁。有道同舟日,无心出岫云。他时真率会,樽酒倍殷勤。族叔侄兄弟多年,老有难别之意。(其三)

旭日影曈昽,齐年问射洪。寒禽皆向北,驽马更徂东。去住心难定,行藏道自同。毛生为亲喜,杼首企苍穹。(其四)②

---

① (清)洪亮吉《南华九老会唱和诗序》,《卷施阁文乙集》卷五。

② (清)陈启畴《麻田诗草》卷二,《清代诗文集汇编》第450册,第273页。

陈启畴为乾隆五十四年(1789)拔贡，翌年廷试罢归后，遂绝意名场，恬居乡土。考其生平与著作，陈启畴不曾远游江南，其著作中也并未留存江南游历的痕迹，但诗作中如《谒三闾大夫祠同吴县李友感赋》《送徐轶群少府返会稽》等诗，说明陈氏在湖湘与数位江南文士还是有所交往，并发展了友谊。陈氏可能是通过此种途径获知与了解江苏庄氏家族之南华九老会诗序，而他的了解也显现出庄氏南华九老会在其他地域的影响力与传播度。

陈启畴撰写上述四首诗时，已年过六旬，选授为黔阳教谕，即将赴任。诗中并无针对南华九老会诗作的专门评价，不过诗人由洪亮吉笔下的南华九老联系起自己的经历生平，难免有所比较而生发唏嘘感叹。南华九老奋翼知还致仕居里，年过六十，风雅度日高致化民；而陈启畴一生不显，名纸毛生，年逾六十，方才选授教谕一职。而离乡就职对于年迈的诗人来说，并无太多的喜悦，其组诗表达了与乡亲兄弟的难别之意，又流露出年老困穷、忧思迷茫之情。杜甫《早发射洪县南途中作》有“将老忧贫窭，筋力岂能及。征途乃侵星，得使诸病入”之句，诉说一种年老困穷，征途疲累，忧思重重之意。陈启畴诗句中，亦含此意。陈启畴赴任后逾岁即殁于官署，和他年老离乡产生的种种负面情绪想必有一定的关联，而南华九老会的韵事只能成为他心底向往的一段佳话。

王先谦(1842—1918)，字益吾，在长沙城内荷花池的寓所叫葵园，室名“虚受堂”，人称葵园先生。湖南长沙人，著名学者。其《重刊南华九老会唱和诗谱序》言：

> 南华九老会者，武进庄劲庵先生与其致仕归里之宗人为唱酬雅集，其孙宇奎、达甫、征君辑所为诗并各附谱传以行者也。九老之为斯会，当乾隆十四年时。海寓无事，民气和乐。朝多清白之吏，野尽可封之户。而庄氏仕宦、文学之盛，甲于

江左。九老出树名绩，处绝尘滓，类能遗外荣利以养其天和。其族年逾六十未与会而以诗和者，又廿一人。翰墨交映，流风蔚然。古处敦睦之林，至今犹可想见。非夫遭际隆平，沐浴圣泽，人材盛而风俗醇，其奚至此？

粤寇躏江南，昔日簪缨杯斝之场，荡为灰烬，《诗谱》版亦毁矣。而南华之世泽，炳焉日章。廿一人中巢云先生者，劲庵亲兄也。其元孙卫生先生以翰林起家，从胡文忠公林翼绥定楚北，官布政使，勋望为世推重。布政之子心安观察，才高而识敏，宦誉隆翕，将以益大其宗。适干役楚北，获睹《诗谱》抄册，亟重刊之。而属先谦为叙，语曰："莫为之后，虽盛弗传。"今一展卷，而庄氏诸老清风高致，与一时文宴游从之雅，如接诸心目间。视古之述祖德、诵清芬者，用意无多让，观察为能不没其先矣！虽更历徂龄，而音征未沫，职以斯谱之故。然则文翰之功，其又可少哉！

九老之首九十翁省堂先生清度，初通判凤凰营，复以礼部仪制司郎中主湖南乡试。劲庵先生知石门县，今观察复官吾省，结辙踵武，实宦迹之佳谈。先谦不敏，获承命纪述，与卷中恽、张、洪、赵诸君子相后先，何多幸也！劲庵先生讳柏承；巢云先生讳松承；卫生先生讳受祺。[①]

从王先谦文可知几个方面的信息：一是王先谦了解、接触庄氏南华会的途径与过程。《南华九老诗谱》本已在太平天国运动中被毁去版刻，庄氏九老中庄柏承之兄长巢云先生庄松承，当时未及会，只在廿一唱和者中。而庄松承之元孙——卫生先生庄受祺从

① （清）王先谦撰，梅季点校《王先谦诗文集》，长沙：岳麓书社，2008，第105页。

胡林翼绥定楚北，官至布政使，其子心安干役楚北时，偶然获睹《诗谱》抄册，急忙重刊并嘱托王先谦为序。可见南华九老会诗集的传播过程中，湖湘地域与相关文人起到了一定的保存与传播作用。

二是王先谦对南华九老会的认知与评价。王先谦对南华九老会的成员、时期、社作编辑、流传情况都很清楚，并给予了庄氏九老会正面的高度评价，认为庄氏仕宦、文学之盛，甲于江左。九老出便树以名绩，退则养其天和，且庄氏族人翰墨交映，流风蔚然。而庄氏后代述祖德、诵清芬之举，不使先人盛事弗传、诸老高致湮没之心意也可称道。对于出则兼济天下，退则养其天和的江南耆老会，以王先谦为代表的湖湘文人更重视记载其生活经历、行为态度与人生结局，对于诗文风格与成就并未多加注意和分析。社会功用、伦理建树角度的评价多过文学赏析式的评价。

三是王先谦也历数江南庄氏家族数代成员与湖湘地域之间的联系，这些联系最终将一个湖南文人推到为江南南华九老会重刊诗谱作序的位置，而在此之前，为其作序的恽敬、张惠言、洪亮吉、赵怀玉等人，都是江苏阳湖著名官员、学者兼诗人，也是南华九老会诸老的乡人。能与原序作者恽、张、洪、赵诸君相先后，王先谦本人感到很荣幸，同时作为一个外乡人来取代其同乡人为序，从一定程度上，也反映出江南、湖南两个地域文人的密切联系，以及相互的认可与信任。

又如对江苏无锡碧山吟社的相关题咏与评价。明成化、弘治年间，以无锡秦景阳修敬翁为首，与乡居致仕之斯文十老，于惠山之麓，黄公涧、陆子泉二泉幽绝处，结碧山吟社。十人者都七百四十余岁，又为文雅耆俊，月率一会，会则酌酒赋诗为乐。一时传为乡曲美谈。沈周为之图，徐有贞、邵宝等为之记。乡人邵宝有言："碧山吟社，吾邑之盛事也。其地在惠山之麓、若水洞之前，黄公涧之上，陆子泉之右，谓之名胜。其时在成化之末弘治之初，谓之全盛，谓之承平。其人皆一时隐君子。”[①]碧山吟社，耆老雅俊，文酒风流，作为一种风雅传统，数百年来在无锡不断地衍生、传承。

十老没后，秦翁之孙秦从川与二三同人力图恢复碧山吟社。清代多位无锡诗人再续碧山吟社，如乾隆三十五年邹尚书一桂、张文恪泰开俱以耆年告老还乡，复集邀乡人再续碧山诗社。“于时尚书年八十七，文恪八十六，登州经历曹之掞子通、南昌知县华西植燕鹿俱八十九，诸生邹捷敏扬八十七，安化知县施禹言成允、崇明教谕顾迁子乔俱八十，中书舍人华希闵文友七十五，河间知府邹云城拥书七十二，布衣顾建元振川六十九，较之前社享年又过之。”[②]嘉庆年间，刘嗣绾等人又拟续碧山吟社，刘并且以“碧山后社”命名自己的诗集。清代重绘碧山十老图者不乏画士，题咏碧山吟社或十老图者亦大有人在。而且经过秦翁后裔秦瀛的着力传播后，碧山吟社这一无锡的乡曲盛事、文坛典故更加广为人知。无锡乡人也一直视之为本乡风雅传统之一，如无锡文士严人泓曾画《碧山吟社图》作为临别礼物，赠以王士禛即是一例。

湘人胡蔚有《春申涧下作》云：“春申涧下水潺潺，十老诗名碧社间。何处幽人卧空谷，独留猿鹤伴青山。”[③]春申涧相传为战国春申君黄歇饮马处，又名黄公涧。胡蔚，字少霞，一字羡门，武陵人。甘肃巡抚期恒复翁之子，与年羹尧有旧，后年败，牵连下狱。后远客滇西，延主昆明书院。胡蔚认为碧山吟社众老拥有诗名，并通过诗社建构和传播，而此耆老诗社的风格是闲逸度日，林泉悠游。诗歌最后的景物描写衬托了耆老们高雅、清逸的品格。

刘权之有《题乐泉夫子九老吟社图四首》云：

---

① （明）邵宝《容春堂集》续集卷九，文渊阁四库全书本。

② （清）陆继辂《崇百药斋三集》卷五，道光八年刻本。

③ （清）邓显鹤编纂，欧阳楠点校《沅湘耆旧集》第4册，长沙：岳麓书社，2007，第151页。

曾侍春风杖履边，方瞳炯炯地行仙。一经祖帐东门后，十老图沈石田有《碧山吟社十老图》因九老传。

风流胜迹继吟台“吟台”二字镌晚翠轩后石壁上，社里高轩晚翠开。疑是霓裳同日咏，九龙山合号蓬莱。

梓里雍容集荐绅，惠岩吟罢惠泉新。合成七八百十岁，都是耆英会里人。

从知好句似香山，貌得仙姿海鹤间。最是衣冠凭吊处，春申涧上碧潺潺春申涧上即碧山吟社处。①

刘权之(1739—1818)，字德舆，号云房，湖南长沙人。乾隆二十五年(1760)进士，选翰林院庶吉士，授编修。参与修《四库全书》，因劳苦有功擢侍讲。嘉庆间官至军机大臣、礼部尚书、体仁阁大学士，加太子少保。卒，谥文恪。工诗古文辞，善书画。刘权之另有《题张有堂夫子乐泉图即次原韵》之诗，中有自注：“是图庚辰会闱中所绘，予以是科成进士，四座主相继下世，镜壑师绘此图亦仙去，三十年补题此图，不胜师门之感。”②画图者张有堂夫子为刘权之的座师，两人同好书画，交往中故有此题。诗人对碧山吟社九老图的题咏，主要是对其耆老们风雅行径和人生态度的肯定与颂扬，其中描绘了耆老们的思想智能与气质形象“从知好句似香山，貌得仙姿海鹤间”也包含了诗人自己的推崇之情。

---

①② (清)刘权之《长沙刘文恪公诗集》之《剩存诗草》卷一，《清代诗文集汇编》第396册，第608页。

光绪壬辰年(1892),王延长、方伯华和教谕饶树荣尝与江西庐山海会寺至善法师同趺石上,对坐五老峰。三儒一僧,都年逾古稀,加五老峰,故曰九老。此事被传为一时佳话,有“九老胜似昔日香山故事”之说。寺僧为纪其事特在寺内建九老堂。江西白鹿洞书院院长华尧峰以此事为蓝本构画《天人九老图》。王之春、易顺鼎等人都因图题诗。王之春(1841—1906),字椒生,号灼唐,亦号爵棠、灼棠,自号芍唐居士,湖南清泉人(今衡阳)。监生。初为彭玉麟幕僚,以军功拔至道员。历官广东督粮道、浙江按察使、湖北布政使、安徽及广西巡抚等,缘事革职。少工诗文,出使日、俄。其《题华尧峰观察天人九老图记用原体原韵》云:“齐数香山白社后,图编丹青传万口。在昔庐陵数欧九,先生后先独抗手。风流韵事存兹山,矫首苍茫云树间。我欲从之扪天不得拄,野马息影何时闲?”[①]易顺鼎题亦有《华尧峰院长天人长老图诗》。两人都肯定九老图所记载的三儒一僧的集会,沿袭了香山白社的传统,增添了海会寺史上的文人韵事,并表达自己的追从之心。

无论是江南的庄氏南华会、碧山吟社诸老,还是江西庐山的耆儒释老,成员们皆少有所学,壮有所成,老有所养,并凭借组建文学社群的风雅方式留名于世,存美于后,可谓清代文人均向往的“善老”结局,这对于各个地域的文人来说也是一种普遍意义上的精神吸引。当湖湘文人了解与认知江南耆老们的这种“善老”方式与结果时,自然而然对此产生向往,也表现出自身对耆老结社的认知,而且作为旁观者,进一步对此加以记录与传播。

---

① (清)王之春《椒生诗草六卷续草六卷》,《清代诗文集汇编》第747册,第331页。

第四节　异地结社的范例与影响
——以嘉道名臣陶澍为例

清代嘉道年间的湖湘文人陶澍(1779—1839),字子霖,号云汀,嘉庆七年(1802)进士,官至两江总督,兼理两淮盐政。陶澍既是经世之良臣,在改革盐政、改良漕运、创办海运、兴修水利、兴办教育、严禁鸦片、改革币制等方面都取得杰出的成就,大江南北,颂声交作;亦是文坛之俊杰,博学才雄,著述丰富,为诗变化从心,顿挫入古,为文雄杰劲直,渊雅疏达;还交游广泛,屡结诗社,以此为途径聚合同志、作育人才、传播文化。林则徐评价陶澍:"直以雄才凌屈宋,还将余事压曹刘。"因一些原因,陶澍研究曾经被当代学术界冷落,目前的研究者们往往把重心放在陶澍的治世政绩与改革作为上,忽视了其作为诗人和地域文化传播者的一面,陶澍多次文学结社、雅集的特点,所带来的影响、所具备的意义也甚少为人提及。

一、宣南诗社中的湖湘情结

"大贤杰业在匡时,余事风骚亦我师",陶澍既有经世才干,又具士林声望,亦好吟诗结句,社集悠游。嘉庆中期的陶澍,已进士及第,度过了数年的从政生涯,一方面拥有较丰富的官宦经验,展露出不凡的经世才干,博得朝野颂扬之声。他于嘉庆十年(1805)授翰林院编修、嘉庆十四年(1809)任国史馆编修。嘉庆十五年(1810),充庚午科四川乡试副考官,嘉庆十九年(1814)授甲戌科会试同考官,选拔人才尽职认真,不辞辛苦。嘉庆二十年(1815),陶澍奉命巡视江南漕务,取得显著政绩,在官场崭露头角。另一方面,陶澍结识了纪昀、曹振镛等声名显赫的人物,交往了一批与其志同道合的同仁,与他们时常文酒聚会、诗画雅集,文名得以传播。嘉庆九年(1804)冬,陶澍和同科进士朱珔、顾莼、吴椿、夏修恕、洪介亭等人建立"消寒诗社"。嘉庆十四年(1809),任国史馆编修期间,与贺长龄、何凌汉、聂铣敏、石承藻、胡承珙、周寿春等同僚常为"文酒之会"。"消寒诗社"的成员并非最受朝廷器重的进士,当时职务虽属闲散清苦的中小京官,可不少社友后来成为封疆大吏、一方督抚。嘉庆十九年(1814)冬,陶澍回京,参与由董国华发起的"消寒诗社"再举的活动,参加者有朱珔、胡默庄、钱仪吉、谢阶树、陈用光、周谒联、黄霁青、吴嵩梁、李彦章、刘嗣绾、梁章钜等人,皆为当时名流。①

消寒诗社后名宣南诗社。陶澍《潘功甫以宣南诗社图属题,抚今追昔有作》等诗回忆了宣南诗社即由消寒诗社发展而来,介绍了十余名诗社成员,提及宣南诗社的主要休闲遣兴活动内容为消寒、赏菊、忆梅、试茶、观摩古董,其《丙子十二月十九日,梁茝邻仪部招同黄霁青、朱兰友、刘芙初、陈石士、胡墨庄集斋中,为东坡先生作生日》《涵碧亭雅集,为黄节公生日》等诗作还记录了诗社同人为苏轼、黄庭坚作生日等。活动中除作诗以外,也讨论时事与经学。胡承珙说:"间旬日一集,集必有诗。嗣是岁率举行,或春秋佳日,或长夏无事,亦相与命俦啸侣,陶咏终夕,不独消寒也;尊酒流连,谈剧间作,时复商榷古今上下,其议论足以祛疑蔽而泯异同,并不独诗也。"②自始至终,陶澍一直是宣南诗社的骨干成员。嘉庆十年,陶澍丁忧归里,最初的消寒诗社不得不为之停顿。

① 相关考证结果参见陶用舒《陶澍与宣南诗友》,《湖南城市学院学报》,2009 年第 1 期;陈蒲清《陶澍传》,长沙:岳麓书社,2011。

② (清)胡承珙《求是堂诗文集·消寒诗社图序》卷四,清道光十三年(1833)漱芳斋汤左之刻本。又见梁章钜《师友集》卷六胡承珙条附。

在诗社活动中，陶澍热心地向社友们推荐家乡特产与介绍湖湘文化。安化茶、岳麓碑成为当时宣南诗社社集的共题，与陶澍的推荐肯定不无联系。陶澍社集创作中，常融入浓厚的乡情，其《消寒第六会，吴兰雪舍人、陈石士编修、朱兰友侍讲、谢向亭编修、胡墨庄侍御、钱衎石农部，同集印心石屋，试安化茶，成诗四首》有：

今岁足衎乐，春来事云适。长安诸故人，颇能盛筵席。席设每见招，终日但为客……我家茱萸江，资水逆流山峡，变名为茱萸江，见《水经注》。乡物旧所积。虽无甘露兄，犹足清两腋。煮茗况家风，庭前余雪白。

芙蓉插霞标，香炉渺云阙。自我来京华，久与此山别。尚忆茶始犂，时维六七月。山民历悬崖，挥汗走蹩躠。培根阅冬初，摘叶及春发。冻雷一夜鸣，蓓蕾颖欲脱。是名雨前香，采之日一撮。未几渐蒙茸，卓立针抽铁。是名谷雨尖，香气弥勃勃。毛尖如鹤毳，挨尖类雀舌。黄茶号晚出，味厚亦非劣。方其摘取时，篮筐遍山岊。晨穿苦雾深，晚焙新火烈。茶成与商人，粗者留自啜。谁知盘中芽，多有肩上血。我本山中人，言之遂凄切。

宁吃安化草，不吃新化好。安化茶下者犹胜他邑好者，二语见府志。宋时有此语，至今犹能道。斯由地气殊，匪藉人工巧。迩来地利尽，所产日以少。变化及荃茅，夹杂或茶蓼。遂令东家施，貌作西邻姣。时俗但骛名，讵易初终保。臭味慎差池，我谓茶犹小。

茶品喜轻新，安茶独严冷。古光郁深黑，入口殊生梗。有如汲黯戆，大似宽饶猛。俗子诩茶经，略置不加省。岂知劲直姿，其功罕与等。气能盐卤澄，力足回邪屏。所以西北部，嗜之逾珍鼎。性命系此物，有欲不敢逞。我闻虞夏时，三邦列荆境。包匭旅菁茅,厥贡名即茗。着号材所长,自昔功已迥。历久用弥彰,暗然思尚褧。因知君子交,味淡情斯永。[①]

这四首诗歌构成一组介绍安化茶与民的系列诗,第一首诗由京城宴请频繁提到招待客人的饮物,进而引出来自家乡的茗茶,“虽无甘露兄,犹足清两腋”两句道出安化茶的美妙功效,而且这种品茗之雅风与乡俗家风紧密相关。第二首叙述了安化茶生长的清幽环境,与其生长、被采摘制成的具体过程,而过程中采茶山民的艰辛尤为作者叹怜,香茗之佳,是大自然的灵秀所蕴,也饱含了采茶山民的血汗,更需珍惜细品。第三首诗中开始就用了一个极具湖湘乡土气息的对比,“宁吃安化草,不吃新化好”,这一乡谚自宋流传至清,为湖湘士民耳熟能详。在作者心中,安化茶下者犹胜他邑好者,说到底是因为地气的缘故。但随着日产渐少,安化茶被贪利者以次充好,不由让人为之遗憾和警觉。第四首诗细致地从各方面介绍了安化茶的严冷特点和功效影响,最后回到社集喝茶之“因知君子交,味淡情斯永”,香茗雅品,味淡情长,如同君子之间的交往,平淡的表象下蕴藏着绵长深厚的情谊,雅致的形式中包含对茶道、人道的尊崇与追求。

与其说这是一组雅集清谈之诗作,不如说这是一组洋溢着恋乡之情的颂歌,充满对乡土文化的自豪之感,以及贯穿着茶道即人道的自觉意识。

社集其他创作又如《消寒第一会,朱兰友邀同洪介亭、顾南雅、吴退旃、夏森圃,双槐书屋赏菊》有:

---

① (清)陶澍撰,陈蒲清编《陶澍全集》第7册,长沙:岳麓书社,2009,第26页。

连日西风如发覆，催放堂前金色菊。诗人速客展重阳，一樽对花巾不漉。入席杂坐礼数宽，尔汝脱尽儒生酸。袖中赋草出新制，颜弓宛转同传观是日交课卷。下酒直与汉书似，花底开函真可喜。封姨回袖拂帘栊，万点奇香生卷里。浊贤清圣不计觞，酒后耳热声欢扬。十指突出小肉阵，人影摇动红烛光。维时座上盛江南，多闻直谅人成三谓南雅、兰友、退旃。清标更得两诗客，西江宗派推精语谓介亭、森圃。我如楼烦操短箭，初闻喈嚄惊欲炫。支持赤手向中坚，旗鼓苍头当一面。酒酣起欲呼湘灵，古来楚客多芳馨。美人香草入篇什，风首南国骚为经。人生晚节谁仿佛，老圃容看秋郁郁。开帘一笑素心人，菊花原是吾家物。主人起坐拍客肩，为花一醉花嫣然。人与花枝互酬酢，诗怀花气同鲜妍。更阑酒散收残鲙，犹觉余芬在衣带。出门上车西复东，银钩半挂龙魏外。①

赏菊、写菊亦是文人墨客的惯常之事，许多诗人借描摹菊的傲霜姿鲜妍态，来刻画自我的形象，歌咏高洁的气节或清雅的心态。陶澍这首赏菊诗切合雅集主题，展现了同人的风流，不过这些方面只是雅集诗作平常惯见的地方，最为别具一格之处还是在于陶澍笔下浓厚的楚湘情结，诗中出现的“湘灵”“楚客”“美人”“香草”“南国”“骚”等词汇和典故，使一场展重阳的京都赏菊，似乎带有了南国楚地气息。菊花的雅致与气节，楚客餐菊的传统与典故，诗人因而自信而言“菊花原是吾家物”，以芳馨楚客自居。

① （清）陶澍撰，陈蒲清编《陶澍全集》第7册，第56页。

二、陶澍与朝鲜梅花诗社

(一)陶澍与梅花诗社的结识因缘

考析陶澍和朝鲜梅花诗社的交往,需要联系当时的历史大背景。17世纪中叶,以清为中心的新东亚秩序开始形成,此后约两个世纪的时间里,东亚地区一直维持着和平的局面。朝鲜在明亡后,“一直保持着闭关锁国的状态。这与清对朝鲜实施军事干涉与控制也有关”①,但在经历了明代壬辰(1592)倭乱和丙子(1636)虏乱之后,朝鲜社会所具有的痼疾和弊端彻底暴露出来。一部分思想界人士开始对这种现况进行反思,主张吸收清朝先进文化带有实学色彩的北学论开始兴起。18世纪后期开始,朝鲜抵制西学,亲近清人,清政府亦乐于接纳。在两个王朝的最后一个世纪里,朝鲜与大清之间的外交关系相当亲密。

十八九世纪,不少朝鲜王朝的诗人纷纷利用机会与中国诗人来往切磋。如朝鲜王朝后期比较著名的“四家”诗人李德懋、朴齐家、柳得恭、李书九,他们均是实学家朴趾源的弟子,受其实学思想的影响,有进步倾向,又先后都来过中国,结交过中国朋友,作品受到过中国诗人的好评。朝鲜诗坛名手申纬(1769—1847),诗书画三绝,崇尚清代诗风,曾来中国与江南名士广泛交游。当时的朝鲜诗人们亦有文学结社风气,且不说具有经济基础、地位优越的两班阶层文人,就连地位卑微的下层诗人也参与组织文学结社。委巷诗人赵秀三(1762—?),由于出生卑微,一生未能担任高官。其友人多为出身低微的底层文人,参与过“松石园”诗社的活动。曾六

① [韩国]高丽大学校韩国史研究室《新编韩国史》,孙科志译,济南:山东大学出版社,2010,第145页。

次来到北京，与中国的朱江翰、江莲等知名文人友善，交往甚密。

朝鲜梅花诗社得与陶澍结识，源于诗社中人与陶澍在琉璃厂的一次相遇，“（权）晶山与洪骆皋以嘉庆戊寅（1818）奉使入都，时陶文毅方在词馆，相遇于琉璃厂，遂与订交。互相酬唱，并以题印心石屋之作征其国中士大夫题咏，辑其诗为《谈瀛前后录》”①。陶澍《谈瀛前录序》记：“先是朝鲜进士洪骆皋羲锡与权晶山永佐，购书琉璃厂，见先子《莢江诗存》《古文存》及余诗稿而悦之。遂诣余斋请谒。语言障碍，彼此相通以不律。”②诗社同人得知陶澍为陶潜之裔后，更为推赏。洪羲瑾《和琉璃厂遇陶云汀有作》：“诗道须知源有自，古来靖节最名家。”③韩致应《和印心石屋陶云汀赠诗》：“靖节渊源传绝响，古来诗道数君家。”④权、洪二人归国后，向社友们引荐陶澍其人其诗，由此陶澍渐为梅花诗社所熟知。

朝鲜梅花诗社是慕华尚贤、结交清诗人的一个文人群体，其成员十余人，识书好诗，身份多为李氏王朝之贵族、官员，如：

洪显周，字世叔，号约轩，封“丰山君”，为朝鲜国主妹夫、驸马都尉。洪氏出自三韩大姓，笃雅有文采，著有《海居斋诗钞》。陶澍《消寒集印心石屋，以狼毫笔分赠同人有序》序言：“（狼毫）笔为高丽丰山君洪显周所寄，洪因权晶山归国见余诗，贻书求笔，札甚殷，且言彼中结社，额曰‘拟陶诗屋’，每次余诗为韵，鸡林人嗜好文字如此。”⑤

权永佐，字晶山。陶澍《叠前楂字韵，答权晶山》云：

> 莲叶年年水上楂，云书来往绝尘哗。新诗竟许传梅社，昨

① 徐世昌编，闻石点校《晚晴簃诗汇》，北京：中华书局，1990，第 9192 页。

② （清）陶澍撰，陈蒲清编《陶澍全集》第 6 册，第 191 页。

③④ 徐世昌编，闻石点校《晚晴簃诗汇》，第 9193 页。

⑤ （清）陶澍撰，陈蒲清编《陶澍全集》第 7 册，第 86 页。

接梅花社中诗轴,皆用余印心石屋集韵。逸什真堪陋棣华。唐棣怀人,托言室远,诸君见慕,意实过之。①

韩致应,字夷山,为朝鲜壬辰状元,判中枢府事。朝鲜壬辰即道光十二年(1832)。陶澍《次韵答高丽韩尚书致应见寄》云:

东风吹绿涨回汀,喜接芸函满袖馨。雪里鸿泥犹可认,笛中杨柳旧曾听。于今薄海同文轨,自古销魂送客亭。莫怅天涯梦难到,论交当日本忘形。韩君去岁贺朝,正入都为正使,有书求余为序其集,诗筒来往,皆因晶山转致,未及面晤也。②

洪羲锡,字骆皋;洪羲瑾,字晚窝,与权永佐三人均为朝鲜出使清国的使节。洪羲锡有《和印心老屋陶云汀澍赠诗》,洪羲瑾有《和琉璃厂遇陶云汀有作》,均押"楂"字韵。

郑晚锡、郑五锡两兄弟,郑晚锡是出使清国的正使,五锡则读书不仕。陶澍有《次韵答高丽郑山石五锡》:"半日丛谈契道真,雪泥踪迹认鸿宾。烹茶旧事应堪继,还忆梅花社里人。"③另有《叠前韵答高丽正使郑竹涧晚锡》:"古道相期自有真,敦妻白马识殷宾。轻舟傥遇神风便,拭目蓬莱海上人。"④

韩永元,字西园,亦为朝鲜官员,陶澍诗《次高丽诗人韩西园永元用拙集韵见寄》有:"西园系梅社中人。"⑤

成茗山,字祜曾,进士出身。陶澍有《次韵答高丽进士成茗山祜曾题印心石屋集》《次韵再答成进士见赠》等诗。

---

①⑤ (清)陶澍撰,陈蒲清编《陶澍全集》第7册,第214页。

② (清)陶澍撰,陈蒲清编《陶澍全集》第7册,第213页。

③④ (清)陶澍撰,陈蒲清编《陶澍全集》第7册,第290页。

许栎，字澹岩。许有《寄和印心石屋之作》，陶澍和以《和高丽许澹宕栎韵》。

以上诸人皆用陶澍印心石屋韵进行诗歌创作，而这次集体创作统一于诗轴交予陶澍，陶澍均有和诗。

梅花诗社同人崇尚品节、爱好诗文，追摹中国诗人陶潜、苏轼，诗社以“梅花”“拟陶”为名为章。陶澍有“梅社诗人爱拟陶”“拟陶从此添新话，渡海东坡本大家。坡公拟陶，诸君盖取其意”[1]等诗句记载此事。

（二）陶澍与朝鲜梅花诗社交往内容

嘉庆戊寅年间，陶澍与朝鲜梅花诗社接触颇多、书札频往、酬唱甚繁，在与梅花诗社的种种交往中陶澍充当了嘉朋与良师兼具的角色，其交往内容有以下几个方面：

1. 为嘉朋，享文酒酬赠之乐

朋友往来拜访、煮茗谈诗，在清雅舒适的环境中展开“文酒之会”，为明清士大夫休闲生活常态。陶澍与朝鲜诗人们《叠楂字韵，答高丽丰山君洪海居显周贻书来求笔札，兼寄洪骆皋、权晶山诸诗人》一诗中回忆了与朝鲜诗人宾主相见时的愉悦情景：“记曾春酒递银楂，骆皋、晶山去春曾诣寓，煮茗谈诗。入座宾朋燕笑哗。每觉临风怀玉树，剧怜别日始桃华。解嘲卿语仍题墨，破睡侯封久拓茶。料得海天同忆我，城南依旧子云家。”[2]朝鲜诗人洪羲锡《和印心老屋陶云汀澍赠诗》叙述往昔在陶澍书屋——印心石屋的美好聚会：

> 燕天万里踵星槎，雅会今朝远俗哗。笔下传情移日色，眉间得气爱文华。室闻兰馥频斟酒，味合诗香细啜茶。奇绝兹

① （清）陶澍撰，陈蒲清编《陶澍全集》第7册，第214页。

② （清）陶澍撰，陈蒲清编《陶澍全集》第7册，第213页。

游都可忘,羁愁摆脱胜还家。①

韩永献《寄怀陶云汀内翰》一诗有:

不待招邀至,心交若有神。高歌将进酒,留醉未归人。落笔幽香远,登楼霁景新。桃花两三树,犹得驻芳春。②

虽是家居寓所,却有如画霁景;虽分属两国官员,却是私下的交心好友,搭配着醉人春酒、破睡香茗,展露幽香文笔的相聚相酬成为两国诗人海天同忆的欢乐情景。

陶澍与朝鲜梅花诗社同人相互酬唱的诗歌有多首,权永佐、洪羲锡、洪羲瑾、韩致应、韩永元、韩永献、许梀、郑五锡等多人均留下或与陶澍唱和,或赠别,或寄怀的作品,抒发相识之幸、相遇之乐、分别之励、分离之思等感情。如郑五锡《留别云汀》:

士生一天地,交契不封疆。心认挥毫正,辞熏煮茗香。相期崇德业,余事露词章。云树分襟后,清标讵可忘。③

郑氏诗歌,诗境开阔,诗心坦荡,虽有离别意,多是鼓励言。陶澍曾撰一对联"天下士,非一乡之士;人伦师,乃百世之师"言己志,希望其作为不应局限于一乡一隅,其目标则应成为后世百代之师。郑氏与陶澍同为志向远大之人,惺惺相惜、相期共励的精神交流、诗歌酬唱可谓友人间一种高层次的精神享受与愉悦。

---

① 徐世昌编,闻石点校《晚晴簃诗汇》,第 9192 页。
② 徐世昌编,闻石点校《晚晴簃诗汇》,第 9195 页。
③ 徐世昌编,闻石点校《晚晴簃诗汇》,第 9196 页。

另外,“投之以桃,报之以李”。礼物馈赠是常人交往中展露善意与心意的一种方式,这种朋友双方的相互馈赠也增加了交往之乐。陶澍先收到朝鲜朋友寄来的礼物,“顷许君赍到云函,并茧纸、参、丸、笔、扇五种,谓以东国驸马丰山君之所寄”①。其《消寒集印心石屋,以狼毫笔分赠同人有序》一诗中记录了此次事件,抒写了自己的喜悦与感动,并以此礼物为一种荣耀分与京师同人。接着他也准备若干特色礼物回馈朝鲜友人,“远劳嘉贶,愧无以为木瓜之报。辄付诗扇一柄,对一,单条六,鼻烟六瓶,香茗二饼,赵帖一本,戋戋之意,希为哂纳”②。礼轻情重,带有本地文人特色的礼物,虽不贵重,却风雅有趣、温暖亲切,富有日常的生活气息,在某种程度上更能拉近友人心灵的距离。

2. 当业师,授诗文创作之法

朝鲜梅花诗社社集时常以陶澍诗为韵创作诗歌,陶澍诗中云:

> 何来鸡林好事人,嗜痂有癖情偏笃。传闻诗社客如云,拟陶新拓梅花屋。高丽旧有梅花社,作者十余人,顷寄一轴至,皆和余印心诗韵。其篆章曰“拟陶诗屋”。③

洪骆皋曾编辑若干首梅花诗社同人与陶澍的唱和诗,“以素册汇书,名之曰《印心石屋谈瀛诗册》,而乞余弁言”④。《印心石屋谈瀛诗册》传到朝鲜,为朝鲜文人士子所称许,引发又一波印心石屋唱和热潮,陶澍得以集编《谈瀛后录》。由此可见,陶澍印心书屋诗,成为梅花诗社同人共同创作的诗题、诗韵。有些共同创作完成

①② (清)陶澍撰,陈蒲清编《陶澍全集》第6册,第406页。
③ (清)陶澍撰,陈蒲清编《陶澍全集》第7册,第86页。
④ (清)陶澍撰,陈蒲清编《陶澍全集》第6册,第192页。

后,一轴统录,寄与清国的陶澍评点。陶澍俨然成为朝鲜梅花诗社的“远程授课老师”。

梅花诗社成员多次向陶澍请教诗艺,邀其评点诗文,或为诗文序。陶澍《谈瀛后录序》言:“随使来者,多诣余斋请业。继而,无时不来求诗求书者,踵相接也。既去,而有余恋,且有未来而致书贻诗以相歆者,甚至国中结社取东坡语,名为‘拟陶诗屋’。何东人之嗜学如是也!”[1]韩萝山、权晶山等人乞序于陶澍,“今年春,正贡使判中枢府事韩萝山,因权子晶山见先子集及余诗而悦之,因以诗见投,顷复之其《稿略》丐余序”[2]。……“安东权子晶山,既见余诗,连日从游,相质之,意甚惇。临行,又以其诗乞序于余。”[3]

对嗜学的朝鲜诗人们,陶澍也不吝授教,认真点评,其《再答朝鲜权晶山书》中云:“伻来手书,具审起居佳适为慰。萝山使者《稿略》匆匆过目,灯下草成一序,用塞雅属,不足弁珍稿也。贵友送行各作,就其佳者略作评语于上,未知有当否。就中如《华西病夫伍仰学昌黎》,颇得法门矣。永献、永元两韩生,尤为情文双美;李晚用、洪大用,笔虽未老,亦是将来之秀。数子诗余,皆择而录之,为将来选诗之具。萝山子诗文,余亦录出数十首,觉翘然而出其类矣。金秋山文笔亦爽,但后半眼界太小。赵存荣诗骨亦古,而词意未醇,故不入选。”[4]对诗社诸子送行诗作之长短,陶澍一一点出,参照各个方面,从诗路诗派到继承法门,从内容到形式,从风格到境界,从现状到未来,对佼佼者不掩美词,于欠缺者也直言不讳。

梅花诗社众人以陶澍诗为题为韵,向陶澍求诗求书,请其评点赏鉴,既是慕华拟陶情结的流露,也是希望通过此举受到启发,创

---

① (清)陶澍撰,陈蒲清编《陶澍全集》第6册,第192页。

②③ (清)陶澍撰,陈蒲清编《陶澍全集》第6册,第190页。

④ (清)陶澍撰,陈蒲清编《陶澍全集》第6册,第407页。

作更好的诗风诗境。对于陶澍这位亦师亦友的诗人，梅花诗社同人“喜得逢”，持以感激与崇敬之情。权永佐《和印心老屋陶云汀澍赠诗》有：

> 客星□点犯仙槎，习气全粗任笑哗。眼目并观居左海，人才霞蔚慕中华。字成瘦柏分题墨，芽展初旗试啜茶。喜得逢君天下老，柴桑氏族古名家。[①]

清人谢元淮了解此事后，其诗《读云汀中丞谈瀛录题后》评价道：

> 东国陪臣能好学，中朝太史本天才。拟陶诗屋添诗话，望见蓬瀛绝顶来。
>
> 鸡林诗购贾人还，今古才名重一般。我欲留题频搁笔，彼中能辨白香山。[②]

3. 中朝文化交流的桥梁

陶澍出自湖湘地域，热爱湖湘文化，对本土文化具有一种推广的自豪感与推进的责任感。他推崇明末清初湖湘文化名家王夫之，支持湖湘学者邓显鹤、万年淳等整理本土文献与文化典籍，培养与提拔了一批湖湘人才。而在与朝鲜诗社交流交往中，他一方面注重介绍、推荐湖湘特色文化，另一方面也热心于对朝鲜优秀诗人的引荐及其诗作的整理保存。

陶澍在酬赠诗歌、书信中不时引入湖湘历史、地理典故，如《次

---

① 徐世昌编，闻石点校《晚晴簃诗汇》，第9192页。

② （清）谢元淮《养默山房诗稿》卷一九《苏台集》，清光绪元年（1875）刻本。

韵再答成进士见赠》言：

谁从烟末望齐州，槎使来从八月秋。便溯文津寻宝筏，居然沧海障横流。三山碧月蛟嘘岛，百尺红霞蜃结楼。珍重移情同此曲，成连海上有归舟。

风雅还征屈宋乡，笔谈佳日共匡床。一堂喜尽东南美，五色同瞻日月光。岳麓有茶皆玉露，巴陵无酒不琼浆。湖湘故事君能说，欲赠芙蓉一段香。①

无论是文学历史上的“屈宋乡”，还是地理物产上的“岳麓茶”“巴陵酒”都能让陶澍作为一个湖湘人深感自豪，而对于朝鲜诗人能了解湖湘故事，他更是存有一份喜悦和感激之情——“欲赠芙蓉一段香”，湘地盛产芙蓉，其礼物仍然富有湖湘地理特色。

陶澍《权皛山诗序》中提到自己的故里与文学传统，饰词古雅，不乏自豪之感：“不佞生长沅湘之交，洞庭云梦，为屈宋乡里，白雪阳春，时闻古曲。”②《答高丽驸马都尉丰山君洪显周书》较详细地解说了自己成长的湖湘岳麓书院，“不佞生长楚南之长沙，在洞庭、衡岳之交，地直匡庐之西。……而朱子帅潭州时潭州即今长沙讲学岳麓山。在长沙城西，湘江之滨。今有岳麓书院，为海内四大书院之一，鹅湖、鹿洞、石鼓并岳麓为四，皆朱子讲学处。有朱子手书‘道卿台’及‘整齐严肃’四大字，笔法类颜鲁公。遗迹甚多，诸生肄业尝七八百人，先贤之流风尚未沫也。不佞幼随先君子萸江翁读书其中，一自砺碌软红尘中，此境殆犹鸿雪矣”③。对岳麓书院的位置、名气、

① （清）陶澍撰，陈蒲清编《陶澍全集》第7册，第214页。
② （清）陶澍撰，陈蒲清编《陶澍全集》第6册，第190页。
③ （清）陶澍撰，陈蒲清编《陶澍全集》第6册，第406页。

来历、典故和风气都一一清楚叙来，带着介绍故土之荣。

作为“他者”，对于朝鲜文学与文化，陶澍一直颇有赞赏。其《韩霁山稿略序》中说道：“我国家声教覃敷，薄海内外，悉主悉臣，而高丽则内属最早。其输诚效贡最恪，涵濡圣化，沉浸醲郁，故其文章亦视海外诸藩为最雅。”[①]《谈瀛后录序》言：“高丽之人喜声诗。自国初臣属以来，职贡最恪，沐浴圣化，蒸蒸日上。”[②]对于朝鲜文学、文化影响中国文人的现象，陶澍也加以记载，“多有朝鲜人泐句，箕畴演化至今称”[③]。

对于朝鲜文坛状态，而且对于朝鲜诗文的流传结果与失传原因，陶澍早有关注：“不佞尝谓东国好诗书，独具华风，而诗文流传者颇少。从前以职贡来者，何啻什伯，至今罕有能举其姓氏者，非尽短于文墨者也，以无人综辑之；抑语音障隔，倡酬之事少耳。”[④]对于朝鲜诗坛的诗杰与佳作，陶澍则不遗余力地推广与引荐。而梅花诗社成员以一个精英文人团体的形式出现在他面前，更加引发他的注意。陶澍多次赞扬与肯定梅花诗社诗人与作品，如《和高丽许澹宕栎韵》中言：“夙闻东海士，磊落多英姿。尚友溯殷遗，矧兹生同时。往晤洪羲锡与权永佐，其人皆翘奇。”[⑤]又《次高丽诗人韩西园永元用拙集韵见寄》有：“观诗犹记旧传觞，去岁，权晶山携示《高丽诗钞》中有一诗云：却恨青丘居海外，终知赤县在人间。余极赏之，即西园作也。早识伊人水一方。忽送新诗来日下，依然好句艳春阳。人如兰叶风斯扇，梦入梅花雪亦香西园系梅社中人。海外九州原不异，知君天上忆岩廊。”[⑥]

---

① (清)陶澍撰，陈蒲清编《陶澍全集》第6册，第190页。

② (清)陶澍撰，陈蒲清编《陶澍全集》第6册，第192页。

③ (清)陶澍撰，陈蒲清编《陶澍全集》第6册，第193页。

④ (清)陶澍撰，陈蒲清编《陶澍全集》第6册，第407页。

⑤ (清)陶澍撰，陈蒲清编《陶澍全集》第7册，第35页。

⑥ (清)陶澍撰，陈蒲清编《陶澍全集》第7册，第214页。

对于梅花社人物,陶澍评赞为磊落英姿,翘奇人物;对于梅花社的佳作,陶澍用"极赏之""好句艳春阳"等语言来表示自己的喜爱。陶澍评点朝鲜人物与诗钞时所表现的推赏态度,既具有高度的本土文化自信,又不排斥对异域文化的喜爱与欣赏,基于这种心理基础上搭建的文化交流与引进之桥也更开阔和牢固。

同时,陶澍收集、保存朝鲜文人诗作的意识较强。在京城的日常应酬中,发现朝鲜佳作,即马上留存,"所示《梅花新诗》一篇,留存敝斋,为后日选刻之地,以当东国采风录可也"[①]。即使与朝鲜诗人天各一方后,陶澍仍然不间断地收集、保存他们的诗作,"自戊寅后,东人以诗来者,又得若干首,爰次而存之,命曰《后录》,以广艺苑丛谈,即以昭盛世同文之盛"[②]。陶澍不但自己积存朝鲜诗文,而且也推荐它们给自己的朋友选征佳作,其《高丽海道人寄小照求诗》自注有:"余友朱兰坡,选国朝各家古文凡百余卷,海内作者略备。顷从余斋中见韩致应、权永佐、郑德和诸君文数篇,遂采入,以备东国文献。"[③]

(三)陶澍与朝鲜梅花诗社交往的意义

王夫之《宋论》中言:"君子以敦实行,传信史,正人心,厚风俗者,诚而已矣。"[④]陶澍可谓这样的君子。他以自己的人品、才华与声望在交往初吸引了朝鲜梅花诗社的注意,在交往后倾诚相待,也让梅花诗社同人推崇之心历久未变,诗道共鸣,宾朋齐乐。抛开政治上的斗争与抵制,朝方有慕华思贤情结,中方有同文一体之意。陶澍与朝鲜梅花诗社同人京都同乐、海天共忆,共同培养了一份不

---

① (清)陶澍撰,陈蒲清编《陶澍全集》第6册,第408页。

② (清)陶澍撰,陈蒲清编《陶澍全集》第6册,第193页。

③ (清)陶澍撰,陈蒲清编《陶澍全集》第7册,第292页。

④ (清)王夫之《宋论》,船山全书编辑委员会编《船山全书》,长沙:岳麓书社,2011,第62页。

限疆域与国度的真挚友情。

陶澍在本土雄才经世之外，还海外播流芬。从文学发展角度看，无论是陶澍主动诗文评点、赏鉴，还是其被动被模拟诗风、诗韵；无论是单个的赠唱，还是群体的酬和，陶澍都在某种程度上担当了朝鲜梅花诗社的领袖人物，引导了梅花诗社的创作拟题，强化了其创作中的某些共同风格，演示了一个文学社团导师与群体同人，特别是异域文人良好互动、影响的范例；陶澍与朝鲜梅花诗社的交往韵事，展现的虽只是过往历史里文人交往剧中的平常剧目，其风雅和谐的交流过程亦可视为我们明晰中朝两国文人交往细节的“代表剧”；同时它们也组成了一根侧面观察嘉道时期朝鲜诗坛风气的“记忆带”。

从文化交流角度看，美国考古学家约瑟夫·考德威尔曾提出一种文化圈是由内部各具特征，但又产生相互作用的地域文化构成，这种文化圈称之为“交互作用圈”。“地域相联而各具特征的区域性文化同时存在、同时发展，彼此之间的交互作用使它们对于其他地域关联较远的文化来说形成一个整体。”[①]虽然陶澍在与梅花诗社诸子“酒盏诗筒，雅歌迭作”[②]时，更多的感受是“见我朝圣教覃敷，同文一统之郅治”[③]，主观上有其时代的局限性，但客观上陶澍传播与介绍了本土文化，也热心引荐与推动了异国文学的发展，积极促进了两国文人的友好交流与互通有无。正是诸如陶澍与朝鲜梅花诗社诗人们这类人群的友好交流、和谐交往与交互影响，才让两个地域的文学、文化共同发展，联系更紧密，自然而非生硬地趋向一个整体“文化圈”，时至今日，仍有现实借鉴意义。

---

① 张光直《青铜挥麈》，上海：上海文艺出版社，2000，第220页。

②③ （清）陶澍撰，陈蒲清编《陶澍全集》第6册，第192页。

第五章　雅集·图画·文学

在文人结社史中，以图纪史、以图绘盛的事例比比皆是。明人张凤翼曾对文人结社图有过总括式的论说，其《跋西园雅集图》云："图自兰亭修禊而下，若香山九老，若耆英十三，莫不有图。"①最初的文人结社图均与唐代白居易等人的九老会、宋代文彦博怡老类社团有关，这也是后世多数文人结社图出自怡老社的原因。后来，非怡老类社团受此影响，也绘图纪事。文人结社图与社约、社刊一起，成为社团活动的三大文本标志。善于突出人物个性、人物神态丰富多样而又和谐统一以及表现方式带有类型化、模式化的倾向是文人结社图的三大特点。文人结社图记载盛事，扬播风雅，"对于提升结社活动的风雅品位、认识社团的组成格局以及解读多文化融合等都有着积极的意义"②。

文人雅集图像产生后，为了进一步地传播事迹、交流情感，作者或者图主邀请所在交游圈、文学场域内的文人一同欣赏，进而生发题咏。文字与图像是人类认知与表达世界的两种主要手段，图像与文字既有异质的一面，又有互渗的一面。异质性使两者无法

---

① （明）张凤翼《处实堂集》卷七，四库全书存目丛书编纂委员会《四库全书存目丛书》集部第137册，济南：齐鲁书社，1997。

② 王文荣《文人结社图研究——以明清江南地区为考察中心》，《苏州科技学院学报》2013年第6期，第48页。

互相取代,互渗性决定两者相辅相成。[①] 雅集图之题咏,既是对图像人物、主题的内隐式理解与外显式阐释,也包含对画师技艺的品评与画作意义的升华;不仅是对文人们雅集情绪的回忆与延续,也是对雅集事件选择性的历史记录。雅集图与题咏结合在一起,生发出更立体的研究空间与更深刻的历史意义。

地域是形成人与人差异、图与图差异的一个空间,也是我们了解这些差异的一种起点,基于具体地域上产生的文人雅集到绘图纪盛,再到群体社群的题咏,其文人场域之状貌、参与文人的心态历程与特点、其图文结合后产生的意义与影响具有普遍性、共同性的特征之外,一定也具有独特的地域色彩。现以清代湖湘文人为例,将图画与题咏诗文两种不同类型的文本统一在一起,将雅集、绘图、题咏三个动态过程连续起来,整体观照文人雅集、绘图、题咏之间的联系、相互作用、共同意义与地域特点。

第一节 清代湖湘文人雅集图及其题咏概述

湖湘文人雅集图的产生过程中,地域、乡贤、文学事件等因素在多方面发挥作用。雅集图展示了湖湘文人们不同的活动背景与主题,而相关的诗文题咏则多针对这些背景、主题生发思考与感慨。

一、清代湖湘文人雅集图与地域的联系

清代湖湘文人雅集图的产生背景与特点形成无疑与地域有着

① 参见赵炎秋《异质与互渗:艺术视野下的文字与图像关系研究》,《文艺研究》,2012(1)。

紧密的联系。首先湖湘文人雅集图的产生依托于地方历史、文化内蕴。如长沙城南的妙高峰,是湖湘文人结社雅集常驻留之地,即是湖湘文人结社图的高产区。妙高峰,为长沙名胜,在府城南门外,江流环带,诸山屏列,一峰高耸云表。宋儒张栻建城南书院于此,张栻、朱熹都曾在此讲学,阐扬理义,从学者众,奠定湖湘学派的规模。张栻离开湖南后,城南书院因易代废损,堂室在明清之际已无存。乾隆十年(1745)巡抚杨锡绂希望广播教化,"以岳麓书院不录童试,且中隔湘水,士子赴课辄阻风涛,斋舍亦限于额"[①],因此于长沙城之东南隅南门内天心阁都司旧署增建学舍兼录童生,名仍为"城南书院",此城南书院实际上是杨锡绂为广育人材所创始。道光二年(1822),巡抚左辅认为天心阁下的城南书院邻近善化县治,市集喧杂,不利于学子潜心攻读,于是将城南书院从天心阁下复迁回六百余年前的创始地妙高峰上,道光帝为之亲书"丽泽风长"匾额。嘉道间,"岳麓、城南院生习业相高。罗典、欧阳厚均、余廷灿等为院长,生徒达者,贺长龄兄弟、罗绕典、陈本钦、李星沅、劳崇光等数十人,其时好古学、经史、词赋,及探讨政术,论盐、漕、河、兵,有魏源、邓显鹤,后则曾国藩、左宗棠"[②]。不少湘中达士、名儒先后在城南书院担任主讲,人才郁葱。道光二十四年(1844),陈本钦建祀陈良、屈平两贤祠与前后五忠祠,前后五忠祠为历代湖南贞臣义士,从祀朱子。这些祠庙的建立,目的是勿使"贞臣谊士之魂乃黯没若是"[③],两贤祠与五忠祠在妙高峰同堂异室,为长沙士子经常祭拜,妙高峰也因此更为增添了人文氛围。妙高峰之城

① (清)李瀚章、裕禄等编纂《(光绪)湖南通志》卷六〇,第1488页。

② (清)王闿运撰,马积高主编《湘绮楼诗文集》,长沙:岳麓书社,2008,第228页。

③ (清)陈本钦《城南五忠祠记》,李瀚章、裕禄等编纂《(光绪)湖南通志》卷七四,第1615页。

南书院终于在寂然数百年后迎来它的复兴，与岳麓相等。《城南书院志·序》中有这样的记载："城南之肇自有宋，与岳麓先后相等，其隔江对峙，各藉先贤之声迹以俱永。"①

嘉庆年间有《妙高峰湘中耆英会图》，画湘中耆英十八人，以欧阳厚均、陈本钦为首。欧阳厚均，字福田，号坦斋，衡州安仁县人。嘉庆己未由内阁中书成进士，授户部主事，官至户部员外郎。"性孝友，年逾四十，以母老告归，当事聘主岳麓书院，固辞，母促之行，始应聘。……晚年，集乡人士官京外归田者于城南妙高峰，为湘中耆英会，凡十八人，绩图锲石以齿序，而厚均居首。卒年八十，祀乡贤，并岳麓书院专祠。著述详艺文志。"②陈本钦集湘中耆英会，"得欧阳厚均、杨兆李、唐业谦、李象溥、余正焕、郑世俊、张学尹、唐鉴、郑世任、唐方煦、李象鹍、俞东枝、贺长龄、郑敦亮、周树槐、贺熙龄、丁善庆等十七人，而本钦为之殿卒"③。道光年间又有《城南雅集图》，邓显鹤邀集湖湘诸名流城南雅集，数人绘有《城南雅集图》，后题咏者颇多。临桂张玉霖立之《九日初度归自昭潭为湘皋先生绘城南雅集图系以二律》，邓显鹤和张诗中注云："城南雅集绘图者五人，四人有诗，张立之最先成，其时未见原唱也，以非次韵，故入卷末并附和作于后云，邓显鹤并识。"④另湘潭曹光照识山有《次韵奉和湘皋先生城南雅集图诗四首》，湘乡彭洋中彦深亦作《湘皋先生重来邵州出城南登高图卷，见示次韵追和四首》。

---

① （清）余正焕《城南书院志·序》，李瀚章、裕禄等编纂《（光绪）湖南通志》卷二四八，第4990—4991页。

② （清）李瀚章、裕禄等编纂《（光绪）湖南通志》卷一八五，第3607—3608页。

③ （清）李瀚章、裕禄等编纂《（光绪）湖南通志》卷一七五，第3276页。

④ （清）邓显鹤辑《城南唱和集》卷一，清道光二十九年(1849)邵州濂溪精舍刻本。

其次湖湘文人雅集图中陪衬人物的背景以湘地山水为原型,无疑带有湘地山水的特色。陈本钦等八叟在长沙城南碧湘老屋雅集,绘图纪事,图画中的雅集背景正是以真实的长沙城南风景为模板设计而成。陈本钦故后,其子陈乃瀚多年宦居外省,随身携带此图,以便能时常瞻仰先人遗泽,并请人题咏。杨恩寿《碧湘老屋图跋》中言:"哲嗣淀生观察从左文襄转战浙闽,底定关陇,出入锋镝,垂二十年,间关行役,必以是图自随。春秋佳日,则展图浏览,画里家乡风景如昔,宛然侍诸老杖履,流觞赋诗也。"[①]《碧湘老屋八叟图》中湖湘风景和人物一如往昔,引发陈氏怀念。

另外雅集图的分布具有集中于湘中地区的特点,图的出现与分布与文人结社有着密切的关系,而以长沙、湘潭为中心的湘中地区正是湖湘文人结社最为盛行的地方。当我们把研究地域再集中,可以发现长沙有几个固定地点产生结社图的数量最多,而这些地点均为长沙之文化名胜,如岳麓山、妙高峰、浩祠、碧浪湖等地。

二、湖湘文人雅集图的主题内容

同一地域的湖湘文人雅集,因社集活动的多元化,形成湖湘文人结社图的多样化。虽然雅集图的表现方式上有类型化、模式化的特点,但如果仔细辨析,可以发现其中包含了文人雅集不同的活动主题,展现了各种活动细节。

(一) 日常休闲

大部分的雅集图像主题是日常休闲时的文酒欢饮,耆老结社图如《湘中耆英图》《碧湘老屋八叟图》等,其他文士雅集图如聂铣敏诗中记载之《望岳亭雅集图》。聂铣敏,字晋光,号蓉峰,湖南衡

---

① (清)杨恩寿《坦园文录》卷五,《清代诗文集汇编》第727册,第408页。

山人。生于乾隆四十年(1775),卒于道光八年(1828)。曾就读石鼓书院。望岳亭为湖湘衡郡名胜地,登亭则江山烟树之胜一览可尽。聂与友人屡集于此,各缀诗作,有《望岳亭宴集和韵》《题岳亭宴集图呈张筠圃师》等。又光绪年间,郭嵩焘又邀集当时湖湘名流集于浩园,有《浩园雅集图》。

(二) 送别主题

送别主题的雅集图,如道光己亥(1839)长沙城南天心阁诗会同人送别贺熙龄还朝的雅集图。邓显鹤《前诗意有未尽,感念旧游,复成二首》中云:"天心杰阁俯苍茫,记得当时集上方。诸老风流仍此地,百年高会几重阳?填膺世事孤筇外,回首江城落照旁。今日茱萸思遍插,摩挲清泪滴壶觞。己亥集同人于此送贺柘老还朝,汤浯庵为作图,今事隔十年,二君皆下世矣。"[①]贺柘老为贺熙玲(1788—1846),字光甫,号蔗农。曾主讲城南书院。又黄本骥沅州结社,送别同人时有《湘江送别图》,见其诗《题湘江惜别图送子言归江东、竹溪归粤西》[②]。

(三) 庆生主题

庆生主题的雅集图,如武陵唐开韶发起同人涵碧亭雅集为黄氏文节公作生辰,绘图并征诗。黄本骐《竹谷岁以六月十三日宴集诗人于武陵涵碧亭,为家文节公作生辰,绘图索诗》云:"寿以璃琚词,荐以蘋蘩菜。一亭俯涵碧,雅集入图画。"[③]又邓显鹤为其兄邓云渠六十初度庆寿,集其戚友而作《松竹雅集图》,并为此征题,征题面甚广。如江南诗人汤贻汾《邓湘皋显鹤松园听雨图》中有:"君

---

① (清)邓显鹤撰,弘征点校《南村草堂诗钞》,长沙:岳麓书社,2008,第380页。

② (清)黄本骥撰,刘范弟校点《黄本骥集》,长沙:岳麓书社,2009,第55页。

③ (清)黄本骐《三十六湾草庐稿》卷四,清三长物斋丛书本。

不见松荫堂,弟兄颜比苍松苍,至今促膝松间窗。”[①]宁乡文人梅钟澍亦有《题邓云渠先生松竹雅集图兼呈湘皋丈》。梅钟澍,字霖生,宁乡人,与邓湘皋后先出咸宁许莲舫门下,著《薛花崖诗文草》。

(四) 祭祀主题

祭祀主题的雅集图,如《曾文正祠雅集图》。光绪初年,湖南官方奉请廷命,由盐商捐资兴建曾文正公(曾国藩)祠于长沙小吴门正街。曾国藩之四弟曾国潢邀集湖湘诸老为耆年会,绘图纪事。见李元度《曾文正公祠雅集图记》、杨彝珍《曾文正祠落成,曾澄侯邀同诸老为耆年会,并图形壁间,因赋诗一首纪之。即用文正集中题郭筠老诗集原韵》。

(五) 民俗节庆

民俗节庆的雅集图,如道光间湘潭徐受等人百花生日雅集,谋画《百花生日雅集图》。徐受,字寿同,湘潭人。徐受《百花生日罗丈星桥招同钱雨苍、许有三、黄伯申、吴樗台小集即席得二律》中有:“一会市廛寻断梦,去岁花朝亦集罗寓。百年花寿各长生。鬻蚕扑蝶添佳话,为问倪迂画可成。星翁谋划雅集图。”[②]长沙张力臣等人三月三日修禊絜园,绘有《絜园修禊图》等。

有些雅集兼顾民俗和友人生日,如光绪二十一年(1895)腊八日,程颂万、王闿运等人雅集浩园,为易佩绅(笏山)七十寿,有《浩园雅介图》,见程颂万《乙未腊八日同王益吾祭酒、王壬秋、刘采九两年丈、诗僧笠云、寄禅治具曾文正祠之浩园,寿易笏山布政年丈七十。属伯芗黄子为浩园介雅图,因次笏丈诗韵四首弁诸册端,以

① (清)汤贻汾《琴隐园诗集》卷二三,《清代诗文集汇编》第526册,第342页。

② (清)徐受《黄村草堂诗钞》卷一,清同治古松书屋刻本。

永期颐之祝》[①]。

有时,湖湘文人是不同地域的文人雅集图像中的一个或部分符号,与其他符号一起构建图像的史料价值与文化意义。如唐仲冕诗中记载的《玉鉴亭雅集图》《荻庄雅集图》,前者描绘嘉庆年间唐仲冕官江苏时与韩是升等当地名流西山玉鉴亭雅集时的情景。韩是升,字东生,号旭亭,晚号乐余,元和人,贡生。著《听钟楼诗稿》。曾读书西山丙舍,作《丙舍图》。《荻庄雅集图》描绘的是唐仲冕与其科举同年的雅集图,唐仲冕《荻庄雅集图》诗云:"人生千里不相识,科名联谱如鹡鸰。离多会少得解后,斯图不作空伶俜。图者我之齐年友,汪藻词笔画通灵。三年不见犹问讯,顷闻化鹤伤飘零。我怀我友三叹息,有酒如淮长独醒。"[②]

《癸丑翰林同年雅集图》是何凌汉与其翰林同年的雅集图。何绍基题咏《奉题癸丑翰林同年雅集图大人命代作》,注云:"是科值何岁?乾隆之癸丑。是图始何年?嘉庆之癸酉。"[③]何绍基在京都与陈秋舫等人结五簋会,绘《陈秋舫秋斋饯别图》,又号召同人于京都顾炎武祠雅集,绘《顾祠春禊、秋禊两图》。

《谈瀛雅集图》表现了同治年间京城文人的文酒之会,其背景带有强烈政治色彩。雅集参与者包括多位朝鲜文人与湖湘学士,他们不只是交流两国休闲文化的文人雅士,更是发表各国或各派政治观点的官方代表。黄彭年《谈瀛雅集图序》言:

> 同治八年冬,朝鲜吴亦梅枢密奉使来京,介刘子重刑部请

① (清)程颂万撰,徐哲兮校点《程颂万诗词集》,长沙:湖南人民出版社,2009,第346页。

② (清)唐仲冕《陶山诗录》卷一七,《清代诗文集汇编》第437册,第276页。

③ (清)何绍基著,龙震球、何书置校点《何绍基诗文集》第1册,第81页。

> 予题其相国李石坡先生之像。为书言:石坡为治,能尊孔孟之道。内禁邪教,外御洋夷。予甚伟之,为题赞以去。其明年十月,李敬之鸿胪以请颁朔来,奉石坡书遗予,因识敬之。先后邀集同人为文酒之会,纵谈及东方开国三千余年废兴分合,源流本末,及今朝鲜礼制、军政、山川、人物。凡所考询,随笔条答,而端坐终日,曾无怠容,殆无愧古所称博物君子,不忘恭敬者。吾尝读《聘义》,论至大之礼,非强有力者弗能行。因推及夫勇敢立义之意,谓勇敢强有力者,无事则用之于礼义,有事则用之战胜。用之于战胜则无敌,用之于礼义则顺治。今石坡之闲邪卫道,却强寇而固封疆,岂非所谓勇敢强有力者哉?然非亦梅、敬之之贤,亦乌能知其相国为治之本,而称之无溢美也。昔管仲为相,而齐始强;子产为政,而郑始固。其时两国若隰朋、宾胥无、游吉、子羽之属类,能使于四方,不辱君命。故楚人始终春秋扼于齐,疲于郑,不能肆其蚕食并吞之志。然则使者之贤,固以其执政之贤所由致欤。予因与敬之雅集而为之图,因并述其相国之烈,为他日纪三韩之事,有所考也。同集诸人各疏乡贯于后。①

参黄氏诗歌和其他史料,可知先后与会者十五人,其中有六人来自湖南——为参与谈瀛雅集人数最多的省份,分别是:萧晋卿字敬庭,湖南长沙人,时官翰林院编修;张堪庶字既林,湖南醴陵人,举人;黎宗曦字心印,湖南浏阳人,时官兵部主事;黄自元字觐虞,湖南安化人,时官翰林院编修;丁蓉绶字竺云,湖南长沙人,时官户部主事;徐树钧字叔鸿,湖南长沙人,时官户部主事。题册而未与会的四人中还有一位湖湘文人,李扬华字静轩,湖南清泉人,时官

① (清)黄彭年《陶楼文钞》卷九,民国十二年(1923)刻本。

兵部主事。谈瀛雅集中湖湘文人人数较多，交谈内容广泛，论及时事边疆，“先后邀集同人为文酒之会，纵谈及东方开国三千余年废兴分合，源流本末，及今朝鲜礼制、军政、山川、人物”，雅集名为“谈瀛”，政治主题鲜明；湘人代表黄彭年评点朝鲜相国李石坡引经典，切时事，立新义，也在一定程度上反映出咸同之后，湖湘文人积极经世之风。

三、湖湘文人关于雅集图的题咏

雅集图的题咏一般源于文人在亲友、同年间的征咏与题赠，是文人们一项常有的交往活动。相比历史人物画像、花鸟虫鱼、山水风景等图画，雅集图像表现的是文人们的集体活动，记录的是文坛的文学盛事，包含人物、花鸟虫鱼、山水风景、器具摆设等多种形象，可谓综合型的图像，所以雅集图的题咏者能从多种角度入手展开题咏，通过题咏引申观者有限图形的想象，用文字补充无言图像下的细节与信息。

周锷《题朱野云鹤年舫斋宴集图成三字至七字句》云：

> 素心人，得意友。不速而来，与之饮酒。墙外霜折蒲，屋上风摇柳。闭门今日溪山，抚掌古人谁某。萧然一片野云间，出岫为霖更何有。①

周锷，字莲若，号春田，长沙人，乾隆五十二年(1787)进士，官至苏州府知府。著有《听云山馆诗钞》。周与严如熤、王笛浦等为岳麓书院同学，与王迪浦等组漱花诗社，又入湘中湖山吟社。在题

① (清)周锷《听云山馆诗钞》卷四，清道光刻本。

咏泰州人朱鹤年《舫斋宴集图》之诗采取了从三字到七字的形式,诗句每增加一字,内容便相应增加一层。三字句为咏斋集同人的品性与关系,四字句言其活动缘由,五字句描其雅集周围环境,六字句谈及活动过程,七字句写虚阔之远景,含作者名字,喻雅集之士的心境与品性。

唐仲冕《自题玉鉴亭雅集图四首》云:

东风吹绿一池波,临水新亭带薜萝。槛外笼花春昼永,林间移席晚云多。明玕两茁清湘梦,红杏初开白雪歌。坐客人人富文藻,西园雅集较如何。(其一)

水合帘开吏放衙,时从小筑想烟霞。故人偶驻江边舫,逸客常乘海上槎。题笔岩峦忘岸帻,对床风雨记烹茶。侵寻屋角玲珑影,照彻墙隈烂漫花。(其二)

山高南岳水荆溪,千里衡湘咫尺迷。花萼满园看雁过,松楸傍陇听鸦啼。人怜庄舄仍吟楚,马忆吴门旧望齐。为语画师姑阁笔,图成丙舍著标题。(其三)

晓幕春城语燕乌,那堪听鼓府中趋。看花郭外催携屐,劝稼田间止下符。十二把长期中鹄,百余骄熟笑投壶。他时人去亭空在,剩有风流展画图。(其四)①

唐仲冕用组诗的形式,表达了他对《玉鉴亭雅集图》的观感与联想,每一首诗即是一个雅集场景的再现,组诗则汇聚了多个雅集的场景,在静态的图像基础之上用文字组成文人们雅集的动态画面。组诗里对环境的细节描绘,让读者通过联想,感受在微观上放大了的雅集画面。雅集典故的运用,扩大了诗歌内容的时空

① (清)唐仲冕《陶山诗录》卷一,《清代诗文集汇编》第437册,第119页。

含量，诗歌的阐释也让单一的画像内容变得丰富起来。唐仲冕的题咏无疑是为雅集图像做了较好的文字笺注，并用文字做牵引让图像在观者脑海中通过想象或放大、延伸原有图像，或衍生新的图像。

汤鹏(1801—1844)，字海秋，号浮丘子，益阳人，师事欧阳厚均。汤氏诗文震烁奇特，才力富健，凌轹一时，与龚自珍、魏源、张际亮被时人称为“京中四子”。著《海秋诗集》。其《徐廉峰编修寄巢吟社图歌》云：

> 国家元气浩无穷，蔚为歌咏垂鼎钟。祇今作者吁可数，以媲太平谁有功？学语小儿但蝉噪，主盟老将都龙钟。那掣鲸鲵障海涛，但搴翡翠媚兰丛。男儿执笔当自强，如领万众超腾骧。广张旗帜动寥廓，静窥奥窔收毫芒。周诗温柔悦我性，楚骚幽怨回我肠。曹刘甫愈尽为鬼，独立万代之苍茫。徐侯徐侯性耽古，金版玉匮归涵茹。倚窗散帙春酣酣，对客挥毫霞举举。写图如见兰心将，题诗特仗苔岑许。……①

汤鹏之诗为徐宝善而题。徐宝善，字廉峰，道光十五年至十六年(1835—1836)间住京师壶园，为编修，请汤鹏题咏《巢吟社图》。曾燠《赏雨茅屋诗集》中亦有《徐廉峰编修赠巢吟社图》一诗。汤鹏、曾燠都为晚清名士，而名士的参与品鉴与题咏，一定程度上是因诗播声，因咏存图。汤鹏之诗起伏跌宕，语词激荡人心，散发一种豪阔气概，把图像中蕴含的意义、鼓舞人的力量用文字铺张，情感澎湃地揭示出来。

---

① (清)汤鹏撰，刘志靖、王子羲、石彦陶、陈子定校点《汤鹏集》，岳麓书社，2011，第785页。

有些雅集图的题咏,兼具了文与诗。一般来说,文用来交代图像的背景、本事,偏重写实;诗则用来歌咏雅集之人的性情和事的意义,偏重抒情。如《曾文侯祠雅集图》的题咏中,有李元度的《曾文正公祠雅集图记》,文字简洁朴实,叙述简要而清晰。又有杨彝珍的《曾文正祠落成,曾澄侯邀同诸老为耆年会,并图形壁间,因赋诗一首纪之,即用文正集中题郭筠老诗集原韵》,振翰摛藻,情采两耀。

结社于山水中,啸傲于烟霞间,用诗文抒怀,图绢纪事,这些正是湖湘文人休闲生活中具有代表性的方式,也正如魏成柷《题张兰谷小照》所言:"天机勃发,俗虑胥捐。一以为靖节之彭泽,一以为摩诘之辋川。学者称之为兰谷,而先生自署曰随缘。吾将与先生联诗社,泛画船,啸傲于烟霞窟宅,嗽润于水帘洞天,而结茅构椽于岣嵝最高之巅,使得附先生后。图形绢素,其又奚让于香山九老与竹林七贤?"[①]文人休闲,风雅之处不让于香山九老、竹林七贤,正是结社雅集者们要实现的精神目标与休闲意义,而要实现这一目标,图画绘人描境纪事,是实现过程中重要的一环。

持图征咏是文人们一项常有的交往活动,在征咏过程中通过对图像本事的解说,共同的鉴赏,也达到一种传播图像及其本事的作用。湖湘文人雅集图及其题咏相互印证、补充,结合在一起,更清晰地记载了清代湖湘文人雅集的史实,更好地表现了文人们的貌态与性情,反映出观者、受众的心理,亦具有更强大的传播力与影响力。

① (清)魏成柷《也居山房诗集》,《清代诗文集汇编》第617册,第584页。

第二节 图史一体，诗画互映
——《碧湘老屋八叟图》及其征咏

文人结社史中，以图纪史、以图绘盛的事例比比皆是。文人雅集图像产生后，为了进一步传播事迹、交流情感，作者或图主邀请所在交游圈、文学场域内的文人一同欣赏，进而生发题咏。清咸同年间，一幅反映湖湘文人雅集的《碧湘老屋八叟图》引发了文人群起题咏。从考索《碧湘老屋八叟图》的本事背景以及题咏作者、内容入手，复原这次文人雅集、图画、群体题咏所发生的过程、细节，可进一步了解和感知咸同年间湖湘文人的日常生态与创作心态，亦对图文关系作一个特定角度的探究。

一、《碧湘老屋八叟图》的本事背景

《碧湘老屋八叟图》（一名《碧湘老屋图》）的图主为陈本钦（1790—1858），字尧农，湖南长沙人。道光十二年（1832）进士，选翰林院庶吉士，散馆授工部主事。道光十六年（1836）二月由工部主事入直，官至工部员外郎。道光二十年（1840）以嗣母年老，陈情终养。南归后任长沙城南书院山长，教人以实学。咸丰四年（1854）尝协筹兵饷抵抗太平军，并与官绅御守省城八十一夜，未尝休沐。湖南巡抚骆秉章奏请奖叙，加四品卿衔。工诗文，著《春晖堂诗存》。子乃瀚，字淀生，廪生，花翎道，衔浙江知府。

陈本钦任城南书院山长期间，多次与湖湘文人聚会于长沙城南妙高峰上。道光二十九年（1849），邓显鹤招邀陈本钦、左宗植、杨季鸾等人雅集妙高峰展重阳会，陈本钦因故未能参与，有《己酉重九邓湘皋招杨上舍紫卿、左同年景乔诸君天心阁登高有诗酬唱，

余未与此会也，会紫卿以诗见调，戏次其韵答之兼简湘翁》。邓显鹤回复诗作后，陈本钦又有《前诗既成湘翁继以诗至促和亦次韵戏答》，中有："虚夸九老开湖社，近长沙有余与李双圃、贺柘农、俞岱青、张少衡、丁伊辅、唐育庵诸君《湘中耆英图》。要看诸君张楚风。"[①]诗中提及自己与李双圃、贺柘农等九老开湖社，韵事传播开来，长沙文士画《湘中耆英图》以慕风雅，也对湘翁所组重阳诗社文人群寄予希望——"张楚风"。

咸丰二年(1852)春，陈本钦招邀湖湘诸老于碧湘老屋雅集，其《碧湘老屋八叟图歌有序》序为：

> 乾隆迄今咸丰凡阅四朝矣，其二年春正月上元前一日，邀同明经崔发庵，粟经畬，张庶斯布衣，章岱严、胡烺农两茂才，家朴庵、龙襄尧两明经碧湘老屋小饮。因言座中皆乾隆间人，时发庵年七十有二，首座；经畬同岁生，次之；庶斯、岱严皆六十有七，又次之；烺农六十有六，又次之；朴庵六十有二，位第七；襄尧末坐；仆六十有三，长于襄尧四岁。主乃坐宾之上，序齿也。为此春酒，以介眉寿。是日同人乐甚，或诗或古文词，更互迭坐。虽不敢比之香山九老、洛下耆英，而吾侪自乾隆盛时，里闬嬉游，以至今日。文酒欢健，无殊曩时，亦人生乐事也。爰议数语，并系以诗，而属王式杜元凯为《碧湘老屋八叟图》，用志一时雅集云。[②]

除陈本钦外，碧湘老屋雅集其余七老分别为：崔程，号发庵，粟丰，字经畬，崔、粟两人为明经；张几，字庶斯，布衣；章志，字岱严，

① (清)陈本钦《春晖堂诗存》，《清代诗文集汇编》第567册，第336页。

② (清)陈本钦《春晖堂诗存》，《清代诗文集汇编》第567册，第339页。

胡琦，字烺农，章、胡两人为茂才；陈重士，号朴庵，龙友夔，字襄尧，陈、龙两人为明经。诸老中除龙襄尧年近六十外，余者皆年过六十。诸老均为湘中著名文士，如龙友夔，字襄尧，攸县人，贡生。家贫力学，随父彬授经省垣长沙，有诗文声。一时知名士皆乐与之游，虽不就举而名益重。郭嵩焘有《龙襄尧先生墓志铭》，言其“幼茹家学，读书制行，发之于文，皆巉巖有法度。为诸生三十有五年，贡于太学。先生曰：‘嘻，休矣。’不赴选，不就举，门生子弟相从讲授，引绳絜矩，倾所学与人。随其材质，皆有成就，以显于时。先生顾自韬敛，括除浮名，自守硁硁。”[①]诸老声气相投，诗文相赏，彼此间关系紧密，或为良友，或属姻亲。如胡琦为李星沅之姨丈，陈本钦为李星沅之舅丈，李星沅有《答陈心畬舅氏并奉胡烺农姨丈》[②]。

碧湘老屋，陈本钦养老于乡的别业，在今长沙城南门外，位于五代楚王马氏碧湘宫之故址中，此处山水秀美，园葱翠重。杨恩寿《碧湘老屋图跋》言：“碧湘老屋者，吾师尧农先生别业也，长沙城南城外为马楚碧湘宫故址，带湘江，屏岳麓，虽尘市而无车马喧。吾师以翰林改水部，直枢垣，告养南归，主城南讲席，卜居于此，有年矣。”[③]雅集图为陈本钦嘱托王元凯所画，以志一时雅集。王元凯，字式杜，咸同间为湖湘攸县县令，善画。方浚颐《又为时卿题锺进士像》序言：“湖南攸县令王式杜元凯于同治庚午年壬午月庚午日壬午时为贺竹泉写竹泉，转以赠君。”[④]王元凯又为郭崑焘画东山十八景，郭嵩焘《题〈东山十八景〉画册有序》言：“王式杜太守为意

---

① (清)郭嵩焘撰，梁小进主编《郭嵩焘全集》第14册，长沙：岳麓书社，2012，第602页。

② 见(清)李星沅撰，王继平校点《李星沅集》，长沙：岳麓书社，2013，第860页。

③ (清)杨恩寿《坦园文录》卷五，《清代诗文集汇编》第727册，第408页。

④ (清)方浚颐《二知轩诗续钞》卷一五，清同治刻本。

城作《东山十八景》图册。东山者,咸丰初元,恪靖侯左公与余兄弟同避寇地也。”①

陈本钦在《碧湘老屋八叟图歌有序》中描述了图画的内容与细节:

> 发庵安贫一青毡,坐间先酌神陶然。经畬囊中无一钱,豪饮不分酒圣贤。年逾七十堪随肩,庶斯坦率性所偏。嗜书好奕全其天,老如婴儿常宴眠。岱严守道穷益坚,立锥无地砚无田。惟我与我相周旋,烺农生长峨眉巅。一生只结诗酒缘,仆也顽健嬉林泉。少不如人今华巅,黄粱梦醒六十前。生徒长共勤丹铅,朴庵便腹似孝先。嬉笑怒骂皆新篇,有时大醉仙外仙。襄尧皓首琴书边,一笑八人五百年。②

八叟图主要勾勒了八位耆老动作、神态,表现出安贫乐道、返璞归真的精神追求,诗酒快意、林泉嬉游的生活常态以及其乐融融的社集氛围。陈本钦的诗歌实际上是对图的解说,从文字上加深观者、受众对诸老精神、性情的了解与认知。而在社集之外,诸老继续相互诗文酬赠,追求意气相投、诗文养身的乐趣,如陈本钦《发庵以诗见赠次韵奉答》中云:“平居侈说香山会,此日欢生老屋春。序齿正宜三雅爵,问年都是四朝人。儿时竹马嬉如昨,老去云龙谊最亲。莫更寿星占太史,从今长作葛天民。”③

碧湘老屋八叟大多年过六十,经历了清乾隆、嘉庆、道光、咸丰四朝,其组成的耆老社群,享受过清中期的承平之乐,也体验了清

① (清)郭嵩焘撰,梁小进主编《郭嵩焘全集》第14册,第128页。
② (清)陈本钦《春晖堂诗存》,《清代诗文集汇编》第567册,第339页。
③ (清)陈本钦《春晖堂诗存》,《清代诗文集汇编》第567册,第340页。

晚期太平天国起义之乱。他们组成了富有代表性的湖湘耆老社群，其活动与创作具有类型化的一面，并足以集中反映道咸间湖湘基层文人的日常生态。他们特殊的经历与遭遇，也为其耆老社群增添了别具特色的注脚。《碧湘老屋八叟图》描绘具体、图像生动，具备了纪传性的功能，是清代中期湖湘耆老们群像的真实记录。

二、《碧湘老屋八叟图》的征咏因由

《碧湘老屋八叟图》绘图纪事，把陈本钦等八叟文酒欢娱、承平享乐的盛会记录于图。怀旧念往为一般人特别是耆老们常有的回顾性心态，图文创作亦是耆老文人们分享传播社群的风雅愉悦与构建文雅形象的重要途径。故而《碧湘老屋八叟图》画成后，相关题咏或由图主及近亲自题，或应图主邀请赏评而生，促成风雅的继续传播。这个过程与一般雅集图题咏本无多大差异，只是图画与题咏过程分别处于一个历史时期分水岭的两边，雅集与图绘发生于咸丰二年(1852)二月，当时湖湘耆老们尚能风雅度日，诗酒承乐。可不久，太平天国运动波及湖湘，咸丰二年秋七月，长沙等地被围攻数月，碧湘老屋成为战争中的瓦砾废墟，不可辨认；城南书院之所居然转变为兵役乡勇屯聚之所。时代的变故使题咏因由具有了更多的复杂性。

雅集与图画的创作现场，短期内时空巨变，这也是国家巨变的一个缩影。由此文人们以图像为生发点抚今伤昔，感触更增。其中雅集主导者、现场经历人——陈本钦的感触尤为深刻，陈本钦《重题〈碧湘老屋八叟图〉用学使张海门同年金镛晨灯酬唱诗韵有序》中记：

是图作于咸丰二年春，时粤事未棘，湖以南，边围晏然。

吾侪诗酒唱酬,颇极承平之乐。未几,粤氛大炽。秋七月,贼躏永桂郴茶,犯长沙,攻围八十余日,会官军云集,当事诸公随方抵御。至十月十九日,贼竟潜窜北去。方事之殷,余日与诸公往还,围城中亦不自意其能全也。比围解,徐访图中诸友,则余与七人者皆无恙,老屋毁矣。咸丰五年,偶冬日出城,行经瓦砾废垒之场,则老屋故址已不可辨,而异时城南讲院兵燹所余,亦久为兵役乡勇屯聚之所。徘徊久之,不能为怀。适学使张海门同年惠题此图,并以所作《晨灯酬唱诗》见示,感触益不能已,遂用其韵,作此诗,志人世之盛衰,纪友朋之聚散,而兵乱未已,并呈海门学使同此慨叹云。

诗云:

怅怅出南门,俯仰兴废迹。居民尽逃亡,瓦砾迷巷陌。回首少年场,嬉戏适所适。蜗居六十载,往来素心客。安定胡子庐,清河崔君宅。有时文字饮,相与数晨夕。欢宴乃未已,忽焉今殊昔。譬彼丁令威,化鹤归作唳。旷野余故垒,荒村拾断戟。楼台委榛芜,阛阓积骸骼。岿然古讲院,十年忝斯席。生徒旧栖托,兵卒今络绎。老屋无一存,但见湘水碧。天地固逆旅,堕甑复何惜。犹幸披旧图,八叟在咫尺。昨承张夫子,挥赠珠琲百。重以晨灯吟,感触共肝膈。世故小沧桑,时运久难阨。天心傥厌乱,早晚献俘馘。[①]

陈本钦作为城南书院的山长、碧湘老屋诗会的招集人,徘徊于老屋废墟、书院屯所之外,不由感慨万分。同年张海门题咏《碧湘

① (清)陈本钦《春晖堂诗存》,《清代诗文集汇编》第567册,第341页。

老屋八叟图》,以诗见示,陈本钦抚今伤昔,感触更增,而用张氏酬唱诗韵自为诗作,图画是对诸老快乐集会的现场描摹,也是他们风雅精神的画像,还承载他们温暖安宁的生活回忆。可那些曾经的风雅快乐、温暖安宁已被终止于废墟中。较之其他雅集图题咏重在纪盛集、传风雅不同,《碧湘老屋八叟图》的题咏因由更多是希望以此志人世盛衰,纪友朋之聚散。

陈本钦于咸丰二年返回长沙重拾家园后,本着怀旧的心态,邀请友人、姻亲、生徒等人欣赏与题咏《碧湘老屋八叟图》。当陈本钦逝世后,其子陈乃瀚为纪念其尊人继续征题。

三、《碧湘老屋八叟图》的题咏内容

题咏者们身份各异,人生经历俱不相同,在同样一幅图的接受与题咏上,倾向于寻觅最能与自我心灵深处产生共鸣的点进行创作,故而他们的题咏内容在某些点上会各有偏重。不过,《碧湘老屋八叟图》及其本事所带给他们的触动是共同的,所触发的情思也基本相似,题咏者所题咏的内容有详有略,一般说来,他们多针对以下几个方面展开诗文记录或题咏:

(一) 相关本事的记录和叙述

诗人们一般会对《碧湘老屋八叟图》题咏的本事、碧湘老屋耆老社群变迁有所介绍,以作为后面情感抒发的必要铺垫。这些记录和叙述也为后人了解史实、研读作品提供较完善的背景材料。

左宗植《碧湘老屋八叟图为陈尧翁同年题并引》中序言:“图作于咸丰二年春。阅八月,粤西逆贼攻围长沙凡八十许日。围解,八叟各散去,而碧湘老屋毁矣。仆故居去老屋数武,所燔焉。今秋贼氛渐远,来长沙,尧翁出此图属题。盖八叟者故亡恙,唯老屋与仆故居则弥望瓦砾,不可辨认。而仆自京假归,避地湘山,亦三年。

于兹走笔题此，为之怃然。时咸丰四年甲寅秋日。”[①]左宗植与陈本钦同为道光十二年(1832)进士，又致仕后两人常于长沙雅集唱和，既有一乡同年之谊，又有社中同人之情。

杨恩寿《碧湘老屋图跋》言：“碧湘老屋者，吾师尧农先生别业也。长沙城南城外为马楚碧湘宫故址，带湘江，屏岳麓，虽尘市而无车马喧。吾师以翰林改水部，直枢垣，告养南归，主城南讲席，卜居于此，有年矣。壬子初春禊集八老为真率会，属王君式杜图之。秋七月，粤匪渡黄沙河，入楚境，破郴州，袭长沙，围扑省城，城外居民悉毁，修禊胜地甫六阅月已瓦砾矣。吾师先期入城，家具荡然，而是图犹存。解严后追念昔游，感怀世变，遍征题咏，洊如束笋。未几，吾师归道山。哲嗣淀生观察从左文襄转战浙闽，底定关陇，出入锋镝，垂二十年，间关行役，必以是图自随。春秋佳日，则展图浏览，画里家乡风景如昔，宛然侍诸老杖履，流觞赋诗也。”[②]杨恩寿为陈本钦城南书院学生，跋中详述了《碧湘老屋八叟图》之产生、留存以及陈氏父子征咏的过程。

王先谦《题陈尧农先生碧湘老屋八叟图》序载：“先生名本钦，由翰林院庶吉士改户部主事，充军机章京，告归，主讲城南书院。咸丰二年正月，邀七叟觞于所居城南碧湘街故宅，属山阴王元凯式杜图之。越四月，宅毁于贼，先生时年六十三。七叟者：崔程发庵、粟丰经畬，俱七十二；张几庶斯、章志岱岩，俱六十七；胡琦煨农，六十六，陈重士朴庵，六十二；龙友夔湘桡，六十。俱不仕。先生子乃瀚乞题。碧湘街，因马楚碧湘宫得名也。”[③]光绪十七年，王先谦任

① (清)左宗植《慎庵诗钞二卷文钞二卷》,《清代诗文集汇编》第616册，第227页。

② (清)杨恩寿《坦园文录》卷五,《清代诗文集汇编》第727册,第408页。

③ (清)王先谦撰，梅季点校《王先谦诗文集》,长沙：岳麓书社，2008,第557页。

城南书院山长，三年后任岳麓书院山长，应陈乃瀚之请，题咏《碧湘老屋八叟图》。序中简洁地介绍了此图及题咏的来龙去脉，对八叟的姓名、年龄以及身份之叙述尤其清楚。

诗人们一般会在序跋中对《碧湘老屋八叟图》题咏的因由、碧湘老屋耆老社群变迁有所介绍，以作为后面情感抒发的必要铺垫。这些记录和叙述也为后人了解史实、研读作品提供较完善的背景材料。诸序跋多用简洁而朴实的文字，记叙和补充了《碧湘老屋八叟图》产生的历史背景与征咏的前后过程，也比较重视图主及八叟希望以图存名的心态。作者们虽也带有一定的感情色彩，但基本上注意了叙述文字的客观性与写实性，增加了背景史料的可信度，也丰富了图像故事的细节，用文字衍生出动态的过程，让今人能更清晰地感受征咏现场与了解征题过程中的各种细节。

（二）对耆老形象的进一步丰满与设计

图画纪事，诗文题咏，无论运用何种艺术手段，一定程度上还是为了展现和塑造人物形象，发表旁观者、后继者、传播者对那些历史形象的看法。在《碧湘老屋八叟图》题咏中，文人们在了解一定史实的基础上，通过各种想象、夸张、典故等手法的运用，进一步在细节上设计和丰满碧湘老屋八叟的艺术形象。

熊少牧《碧湘老屋八叟图为陈尧农同年题》诗云：

老至少年疏，抱琴寻旧友。落落神仙姿，风流畅文酒。碧湘倚郭屋，当门荫梧柳。主人水曹郎，早岁解纶绶。摛辞屈宋席，讲学朱张后。暇豫啸其俦，邻曲易招手。春茶泼乳白，饼臑芼橙韭。青莲惊人诗，稷下谈天口。脱巾露短发，真气撼户牖。竹马曾几时，历历共回首。庄逢尧舜代，坦步到鲐考。古来长沙国，耆旧之所薮。欻焉遘时变，狼豕恣群丑。瓦砾杂人骨，摩戛贼骑蹂。劫火不能灰，天意活八叟。相逢各一笑，白衣幻苍狗。会看扫尘滓,重宴歌肯有。嵫景胜若木,贞鞏侪佺寿。熊子览图册,颇怪遗下走。题名附琅书,扩作香山九。今夕太史占,德星聚南斗。[1]

熊少牧诗以陈本钦为重点表现对象,长诗的前半段,描绘了碧湘老屋八叟的形象“落落神仙姿,风流畅文酒”,才能“摛辞屈宋席,讲学朱张后”,记录雅集时的外部空间与各种活动细节,表现其雅集时的高雅品位、悠闲心态与欢乐气氛;同样在长诗的后半段,先是笔锋转折,迎来残酷、黑暗、恐怖的画面展现,与前半段形成强烈对比。然后笔意再一展,塑造了八叟在时变大难过后的坦荡与豁达,“相逢各一笑,白衣幻苍狗”。这样经受了真实时事欻变的考验,仍然坚强、洒脱、豁达的耆老形象,在许多耆老社群图咏中是缺乏的。整首诗起伏变化,各种描述有利于丰满八叟形象,提升整个社群的品味。

王先谦《题陈尧农先生碧湘老屋八叟图》诗云:

野逸满湖外,风流接雍乾。先生其犹龙,七叟皆天全。逍遥承平世,寒灯映青毡。操舟号最能,曾不涉巨川。招从饮文字,至乐方陶然。骈头数甲子,一笑五百年。展卷想仪形,霜月炯在颜。王子亦千古,遗墨同蜕蝉。

下士缚尘鞅,高躅今见几?诗书气犹生,爵禄心先死。曹郎趋直庐,日夕去天咫。翩然思江海,本性远嚣滓。城南有故居,讲论集图史。至今皋比泽,沾溉渥孔里。马王旧宫殿,几代换云垒。岂如草元亭,图存室不毁。儿时竹马路,仿佛映云

① (清)熊少牧《读书延年堂诗钞》卷一五,《清代诗文集汇编》第588册,第163页。

水。余幼居碧湘街。空余山梁悲，斋沐书纸尾。①

王先谦诗才气横溢，蕴含各种典故，更加丰满了图中人物的形象。前面数句诗叙评碧湖老屋八叟野逸品性、风流仪范及文酒乐陶的集体活动。后半段，则是王先谦展图想象后的思考与感慨，包含对八叟图画存世意义的肯定，“展卷想仪形，霜月炯在颜”，亦有对俱不仕的八叟之风雅精神的认可，“诗书气犹生，爵禄心先死”。

（三）融合具体性感慨与普遍性思考

题咏者们在诗歌中夹叙夹议表现出强烈的主观情感，倾吐了对《碧湘老屋八叟图》所包含的人、事的具体感慨，也抒发了由个别历史现象生发超越时空的深刻思索。

题咏诗中一般采取夹叙夹议的手法，叙述太平之时，碧湘老屋八叟的雅集；兵荒马乱时，人事的面目全非，前后对比，感慨悠长。如左宗植诗云：

乾嘉岁月到咸丰，胜概欢言八叟同。瓦砾壶觞一弹指，不堪重问碧湘宫。

羽书南北未休兵，老我荒山足平生。何日南郊仍对宇，一尊围坐话生平。②

左诗一二句叙述八叟咸丰之前的胜会欢言，同气相投，三四句续时事变化之速，弹指之间，人物全非，前后比对。左宗植借想碧

① （清）王先谦撰，梅季点校《王先谦诗文集》，长沙：岳麓书社，2008，第557页。

② （清）左宗植《慎庵诗钞二卷文钞二卷》，《清代诗文集汇编》第616册，第228页。

湖八叟的心态，期盼“何日南郊仍对宇，一尊围坐话生平”，用第一人称的口气，表达时变后的遗憾与伤感。这种期盼、遗憾、伤感也是一种人类面临时空发生转变导致美好事物逝去后的普遍性情感。

与左诗同样写作模式的还有郭嵩焘《重题〈碧湘老屋图〉，为陈淀生观察作》：“城南高咏满琳琅，三十年前事渺茫。往迹追思真梦寐，故园经乱已沧桑。蓬蒿旧径迷黄叶，风雨寒秋涨碧湘。几日趋庭重选韵，相看君亦鬓毛苍。”[①]郭崑焘《题陈尧农员外本钦〈碧湘老屋八叟图〉》：“耆英洛社今谁见，胜会城南有唱酬。过眼浮云看富贵，同时诸老足风流。壶觞晨夕空如昨，戎马关山又一秋。几日天河洗兵甲，更扶藜杖续欢游。”[②]郭氏兄弟的诗歌中同样的前后情景对比，末尾采取“几日”的提问语气展现期盼与伤感。不过，他们采用了比较艺术的虚化手法、带有比喻意味的画面景象表现现实中的时事变化，“蓬蒿旧径迷黄叶，风雨寒秋涨碧湘”，“壶觞晨夕空如昨，戎马关山又一秋”。

又吴大廷《陈淀生太守属题其尊人尧农先生〈碧湘老屋图〉次郭筠先侍郎韵》云：

> 万古汨罗一江水，风入骚客今遗几？自从黄巾桂管来，湘州城外莽榛杞。碧湘旧为郑公乡，一炬咸阳无已侈。追思执经老屋前，立雪累时移日晷。太丘逸叟兴何豪？招呼侪辈桐荫底。飞觞醉月无拘束，各写骚情绝尘滓。香山九老那足夸，饮中八仙差自喜。俄焉七叟仍岿然，一叟已入九泉里。恨我

① (清)郭嵩焘撰，梁小进主编《郭嵩焘全集》第14册，长沙：岳麓书社，2012，第215页。

② (清)郭崑焘、郭仑焘撰，王建、陈瑞芳、邓李志校点《郭崑焘集·郭仑焘集》，长沙：岳麓书社，2010，第59页。

去国年复年，识荆未尽宁非耻。七叟均未及拜谒。世人贵耳而贱目，成败哆然足誉毁。楚人三户能亡秦，螳臂当车胡为耳。挥戈一举烟尘清，东下辟地三千里。飞刍挽粟蔽江来，义声滚滚谁公拟。尧农以在籍，倡助饷最为出力，叙四品卿衔。世上已无负嵎虎，人间空有逐膻蚁。华屋山丘何足论，叟也观化穷无始。我今更辱纪群游，城南十邻当可俟。请看兰芷遍澧沅，毕竟风骚谁继起。[①]

吴大廷(1825—1877)，字桐云，湖南沅陵人。咸丰五年(1855)举人。初以拔贡入赀为内阁中书，与胡林翼、左宗棠、曾国藩、郭嵩焘等相交往。工诗古文辞，为文恪守方苞义法。吴大廷的题咏中出现了不少湖湘的特有意象与典故，如“万古汨罗”“风入骚客”“湘州城外”“楚人三户”“兰芷遍澧沅”等，带有较强的湖湘地域色彩。吴大廷又站在一个地域文学后继者、一个士人后辈的角度，看待碧湘老屋八叟的活动与形象，以及意义与影响，不只有“飞觞醉月无拘束，各写骚情绝尘滓”这类游艺性的活动，还有“飞刍挽粟，义声滚滚”的政治性作为，并引发“兰芷遍澧沅”“风骚继起”的影响。诗中还含有哲理意蕴的语句，如“世人贵耳而贱目，成败哆然足誉毁”“世上已无负嵎虎，人间空有逐膻蚁”“华屋山丘何足论，叟也观化穷无始”数句，由个别历史现象生发而来，却具有一定的普遍意义，能让人咀嚼良久。

另外，在怀人之作中，也会涉及雅集图的题咏。如湘潭人谭溥，字仲牧，号荔仙，别号翁塘居士。诸生，性磊落。其《怀陈尧农师》中有：“高吟白社新图册，谓城南雅集图。漫画青山旧酒盟。谓耆

① (清)吴大廷《小酉腴山馆诗集》，《清代诗文集汇编》第698册，第668页。

旧图。”[1]与其他题咏者相同的，用洛社、白社、香山九老之类的典故比对碧湖老屋八叟，并突出其结社环境的清雅和结社活动的休闲性，提升其社群品味，耆旧图成为碧湘老屋八叟的一张风雅名片。

小　结

《碧湖老屋八叟图》及其题咏的作用与影响力相辅相成，在“纪志”这一功能层面上，图文一体化，成为对比与观照太平天国运动前后期湖湘基层文士生活与心理状态的历史依据。图画是对咸丰二年享受承平之乐的湖湘基层文社之历史记录，未仕之耆老们的群像定格，而诗文更丰富了图画的时空背景与动态细节，题咏之诗文中，细致地记述了咸丰二年至四年间长沙的时事变迁，碧湘老屋耆老社群的聚散离合，融入了时代与地域的强烈气息，并且补充了太平天国运动发生前后的湖湘耆老之活动、心态的记叙，丰满了耆老们的形象，提升了这个耆老社群的文化地位。题咏者们采用不同的手法和技巧来塑造形象与抒发情感，其生发的感慨与思考带有超越时空的普遍意义。

同时，《碧湘老屋八叟图》与其题咏在创作心态和内容主题上又存在较大的反差。相比一般的清代耆老雅集图，如湖湘《湘中耆英图》《松竹雅集图》《曾文正公祠雅集图》《浩园雅集图》等图，在从构图创意到表现内容，再到图中人物，并无与众不同的地方。在题咏内容方面，一般耆老雅集图的题咏表现出单一化、模式化的特征。而《碧湘老屋八叟图》的题咏内容呈现出复杂的情绪，多方面的感喟，更具时代气息与独特的湖湘地域色彩，这些特点则与图的

---

① （清）谭溥《四照堂诗集》卷五，《清代诗文集汇编》第633册，第177页。

题咏的缘由、过程以及图主等社员的经历、心态有密切关系。而最特别之处在于《碧湘老屋八叟图》产生于清代承平时期，其题咏诗文却产生于清代巨大动乱爆发后，图与题咏的创作心态与表现重点反差较大，前者为风雅的纪念和传播，心态愉悦平和；后者多为世故沧桑与时事动荡的感喟，多出于感伤与怅惘，造成此反差的重要原因来自历史事件的影响和创作现场的巨变。

“文学是一种时间艺术，绘画是一种空间艺术。”诗文题咏让画像具备了时间延伸性，而画像则让诗文题咏者在空间上获得直观的审美体验，图文两种艺术的结合进一步延续了地方风雅的传统。《碧湘老屋八叟图》及其题咏带有强烈的时代印记与地域色彩，两者功能一体化，风格和主题有一致性，从一定程度上可反映图画、文学与历史相互印证、对应的关系，同时两者又存在反差——正源于历史所制造的直接效果，也恰好真实地注释了历史中地域空间和人物心理的巨变。

第三节　承前启后，觞咏日长
——絜园展禊及其图绘、题咏

修禊最初原是一种祭祀活动，自周朝起，每逢三月的上巳日即三月三日，人们便去水边祭祀神灵，并用草药香薰沐浴，人们称之为禊，又称祓祭。王羲之《兰亭集序》言：“永和九年，岁在癸丑，暮春之初，会于会稽山阴之兰亭，修禊事也。”修禊，后来就成了古代人们到水边洗濯、嬉游，并举行祈福消灾的仪式，也成为文人雅集欢娱的活动。修禊过后，文人们还可继续展禊活动，如同重阳会之后的展重阳之会。修禊、展禊，在清代已成为文人的一种风雅传统。

同治十一年(1872)，张自牧、罗汝怀、吴敏树、郭嵩焘等人于湖南长沙絜园修禊，后三月二十三日，张自牧又招集十一人于絜园为展禊之会,因此绘絜园展禊图,随后题咏甚众,事件传播颇远。絜园展禊活动本身并无特别之处,但"'事件'具有社会政治、文化生态、诗歌创作多重关系的聚合意义,而越是重要的典型的事件,越非孤立的存在"①。此次聚会、图绘、题咏在地域上产生了不同寻常的影响,其中的本事、过程、意义都足以引发我们思考与研究。

一、絜园展禊的本事

展禊之地絜园,为张自牧之宅园。其前身为梓园,为清乾嘉间礼部尚书刘权之修建的后花园,后梓园为张自牧所得,更名为"絜园"。张自牧社友杨翰为絜园题名,"余题力臣园为洁园,取汉碑'乐于陵灌园之洁'语"②。在社集诗作或画作中絜园也被写为"潔园"(洁园)。园中景物幽洁,流水汤汤。絜园在今长沙开福区潮宗街中部,潮宗街因临城门潮宗门而名,又名草场门正街,东起北正街(今黄兴北路),西至湘江大道。今又更名为梓园,园内仍存断截汉白玉门匾,上刻"挈庐"二字,为张自牧所题。南京陈作霖光绪年间游历长沙时记载"贾太傅祠中有洁园,水木明瑟,画象嵌壁,衣冠伟然,石榻、石井云皆故宅中物,磨泐不可支举矣"③。贾谊祠,在今长沙天心区解放西路太平街内,其内的洁园,与张自牧之位于开福区的洁园并非同一个。

(一)絜园展禊之湖湘名流

同治十一年,张自牧等人先为修禊之会,后继为展禊之会。展

---

① 罗时进《地域文学研究的关键词——以清代江南为例的讨论》,《文学理论研究》,2019年第2期,第102页。

② (清)杨翰《褒遗草堂诗钞》卷九,《清代诗文集汇编》第650册,第304页。

③ (清)陈作霖《可园文存》卷九,清宣统元年(1909)刊本。

禊十一人分别为：

絜园主人张自牧(1832—1886)，字力臣、笠臣，湖南湘阴人。庠生，花翎布政使衔，贵州补用道。因才学、识见与王闿运、蔡毓春等俊彦同受湖南学政张金镛识拔，后致仕退隐林下，寓居长沙，喜结交名流，雅集觞咏，与同讲求时务之郭嵩焘等人交谊颇深，在长沙名流绅士中享有较高地位。李元度《张力臣方伯五十寿序》云："性澹荣利，不汲汲于进取也。益读书，讲求时务，于舆地之学尤精。凡泰西诸国及地名人名之佶屈聱牙者，皆悉举其辞，无一字迕。所著《瀛海论》二种不胫而走。数游沪渎与番酋，上下议论，能发明古义，以折其角。天下大政若河漕盐皆能究，极其利弊言之凿凿，非才而能之乎？性尤好客，暇则集名流觞咏，又以其暇续辑沅湘耆旧诗，此才之绪余也。昔人谓分其才技，足了十人，君殆近之矣。"[①]郭嵩焘在日记中曾多次记载两人讨论时事、洋务，甚至一些重要的人事任命。张自牧与郭嵩焘、郭崑焘兄弟同为湖湘禁烟公社成员。

罗汝怀(1804—1880)，字研生，号梅根居士，湘潭人，湖湘著名学者。同治间，参与编纂《湖南通志》，又以数十年时间辑成《湖南文征》二百卷。罗汝怀居长沙时，建有荷花池精舍，在今长沙开福区经武门西侧。

吴敏树(1805—1873)，字本深，号南屏、柈湖翁，巴陵(今岳阳)人。道光十二年(1832)举人，官浏阳县训导。以不能行其志，求归。潜心于诗古文，著《柈湖诗录》《柈湖文录》等，与长沙诸友往来酬唱甚多，其诗才为友人所敬服。道光二十九年(1849)郭崑焘等集会长沙天心阁，郭有《九日同诸君天心阁登高推柈湖翁为诗社

① (清)李元度撰，王澧华校点《天岳山馆文钞》，长沙：岳麓书社，2009，第693页。

长，柈翁有鉴于壁间之訾点题句逊谢不肯首唱，戏作调之，兼呈同游诸君》。

杨翰(1812—1882)，一名瀚，字伯飞，号海琴，又号樗庵、息柯居士，顺天宛平(今属北京)人，一作直隶新城(今属河北保定)人。同治三年(1864)任湖南辰沅永靖道，同治十年(1871)因事遭劾罢官后，来长沙暂居，晚年常居永州浯溪。其文词书画，靡不精能。

李元度(1821—1887)，字次青，一字笏庭，自号天岳山樵，晚号超然老人，湖南平江人。道光二十三年(1843)举人，授黔阳教谕。后入曾国藩幕府。卒于官。有《国朝先正事略》《天岳山馆文钞》《天岳山馆诗存》等。

何应祺(1831—1884)，字镜海，湖南善化人。应祺负雄略，文词卓荦，才气纵横。著《守默斋诗稿》《守默斋杂著》等。咸丰间，从曾国藩师攻剿江西、广东等地，加按察使衔，领布政使衔，遇盘错事皆立办，无所依阿，各督抚皆严惮而倚任之，有政声。

朱克敬(1792—1887)，名亦轩，字香苏，晚年号螟庵、餐霞翁，甘肃兰州人，早岁贫寒，流寓云贵，后至湖南，捐为龙山县典史。后客居长沙，参加修纂《湖南通志》。喜交游，与湘军首脑、幕僚、学术名流过从甚密，尤与郭嵩焘等交好，著述颇丰。

孙第培，字阆青，一字豳舫，自号虎林山樵。孙蒙之子，道咸间浙江杭州人。官湖南茶陵知州。工诗善画，著《枳栖吟》。“性嗜饮，天真洒脱，居官廉静。善画松石花卉，间作小山水，出入白阳、青藤之间，而笔特沈厚，赋色者尤艳佚，饶古法，沅湘人甚宝之。”①

刘沛，字史亭，湘西永顺龙山人，清道光年间恩贡，候选训导，参与过编写《湖南省通志》，负责主编光绪版《龙山县志》，其修之志体例较新，史料详尽，而且文辞简洁。孤介工诗，留有《怀人》绝句

① (清)张鸣珂《寒松阁谈艺琐录》卷二，清宣统上海聚珍仿宋印书局本。

十余首，诗中评人之语多精确，录入朱克敬所著《暝庵杂识》中。

此外再加上郭嵩焘、郭崑焘两兄弟。郭嵩焘（1818—1891），字伯琛，号筠仙、云仙、筠轩，别号玉池山农、玉池老人，湘阴人。晚清官员，湘军创建者之一，曾国藩重要幕僚，中国首位驻外使节。因宣讲洋务，被时人歧视和同僚排挤，乞病归里，主讲城南书院。郭学识渊博，勤于著述，著作宏富①。

郭崑焘（1823—1882），字仲毅，自号意诚，晚号樗叟。道光二十四年（1844）中举人。会试两次下第，遂绝意科举，咸丰间参湘抚张亮基、骆秉章等幕府。以协赞军事，官至内阁中书。昆焘文辞简古，著有《云卧山庄诗集》八卷。郭氏兄弟皆为湘中名儒，与曾国藩、左宗棠、胡林翼、彭玉麟等关系极深。

絜园展禊这些湖湘名流，早在同治十一年絜园展禊之前已相互结识。他们在长沙屡举诗会，酬唱不绝。郭嵩焘光绪年间诗作《九日柬熊鹤村》言："几年零落山阳笛，无复重阳对酒尊。咸、同以来，吴南屏、罗研生、张笠臣岁一为重九之会，今不复举行矣。半角楼台非世好，一家笑语为谁温。"②同治十年（1871）朱克敬有《上巳日洁园修禊赋呈力臣仁兄大人》、罗汝怀有《上巳后二旬樗叟、笠丞、具熊鱼重展禊事于絜园，凡十一人，以禊帖中此地二语为韵，分得此字以齿序也》③、杨翰有《十月九日张力臣招饮看菊有作》④等。

---

① 郭嵩焘著作，因多种原因，大多散佚。相关著述情况，郭氏所《湘阴县图志·艺文志》及其日记中有所记载；郭氏后裔郭群曾撰有《湘阴郭氏遗著提要》，作了补充说明。王先谦整理郭氏遗著，列出已刊著作 11 种，未刊著作 5 种。王兴国《郭嵩焘评传》，也有专门章节论述郭氏著作。

② （清）郭嵩焘撰，梁小进主编《郭嵩焘全集》第 14 册，第 206 页。

③ （清）罗汝怀《绿漪草堂诗集》卷四，《清代诗文集汇编》第 617 册，第 381 页。

④ （清）杨翰《袌遗草堂诗钞》卷九，《清代诗文集汇编》第 650 册，第 301 页。

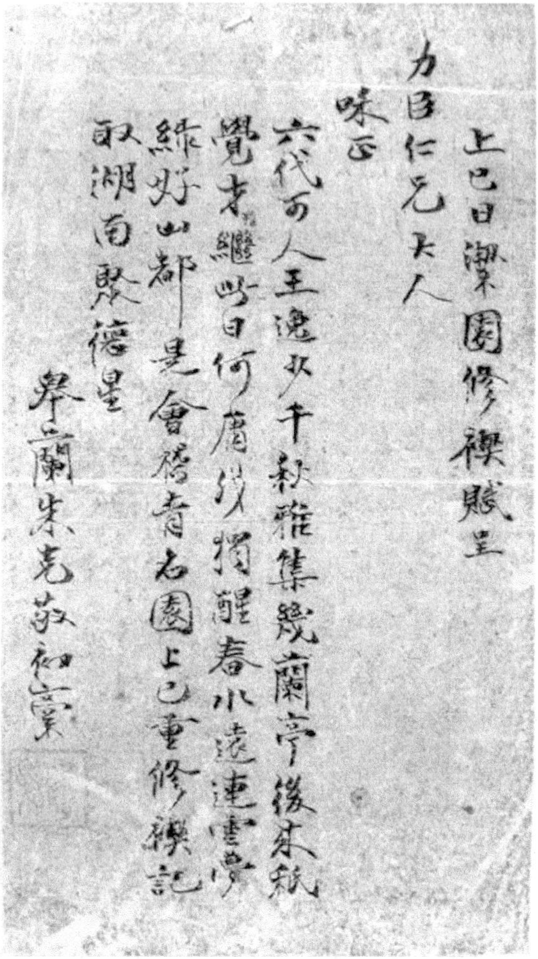
上巳日禊園修禊賦呈
力臣仁兄大人
咏正
六代而人王逸少千秋雅集幾蘭亭後來紱
覺者繼此日何處從觸醒春小遠連雲夢
緣好山都是會稽青石園上巳重修禊記
取湖南聚德星
琴蘭朱克敬初稿

从上文介绍之与会文人身份、背景可见，禊园的展禊是一个典型的湖湘名流聚集的盛会，参会者融学士、诗人、才子、官员于一身，部分人士如郭嵩焘，即便致仕，仍旧拥有政治影响力。他们多人的会聚，引发了文学创作上的叠章堆韵，促使了图像与事件的传播，并带动了另一轮的湖湘文人盛会雅集，以他们的“名人效应”在晚清湖湘文坛、文化界制造了深远的影响。

(二) 絜园展禊的现场创作与后续忆作

同治十一年间的絜园展禊,与会众人诗作迭出,或为当场分韵而作,或为后续怀念之作。当场之作如杨翰《壬申三月廿三日,张力臣招集洁园,重展上巳,以“此地有崇山峻岭茂林修竹”分韵,得有字三十韵》云:

> 于陵灌园仲子洁,榜首轮囷大如斗。余题力臣园为洁园,取汉碑“乐于陵灌园之洁”语……有客下笔如龙蟠,颉籀郁律斯冰走。谓郭筠仙。水带云帔道士装,林间鹤似君山叟。岳州吴南屏作道士装。我亦草书空雄壮,点画狼藉嗟病拇。①

郭嵩焘《絜园展禊分韵得山字》云:

> 名园欢嘉招,何必远尘寰。即事展幽禊,清尊理余闲。高楼眮落日,掩映隔江山。暮色悬星斗,浮云与飞攀。妍辰一瞬尽,呼酒赌穷悭。微暄榛莽骄,积雨虫黾顽。扶持芍药花,墙阴晚斑斓。春意郁不骋,当阶困茅菅。吾曹自幽赏,相视老且孱。绅缨已沦贱,尚欲忧时艰……联翩十一人,衰发各成斑。写图留胜揽,科首杂巾纶。一一磊落姿,方寸藏神奸。我独甘不肖,无乃肆欺谩。张子亮为诸公小像,皆肖,独嵩焘一人不肖。主人馔多珍,异格类散颁。熊膰关东来,爪短毛般般。江鱼惯饱食,煦沫口常圜。兔肥鸦鸠黑,盘炙惟红殷。芼以葵与藿,羹糁罗纷骗。良会古难逢,不愿乞归还……且复欢此饮,万虑从刊删。②

① (清)杨翰《褒遗草堂诗钞》卷九,《清代诗文集汇编》第 650 册,第 304 页。

② (清)郭嵩焘撰,梁小进主编《郭嵩焘全集》第 14 册,第 152—153 页。

郭崑焘《三月二十三日,与笠臣奉邀杨海琴观察翰、孙阆青刺史第培、李次青廉访元度、何镜海观察应祺暨研生南屏、暝庵史亭及家伯兄洁园展禊,以"此地有崇山峻岭、茂林修竹"为韵,分得"岭"字》:

残春感时物,万事废不省。鸣鸣惊角声,汲汲顾日影。洁园展禊事,近市得幽境。凌虚敞高楼,远色簇诸岭。尽收四围胜,聚此一楼景。壶觞会耆英,翰墨各驰骋。情亲惬天趣,兴极忘昼永。杯盘俄并列,熊鱼味兼领。调羹出新意,竞食笑前猛。主宾坐可越,少长序宁整。欢呼杂嘲谑,放浪娱退屏。颇闻时多故,揭来夜常警。百端纷交集,一醉私自幸。诸君帜张楚,贱子曲惭郢。大敌旗鼓当,微明镫烛炳。勉效后尘趋,却望先路回。何当夏木清,更作发棠请。留连文酒宴,陶然共酩酊。①

杨翰、郭嵩焘、郭崑焘三人的诗文各有特色。杨翰七言挥洒畅扬,郭嵩焘诗描写细致、蕴含情感,描写、记叙、议论相结合,典故迭出,用词古奥。郭崑焘诗简洁明朗,以叙事为主。三人中,以郭嵩焘对参会的人物、场景、饮食、过程描绘最为清楚,同时情感也最为复杂,有幽赏欢娱之乐,也渗透了忧患时事之忧,三人都表现了絜园展禊的欢娱与风雅。

后续怀念性诗文如:杨翰离开长沙,居永州浯溪后,诗作有《有怀长沙同社诸君子》,序云:"偶阅沈归愚书《壬申文选》后云:松江几社主社者夏彝仲、陈卧子诸公于辛未同集,为不朽业。凡十一

① (清)郭崑焘、郭岺焘撰,王建、陈瑞芳、邓李志校点《郭崑焘集·郭岺焘集》,长沙:岳麓书社,2010,第126页。

人，皆人士之魁垒者。余辛未自五筸解组来长沙，壬申絜园同集，纪年与人数适符。因十三叠申字韵，并感柈湖翁之没，移芝叟之书。”又有《申字韵诗以余生于嘉庆壬申，今六十初度，适得晋砖文云：永嘉六年壬申宜公侯，寿百年。因赋诗十三叠，竟未专用晋砖故事为韵。自南海还山，十四叠寄怀同社诸词坛》[①]等。

杨翰《致张笠臣》一笺云：

> 笠臣仁兄有道：自去岁展重阳名园见招后，不负春秋佳日，壬申展上巳吟兴益豪，各抚牛腰大卷付之。……惟同社诸公，日在胸次。息柯去后，篇什又添几许？吟侣又增几人？胜事可得闻否？《絜园酬唱集》已付剞劂否？才字韵拙作上石完工否？弟到此间，诗境多而诗友少，反觉俭于抽豪命纸。……或者冬闲乘兴重来以续旧欢，又增词坛轶事耳。[②]

从信件看出，杨翰离开长沙后居浯溪自觉诗境多诗友少，十分怀念絜园酬唱诸友，津津乐道展禊会吟兴之豪，对于他离去后絜园文人社群的变化相当关注，还期盼着冬闲时再赴长沙以续旧欢，又增湖湘词坛轶事。

杨翰致杨彝珍之《致家性农》云：

> 性农宗老道兄：同社去岁舟中酬唱，到省各有强韵。诗篇文酒之乐，近岁所无。……今春少有篇什，游山之兴寂然，只得展上巳絜园分韵。是日，有吴南屏、罗砚生、李次青、郭筠仙、意城、孙朗青、朱香荪、何镜海、刘史亭及力臣、

① （清）杨翰《袌遗草堂诗钞》卷九，《清代诗文集汇编》第650册，第308页。
② （清）杨翰《息柯白笺》卷三，《清代诗文集汇编》第650册，第463页。

> 息柯。以“此地有崇山峻岭、茂林修竹”拈韵得有字,七占三十韵。已绘图书卷,惜我性老不在座耳。……省门迩来,颇有文社,得毋以鄙人小住,忽开此境地耶?惜著书之资不能自给,断不能久住。秋初即当作浯上行,将入两粤一游,此后会合难期耳。[1]

杨翰在此信中再次回忆了絜园展禊会的在场文友、创作主题、韵脚、绘图等,并惋惜杨彝珍的不在场,杨彝珍有《偕同人雅集絜园次息柯叟韵》[2],又不无庆幸:省门长沙近来颇有文社,是否正是自己这种吟诗爱好者小住长沙,积极推动文社的雅集,从而开此境地屡获文酒之乐的缘故。

二、《絜园展禊图》及其题咏

湖南省博物馆藏有曾纪泽、彭玉麟等题《絜园展禊图》,可鉴为清代卷轴纸本,画心纵高 34.2 厘米,横宽 372 厘米。图中引首前部隔水处金笺题签,上为曾纪泽楷书题“絜园展禊图 癸酉孟夏湘乡曾纪泽题签”。引首部为纸本洒金笺,彭玉麟大字行书题“絜园展禊图”五字,上钤“玉言诚实无欺”朱文闲章,落款书:“丙子春暮强病腕为力臣世大兄大人题　西湖十二桥钓叟彭玉麟。”后钤朱文“青宫少保”及白文“彭玉麟印”两枚印章。现存的《絜园展禊图》向我们清晰又形象地展示了絜园展禊的人物、环境,展禊的往昔情景如跃眼前。

---

① (清)杨翰《息柯白笺》卷三,《清代诗文集汇编》第 650 册,第 466 页。

② (清)杨彝珍《移芝室诗集读本》卷二,《清代诗文集汇编》第 627 册,第 308 页。

《絜园展禊图》局部　湖南省博物馆藏

《絜园展禊图》局部　湖南省博物馆藏

(一) 图与文的相互涵容、共同叙事

由法国理论家朱丽亚·克里斯蒂娃提出的互文性(intertextuality)这一术语,用于文学艺术领域,可以解释为“文本之间相互指涉、相互映射的一种性质”[①]。文本的多元化、不确定性和未完成性,使得文本和互文本你中有我、我中有你。在现实中,既没有绝对的文本,也不存在绝对的互文本,它们之间互相交错、彼此依赖。从《禊园展禊图》及其题咏创作可以发掘两者明显的互文现象。

这幅《禊园展禊图》以春意浓郁之景致为背景,禊园中广种松、竹、桃、柳、梅、梧桐,放眼望去,园花妍媚,柳姿婆娑,红绿相杂,春意盎然。园中轩室宽敞,回廊曲折,山石叠错,清池漾波,庭园景色显得更加幽洁清朗。展禊之士共有十一人,他们年龄、形貌不一,或于轩室沉思吟诗;或据案挥毫,旁若无人;或据石端坐,扬目远眺;或纳手袖闲,扶树微眺;或扮装而立,捻须注视;或两人围坐畅谈。众名士旁陪衬若干小侍童,他们服侍于文士左右,持杖、捧书、备纸、提壶、端茶,神情动作,既各有特点,又在整体上构成一种恬然自适的氛围。图中人物表情生动,场景细致,画面栩栩如生,从技法来看,人物线条刻画细腻,衣纹细劲流畅,整体布局疏朗有致,主次分明,画面色调以赭黄系暖色调为底色,色泽清淡,格调隽雅。图后题跋长达 2 米,图中所绘十一位名人雅士均分韵题诗作记。另王闿运、陈宝箴、杨彝珍、释敬安、程颂万等名士也留有题跋。又该图作者无款,郭嵩焘《禊园展禊分韵得山字》中有:“写图留胜揽,科首杂巾纶。一一磊落姿,方寸藏神奸。我独甘不肖,无乃肆欺谩。张子亮为诸公小像,皆肖,独嵩焘一人不肖。”[②]据郭诗记录,画者为张子亮,张氏资料不详,《(光绪)湖南通志》杂纪仅载张子亮为湘南

① 参见李玉平《互文性新论》,《南开大学学报》,2006 年第 3 期。

② (清)郭嵩焘撰,梁小进主编《郭嵩焘全集》第 14 册,第 152 页。

运判,死于官。

《絜园展禊图》的画师一方面注重画面的审美考量,让观者有“悦目”之感,另一方面注重表现人物内在的性情志趣,通过细致刻画人物面部的神情,捕捉人物的姿势仪态,努力去除板滞泥塑,传达个人形象内涵的丰富性,从而从两方面满足受众与传播者们的观赏期待。

郭嵩焘《絜园展禊图记》载:

同治十有一年壬申三月二十三日,重集絜园,为展禊之会。于时宿雨初霁,晴云霭空,时露妍日,园花嫣然,倚风微笑。相与饮酒乐甚,已而喟曰:永和距今二千年,相视犹昨日事,以羲之之文也。当时顾长康已为作图,而兰亭禊序至唐始显,长康之画至元始显,传世久而收名也远。今取快一日之间,纪之以文,摹之以图,取自为豪而已,则又何必后于兰亭之游也。

是会也,罗研生舍人年最高,岸然抚膝,想念唐、虞老梅,卧地如几,一童子倚杖旁立。舍人,所自号为梅根居士者也。冠素霞冠,曳朱履,撚须注视,类有道者,巴陵吴南屏学博也。据案挥毫,侍者环立,旁一童子捧轴进,大兴杨海琴观察,以善书名者也。高颧广额,面颀然,槃薄一室,老画师会稽孙朗青刺史也。据石端坐,不甘短视,扬其目若睇远者,平江李次青方伯也。手书席地背负山,傲兀自喜者,龙山刘史亭明经也。凭几睨海琴观察作书,回顾小童,若有所语,絜园主人张力臣方伯也。蹲踞地上,伟干蹒跚,自负霸王之略,善化何镜海观察也。瞑坐蒲团,左右修竹飕飕若微吟,皋兰朱香荪少尉也。纳手袖间,抚树微眺,乐南屏老人之趣意,引而近之,玉池老人嵩焘是也。入园引回廊,两梧矗立,凭轩作草书,嵩焘之弟崑焘意城也。凡会者十一人,以《兰亭序》“此地有崇山峻岭茂林修竹”十一字为韵，人赋一诗，并以齿序。嵩焘当第五人，意城第七人。南屏老人既为记，而嵩焘序其后，并其弟屈居十一人之末者，谦也。兰亭会者四十二人，盛于今日矣，而自谢安石、孙兴公以下，诗成若逸少之数，凡十一人，与今日人数适相当，无忧罚巨觥者。未知兰亭之果盛于今日否也？

自西汉相沿以三月祓灞上，遂为盛集；亦或以八月。而《韩诗传》称郑俗三月上巳执兰水上，以祓不祥。《后汉书·礼仪志》据以为三月上巳官民皆絜于东流水上。魏晋以后乃独以三月三日。今之展禊，犹汉仪也。而唐宋诗人以展佳节为名，遂亦因之。至于此会之由来，详南屏老人《前记》，更历二千年，有欲追续此游，可考而知也。①

《絜园展禊图》形式上是一幅图，在内容含量上也可以看作是一组图。园中不同位置的人既能成为单幅肖像图，又与其他图景一起构成一组小图，在主题上同属于絜园展禊这幅大图。《图记》则采取白描手法，抓住图中人物之形貌与瞬间动态细致刻画，并结合环境、背景加以介绍和阐释主题。两者涵容丰富，贴合紧密，互相映射。

在场景、活动主题、展禊人物三个内容要素上，图绘与文记相互涵容度高，图中的每一幅场景在郭嵩焘的图记中均能找到映射之处，而诗中的每一个人物又都能与图中的形象紧密对应起来，图绘构成了文记叙事的形象化的视觉再现。郭嵩焘的文记则将展禊图的信息与意义用简要生动的语言精准地传递和表达出来，因图生文的过程也是两个文本相互涵容的过程。在表现视角上，图绘与文记的视角是相互重合的，都采取了总览俯视式视角。图绘体

① (清)郭嵩焘撰，梁小进主编《郭嵩焘全集》第15册，第652—653页。

现了观察者总览文人群体的角度,完成不同空间中的场景并置,并用平透视的方法,精细地设色勾勒人物,诗人在表现文人群像时也采用了旁观者俯瞰的视角,并融入了背景性的评价和介绍,有助于更加扩展文记的涵蕴空间。涵容度高的图绘与文记两者组合,达到共同叙事的目的,并由此强化了叙事与传播的效果。

(二)图像征咏的互文内容与传播效力

《絜园展禊图》为张自牧所有,张自牧凭借自身的各种人脉关系,广泛征题。这种征咏即是一种由个人代表群体的自我标榜式传播,而图画题咏者关注点各有不同,题咏作品的互文内容也会有所区别,除开个人因素外,与传播过程中所产生的时间、空间距离也有一定关系。

最早的一批题咏,来自与张自牧关系密切的朋友。如杨彝珍《题絜园雅集图次次青方伯韵》云:

> 絜园我所名,而我反无咏。百罚理莫辞,当如金谷令。掉罄犹有词,未睹骚坛盛。竭来闯诗境,不问国大禁。雅集时禁叠韵为诗。只因马不前,殿后始称劲。爰继群公声,窃步飞将韵。曾闻展春禊,开筵具美醖。列坐序彼毛,以次传觞饮。数比乱臣浮,雅集时会者十一人。会较永和胜。流连移景光,韵事更番进。巾服各不同,楚楚与春称。何意方转瞬,骤散如鸦阵。坠欢渺难拾,弹指流光迅。我来践陈迹,屐齿苔斑印。闲寻尘壁诗,墨迹犹可认。俯身镜池水,不免惊衰鬓……①

絜园之名为杨彝珍所取,絜园展禊时他因故错过,可是杨氏

① (清)杨彝珍《移芝室诗集读本》卷二,《清代诗文集汇编》第627册,第310页。

始终觉得此等雅事理当参与、宁罚莫辞，事后带着弥补遗憾的心态题咏《禊园展禊图》。其长诗叙说了他所知晓的禊园雅集细节信息、心理变化过程，诗歌情感真挚，并非一般应酬之作，特别是杨氏践行陈迹时对韵事盛会的怀念，流光迅逝的感伤尤其触动读者心灵，而诗中表现风雅氛围、雅集细节的内容构成与《禊园展禊图》的互文性。

题图时间稍后一点的，如同治十二年(1873)吴敏树逝世之年，易佩绅有《题张力臣禊园展禊图》：

> 永和觞咏二千年，顿使前贤畏后贤。楚国江山骚客地，禊园风日暮春天。披图各有精神在，弹指俄惊岁月迁。十一人中今弱一，泮湖回首一凄然。图中吴南屏丈已于今年八月出世矣。[①]

易佩绅(1826—1906)，字子笏，号笏山，自署壶天遁叟，湖南龙阳(今汉寿)人。咸丰五年(1855)优贡，官至江苏布政使，晚年主讲杭州龙池书院。治军察吏，颇负干才，诗亦抗爽，有奇气。他从追溯传统入手，盛赞禊园展禊之风雅意义，肯定展禊众人之各有精神在，并惋惜十一人中之吴敏树的逝世。易又有《力臣属题辛未展重阳图，是会余未与，而郭筠轩中丞诗误，谓余在座，因用中丞韵以志一笑》。同治十年(1871)，张自牧亦招集郭嵩焘、杨翰等人禊园展重阳，但人数较少，其影响不如壬申禊园展禊，但可见其在推动、传播湖湘韵事上所做的努力。易诗中对展禊人物精神的肯定与《展禊图》的展现是相互印证的。

题图时间再晚一点，相对距离又较远的题咏者，如身在吴地的欧阳兆熊，其《题张力臣观察禊园展禊图，即次见赠原韵，时同客沪

① (清)易佩绅《函楼诗钞》卷六，《清代诗文集汇编》第702册，第704页。

上》有：

> 浪游吴越惯，随处可支巢。放眼聊观化，浮生若系匏。披图忆乡国，聚饮此堂坳。前四年与筠仙、研生饮此园。忽动家国感，柴门久不敲。不见张君久，豪吟兴尚酣。此间真异域，终欲老湘潭。旧雨都无恙，图中多老友，不识者仅三人耳。新诗已饱谙。何当展秋禊，归去理征骖。①

欧阳兆熊(1808—1876)，字晓晴，号晓岑，晚号匏叟，湖南湘潭人。道光十七年(1837)举人，候选员外郎。负才略，工诗古文。性豪爽，喜任事，邑中公务多仰其成。尝为曾国藩幕僚、岳麓书院山长。欧阳兆熊的题咏展禊图，时身在外省，所谓浪游吴越，相距长沙絜园十分遥远，他的题咏更多是借此抒发怀念家乡和故友之情，并表达对故园名流雅集的羡慕向往之意。家园环境与雅集老友成为欧阳氏与《絜园展禊图》共同指涉的意象。

而数十年后的题咏者，如名僧八指头陀释敬安，其《题王翊君所藏张力臣絜园展禊图卷》云：

> 一瞬流光四十春，青山如旧白云新。空余禾黍故宫感，不见兰亭雅集人。尘世沧桑身已老，名园觞咏迹俱陈。披图只剩王壬父，落日江南泪满巾。②

作为湖湘文人结社的后继者，释敬安也屡屡结社，为光绪年间长沙碧浪湖诗社的骨干人员之一，诗中表达了对雅集前辈的推崇与怀念，以及时光变迁人物俱陈后的惆怅与伤感。从另一方面，也

---

① (清)欧阳兆熊《寥天一斋诗稿一卷》，《清代诗文集汇编》第629册，第85页。

② (清)释敬安撰，梅季点校《八指头陀诗文集》，长沙：岳麓书社，2007，第355页。

说明禊园展禊以及图绘的传播之久。这首数十年后的题咏，结合现实对当年的《禊园展禊图》作了一种回顾式描述，延展了《禊园展禊图》的时空画面。

刘禺生[①]《世载堂杂忆》记载其曾在渝见湘绮老人王闿运《题张笠臣〈禊园修禊图〉》云："春游宜园林，良气外形骸。感彼俯仰情，图此风日佳。余非濠上人，物论理无乖。鱼鸟乐仁智，琴尊寄所怀。"据说《湘绮楼诗集》未收此诗，后得王翁死后残稿云："此卷予未题跋，以别纸录小诗，因禊饮时未预也。笠臣盛时，广致宾客，不能致李篁仙，篁仙亦非清流，中有汉奸销英翁及匏叟[②]书，最为难得，余皆一时之彦。题图非我亲笔，补记于后。"[③]这则史料补充了更多的展禊图题咏过程细节，也从另一个侧面说明了其题咏延时之长及受众之广泛与复杂。

后续的题咏，进一步完成对《禊园展禊图》的信息传递与意义表达的补充，还原了图像表达的现场，增加了受众感知上的清晰度。诗歌的题咏和叙述中，从各个角度形成语言与图像的相互涵容，进而达到了"彼此之间互文互释的紧密融合"[④]。画是空间的艺术，诗文是时间的艺术；图绘表现的是瞬间的空间，诗文则容纳

① 刘禺生(1876—1953)，名成禺，原籍湖北武昌，生于广东番禺，近代革命者，曾任孙中山大元帅府顾问，著有《太平天国战史》《洪宪纪事诗》《世载堂诗集》等。

② 销英翁，浙人金眉生，字安卿，晚年自号销英翁，源于姜夔词"仗酒祓清愁，花销英气"。曾与太平天国通声气。匏叟，龚孝拱，仁和龚自珍子，英人攻广州、天津，主帅威托玛尊为谋主，多用其策。

③ 刘禺生著，钱实甫整理《世载堂杂忆》，北京：中华书局，1960，第 78 页。

④ 相关观点参考赵宪章《文学与图像关系中的若干问题》，《江海学刊》2010 年第 1 期，第 189—191 页。吕东《〈详注聊斋志异图咏〉中的"语—图"互文现象》，赵宪章、顾华明主编《文学与图像》，南京：江苏教育出版社，2012，第 97—108 页。

不同的时空，图文互证互容，两种艺术文本的涵容度高，增强图像的叙事能力和信息容量，图文结合亦产生了更明显的传播效力。结合《褉园展褉图》与文记可以更全面地了解张自牧等人褉园的展褉情景，也能愈发清楚地体会雅集人物的性情。涵容度高的图绘与文记两者组合，达到共同叙事的目的，并由此强化了叙事与传播的效果，凸显了这次文人雅集的典型性。

三、事件视角下的褉园展褉意义与作用

事件视角下的典型事件，并非孤立存在，总会包含着其他事件作为组成部分或后续部分，由此生发的意义联系度越宽，含容量越大，表征力越高。褉园展褉的风雅盛况，传播甚广，成为一种范例，吸引文人更多地仿效与承继。自褉园展褉盛会后，褉园社群的重九之会、修褉之集并无间断，觞咏连连，并将光绪初年湖湘文人雅集风气推至一个新的峰顶。

（一）褉园展褉后的文人雅集风气

雅集休闲意味在湖湘文人普通集会中增强，文人雅集往往带有浓厚的享乐色彩。郭崑焘《会饮何镜海宅，即事呈镜海及同坐诸君》中云：

> 洁园会后数觞宴，诗酒往复相为欢。就中诸君时聚散，惟有四子称坚顽。上林、浯庐、芋园三集，诸君有与有不与，惟予及研生、南屏、次青无役不从。今朝雅集更极盛，直使酒国无遗贤。云台列宿已得半，一星倏入流云端。会者十四人，鄢友石最先至，未入席忽幡然竟去。七贤六逸古所羡，孰若此会综其全。主人肴馔诧美富，颇用我法骄圣仙。笠臣尝评：唐荫云馔中之圣，杨海琴馔中之仙，是日海琴谓镜海馔中之佛。隔帘琵琶肃清听，镜海有仆善琵琶，

隔帘令弹一曲，其声沉而宏，不似寻常所闻。射覆隐约疑参禅。海琴、篁仙喜射覆，就即席之物而射其魂魄。如荔浦芋，则射荔字，琵琶则取推手为琵语射推字，笋则取维笋及蒲语射维字。钩心斗角，异想天开。镜海笑谓此参禅也。因论家世溯华胄，或诩命相知几先。瞑庵谈命，镜海谈相，皆自谓有奇验。豪谈不觉夜灯上，妙想欲破老天悭。打窗风雨晚来急，盛夏乃似秋联绵。诸君感时各有意，酒罢起舞倾肺肝。宵深腹果尚忘倦，却订后约商留连。人生欢聚岂易得，及时行乐真安便。径须一会一图画，记取今日证他年。①

社群雅集的长期进行，需要骨干社员的坚持与参与。郭崑焘、吴敏树、罗汝怀、李元度无会不从，正是长沙褉园社群的骨干力量，促进了褉园社群集会越来越盛大。郭崑焘之诗记载了褉园展褉后社群雅集的各种细节，透露出社群雅集的变化趋势，人数越来越多，社饮愈来愈丰富鲜美，社集游艺活动也愈发多样、精彩。这些也反映出晚清长沙休闲文化的发展与兴盛。

湖湘文人逐日重视雅集图像的多种文学和社会功能，对其需求程度进一步增加。郭崑焘《辛巳三月三日颐园修禊》中云：

辽哉兰亭集，兴怀俯仰间。洁园与皋园，陈迹何由攀。壬申展禊洁园，丙子修禊杭州皋园，皆有图画题咏。飞絮逐飘风，所遇即成团。烟云自多变，尘沙谁与抟。及兹耆英聚，永念合并难。天运固有常，人力曷云殚。吾侪守懒拙，庶几桑者闲。愿言发高咏，抗手张骚坛。②

① (清)郭崑焘、郭岺焘撰，王建、陈瑞芳、邓李志校点《郭崑焘集·郭岺焘集》，第128页。

② (清)郭崑焘、郭岺焘撰，王建、陈瑞芳、邓李志校点《郭崑焘集·郭岺焘集》，第185页。

褉园展禊及其图像绘制、传播之后,文人们似乎对雅集图像有了一种固定的表达需求。郭氏兄弟诗作中所记载的“一会一图”“径须一会一图画”“皆有图画题咏”不只是体现了褉园展禊后长沙文人雅集绘图之盛,当文人们渴望“记取湖南众德星”记录下自己的雅集形象与过程,也显露了文人对雅集图像的重视心态——这种心态的满足需要一定的物质财力,由此可以看出晚清长沙文人的休闲观与消费能力。

风雅传统在长期的坚持与越来越多的群体参与中得到恢复和发展,贯穿于内的是湖湘文人对风雅精神的恒久追求。郭嵩焘、郭崑焘不少作品表现了光绪年间长沙名流或重阳雅集或者修禊雅集的情景,如郭嵩焘有《九日邀同吴南屏、邹谘山、龙皞臣、周桂坞、石似梅、张笠臣、黄子寿、张子恒及意城登定王台、天心阁,归饮养知书屋》《重阳日会饮褉园限韵赋诗,分得阳字》《张笠臣邀同傅青余、李次青、邓弥之、黄子寿、黄小麓、黄杭生定王台修禊》《意城招同诸君颐园修禊》,郭崑焘有《辛巳三月三日颐园修禊》《辛巳九月十日笠臣补作重九,伯兄与香荪先日各有诗,次韵二首》等,其中郭嵩焘《意城招同诸君颐园修禊》云:

> 名园佳节有流觞,晞发临轩日载阳。旧雨留人松石外,坐中熊鹤村、袁予文、傅青馀诸老皆旧好,罗瀛桥、任芝田、李佐周则并数年不相见也。春风坐我笑歌旁。病依杖履陪游健,暖入池台注酒香。一会一图叨屡与,壬申修禊褉园,庚辰修禊葵园,张笠臣方伯并有图。争传韵事楚江长。①

重九登高、名园修禊已成为咸丰动乱之后湖湘名流恢复的雅

① (清)郭嵩焘撰,梁小进主编《郭嵩焘全集》第14册,第179页。

集惯例，一年两集，一会一图，旧雨今雨，多有参与，众乐融融，而且这些雅集韵事又被争相传播，产生一种“涟漪效应”，引发更多的集外文人模仿，雅韵悠长。

(二) 絜园展禊以及图绘、题咏的作用与意义

同治十一年(1871)里的絜园展禊，是同治末年湖湘文人极具代表性的范式集会，承前启后，觞咏日长。絜园展禊名流聚集，风雅觞咏，图像绘事，传播征题，所有活动统一起来正是湖湘文人承袭文化习俗、推行文化传统这一持续性过程中必要且重要的一环。

当我们梳理道光后的湖湘文学史时，可以发现从道光己酉(1849)邓显鹤、黄本骥等人妙高峰展重阳会开始，至同治壬申(1872)张自牧、郭嵩焘等人絜园展禊，再至光绪丙戌(1886)展重阳会，这一系列雅集彰显了一种文人雅集传统的继承与沿袭。

当张自牧等人展重阳会招集时，他们会怀念邓湘皋等人妙高峰上的展重阳会，感慨湖湘耆旧的逝去。杨翰《力臣十月九日招集，话及道光己酉邓湘皋、黄虎痴、杨紫卿于是日在妙高峰展重阳会，不胜感慨，再用前韵，三叠奉酬。紫卿有春星阁集、虎痴刻米书于芙蓉楼、湘皋有沅湘耆旧集》中云：“慨想当年耆旧尽，玻璃且覆掌中杯。”①

郭崑焘即便出游江南修禊，也会怀念絜园的修禊盛会。其光绪二年(1876)在杭州皋园修禊，其《上巳日，金眉生都转、秦澹如观察邀同皋园修禊，以落花、芝盖、杨柳、春旗、茂林、修竹、流觞、曲水十六字分韵赋诗，予分得落字》云：

---

① (清)杨翰《褎遗草堂诗钞》卷九，《清代诗文集汇编》第650册，第302页。

春游遘良辰,胜践寻夙约。城东地幽回,近市得林壑。池水曲通河,远山低绕郭。丛翠间深浅,残红半开落。佳境接清欢,名翰豁积瞙。澹如观察出示皋园旧图,富崇轩太守亦出所藏书画传观。旧图尚如新,今构已殊昨。沧桑感无端,肝胆森嵚崿。闲旷郁崇情,尽醉且为乐。

回思絜园会,韵事亦不恶。骚坛争雄长,图貌拟褒鄂。壬申絜园展禊,分韵赋诗曾绘图纪之。悠悠五星霜,天涯成旅泊。当时旧酒徒,散若风扫箨。惟余卷中诗,往往发锋锷。人生如飞鸿,爪迹偶然托。皋园几兴衰,此会宁寂寞。烟云千万变,意气三百跃。为诗谢主人,结念入寥廓。①

修禊、重九会成为光绪年间湖湘文人雅集的传统,但无论是修禊、重九会,还是寻常的雅集,张自牧、郭嵩焘、郭崑焘等人始终活跃于长沙集会圈中,絜园成为集会的常聚地,壬申絜园修禊也成为之后长沙文人历年修禊的范本与回忆。

当王闿运、郭嵩焘、释敬安等人组碧湖诗社展重九时,他们也会追怀同治壬申的絜园展禊会,并对当时诗会之盛存向往之情。湖南善化人李桢《碧湖诗社展重九会诗序》云:

季春三日,季秋九日,世并为令节。考于《诗》,郑俗上巳溱洧之上,秉兰祓除,为后代禊事之所祖。九月九日佩茱萸,食蓬饵,饮菊花酒,事始西汉初,或以为相传自古。余惟四时之序,惟春秋多佳日。春色之丽,秋气之清,尤莫如二季月游赏者乐焉。为两令节,昭示天下其诸乐与人同之意乎。魏晋

① (清)郭崑焘、郭仑焘撰,王建、陈瑞芳、邓李志校点《郭崑焘集·郭仑焘集》,第150页。

以来，词人学士，篇章传播，所以状流连景光写觞咏之极乐，可谓盛矣……湘楚，骚国也。兵兴后侈谈勋伐，薄文章为无用，流风寝以不振。岁壬申，展禊絜园，耆宿多在会，诗歌图画，联为巨轴，犹极一时之盛。越十年辛巳，禊颐园，往时耆英半就委化，虽有诗，不甚传。又六年至今，始复为此会。侍郎文学，魁一世，偕王雁峰院长并为诗导。后进将以扬厉风雅，御兰芬于绝代，岂徒为乐一时而已哉？越日，会者各以诗献，侍郎编次之，而命桢叙其首。①

李桢在诗序中解说了修禊与重九会之起源、发展与意义，并认为湖湘之地长久延续了文学的骚雅传统。只是因为咸丰初太平天国运动爆发后，湖湘饱受兵燹之灾，更看重武道所带来的安稳，加上湘军的兴盛与辉煌给湘人带来无限荣光，故咸丰后湘地政治军事人才群起，而部分时人“薄文章为无用，流风寝以不振”，逐渐忽视并远离了往昔的风雅传统。但另一方面在兵乱结束后，文人们开始恢复过去的传统，絜园展禊即为一佳例，它又带动后续的颐园、光绪年间的碧湖展重九之会。在絜园展禊与碧湖展重九之会中，郭嵩焘的作用一直很突出，特别是经历了两次盛会的他，在后续的诗会中更加起到诗风推衍的作用。而后继者们也认知到他们的目的不应只停留于一时的小范围娱乐，更重要的是“扬厉风雅，御兰芬于绝代”，应追求更高层次的精神意义和范围广大、效应长久的社会影响力，这也是湖湘文人经世致用精神在文人结社方面的一种体现。

晚清湖湘的絜园展禊是一个典型的湖湘文人雅集，雅集环境茂林修竹清雅怡人，参会者融学者、诗人、官员于一身。部分人士

① （清）李桢《畹兰斋文集》卷二，《清代诗文集汇编》第748册，第310页。

如郭嵩焘,即便致仕,仍旧拥有一定社会影响力。此次絜园雅集,不但引发了文学创作上的叠章堆韵,还促使了图像的产生与事件的传播,并带动了另一轮的湖湘文人盛会雅集,而雅集者的"名人效应"与群体合力也扩大与推进了这次事件的影响力。近代诗人陈继训在总结当时湖湘文人结社的仿效范例时,提到"兹之所辑,远师宋人月泉吟社,近仿先辈同治壬申展禊絜园,光绪丙戌展重九碧湖"[①]。谓晚清湖湘地域最为著称的两次雅集,一为光绪丙戌年间碧湖诗社的展重九会,另一次则为同治壬申的絜园展禊会。絜园展禊与同治末年其他的盛会雅集承前启后,而且在湖湘雅会久不举行的咸同年间,意味更深,作用更大,因为此时的湖湘文人们在咸丰以来时势动乱、风雅凋敝的状态下试图恢复过去的风雅,唤起往昔的回忆。絜园展禊成为湖湘近代文化史的一个重要纽带,因其典型性与影响力,既构成历史本身,又是历史演进力所在。

清代湖湘文人的雅集图,以《碧湘老屋八叟图》和《絜园展禊图》为例,都因画像接受图主嘱托而绘出,图主或被画者如同一批隐形作者,不在创作现场时也能操纵作品,具有更多的主控权,可调整、安排入画的形象与状态,这些画像无疑带有图主、被画者自我标榜、自我设计的"名片"式特点。雅集图又起着重要的媒介作用,一方面担负着记录湖湘文化盛事,记载文人多彩生命状态的功能,成为传递史料信息的图形媒介;另一方面在文人社交网络中通过口耳传播、诗文征咏等方式,使画像"已超越记录生命的功能,更

① (清)陈继训《猥庵文草》卷一,《清代诗文集汇编》第793册,第568页。

是交游传情、表达志趣、广结人员、扩展声誉的媒介”[①]。清代湖湘文人社群，通过对雅集图像的设计创作、介绍传播、诗文征咏，在一定程度上完成了二维空间中的社群形象设计，提升了社群的品位，也扩大了社群的知名度，并累加了文人间来往的内容。

① 毛文芳《图成行乐：明清文人画像题咏析论》，台北：台湾学生书局，2008，第42页。

余　论

一、清代湖湘文人社群的类型与总体风貌

近三百年清代时段里，湖湘文人社群，参照不同标准，可划分为不同类型的社群。按结社人员身份与创作主旨，清初可分为遗民结社与逸民结社；按社群人员的籍贯范围，小的有东山十子、湘中五子结社，大的有碧湖诗社、湘社等；按结社目的与具体活动内容，有课艺型结社，如曲江文社、岳麓文会，有休闲消遣型结社，其中又分应时消遣型，如消寒、消夏、迎春等社群，怡老型结社，如九老会、五老会等；按结社发生的地域分，有本土结社和异地结社两类；按社集创作的主要体裁，分为诗社、文社和词社。在清代的大部分时期里，湖湘文人社群政治意味淡、组织性弱，这种现象至清末，发生了变化，他们逐渐转变为政治意味浓、组织性强的社团。另外一些文人社群成员少，持续时间短，如昙花一现，便湮灭在历史长河里，后世能发掘掌握的，仅有一小撮芳尘。

清代湖湘文人社群分布各地，风格不一。但总的说来，他们多是一种以开展游艺性活动为主的文人组织，代表了一种文人生活的常态模式。他们活动的目的，一方面在相对安定的岁月里追求别具意味的自得其乐、文人雅趣，另一方面经营一种群体的氛围，

开展共同的友朋交流、诗侣切磋，获取与分享信息，创作与传播作品。其结社不但实现了文人结社中的休闲娱乐功能，也发挥了文人结社中的社交与传播功能。活动内容一般为悠游山水、诗词唱和、文酒雅会、诗筒往来。活动结束、社友分离后，追忆往昔，怀念社友成为湖湘文人社群之不约而同的后续行为与创作主题。湖湘文人社群体验着一种形式相对自由的生活，这种生活传播一种共同的知识，保持一种共同的权利感，享受与利用一种共同的文化资本，文人社群巩固着地域文化的同质性，加强了地方性知识的延续性。湖湘文人即便在异地结社，也追寻同样的游艺、娱乐的结社宗旨，展示悠闲、雅致的结社姿态。

另外，湖湘文人社群雅集在持续时段、发生地区及人员组成上表现出以下几个特点：一、文学结社传统具有长期延续的影响力。文学结社之风贯行于清代不同时期，是一种文人活动趋势，而且是大势。从清初湘中社群、古桃花园社群，到清中期岳麓文会、城南耆老会等社群，再到清晚期的东山十子、湘社、碧湖诗社等，结社传统一直在湖湘地域延续着。民国时期有影响的超社、逸社、南社也融入了许多湖湘文人，特别是湘籍南社的出现可谓是清代湖湘文人结社的流风之巅，是一次极有光彩的近代落幕。文学结社之风的贯行，是湖湘文人选择生活方式的一种惯性所在，更是文脉在地方持续发展、长期延续的体现。二、文人社群的强烈地域性。“文学史发展到明清时代，一个最大特征就是地域性特别显豁起来，对地域文学传统的意识也清晰地凸显出来。理论上表现为对乡贤代表的地域文学传统的理解和尊崇，创作上体现为对乡里先辈作家的接受和模仿，在批评上则呈现为对地域文学特征的自觉意识和强调。”[①]湖湘文人结社集会的缘由和名目，结社创作的主题与评

① 蒋寅《清代文学论稿》，南京：凤凰出版社，2009，第60页。

价,结社经验的总结与反思,与湖湘地理环境、文化习俗、文学传统、乡贤代表密切相关,呈露明显的地域色彩。分布的地域趋向集中于文化高地。结社之所散布于湖湘不同地区,特别是湘中地区,多为文化兴盛、经济发达、世家久居之州府。潭州(今湘潭)为江南经济巨镇,湖湘经济中心,有"小南京""金湘潭"之称。城内文风炽盛,硕学通儒接踵继起。雨湖为湘潭标志性景观,以此命名的雨湖诗社屡兴不衰,汇集众多本地文人墨客。清代宝庆(今邵阳)出版业发达,车氏为邵阳望族,世代书香,名人辈出。明末车大任便与诸同僚结诗社,清初车以遵与多位逸民结有古桃花园社。湘中碧荷遍布盛产白莲,文人结社聚集日选于莲花生日(农历六月二十四)的例子也不少见,道光年间的雨湖诗社还特别刊有荷花生日诗本。湖湘文化特别是近代湖湘文化与以曾国藩为首的湘系集团紧密相关,这一地方特色同样反映在清末湖湘文人结社里。曾国藩、左宗棠、胡林翼、江忠源、罗泽南、刘长佑等湘军名将虽然没有结社,但他们的家族姻亲、门生弟子却存在结社现象,湘军文人之外的湖湘文人结社活动、环境也与其有着密切的关联。湘军名将中彭玉麟还有参加湘中社群雅集的资料记载。三、文人社群人员构成呈现丰富性。身份构成上,诗社之人属于不同身份层次的湖湘文人,无论是栖身草野的基层文人,如杨彝珍、朱縠、洪起等,还是身在魏阙的朝中大臣,如陶澍、唐仲冕、唐鉴等,甚至是手握重权的中兴之臣——曾国藩及其湘系集团人士,皆与湖湘文人结社雅集也有着各式各样的联系。地域组成上,清代湖湘文人社群组织上或为同一乡土的同道之友聚集,如益阳莫允怀、贺雪畦等人结社,攸县陈启畴、洪里等人的结社;或由湖湘各地的精英文士聚合而成,有些还容纳了其他地域的文人,如清末的碧湖诗社、湘社等。这种不同身份层次、地域人士构成的社群,势必促成不同层次、类型的多样文化的交流。

二、清代湖湘文人结社受制约的因素

与同时期的其他地区横向比较，除京师外，相比江浙地区社团林立的现象[①]，相比江南文人开放、坚持的结社心态，湖湘文人对结社的态度并不是特别热衷，还是有些拘泥和淡漠。对于文人结社中之舞文弄墨、文酒行乐等活动，对于逐行随队、标榜名誉的文人结社风气，并非湖湘文人都向往参与、支持认可，有些文人是持以反对或不屑的态度。这样导致了湖湘文人社团的数量总体说来相比江南地区还是有不小的差距，即便是结社现象比较突出的湘中地区，其文人社群数量远不及杭嘉湖地区，并且导致有些社员的创作缺乏热情。文人们之所以会出现反对结社行为或者某种结社风气的态度，除了因为清初统治者奉行文化钳制、政治高压政策的大环境因素以外，与湖湘地域的士风民气、文化心理、文人个性等因素也紧密相关。

（一）阻碍结社的源头——务实自励的湖湘士民风气

相比有些地区"士子习于周旋，文饰俯仰，应对娴熟，至不可耐。而市井小人，百虚一实，舞文狙诈，不事本业，盖视四方之人，皆以为椎鲁可笑，而独擅巧胜之名"[②]，湖湘士民历来注重实行，不喜文人虚饰空谈，若文人群体虚泛无实，更觉不妥。

记载湖湘士民黜华崇实的文字材料屡见不鲜，如《（光绪）善化县志》记当地士民"文风谨守先正，绝去浮靡，庶几近之，尤在争自

---

① 王文荣博士已考察出明清近三百家江南文人社团，祁高飞博士已考察出清代江南杭嘉湖地区两百多个文人社群，参见王文荣的博士论文《明清江南文人结社研究》，苏州大学，2009；祁高飞的博士论文《清代杭嘉湖地区文人社群研究》，苏州大学，2013。

② （明）谢肇淛《五杂组》卷一三，明万历刻本。

濯磨者,敦实行以祛浮伪焉”[①]。罗正钧记:“吾湘各家先世率多守耕读旧业,不但仕宦稀少,即经商服贾远至外省者,亦不数见。老生宿儒耐寒饿而厌声华。”[②]湖湘学者也多提倡实学实行,戒除浮伪之习。宋代学者胡宏言:“学也,行之也,行之行之而又行之。”曾国藩言:“所谓正心者,曰厚,曰实……实者,不说大话,不骛虚名,不行架空之事,不谈过高之理,如此可以少正天下浮伪之习。”[③]乾嘉时期陈文远历主朗江、石鼓、城南书院,皆“黜华崇实,学者宗之”[④]。而岳麓书院18条学规中,第13条主张“通晓时务物理”,第14条规定“参读古文诗赋”。把“时务物理”(即实用之学)放在“古文诗赋”之前,突出学以致用务实学风的重要性。清末湖湘名流组织的延年会,则定下会约,禁止休息日会员玩习诗钟此类文字游戏。认为其脱离现实,华而不实。另外个人修行上注重砥砺节操,方正自制,不逐风随队。如王夫之主张“剧饮狂歌之必绝之,诙谐调笑之必不屑也,六搏投琼流连昼夜之必不容也,不肖者所耽,而求以自惩者也”[⑤]。只赞成用洁身自爱、独立直行的“独”,而不赞成用附庸团派、随波逐流的“众”,“夫用众不如用独久矣”[⑥];反对士人们不辨是非闻风而起、遵循习气逐行随队,自以为是清流党

---

① (清)吴兆熙、张先抡修纂《(光绪)善化县志》,长沙:岳麓书社,2010,第284页。

② (清)罗正钧《左文襄公年谱》卷六,清光绪二十三年(1897)湘阴左氏刻本。

③ (清)曾国藩撰,唐浩明主编《曾国藩全集》第17册,长沙:岳麓书社,2011,第87页。

④ (清)李瀚章、裕禄等编纂《(光绪)湖南通志》卷一七五,长沙:岳麓书社,2009,第3269页。

⑤ (清)王夫之《宋论》,船山全书编辑委员会编《船山全书》,长沙:岳麓书社,2011,第295页。

⑥ (清)王夫之《宋论》,船山全书编辑委员会编《船山全书》,第247页。

社,但实际上只是“如飞鸟之集林,如群蛙之喧夜”,而且与世无补,反致其祸,“世降道衰,有士气之说焉,谁为倡之?相率以趋而不知戒,于天下无裨也,于风俗无善也,反激以启祸于士,或死或辱,而辱且甚于死……激天下之祸,资风俗之浇,而还以自罹于死辱。斯其为气也,习气而已矣”①。

钱基博曾谈道:“湖南之为省,北阻大江,南薄五岭,西接黔蜀,群苗所萃,盖四塞之国。其地水少山多,重山叠岭,滩河峻激,而舟车不易为交通。顽石赭土,地质刚坚,而民性多流于倔强。以故风气锢塞,常不为中原人文所沾被。”②湖湘士风民气尽管在各地区间或有差别,但具有共同的基本特性,主要是勤劳、笃实、俭朴,而不时流于闭塞、倔强;爱国、勇于牺牲,有时又难免于保守、卫道。③ 固执于务实这一种精神的追求,倔强于自励这一种方式的修行,清代一批湖湘士子过于强调勤苦磨砺,注重兵韬战略等经世之学,忽视或不屑于歌咏风月的创作行径、附众从庸的生活方式,这些对社群的组织、社集游艺活动的展开都将造成一定的阻碍。

(二) 湖湘文人结社中的其他阻碍因素

至亲长辈的反对。当有些湖湘学人悠游园林、结社欢娱时,往往为家人反对或乡人所不满,认为他们不为实事、追逐浮名,而且过于放纵自恣,觉得结社之文人有悖于湖湘理学熏陶下的儒生之操守;又或者认为他们不务实学,结社之举难以马上产生现实效益,在部分乡人眼中,结社文人的高情雅趣只是些虚飘的风花雪

① (清)王夫之《宋论》,船山全书编辑委员会编《船山全书》,第 326 页。

② 钱基博《近百年湖南学风》(含《经学通志》),北京:中国人民大学出版社,2004,第 3 页。

③ 参见刘泱泱《近代湖南的士风民气》,蔡栋编《湖湘文化百家言》,长沙:湖南人民出版社,2008,第 153 页。

月。如明末王夫之兄弟稍与文社中人相往来,其父武夷先生便蹙然不乐。王夫之《姜斋文集》卷十《家世节录》载:

> 万历间,诸以理学名者,拱手曳裾,緌褶峨巾以为容。先君口无过言,身无嫚度,而坦易和粹,衣冠亦如时制,无所矜也。崇祯初,文士类以文社相标榜,夫之兄弟以稍与声气中人往还,先君知之,辄蹙眉而不欢者经日。丙戌岁,乡试楚士于湖南,刘浣松水部明遇以点定墨牍属夫之,已授之镌者,先君怒曰:"汝以是为儒者分内事耶?"卒不许竟其事。大约窥先君之志,以不求异于人为高,以不屑浮名为荣。①

武夷先生"敦尚践履,不务顽空"②,对于当时盛行的玩好华靡"不留手目",是一位严格遵守"费而隐"之道的儒家君子,从这则材料可见,他不仅克己如此,而且在子女教育上也是以低调务实为准,守儒者本分为常,并不认可标新立异、追逐浮靡的行为,对文士结社中的互相吹捧追逐浮名则反感不悦。

乡人群体的排斥。光绪初年岳麓书院的"东山十子"结社是又一个例证。"东山十子"分别为:陈瀚、邓良辅、黄海霞、朱恢元、杜云秋、杨洲桥、王正甫、魏莲裳、易涂臣、曾洛图,皆为湘乡人,喜好治诗古文辞,湘潭学者罗正钧《湘潭谭芝林诗叙》中提道:"东山诸子皆志意纵横,睥睨一世而群好为诗。每当省试,集于长沙,莫不出其所作传相观览。多者千余首,少者亦数百首。"③罗正钧并不善作诗,同时也认为东山十子之为有些舍本逐末,"往者湘乡曾、

---

① (清)王夫之《王船山诗文集》,北京:中华书局,1962,第107页。

② (清)王夫之《王船山诗文集》,第106页。

③ (清)罗正钧《劬庵文稿四编·湘潭谭芝林诗叙》,《清代诗文集汇编》第780册,第530页。

罗、左、李诸公以忠义倡动乡里，逐平剧寇。其为学具有本末，而未尝喜言诗。言诗者，湘乡之衰也”[①]。陈瀚自己也记载东山十子结社赋诗不为乡人所认同的事件，“光绪初元，予与里人杜君云秋、朱君恢元数辈结社邑之东山，倡为诗歌、古文辞之学，世所称‘东山十子’者也。是时海内初宁，文教未兴，士汩汩于俗学，仍讹踵谬，转相师法。一二深心好古之臣倡导于上，而穷乡或未之化也焉。见异己则惊而怪，相与非笑之，指目之，以是谤议腾兴，坐为世诟病”[②]。东山十子结社，倡诗歌、古文辞之学，不汩汩于俗学的举动，在另一批文人眼中，其追求并不合乎时世的变化和顺应世俗的要求，仅是人生细枝末节上的修缮，无法获得功名，更不能建树湘乡曾、罗、左、李诸公的功业。而且湖湘一些穷乡未化之区，思想过分保守，文化相对落后，停留在追崇俗学的惯性上，对于一些异己人士动辄排斥和诟病。这些乡人反对文人结社治诗为古文的观点自然是偏激而狭隘的，而且，他们的狭隘与保守在客观上压抑和限制了湖湘文人文学结社的发展。

文人自身的矜慎。湖南文人在自己诗文的收集和传播上也因为态度矜慎、崇实去浮，使得其留存之作相对江浙作家较少。唐仲冕《陶荚江先生遗诗叙》认为湖湘文人诗作风雅不及齐吴之因源于政治上的诗禁，另外作者保持着矜慎之心：

> 吾楚风雅何渠不若齐吴，所以然者，彼常有新诗一句两句在人口也。吾乡诗禁甚严，作者务矜慎，不相标榜，而流传自

① (清)罗正钧《劬庵文稿四编·湘潭谭芝林诗叙》，《清代诗文集汇编》第780册，第530页。

② (清)陈瀚《剑闲斋遗集六卷》卷六之《周昱轩碧蘅馆文集序》，《清代诗文集汇编》第780册，第60页。

远。然亦有因,是而终闭者矣。[①]

长沙人坦园先生杨恩寿在《致王益吾书》中比较了江浙与湖湘两地文人对自己诗文集整理、刊刻的态度,分析了清代湖湘文人刻本、选本皆少的原因:

> 江浙之大,人才之盛,大家名家固多专集,即略知吟咏者,罕不自刻其诗。虽所刻者多不足观,披沙捡之,岂绝无可取?选家节短取长,每一选本出,江浙居其大半。湖南崇尚朴实,必自信可以问世,方授梨枣。刻本少,选本必少,故传者寥寥,究竟湖南诗人不少于江浙也。夫诗之传,亦岂必多哉?[②]

湖湘文人崇尚朴实,并不以巧胜自矜,对作品必反复思量、求证后,自信可以问世,方才版刻。即便部分文人开展结社,诗文酬唱,其社集作品也往往不被重视、保存和传播,无疑也缩小了其文学史意义与社会影响。缺乏社会反馈与读者反响这些有力的外部促进因素,造成了清代湖湘文学社群无法更广泛地扩大其影响。

当然这与文人的具体个性也有一定关联,有些诗人并不追求诗名的播扬,如黄文函(1812—1869),字子湘,号自香居士,湖南澧州(今澧县)人。与武进汤贻汾交密,往来书札、书画甚多。黄文函甥梁世礼记载:"先生有壮志,出游过洞庭湖,尽投少作于洪涛巨浸中,盖不欲以诗鸣也。"[③]有些则考诗甚严存诗尤慎,如邓显鹤记载

---

① (清)唐仲冕《陶山文录》卷五,《清代诗文集汇编》第 437 册,第 481 页。

② (清)杨恩寿《坦园文录》卷六,《清代诗文集汇编》第 727 册,第 424 页。

③ (清)黄文涵《忆琴书屋存稿》,《清代诗文集汇编》第 649 册,第 474 页。

乾嘉年间的善化诗老欧阳涧东在社集创作时，不喜与人较短长，亦不爱惜自己的诗作，“今人遇一地、遇一人必作一诗，汲汲焉，与并世之人较短长，岂吾胸中之诗哉？每同人社集，交惊互譫，用相夸诧，涧东漠然若不闻，非侪辈敦迫，或终岁不得一字作，亦不自爱惜，随手散佚。客辽东十载，存诗一卷，然其诣力独峻绝矣。……涧东考诗之严，存诗之慎，益非虚语”①。

即便组建社群开展活动，湖湘文人在追摹风雅的同时，也希望保持自己的本土特色，追求经世致用之风，其创作不停留于流连光景、玩文字游戏。清末长沙陈继训等人屡屡聚集酬唱，诗歌作品经过精挑细选后出版，名为《花朝酬唱集》，数量有两百多首。陈继训在《花朝酬唱集序》中表达了对于社群活动与创作的反思，即“要之流连景光，儷物寄兴，振遗响、写幽思，镂述肝肾，雕今润古，斗险搜奇，视吴越之靡，又一道也。诗者，情志之所发，悲欢视所触遻，展禊也，展重九也，花朝也。今之所值，拟诸同光，河山风景，天时人事，处境攸异，诗亦随之。杜工部诗‘感时花溅泪’，花何由泪？以为泪。斯泪焉耳。花欤？泪欤？读者当自得之”②。仅仅是流连光景、刻意形式的社群创作，陈继训认为是与“吴越之靡，又一道”，同吴越之诗风一致，没有自己本土的湖湘特色，也缺乏创新意识；而且追求华靡也偏离湘人经世务实的本质。当外在时势与环境皆发生变化时，诗歌创作应该相应地发生变化，继承一贯风雅的同时，内容与精神应该保持地域的特色，散发时代的光彩。

一个国家的文化总是既有时代差异，又有地区差异。“好儒尚礼的地区一般只占王朝版图的一小部分，很难到得了一半。而在

---

① (清)邓显鹤《涧东诗钞·跋》，《清代诗文集汇编》第486册，第222页。

② (清)陈继训《猥庵文草》卷一，《清代诗文集汇编》第793册，第568页。

这小部分地区内，即使能做到‘家有诗书，人多儒雅，序塾相望，弦诵相闻’，支配人们精神世界的，却不可能是纯正的孔孟思想，不杂二氏之说，不信鬼神……共同性和差异性是辩证地同时存在的。”①结社这种文学与历史现象，在明清时期很多地区都曾出现，甚至盛行过。而结社在清代湖南，湖湘文人们对待它的态度存在一定的分歧，运行中的宗旨也有一定的差异，整体说来，既不过于热衷，也不过分淡漠，展示了不同于江浙地区文社风起现象的另外一种文学原生态风貌。

三、时空两重视野下的清代湖湘文人结社

尽管如此，应该看到湖湘地域含清毓秀，一直是中国文学、文化版域中重要的构成部分。从清代湖湘文人结社的数量与规模上看，也能证明湖湘文人的活跃度与作用力，或可在一定程度上衡量在清代这段时期里，湖湘地域在中国文学板块中的地位与作用。据笔者考证统计，清代湖湘地域文人社群的数量有近二百，并遍布湖湘各区。囿于笔者才力、见识与湖湘文人资料的缺失，肯定遗漏了不少亮点社群，有些地区目前虽仅能考察出一个或两三个，但可推断这些地区历史上所存在过的社团数量肯定不只一个或两三个。从一个扩及全国的文学、文化空间角度看，清代湖湘结社的总数量与规模在全国范围内，除京师外，当排在江苏、浙江、福建、广东几大文化大省后，应该与山东相差无几。湖湘文人结社的数量与规模在全国的排名，与当时清代湖湘诗人、词人的数量在全国的排名应该基本上是一致的。

纵观清代近三百年的历史，湖湘地域文士林立，文人结社一直

① 谭其骧《长水集续编》，北京：人民出版社，1994，第 186 页。

在此延续、推动和发展着，文人社群在湖湘各地区分布，并有不可小觑的数量。这些都反映了文人结社是湖湘文人常态休闲的一种主流，显示着文人活动的一种大势。湖湘文人结社现象在全国也不是孤立的，而是与其他地方的结社遥相呼应，共同推动着文社传统在清代承袭下来。湖湘文人结社贯穿在清代每个时期，而且越到清代中后期越兴盛。大批湖湘文人社群的存在，大量社集创作的流传，文人社群出现在湖湘各个地区，都有力证实了清代湖湘文人结社的普遍。时至今日，长沙岳麓诗社、株洲南楚诗社、湘潭雨湖诗社等文人社群仍然在当地活跃着。湖湘社群的许多文化人士仍然坚持某些结社传统，比如制定社约、定期开展社群活动、社集时的文艺创作与交流、刊印社集、祭祀乡贤等等。这些坚持，反映了湖湘地域对彬彬风雅的承袭，也彰显出结社传统旺盛的生命力与持久的影响力。

参考文献

一、基本文献

张廷玉等撰《明史》,北京:中华书局,1974。

赵尔巽等撰《清史稿》,北京:中华书局,1977。

李瀚章、裕禄等编纂《(光绪)湖南通志》,长沙:岳麓书社,2009。

陶澍、万年淳等修撰,何培金校点《洞庭湖志》,长沙:岳麓书社,2009。

王闿运修纂《(光绪)湘潭县志》,长沙:岳麓书社,2010。

吴兆熙、张先抡修纂《(光绪)善化县志》,长沙:岳麓书社,2010。

江苏古籍出版社编选《中国地方志集成·湖南府县志辑》,南京:江苏古籍出版社,2002。

陈祖武选编《乾嘉名儒年谱》(14册),北京:北京图书馆出版社,2006。

陈祖武选编《晚清名儒年谱》(20册),北京:北京图书馆出版社,2006。

江庆柏主编《清代地方人物传记丛刊》,扬州:广陵书社,2007。

罗汝怀辑《湖南文征姓氏传》,清同治十年(1871)刻本。

佚名辑《湖南历代乡贤事略二编》，民国二十四年(1935)铅印本。
熊治祁《湖南人物年谱》(6 册)，长沙：湖南人民出版社，2013。
严首升《濑园诗文集》，清顺治十四年(1657)增刻本。
廖元度《楚诗纪》，清乾隆十八年(1753)际恒堂刻本。
童先及《梅溪诗草》，清乾隆二十年(1755)刻本。
陈桃文《岛孙集钞》，清乾隆四十年(1775)刻本。
刘方瑚《聪训堂诗钞》(2 册)，清嘉庆十四年(1809)刻本。
张九镡《笙雅堂集》(7 册)，清嘉庆十七年(1812)赐锦楼刻本。
周有声《东冈诗剩》(2 册)，清嘉庆刻本。
李象鹄《味闲斋遗草》，清嘉庆刻本。
周锷《听云山馆诗钞》，清道光刻本。
朱縠《东水诗集》，清道光九年(1829)重刻本。
唐世征《唐魏子集》，清道光二十一年(1841)刻本。
邓显鹤编《城南唱和诗集》，清道光二十九年(1849)邵州濂溪精舍刻本。
蒋云宽《瑞萼堂诗草》(3 册)，清道光刻本。
秦关《九面楼诗集》，清道光刻本。
张九钺《紫岘山人诗集》，清咸丰元年(1851)张氏赐锦楼刻本。
张九思《蒙泉文集》，清咸丰八年(1858)刻本。
徐受《黄村草堂诗钞》，清同治古松书屋刻本。
左孝威辑《慈云阁诗钞十一种》(4 册)，清同治刻本。
王楷《听园诗钞》(4 册)，清光绪五年(1879)刻本。
郭庆藩《广陵酬唱集》，清光绪二十年(1894)扬州刻本。
周系英《海粟居士集》，清光绪戊戌岁(1898)静谙家塾刊刻本。
杨恩寿、裴之禩《稚舟酬唱集》，清光绪长沙杨氏刻本。
黄本骐《三十六湾草庐稿》，清三长物斋丛书本。
释明哲《南岳近草》一卷，清刻本。

王闿运《辟园唱和集》,清末湖南机器印刷局铅印本。
王闿运《湘绮楼日记》,马积高主编,吴容甫点校,长沙:岳麓书社,1997。
朱运新《松风社同人集二卷》,民国铅印本。
刘鸿度、申绥之合编《鸿绥唱和集四卷》卷首一卷,附刊一卷,民国十五年(1926)长沙铅印本。
王夫之《王船山诗文集》,北京:中华书局,1962。
罗云皋撰《西塘草余稿》,株洲市南楚诗社编,湖南煤田制图印刷厂承印,1997。
罗云皋撰《西塘草》,株洲市南楚诗社编,湖南煤田制图印刷厂承印,2001。
《清代诗文集汇编》编纂委员会主编《清代诗文集汇编》(800 册),上海:上海古籍出版社,2010。
曾国藩撰、唐浩明主编《曾国藩全集》(第 14 册),长沙:岳麓书社,2011。
曾纪泽撰,刘志惠校点,王澧华审阅《曾纪泽日记》,长沙:岳麓书社,1999。
陈三立撰,李开军校点《散原精舍诗文集》,上海:上海古籍出版社,2003。
魏源撰,魏源全集编辑委员会编《魏源全集》,长沙:岳麓书社,2011。
邓显鹤编纂,欧阳楠点校《沅湘耆旧集》(6 册),长沙:岳麓书社,2007。
邓显鹤撰,弘征点校《南村草堂文钞》,长沙:岳麓书社,2008。
邓显鹤撰,弘征点校《南村草堂诗钞》,长沙:岳麓书社,2008。
邓显鹤编纂,熊治祁、张人石校点《资江耆旧集》,长沙:岳麓书社,2010。

释敬安撰,梅季校点《八指头陀诗文集》,长沙:岳麓书社,2007。
陶汝鼐撰,梁颂成校点《陶汝鼐集》,长沙:岳麓书社,2008。
王先谦撰,梅季点校《王先谦诗文集》,长沙:岳麓书社,2008。
曾纪泽撰,喻岳衡校点《曾纪泽集》,长沙:岳麓书社,2008。
何绍基撰,龙震球、何书置校点《何绍基诗文集》,长沙:岳麓书社,2008。
李元度撰,易孟醇校点《国朝先正事略》,长沙:岳麓书社,2008。
阎镇珩撰,陶新华校点《北岳山房诗文集》,长沙:岳麓书社,2009。
欧阳厚均编,邓洪波、周郁校点《岳麓诗文钞》,长沙:岳麓书社,2009。
程颂万撰,徐哲兮校点《程颂万诗词集》,长沙:湖南人民出版社,2009。
车大任、车万育等撰,易孟醇校点《邵阳车氏一家集》,长沙:岳麓书社,2009。
叶德辉撰,张晶萍校点《叶德辉诗文集》,长沙:岳麓书社,2010。
王之春撰,赵春晨、曾主陶、岑生平校点《王之春集》,长沙:岳麓书社,2010。
郭金台、郭都贤撰,陶新华校点《石村诗文集·些庵诗钞》,长沙:岳麓书社,2010。
贝京校点《湖南女士诗钞》,长沙:湖南人民出版社,2010。
王勇、唐俐《湖南文化世家·四十家卷》,长沙:湖南人民出版社,2010。
贺长龄、贺熙玲撰,雷树德校点《贺长龄集》,长沙:岳麓书社,2010。
郭崑焘、郭仑焘撰,王建、陈瑞芳、邓李志校点《郭崑焘集·郭仑焘集》,长沙:岳麓书社,2010。
周寿昌撰,王健、田吉校点《周寿昌集》,长沙:岳麓书社,2010。
黄本骥著,刘范弟校点《黄本骥集》,长沙:岳麓书社,2009。

陶澍撰,陈蒲清编《陶澍全集》(8册),长沙:岳麓书社,2009。
瞿鸿禨著,谌东飚点校《瞿鸿禨集》,长沙:湖南人民出版社,2010。
易顺鼎著,陈松青点校《易顺鼎诗文集》,长沙:湖南人民出版社,2010。
杨恩寿撰,王婧之点校《杨恩寿集》,长沙:岳麓书社,2010。
汤鹏著,刘志靖、王子羲、石彦陶、陈子定校点《汤鹏集》,长沙:岳麓书社,2011。
胡卫平等著《湖南历代文化世家湘乡曾氏卷》,长沙:湖南人民出版社,2011。
吴敏树著,张在兴点校《吴敏树集》,长沙:岳麓书社,2012。
郭嵩焘撰,梁小进主编《郭嵩焘全集》(15册),长沙:岳麓书社,2012。
皮锡瑞撰,吴仰湘编《皮锡瑞集》,长沙:岳麓书社,2012。
李星沅撰,王继平校点《李星沅集》,长沙:岳麓书社,2013。
欧阳厚均撰,方红姣点校《欧阳厚均集》,长沙:岳麓书社,2013。
南江涛主编《清末民国旧体诗词结社文献汇编》(全26册),北京:国家图书馆出版社,2013。
吕光锡《桃花源诗话》,常德桃源民国袖珍本。

二、今人著作

钱仲联《梦苕庵清代文学论集》,济南:齐鲁书社,1983。
谭其骧主编《中国历史地图集》(第7、8册),北京:中国地图出版社,1987。
谭其骧《长水集》,北京:人民出版社,1987。
谭其骧《长水集续编》,北京:人民出版社,1994。
王兴国、聂荣华主编《湖湘文化纵横谈》,长沙:湖南大学出版社,1996。
郑焱《近代湖湘文化概论》,长沙:湖南师范大学出版社,1996。
赵园《明清之际士大夫研究》,北京:北京大学出版社,1999。
赵园《明清之际的思想与言说》,上海:复旦大学出版社,2010。
湖南师范大学文学院主编《湖湘文化论集》,长沙:湖南师范大学出版社,2000。
孙立《明末清初诗论研究》,广州:广东教育出版社,2003。
钱谷融、鲁枢元主编《文学心理学》,上海:华东师范大学出版社,2003。
何宗美《明末清初文人结社研究》,天津:南开大学出版社,2003。
何宗美《明末清初文人结社研究续编》,北京:中华书局,2006。
何宗美《文人结社与明代文学的演进》,北京:人民文学出版社,2011。
孙之梅《南社研究》,北京:人民文学出版社,2003。
钱基博《近百年湖南学风》(含《经学通志》),傅道彬点校,北京:中国人民大学出版社,2004。
钱仲联《清诗纪事》,南京:凤凰出版社,2004。
罗时进《明清诗文研究的新视野》,台北:台湾文史哲出版社,2004。
罗时进《地域·家族·文学——清代江南诗文研究》,上海:上海古籍出版社,2010。
王继平《晚清湖南史》,长沙:湖南人民出版社,2004。
聂荣华、万里主编《湖湘文化通论》,长沙:湖南大学出版社,2005。
尚小明编著《清代士人游幕表》,北京:中华书局,2005。
谢国桢《明末清初的学风》,上海:上海书店出版社,2006。
谢国桢《明清之际党社运动考》,上海:上海书店出版社,2006。
梅新林《中国古代文学地理形态与演变》(上下册),上海:复旦大学出版社,2006。

费孝通《乡土中国》,上海:上海人民出版社,2007。
曲江川主编《老年社会学》,北京:科学出版社,2007。
伍新福主编《湖南通史(古代卷)》,长沙:湖南人民出版社,2008。
刘泱泱主编《湖南通史(近代卷)》,长沙:湖南人民出版社,2008。
刘献华等编纂《湖南通鉴》(2册),长沙:湖南人民出版社,2008。
萧晓阳《湖湘诗派研究》,北京:人民文学出版社,2008。
陈书良主编《湖南文学史》,长沙:湖南教育出版社,2008。
蔡栋编《湖南文化百家言》,长沙:湖南人民出版社,2008。
韦旭昇《韩国文学史》,北京:北京大学出版社,2008。
蒋寅《清代文学论稿》,南京:凤凰出版社,2009。
蒋寅《清代诗学史》(第一卷),北京:中国社会科学出版社,2012。
汪辟疆《光宣诗坛点将录笺证》,王培军笺证,北京:中华书局,2010。
徐雁平《清代文学世家姻亲谱系》,南京:凤凰出版社,2010。
王勇、唐俐《湖南历代文化世家·四十家卷》,长沙:湖南人民出版社,2010。
胡卫平等《湖南历代文化世家·湘乡曾氏卷》,长沙:湖南人民出版社,2011。
万柳《清代词社研究》,郑州:中州古籍出版社,2011。
丁国祥《复社研究》,南京:凤凰出版社,2011。
江凌《清代两湖地区的出版业》,北京:中国书籍出版社,2011。
钱穆《中国文化丛谈》,北京:九州岛出版社,2011。
孙海洋《清代湖南家族文学研究》,长沙:湖南大学出版社,2011。
赵宪章主编《文学与图像》,南京:江苏教育出版社,2012。
段志强《顾祠——顾炎武与晚清士人政治人格的重塑》,上海:复旦大学出版社,2015。
李玉栓《明代文人结社研究》,上海:复旦大学出版社,2020。

林香伶《清末民初文学转型的标志——南社文学研究》，台湾师范大学国文学系博士论文，2003。
王恩俊《复社研究》，辽宁大学2007年博士论文。
王文荣《明清江南文人结社研究》，苏州大学2009年博士论文。
邱睿《南社诗人群体研究》，苏州大学2010年博士论文。
周于飞《惊隐诗社研究》，浙江大学2012年博士论文。
祁高飞《清代杭嘉湖地区文人社群研究》，苏州大学2013年博士论文。
王新立《近代文学社团研究》，武汉大学2017年博士论文。
黄建林《红梨社研究》，苏州大学2012年硕士论文。
王志刚《鸳水联吟社研究》，苏州大学2013年硕士论文。
孙玉婷《竹溪诗社研究》，苏州大学2013年硕士论文。
胡媚媚《清代诗社研究——以六诗社为中心》，浙江大学2013年硕士论文。
李艳《明代岭南文人结社研究》，西南大学2014年硕士论文。
齐腾腾《明清山东文人结社研究》，西南大学2014年硕士论文。
万攀《明代文人结社与小说》，西南大学2014年硕士论文。
施彩云《明代社序研究》，西南大学2015年硕士论文。
刘振《明清雅集图像研究史料述评》，华中师范大学2015年硕士论文。
裘一真《越中文人结社研究》，浙江师范大学2015年硕士论文。
吴慧慧《梁社研究》，浙江大学2015年硕士论文。
孙雪娇《明清碧山吟社研究》，江南大学2015年硕士论文。
李思语《清末民初诗钟社研究》，上海师范大学2018年硕士论文。
陈艳《明代金陵青溪社与江左风流》，西南大学2018年硕士论文。
李雯雯《清代京师文人结社研究》，上海师范大学2019年硕士论文。

郑世鲜《晚明清初苏州文人群体戏曲活动研究》，南京师范大学2019年硕士论文。
周佳慧《湘社唱和诗词研究》，吉首大学2019年硕士论文。
李慧《明代商人与诗社研究》，云南师范大学2020年硕士论文。
韩学慧《惠山竹炉雅集及其文学书写研究》，江南大学2020年硕士论文。
朱丽霞《松江宋氏家族与几社之关系》，《北京大学学报》，2005年第3期。
朱丽霞《园林宴游与文学的生态变迁——以明清之际云间几社的文学活动为例》，《文艺理论研究》，2007年第4期。
罗时进《清代吴地"九老会"文化活动探论》，《苏州大学学报》，2009年第1期。
罗时进《地域社群：明清诗文研究的一个重要维度》，《文学遗产》，2011年第3期。
罗时进《基层写作：明清地域性文学社团考察》，《苏州大学学报》，2012年第1期。
罗时进《地域文学研究的关键词——以清代江南为例的讨论》，《文艺理论研究》，2019年第2期。
罗时进《基于典型事件的清代诗史建构》，《江海学刊》，2020年第6期。
朱则杰《〈清尊集〉与"东轩吟社"》，《浙江大学学报》，2010年第5期。
朱则杰《"潜园吟社"考》，《文学遗产》，2010年第6期。
朱则杰《"洛如诗会"考辨》，《文学遗产》，2012年第5期。
查紫阳《晚清词社知见考略》，《中国韵文学刊》，2010年第2期。
袁志成《晚清湘社考论》，《求索》，2011年第10期。
袁志成《晚清民国词社的地理分布、成因与影响》，《湖南城市学院学报》,2011 年第 2 期。
袁志成《文人结社与晚清民国地域文学传统的建构》,《文学评论》,2016 年第 4 期。
曾娟、袁志成《文人结社与近代文学的地域格局》,《湖南师范大学社会科学学报》,2018 年第 3 期。
朱汉民《湖湘文化探源》,《湖南大学学报》,2011 年第 4 期。
蒋寅《一种更真实的人地关系与文学生态——中国古代流寓文学刍论》,《中国文化研究》,2012 年第 3 期。
蒋寅《在中国发现批评史——清代诗学研究与中国文学理论、批评传统的再认识》,《文艺研究》,2017 年第 10 期。
蒋寅《生活在别处——清诗的写作困境及其应对策略》,《文学评论》,2020 年第 5 期。
李玉栓《中国古代的社、结社与文人结社》,《社会科学》,2012 年第 3 期。
李玉栓《明代科举与文人结社》,《上海大学学报》,2016 年第 3 期。
李玉栓《文人结社在文学流派发展中的作用——以明代为考察中心》,《上海师范大学学报》,2018 年第 2 期。
马大勇《百年词社考论》,《文艺争鸣》,2012 年第 5 期。
陈恩维《论地域文人集群与地域诗派的形成——以南园诗社与岭南诗派为例》,《学术研究》,2012 年第 3 期。
伍光辉《龙膺参与晚明结社活动考论》,《中国文学研究》,2013 年第 1 期。
李小荣《庐山诗社与江西宗派关系略说》,《文学遗产》,2013 年第 4 期。
王文荣《文人结社图研究——以明清江南地区为考察中心》,《苏州科技学院学报》,2013 年第 6 期。
阳达《清代科举取士与文人结社》,《湖北社会科学》,2015 年第 4 期。

王雪松、耿传友《清末著涒吟社考论》,《中国文学研究》,2020 年第 3 期。

三、国外参考著作

[法]列维·斯特劳斯《野性的思维》,北京:人民文学出版社,1997。
[美]克利福德·吉尔兹《地方性知识》,王海龙、张家瑄译,北京:中央编译出版社,2000。
[法]布迪厄《艺术的法则——文学场的生成和结构》,刘晖译,北京:中央编译出版社,2001。
[英]迈克·克朗《文化地理学》,杨淑华、宋慧敏译,南京:南京大学出版社,2003。
[日]小野和子《明季党社考》,上海:上海古籍出版社,2006。
[英]卡尔《历史是什么》,陈恒译,北京:商务印书馆,2007。
曹意强、[英]麦克尔·波德罗等《艺术史的视野——图像研究的理论、方法与意义》,杭州:中国美术学院出版社,2007。
[美]威廉·埃德加·盖洛《中国十八省府》,沈弘、郝田虎、姜文涛译,沈弘、李宪堂审校,济南:山东画报出版社,2008。
[美]露丝·本尼迪克特《文化模式》,王炜译,北京:社会科学文献出版社,2009。
[英]大卫·休谟《人性论》,石碧球译,北京:中国社会科学出版社,2009。
[韩国]高丽大学校韩国史研究室《新编韩国史》,孙科志译,济南:山东大学出版社,2010。
[丹麦]克斯汀·海斯翠普《他者的历史》,贾士蘅译,北京:中国人民大学出版社,2010。
冯亚琳、[德]阿斯特莉特·埃尔编《文化记忆理论读本》,北京:北

京大学出版社,2012。
[瑞士]卡尔·古斯塔夫·荣格《心理学与文学》,冯川、苏克译,北京:北京联合公司,2013。
[新加坡]林立《群体身份与记忆的建构:清遗民词社须社的唱酬》,《中国文化研究所学报》,2011年第1期。

后　记

“吾湘文藻国，诗事苦因循”，清代湖湘诗人何绍基曾如此评价过本乡的文学创作。对这句诗，我是进入苏大攻博后才有较为清晰和深刻的认知的。苏大文学院是明清文学研究的重镇，导师罗时进先生是地域文学研究的专家，很自然，我对明清时段的湖湘文学产生了研究的兴趣。

兴趣容易产生，想法时有变化，但落实下去和稳定下来是需要实力和积累的。入学之初，我除王夫之、曾国藩、王闿运等几个湖湘大家还略微熟悉外，对于明清湖湘文人与文学比较陌生，而且学界对于湖湘几位大家的研究已相当丰富，可供参考的湖湘文人家族、结社等方面的文献资料很有限。研究什么？怎么入手？如何开展？新意何在？彼时我虽也有些茫然，但清楚知道这些问题的解决需要自己埋头积累和潜心向学。当我渐渐深入到清代文献史料中，便越来越感觉：明清湖湘尚有那么多文化行李没有被好好整理，那么多基层文星值得重焕光彩，那么些文学事件需要更全面地阐释和探讨。“湘流曲折，地极清幽；衡岳峥嵘，人多卓荦；橘花洲上留屈宋之词坛，杜若江边传朱张之讲席。在在文峰竞秀，玉琢行间；家家笔蕊争妍，香霏句里。”这是清代山阳人朱于宣对湖湘人文地理、文坛创作的一种综合又中肯的评价，符合清代湖湘，特别是湘中地区的人文气象。自从屈原笔下绽放出澧兰与沅芷后，文学的芳馨便从未在湖湘歇停。湖湘地域文学、文化积淀深厚，尤其是明清以来大家、名家前后相望，盛况空前，湖湘名流、世家与文人社群层出不穷，与各地文人的文学互动累积不断，湖湘文学创作又自有门庭。文献的积累与阅读，稳定了研究者的心态，增强了研究的底气：研究清代文学，湖湘这个清代文学南方版图中重要的部分，是一定需要关注和值得重视的。

本书建立在博士论文基础上，它得以顺利完成特别要感谢我的导师罗时进先生，一位在为学与做人两方面都给学生带来深远影响的老师，一位在“才、情、品”三方面都让人欣赏敬服的长者。犹记得未与先生谋面之时，我已为先生之书和文所吸引，先生的学术著作除了有汪洋恣肆的文献征引，还有导夫先路的学术视角，其语言表述饱含着深厚的乡情，跳跃着诗意与灵韵，蕴含着“温度”——责任感和赤子之心。先生用学术的方式严谨又精妙地展现了一个富有诗意、文化丰赡、内蕴深远的江南。我当时觉得，若能采取书中相似的方法和前沿性的视角来潜心研究古代湖湘文学与文化，应是个不错的选择。现在想来，本书选题早在那时便已受先生启发和指引，潜藏于心了。

读博时，罗门每周一次专业课既锻炼智思，又熏陶心灵，也逐渐打开我的视野，论文里的一些构思便是在课堂里形成的。先生上课风雨无阻，他总希望能多些机会从各方面培养学生们的学术素养，加强大家的学术交流。有时忙得顾不上午餐，他随意吃两片饼干了事，也绝不耽误上课的时间。毕业之后，学生们仍然常向先生发去请教的信笺，先生再忙也有信必回，回信释疑解惑，充满温情。在这些熏陶和引导下，我跟随先生的步伐，在地域文学与地域文化研究中注意“空间维度”“群体印象”“基层创作”，尝试采用“事件视角”展开分析，并且也学着让自己的文字具有温度。

罗门这个温暖的集体，陪伴着我前进的每一步，袁茹、孙植、赵红卫、萧晓阳等师兄师姐多次热心帮我分忧解愁;王志刚、沈根花、汪亚洲、史哲文、马腾飞几位小友曾用心帮我完善过论文的不少细节。同门厚谊,感念于心。

本书的完成亦离不开前辈同人们的善缘与助力。复旦大学陈尚君教授,苏州大学的赵杏根、周秦、马卫中、黄镇伟、王宁等教授以及中山大学何诗海教授都对本书提出过指导性意见;湖南科技大学人文学院李德辉、吴广平教授等诸多前辈也一直对我的成长加以关注和热情帮助;凤凰出版社的李相东编审、李霏编辑,为拙著出版提供了细致而周到的帮助,在此一并感谢。

我还要深深感谢我的先生裴道明和其他家人,他们是我跋山涉水中的动力,江湖夜雨里的灯火,红尘颠仆后的安所。特别要感谢的是我的母亲成园桂女士,为了我的成长与进步,不顾病弱之身,付出与奉献了太多。只是书未成,业待就,慈亲已逝,成为我一生之憾。

这本书是我带着怀旧的归属感与清代湖湘文士的共通感,以及史料流失的危机感撰写而成的,希望用学术研究的方式,收集、整理和分析那些时光小石,搭建一个还存在新意和内涵的文本建筑。碍于我的水平和学识,本书肯定存在种种遗憾与不足,恳请学界专家和同仁能加以指正,帮助我更好地完善研究。《庄子·至乐》言:“褚小者不可以怀大,绠短者不可以汲深。”我只能不断积累,行而不辍,朝着怀大与汲深的目标努力奋斗。